CULTURA E DEMOCRACIA
o discurso competente e outras falas

EDITORA AFILIADA

Dados Internacionais de Catalogação na Publicação (CIP)
(Câmara Brasileira do Livro, SP, Brasil)

Chaui, Marilena
　　Cultura e democracia : o discurso competente e outras falas / Marilena Chaui. – 13. ed. – São Paulo : Cortez, 2014.

　　Bibliografia.
　　ISBN 978-85-249-1190-3

　　1. Cultura　2. Cultura popular　3. Democracia　I. Título.

06-0583

CDD-306.4
-321.8

Índices para catálogo sistemático:

1. Cultura : Sociologia　306.4
2. Cultura popular : Sociologia　306.4
3. Democracia : Ciência política　321.8

Marilena Chaui

CULTURA E DEMOCRACIA

o discurso competente e outras falas

13ª edição
4ª reimpressão

CULTURA E DEMOCRACIA: o discurso competente e outras falas
Marilena Chaui

Capa: Estúdio Graal
Preparação de originais: Silvana Cobucci Leite
Revisão: Maria de Lourdes de Almeida
Composição: Linea Editora Ltda.
Coordenação editorial: Danilo A. Q. Morales

Nenhuma parte desta obra pode ser reproduzida ou duplicada sem autorização expressa da autora e do editor.

© 2005 by Autora

Direitos para esta edição
CORTEZ EDITORA
Rua Monte Alegre, 1074 – Perdizes
05009-000 – São Paulo – SP
Tel.: (11) 3864-0111   Fax: (11) 3864-4290
E-mail: cortez@cortezeditora.com.br
www.cortezeditora.com.br

Impresso no Brasil – agosto de 2025

a meus pais, com gratidão
a meus filhos, com esperança

A denúncia de tudo quanto mutila a espécie humana e impede sua felicidade nasce da confiança no homem (...) agora, quando se imagina que a ciência nos ajudou a vencer o terror do desconhecido na Natureza, somos escravos das pressões sociais que essa mesma ciência criou. Quando nos convidam a agir independentemente, pedimos modelos, sistemas, autoridades. Se quisermos verdadeiramente emancipar o homem do medo e da dor, então a denúncia do que hoje se chama razão e ciência é o melhor serviço que a razão pode prestar.

Horkheimer

Sumário

Apresentação à 11ª edição	11
Apresentação à 1ª edição	13
O discurso competente	15
Crítica e ideologia	26
Cultura do povo e autoritarismo das elites	49
Notas sobre cultura popular	70
Cultura popular e alienação	72
Cultura popular e religião	79
Considerações sobre o nacional-popular	92
A questão democrática	144
A democracia como questão sociológica	145
A democracia como questão filosófica	155
A democracia como questão histórica	162
Democracia e socialismo: participando do debate	170
Representação ou participação?	275
Sob o signo do neoliberalismo	311
Ética, violência e política	340
Bibliografia	360

Apresentação à 11ª edição

Mais de vinte anos separam esta nova edição deste livro daquela aparecida no início dos anos 1980.

Entre 1978 e 1981, época dos textos da primeira edição, nosso país estava mergulhado na luta pelo fim da ditadura e pela democratização. Nossa preocupação voltava-se para os obstáculos à sociedade democrática e para a busca de formas de superá-los. Sob essa perspectiva, a nova forma da divisão social do trabalho, sobredeterminada pela divisão entre competentes, que mandam, e incompetentes, que executam, surgiu como foco principal de nossas considerações, colocando no seu centro a discussão sobre a ideologia da competência e as manifestações populares da cultura, de maneira a elaborar uma noção crítica, a de contra-discurso ou de recusa do uso privado do saber, em nome de sua elaboração como *coisa pública* e como direito dos cidadãos. A primeira edição terminava com um ensaio sobre as relações entre democracia e socialismo, procurando reunir, sob o ponto de vista da história e da prática políticas, as reflexões suscitadas pelas questões de ideologia e cultura e pelo surgimento político da classe trabalhadora brasileira como sujeito de suas próprias ações.

No correr dos anos 1980, no processo de implantação da democracia, vimos surgir no Brasil um novo sujeito político: os movimentos sociais e populares, que deram existência a um sujeito coletivo que, na luta de classes, ergueu-se na criação de direitos sociais, econômicos e culturais, ultrapassando os direitos civis da democracia formal rumo à cidadania numa democracia substantiva. Essa nova figura política suscitava a indagação sobre os limites da democracia representativa e colocava na ordem do dia a idéia e a prática da participação política. Um ensaio sobre esse tema foi, então, acrescentado para a edição deste livro, em 1989.

Entre o final dos anos 1970 e os anos 1990, duas mudanças profundas alteraram a paisagem histórica e política mundiais: de um lado, a nova forma de acumulação do capital, determinando mudanças sociais, políticas e ideológicas sintetizadas sob a designação *neoliberalismo;* e, de outro, o fim do totalitarismo na União Soviética, com o fracasso da *glasnost* e da política de Gorbachev. Sob o neoliberalismo, foi produzido o encolhimento do espaço público e o alargamento do espaço privado, ou o que ficou conhecido como privatização, e a ideologia da competência reforçou-se, graças à idéia de "sociedade do conhecimento", isto é, de que o saber é uma força produtiva e o principal capital ativo das empresas. A essas mudanças e a alguns de seus principais efeitos sobre a luta de classes e os movimentos sociais, bem como para o aparecimento dos fundamentalismos religiosos, apresentamos aqui um pequeno ensaio.

No transcurso dos últimos vinte anos, tornaram-se mais evidentes as dificuldades para a instituição de uma democracia substantiva no Brasil. A insólita (mas não casual) articulação do autoritarismo social brasileiro com a acumulação capitalista neoliberal, bloqueando a criação da cidadania, pareceu-nos digna de exame. A esse respeito dedicamos um ensaio para a presente edição deste livro, examinando as relações entre ética e política e os problemas da moralização da política como substituto para a moralidade institucional ou pública.

São Paulo, setembro de 2005

Apresentação à 1ª edição

Com exceção de dois, "Notas sobre cultura popular" e "Democracia e socialismo", os textos aqui reunidos foram escritos para serem falados e, após alguma hesitação, preferi publicá-los conservando o tom oral. Reescrevê-los seria lhes dar o caráter de ensaios, coisa que não são. Falas datadas, freqüentemente dirigidas a um público desconhecido (embora sempre de origem universitária), possuem defeitos que os debates ajudavam a minorar e que espero, agora, a leitura contribua para corrigir.

Variam os temas abordados. Todavia, uma preocupação os unifica: a tentativa para compreender a origem e os efeitos do prestígio da ciência contemporânea como explicação do real e como instrumento para sua transformação, prestígio que, no meu entender, vincula-se à idéia de competência. Este livro pretende sugerir uma modificação na maneira de focalizar certas dicotomias costumeiras, tais como saber-poder, ciência-ideologia, humanismo-tecnocracia, alienação-consciência verdadeira, elite-povo, sociedade civil-Estado, democracia-socialismo, assinalando que os termos não são opostos, mas complementares, em alguns casos, e contraditórios, noutros. Tanto a complementariedade quanto a contradição tendem a permanecer dissimuladas pelo jogo das dicotomias nas quais a diversidade imediata é confundida com a diferença real entre os conceitos. O suporte desse procedimento dicotômico é uma certa noção de objetividade e, portanto, uma certa imagem da racionalidade que se tornou hegemônica, isto é, objeto de consenso, interiorizada e invisível como o ar que respiramos.

O discurso competente — a ciência como saber separado e como coisa privada, como instrumento de dominação no mundo contemporâneo — pede outras falas, se quisermos contestá-lo. A contestação, porém, não pode realizar-se de fora, opondo à competência estabelecida uma outra, supostamente "mais competente". O discurso competente se instala e se conserva graças a uma regra que poderia ser assim resumida: não é qualquer um que pode dizer qualquer coisa a qualquer outro em qualquer ocasião e em qualquer lugar. Com esta regra, ele produz sua contraface: os incompetentes sociais. Acredito que, se procurarmos desvendar os mecanismos de produção da incompetência social, teremos alguma possibilidade de desfazer internamente o discurso da competência. Não se trata, evidentemente, de confundir a impenetrabilidade imediata do saber, que é real, com um saber transparente, de imediato comunicável a todos, pois essa imagem da plena comunicação e da absoluta transparência dos produtos da cultura é o que permite sua banalização pelos meios de comunicação de massa. Trata-se de contestar o uso privado da cultura, sua condição de privilégio "natural" dos bem-dotados, a dissimulação da divisão social do trabalho sob a imagem da diferença de talentos e de inteligências. É a noção de competência que torna possível a imagem da comunicação e da informação como espaço da opinião pública, imagem aparentemente democrática e, na realidade, antidemocrática por excelência, pois ao fazer do público *espaço da opinião*, essa imagem destrói a possibilidade de elevar o saber à condição de *coisa pública*, isto é, de direito à sua produção por parte de todos.

Outras falas: a desmontagem interna da competência foi o que, neste livro, chamei de contradiscurso ou crítica.

São Paulo, abril de 1980

O discurso competente*

Como sabemos, a ideologia não é apenas a representação imaginária do real para servir ao exercício da dominação em uma sociedade fundada na luta de classes, como não é apenas a inversão imaginária do processo histórico na qual as idéias ocupariam o lugar dos agentes históricos reais. A ideologia, forma específica do imaginário social moderno, é a maneira necessária pela qual os agentes sociais representam para si mesmos o *aparecer* social, econômico e político, de tal sorte que essa aparência (que não devemos simplesmente tomar como sinônimo de ilusão ou falsidade), por ser o modo imediato e abstrato de manifestação do processo histórico, é o ocultamento ou a dissimulação do real. Fundamentalmente, a ideologia é um corpo sistemático de representações e de normas que nos "ensinam" a conhecer e a agir. A sistematicidade e a coerência ideológicas nascem de uma determinação muito precisa: o discurso ideológico é aquele que pretende coincidir com as coisas, anular a diferença entre o pensar, o dizer e o ser e, destarte, engendrar uma lógica da identificação que unifique pensamento, linguagem e realidade para, através dessa lógica, obter a identificação de todos os sujeitos sociais com uma imagem particular universalizada, isto é, a imagem da classe dominante. Universalizando o particular pelo apagamento das diferenças e contradições, a ideologia ganha coerência e força porque é um discurso lacunar que não pode ser preenchido. Em outras palavras, a coerência ideológica não é obtida malgrado as lacunas, mas, pelo contrário, graças a elas. Porque jamais poderá dizer tudo até o fim, a

---

* Este texto foi apresentado originalmente na 29ª reunião anual da Sociedade Brasileira para o Progresso da Ciência no simpósio "Ideologia e linguagem", em 1977. Foi publicado em 1978 na *Revista da Associação Psiquiátrica da Bahia*, v. 2, nº 1.

ideologia é aquele discurso no qual os termos ausentes garantem a suposta veracidade daquilo que está explicitamente afirmado.

Sabemos também que, por definição, na ideologia as idéias estão sempre "fora do lugar", uma vez que são tomadas como determinantes do processo histórico quando, na verdade, são determinadas por ele. Evidentemente, isto não significa que as idéias sejam um "reflexo" invertido do real, mas indica apenas que elas não precedem o real, pois o exprimem, seja na forma imediata do aparecer, seja na forma mediata da reflexão. Por outro lado, ao afirmar que na ideologia as idéias estão "fora do lugar", essa afirmação nada tem a ver com a geografia (como nos poderia levar a crer, por exemplo, a infindável repetição de que no Brasil se pensa por importação de idéias estrangeiras). "Fora do lugar" remete à circunscrição do espaço social e político de uma sociedade determinada. Em suma: as idéias deveriam estar nos sujeitos sociais e em suas relações, mas, na ideologia, os sujeitos sociais e suas relações é que parecem estar nas idéias.

Também sabemos que a ideologia não tem história. Isto não significa que a ideologia seja um *corpus* imóvel e idêntico de representações e normas (pois a experiência nos mostra, a cada passo, as mudanças ideológicas). Dizer que a ideologia não tem história significa apenas dizer, em primeiro lugar, que as transformações ocorridas em um discurso ideológico não dependem de uma força que lhe seria imanente e que o faria transformar-se e, sim, que tais transformações decorrem de uma outra história que, por meio da ideologia, a classe dominante procura escamotear; em segundo lugar, e mais profundamente, significa que a tarefa precisa da ideologia está em produzir uma certa imagem do tempo como progresso e desenvolvimento de maneira a exorcizar o risco de enfrentar efetivamente a história. Afirmar que a ideologia não tem história é, portanto, afirmar que, além de "fora do lugar", nela as idéias também estão "fora do tempo". Embora paradoxal, essa constatação é inevitável. O paradoxo da expressão "fora do tempo" decorre do fato de que, estando a ideologia a serviço da dominação de uma classe social historicamente determinada, necessariamente a atualidade da dominação exercida exigiria que as idéias estivessem encravadas em seu próprio tempo. Para que tal paradoxo se desfaça é preciso que compreendamos a diferença entre saber e ideologia.

O saber é um trabalho. Por ser um trabalho, é uma negação reflexionante, isto é, uma negação que, por sua própria força interna, transforma algo que lhe é externo, resistente e opaco. O saber é o trabalho para elevar à dimensão do conceito uma situação de não-saber, isto é, a experiência imediata cuja obscuridade pede o trabalho da clarificação. A obscuridade de uma experiência nada mais é senão seu caráter necessariamente indeterminado e o saber nada mais é senão o trabalho para determinar essa indeterminação, isto é, para torná-la inteligível. Só há saber quando a reflexão aceita o risco da indeterminação que a faz nascer, quando aceita o risco de não contar com garantias prévias e exteriores à própria experiência e à própria reflexão que a trabalha. Ora, para que a ideologia seja eficaz é preciso que realize um movimento que lhe é peculiar, qual seja, recusar o não-saber que habita a experiência, ter a habilidade para assegurar uma posição graças à qual possa neutralizar a história, abolir as diferenças, ocultar as contradições e desarmar toda a tentativa de interrogação. Assim, graças a certos artifícios que lhe são peculiares (como, por exemplo, elevar todas as esferas da vida social e política à condição de "essências"), a ideologia torna-se dominante e adquire feição própria sempre que consiga conjurar ou exorcizar o perigo da indeterminação social e política, indeterminação que faz com que a interrogação sobre o presente (o que pensar? o que fazer?) seja inutilizada graças a representações e normas prévias que fixem definitivamente a ordem instituída. Sob esse prisma, torna-se possível dizer que na ideologia as idéias estão fora do tempo, embora a serviço da dominação presente. Com efeito, afirmar que nela as idéias estão fora do tempo é perceber a diferença entre o histórico ou instituinte e o institucional ou instituído. A ideologia teme tudo quanto possa ser instituinte ou fundador, e só pode incorporá-lo quando perdeu a força inaugural e tornou-se algo já instituído. Por essa via podemos perceber a diferença entre ideologia e saber, na medida em que, neste, as idéias são produto de um trabalho, enquanto naquela as idéias assumem a forma de conhecimentos, isto é, de idéias instituídas.

Tomemos a ajuda de um exemplo. Costuma-se imaginar que o Santo Ofício puniu Galileu porque a física galilaica punha em risco uma representação do mundo que servia de sustentáculo para a dominação teológico-política medieval. Assim sendo, torna-se compreensível a reabilitação do saber galilaico quando a burguesia toma o poder e encontra na nova física uma representação do espaço e do tempo que convém ao exercício de sua prática econômica e política. Dessa maneira, a demolição do poder teológico-político medieval faz da *scienza nuova* um conhecimento válido que se converte, pouco a pouco, em ideologia da nova classe dominante, laica e profana. Ora, se fizermos um pequeno retorno à história, veremos que os acontecimentos ocorreram de modo bastante diverso. Em primeiro lugar, e sobretudo, não houve laicização da política, mas apenas um deslocamento do lugar ocupado pela imagem de Deus como poder uno e transcendente: Deus baixou do céu à terra, abandonou conventos e púlpitos e foi alojar-se numa imagem nova, isto é, no Estado. Não quero com isto referir-me ao direito divino dos reis. Refiro-me à representação moderna do Estado como poder uno, separado, homogêneo e dotado de força para unificar, pelo menos de direito, uma sociedade cuja natureza própria é a divisão das classes. É esta figura do Estado que designo como a nova morada de Deus. Em segundo lugar, e conseqüentemente, não houve passagem de uma política teológica a uma política racional ateológica ou atéia, mas apenas uma transferência das qualidades que eram atribuídas à Divina Providência à imagem moderna da racionalidade. A nova *ratio* é teológica na medida em que conserva, tanto em política quanto em ideologia, dois traços fundamentais do poder teológico: de um lado, a admissão da transcendência do poder face àquilo sobre o que este se exerce (Deus face ao mundo criado, o Estado face à sociedade, a objetividade das idéias face àquilo que é conhecido); por outro lado, a admissão de que somente um poder separado e externo tem força para unificar aquilo sobre o que se exerce (Deus unifica o mundo criado, o Estado unifica a sociedade, a objetividade unifica o mundo inteligível). Ora, se não é a laicização da racionalidade (pois não houve) que explica a aceitação da física galilaica pela burguesia, de onde nasce a incorporação dessa física como modelo da racionalidade moderna? O saber galilaico torna-se aceitável e passível de incorporação quando já foram acionados dispositivos econômicos, sociais e políticos que permitam acolher o saber novo não porque seja inovador, nem porque seja verdadeiro mas porque perdeu a força instituinte, já se transformou de saber sobre a natureza em conhecimentos físicos, já foi neutralizado, e pode servir para justificar a suposta neutralidade racional de uma certa forma de dominação. Nessa passagem do que era instituinte à condição de discurso instituído ou de discurso do conhecimento, assistimos ao movimento pelo qual a ideologia incorpora e consome as novas idéias, desde que tenham perdido as amarras com o tempo originário de sua instituição e, assim, fiquem fora do tempo. E o que foi dito acerca de Galileu poderia ser dito, por exemplo, a respeito de Freud. Este dissera que, com a psicanálise, trouxera a peste à humanidade. Como explicar, então, que esse flagelo tenha podido converter-se, mundo afora, em terapia adaptativa e de ajustamento, se aquilo a que essa "terapia" pretende nos ajustar é exatamente o que torna possíveis a neurose, a psicose e a loucura?

O caso Galileu (como o caso Freud) nos ensina algo que poderíamos designar com a expressão: *discurso competente*.

O discurso competente é aquele que pode ser proferido, ouvido e aceito como verdadeiro ou autorizado (estes termos agora se equivalem) porque perdeu os laços com o lugar e o tempo de sua origem. Assim, não é paradoxal nem contraditório em um mundo como o nosso, que cultua patologicamente a cientificidade, surgirem interdições ao discurso científico.* Podemos dizer que exatamente porque a ideologia contemporânea é cientificista, cabe-lhe o papel de reprimir o pensamento e o discurso científico. É nesse contexto de hipervalorização do conhecimento dito científico e de simultânea repressão ao trabalho científico que podemos melhor apanhar o significado daquilo que aqui designamos como discurso competente.

O discurso competente é o discurso instituído. É aquele no qual a linguagem sofre uma restrição que poderia ser assim resumida: não é qualquer um que pode dizer a qualquer outro qualquer coisa em qualquer lugar e em qualquer circunstância. O discurso competente confunde-se, pois, com a linguagem institucionalmente permitida ou autorizada, isto é, com um discurso no qual os interlocutores já foram previamente reconhecidos como tendo o direito de falar e ouvir, no qual os lugares e as circunstâncias já foram predeterminados para que seja permitido falar e ouvir e, enfim, no qual o conteúdo e a forma já foram autorizados segundo os cânones da esfera de sua própria competência.

Cabe-nos, então, indagar o que significam essa repartição, circunscrição e demarcação do discurso quanto aos interlocutores, o tempo, o lugar, a forma e o conteúdo. Antes, porém, de tentarmos responder a estas questões, cumpre fazer uma observação. Com freqüência, a crítica do discurso competente costuma cair em uma confusão que é, no final das contas, um logro: a confusão decorrente da identificação entre discurso competente e discurso elitista, em oposição ao discurso democrático, identificado com o discurso de massa. Todos sabem o quanto a Escola de Frankfurt foi tachada de elitista por ter sistematicamente recusado a chamada "cultura de massa". Aqueles que criticam os frankfurtianos, o fazem por ignorarem um dos pontos fundamentais da Escola no que concerne à análise do conceito de "massa". Para os pensadores da Teoria Crítica, a cultura dita de "mas-

---

* Essa comunicação foi feita durante a 29ª a reunião da SBPC que havia sido proibida pelo poder central.

sa" é a negação de uma cultura democrática, pois em uma democracia não há massa; nela, o aglutinado amorfo de seres humanos sem rosto e sem vontade é algo que tende a desaparecer para dar lugar a sujeitos sociais e políticos válidos. Assim, ao tentarmos aqui a crítica do discurso competente, procuraremos não cair no logro da falsa oposição elite-massa, elite-popular. Pelo contrário, não só é importante evitar que a crítica da competência desemboque em populismo, como ainda é fundamental mostrar que aquelas duas oposições não têm sentido dentro do discurso competente.

Para alcançarmos a região onde melhor se determina e melhor se efetua o discurso competente precisamos referi-lo a um fenômeno histórico preciso: a burocratização das sociedades contemporâneas e a idéia de Organização que se encontra na base desse fenômeno.

A burocratização é um "processo que se impõe ao trabalho em qualquer nível em que se o considere, seja o trabalho de direção, seja o dos executantes e que, ao se impor, impõe um quadro social homogêneo tal que a estabilidade geral do emprego, a hierarquia dos ordenados e das funções, as regras de promoção, a divisão das responsabilidades, a estrutura da autoridade, tenham como efeito criar uma única escala de *status* sócio-econômico, tão diversificada quanto possível".[1] O fenômeno da burocratização, que Hegel e Marx haviam circunscrito à esfera do Estado, devora toda a sociedade civil, distribuída em burocracias empresariais (na indústria, finança e comércio), escolares, hospitalares, de saúde pública, sindicais, culturais, partidárias etc. O processo de burocratização de todas as esferas da vida social, econômica e política, de todas as manifestações culturais (da hierarquia da universidade à hierarquia das igrejas, "populares" ou não) realiza-se sob a égide de uma idéia mestra: a idéia de Organização, entendida como existência em si e para si de uma racionalidade imanente ao social e que se manifesta sempre da mesma maneira, sob formas variadas, desde a esfera da produção material até à esfera da produção cultural. À medida que a complexidade da vida social cresce no modo de produção capitalista e nas formações históricas ditas "socialistas", o Estado se expande em todos os setores, encarregando-se de uma parte considerável da vida humana, de tal modo que, por sua mediação, o tecido da sociedade civil torna-se cada vez mais cerrado e encerrado sobre si mesmo. A ideologia dispõe, então, de um recurso para ocultar essa presença total ou quase total do Estado na sociedade civil: o discurso da Organização.

---

1. Lefort, Claude, *Elements pour une critique de la bureaucratie*. Genebra, Ed. Droz, 1971, p. 289.

Na compreensão da ideologia do discurso competente, o ponto de maior interesse para nós encontra-se no duplo movimento pelo qual o crescimento do poder do Estado é negado e afirmado pelo discurso. A dificuldade para percebermos de que se trata de um só e mesmo movimento com duas faces, ou de um duplo movimento simultâneo de afirmação e negação, decorre do fato de que há, aparentemente, duas modalidades diferentes do discurso da competência, quando, na verdade, trata-se de um só e mesmo discurso. Em uma palavra: tendemos a distinguir o discurso do poder e o discurso do conhecimento, ou seja, o discurso do burocrata e o discurso do não-burocrata.

Vejamos, de início, a aparência de que há dois discursos competentes diversos para, a seguir, percebermos que se trata de um discurso único dotado de duas caras.

Burocratização e Organização pressupõem as seguintes determinações: a) a crença na realidade em si e para si da sociedade, de tal modo que a racionalidade dos *meios* de ação inutiliza automaticamente qualquer questão acerca da racionalidade dos *fins* da ação; b) existência de um sistema de autoridade fundado na hierarquia de tal modo que subir um degrau da escala corresponde à conquista de um novo *status*, uma nova responsabilidade e um novo poder que não dependem daquele que ocupa o posto, mas que pertence ao próprio degrau hierárquico, ou seja, a reificação da responsabilidade e do poder alcança o grau máximo na medida em que é o cargo, e não seu ocupante, que possui qualidades determinadas; c) como conseqüência, surgimento de um processo de identificação dos membros de uma burocracia qualquer com a função que exercem e o cargo que ocupam, identificação que se exprime na existência de um cerimonial prefixado que garante o reconhecimento recíproco dos membros na qualidade de superiores e subalternos, bem como o reconhecimento da competência específica de cada um segundo o posto que ocupa; d) a direção, que não transcende a burocracia ou a organização, mas também faz parte dela sob a forma de administração, isto é, a dominação tende a permanecer oculta ou dissimulada graças à crença em uma *ratio* administrativa ou administradora, tal que dirigentes e dirigidos pareçam ser comandados apenas pelos imperativos racionais do movimento interno à Organização. Em uma palavra: tem-se a aparência de que ninguém exerce poder porque este emana da racionalidade imanente do mundo organizado ou, se preferirmos, da competência dos cargos e funções que, por acaso, estão ocupados por homens determinados.

Nesse contexto, podemos aprender a primeira modalidade do discurso competente que se distribui em três registros: há o discurso competente do administrador-burocrata, o discurso competente do administrado-burocrata e o discurso competente e genérico de homens reduzidos à condição de objetos sócio-econômicos e sócio-políticos, na medida em que aquilo que são, aquilo que dizem ou fazem, não depende de sua iniciativa como sujeitos, mas do conhecimento que a Organização julga possuir a respeito deles. Essa primeira modalidade da competência é aquela submetida à norma restritiva do "não é qualquer um que pode dizer a qualquer outro qualquer coisa em qualquer lugar e em qualquer circunstância".

Para compreendermos a outra modalidade ou a outra face do discurso da competência, precisamos levar em conta a transformação sofrida pela própria ideologia burguesa com o processo da burocratização.

Em sua forma clássica, o discurso burguês é legislador, ético e pedagógico. Tratava-se de um discurso proferido do alto e que, graças à transcendência conferida às idéias, nomeava o real, possuía critérios para distinguir o necessário e o contingente, a natureza e a cultura, a civilização e a barbárie, o normal e o patológico, o lícito e o proibido, o bem e o mal, o verdadeiro e o falso: punha ordem no mundo e ensinava. Fazia das instituições como Pátria, Família, Empresa, Escola, Estado (sempre escritos com maiúsculas), valores e reinos fundados de fato e de direito. Por essa via, o discurso nomeava os detentores legítimos da autoridade: o pai, o professor, o patrão, o governante, e, conseqüentemente, deixava explícita a figura dos subordinados e a legitimidade da subordinação. Emitia conhecimentos sobre a história em termos de progresso e continuidade, oferecendo, com isto, um conjunto de referenciais seguros fixados no passado e cuja obra era continuada pelo presente e acabada pelo futuro. Era o discurso da tradição e dos moços, isto é, o discurso que se endereçava a ouvintes diferenciados por geração e unificados pela unidade da tarefa coletiva herdada.

Com o fenômeno da burocratização e da organização, a ideologia deixou de ser discurso legislador, ético e pedagógico fundado na transcendência das idéias e dos valores, para converter-se em discurso anônimo e impessoal, fundado na pura racionalidade de fatos racionais. Não deixou de ser legislador, ético e pedagógico, mas deixou de fundar-se em essências e valores, como deixou de ser proferido do alto para fundar-se no racional inscrito no mundo e proferir-se ocultando o lugar de onde é pronunciado. Ganhou nova cara: tornou-se discurso neutro da cientificidade ou do conhecimento.

Sob o signo da Organização aparece no mundo da produção um conhecimento acerca da racionalidade tal que esta já não é considerada como fruto ou aplicação da ciência ao mundo do trabalho, mas como ciência em si, ciência encarnada nas coisas. A idéia de Organização serve para cimentar a crença na existência de estruturas (infra ou supra, pouco importa) que existem em si e funcionam em si sob a direção de uma racionalidade que lhes é própria e independente da vontade e da intervenção humanas. O real, a ação e o conhecimento ficam consubstancializados, identificados. No interior dessa "substância", isto é, da Organização, os homens já encontram pré-traçadas as formas de ação e de cooperação "racionais", ou seja, aquelas que lhes será permitido ter. E cada sujeito imagina conhecer-se a si mesmo pela mediação do conhecimento que a Organização julga possuir a respeito dele. A ideologia, trazendo um novo modo de representar a racionalidade e o objeto racional, realiza-se agora pelo descomunal prestígio conferido ao conhecimento, confundido com a ciência ou com a cientificidade.

O que é o discurso competente enquanto discurso do conhecimento? Sabemos que é o discurso do especialista, proferido de um ponto determinado da hierarquia organizacional. Sabemos também que haverá tantos discursos competentes quantos lugares hierárquicos autorizados a falar e a transmitir ordens aos degraus inferiores e aos demais pontos da hierarquia que lhe forem paritários. Sabemos também que é um discurso que não se inspira em idéias e valores, mas na suposta realidade dos fatos e na suposta eficácia dos meios de ação. Enfim, também sabemos que se trata de um discurso instituído ou da ciência institucionalizada e não de um saber instituinte e inaugural e que, como conhecimento instituído, tem o papel de dissimular sob a capa da cientificidade a existência real da dominação.

Todavia, essas determinações da linguagem competente não nos devem ocultar o fundamental, isto é, o ponto a partir do qual tais determinações se constituem. A condição para o prestígio e para a eficácia do discurso da competência como discurso do conhecimento depende da afirmação tácita e da aceitação tácita da incompetência dos homens enquanto *sujeitos* sociais e políticos. Nesse ponto, as duas modalidades do discurso da competência convergem numa só. Para que esse discurso possa ser proferido e mantido é imprescindível que não haja sujeitos, mas apenas homens reduzidos à condição de objetos sociais. Ora, exatamente no instante em que tal condição é preenchida (o discurso administrativo como racionalidade do real) é que a outra modalidade do discurso competente entra em cena para ocultar a verdade de sua primeira face. Ou seja, o discurso competente como discurso do conhecimento entra em cena para tentar devolver aos objetos sócio-econômicos e sócio-políticos a qualidade de sujeitos que lhes foi roubada. Essa tentativa se realiza através da competência privatizada. Invalidados como seres sociais e políticos, os homens seriam revalidados por intermédio de uma competência que lhes diz respeito enquanto sujeitos individuais ou pessoas privadas. Ora, essa revalidação é um logro na medida em que é apenas a transferência, para o plano individual e privado, do discurso competente do conhecimento cujas regras já estão dadas pelo mundo da burocracia e da organização. Ou seja, a competência privada está submetida à mesma reificação que preside a competência do discurso do conhecimento. Basta que prestemos uma certa atenção ao modo pelo qual opera a revalidação dos indivíduos pelo conhecimento para que percebamos sua fraude.

Sabemos que uma das maneiras mais eficazes de criar nos objetos socioeconômicos e sócio-políticos a crença de que são sujeitos consiste em elaborar uma série de discursos segundos ou derivados, por cujo intermédio é outorgada competência aos interlocutores que puderem assimilá-los. Eis por que a partilha entre elite e massa é, senão ilusória, pelo menos um falso problema. Que discursos segundos ou derivados são estes? São aqueles que ensinarão a cada um como relacionar-se com o mundo e com os demais homens. Como escreve Lefort,[2] o homem passa a relacionar-se com seu trabalho pela mediação do discurso da tecnologia, a relacionar-se com o desejo pela mediação do discurso da sexologia, a relacionar-se com a alimentação pela mediação do discurso dietético, a relacionar-se com a criança por meio do discurso pedagógico e pediátrico, com o lactente, por meio do discurso da puericultura, com a natureza, pela mediação do discurso ecológico, com os demais homens por meio do discurso da psicologia e da sociologia. Em uma palavra: o homem passa a relacionar-se com a vida, com seu corpo, com a natureza e com os demais seres humanos através de mil pequenos modelos científicos nos quais a dimensão propriamente humana da experiência desapareceu. Em seu lugar surgem milhares de artifícios mediadores e promotores de conhecimento que constrangem cada um e todos a se submeterem à linguagem do especialista que detém os segredos da realidade vivida e que, indulgentemente, permite ao não-especialista a ilusão de participar do saber. Esse discurso competente não exige uma

---

2. Lefort, Claude, "Maintenant", *Libre*. Paris, Payot, n. 1, 1977.

submissão qualquer, mas algo profundo e sinistro: exige a interiorização de suas regras, pois aquele que não as interiorizar corre o risco de ver-se a si mesmo como incompetente, anormal, a-social, como detrito e lixo. Estamos de volta ao Discurso do Método, porém não mais como projeto de dominação da natureza (pois, de há muito, a sociedade burguesa já se encarregou dessa tarefa) e sim como exigência de interiorizar regras que nos assegurem que somos competentes para viver. A invasão dos mercados letrados por uma avalanche de discursos de popularização de conhecimento não é signo de uma cultura enlouquecida que perdeu os bons rumos do bom saber: é apenas uma das manifestações de um procedimento ideológico pelo qual a ilusão coletiva de conhecer apenas confirma o poderio daqueles a quem a burocracia e a organização determinaram previamente como autorizados a saber.

A ciência da competência tornou-se bem-vinda, pois o saber é perigoso apenas quando é instituinte, negador e histórico. O conhecimento, isto é, a competência instituída e institucional não é um risco, pois é arma para um fantástico projeto de dominação e de intimidação social e política. Como podemos notar, não basta uma crítica humanista ou humanitária ao delírio tecnocrata, pois este é apenas um efeito de superfície de um processo obscuro no qual conhecer e poder encontraram sua forma particular de articulação na sociedade contemporânea. Talvez, por isso mesmo, hoje, a fúria inquisitorial se abata, em certos países, contra esse saber enigmático que, na falta de melhor, chamaríamos de ciências do homem e que, quando não são meras institucionalizações de conhecimentos, instauram o pensamento e se exprimem em discursos que, não por acaso, são considerados incompetentes. Cumpre lembrar, ainda, que, em matéria de incompetência, nos tempos que correm, a filosofia tem obtido sistemática e prazerozamente o primeiro lugar em todas as paradas de sucesso competentes.

Crítica e ideologia*

Procurarei desenvolver minha exposição em três momentos, delimitando, inicialmente, a noção de ideologia; em seguida, a noção de crítica enquanto contradiscurso; finalmente, examinando algumas categorias que considerarei ideológicas, tais como: objetividade, crise, organização.

Se acompanhamos as exposições de Marx em *A ideologia alemã*, diremos que basta os homens tomarem consciência imediata do aparecer social para que surja a ideologia, desde que a divisão social do trabalho tenha operado a separação entre trabalhadores manuais e intelectuais, ou entre trabalhadores e pensadores. No entanto, no sentido forte do termo, a ideologia só pode efetivar-se plenamente nas sociedades históricas, isto é, naquelas sociedades para as quais a questão de sua origem ou de sua instituição é não só um problema teórico, mas sobretudo uma exigência prática renovada.

Em sentido amplo, toda sociedade, por ser sociedade, é histórica: possui data própria, instituições próprias e precondições específicas, nasce, vive e perece, transforma-se internamente. O que estamos designando, aqui, como sociedade *propriamente* histórica é aquela sociedade para a qual o fato mesmo de possuir uma data, de pressupor condições determinadas e de repô-las, de transformar-se e de poder perecer não é um dado, mas uma questão aberta.

Toda sociedade é histórica porque temporal. A sociedade *propriamente* histórica, porém, tematiza sua temporalidade pondo-a como objeto de re-

---

* Exposição feita no simpósio sobre "Filosofia e sociedade", promovido pela SEAF (Sociedade de Estudos e Atividades Filosóficas), Rio de Janeiro, 1977.

flexão porque incessantemente reposta por suas práticas — não *está* no tempo, mas *é* tempo. Isto significa que a sociedade propriamente histórica não cessa de criar internamente sua diferença consigo mesma, pois o tempo não é senão criação da diferença temporal interna pela qual uma sociedade possui seu passado e visualiza seu futuro como seus *outros*. Produtora de sua alteridade, a sociedade propriamente histórica é aquela que não pode, senão sob a forma da violência e da máscara, repousar numa identidade fixa, onde se reconheceria a si mesma. Justamente por isso nessa sociedade o fenômeno da ideologia ganha sentido concreto.

Diferentemente dessa sociedade, há formações sociais que oferecem para si mesmas uma explicação — mítica ou teológica — sobre sua origem e permanência, de tal modo que o momento de sua instituição ou de sua fundação possa ser representado por seus membros na dependência de um saber e de um poder exteriores, anteriores e transcendentes à sociedade. A exterioridade do saber-poder fundador lhe garante intemporalidade e esta se transmite à sociedade que pode, então, representar-se a si própria como pura identidade consigo mesma e como intemporal. Basta recordarmos aquilo que Marx designa como "despotismo asiático" para que compreendamos esse fenômeno de petrificação temporal. Ora, uma vez estabelecida a origem, a forma e o sentido de tal sociedade, suas hierarquias internas, formas de autoridade e de poder, instituições econômicas e culturais, o todo social se imobiliza para si mesmo e se converte, por meio das representações, numa essência ou num conjunto de essências eternas. Temporal em si, mas intemporal para si, essa sociedade é histórica apenas para nós.

Essa petrificação do tempo é o que a sociedade propriamente histórica não pode conseguir, senão por meio da ideologia. Para essa sociedade, sua existência temporal e, portanto, sua emergência como sociedade é percebida como ambígua, mas a ambigüidade não é um "defeito" explicativo e sim constitutiva do ser mesmo do social. Com efeito, a origem é percebida como dependendo da ação dos próprios homens enquanto sujeitos sociais e, no entanto, estes percebem, simultaneamente, que sua ação criadora não é pré-social mas já é algo social. Em outras palavras, o problema posto pela sociedade histórica é o da impossibilidade de determinar o ponto anterior à sua existência, pois nasce da ação dos homens ao mesmo tempo em que é condição dessa ação. A imanência do ato fundador e da sociedade fundada se revela como imanência da sociedade fundadora e do ato fundado. A sociedade histórica é aquela que precisa compreender o processo pelo qual a ação dos sujeitos sociais e políticos lhe dá origem e, ao mesmo tempo, precisa admitir que ela é a própria condição para a atuação desses sujeitos.

A historicidade é, pois, uma questão complexa do ponto de vista teórico na medida em que a prática instituidora do social é ação de sujeitos que são instituídos como tais por esse mesmo social. As dificuldades para compreender esse duplo movimento de instauração conduz a várias conseqüências teóricas, tais como a elaboração dos conceitos de direito natural e de estado de natureza como formas de sociabilidade precárias e superadas pelo advento do contrato social como decisão consciente dos indivíduos para passar de seres "naturais" a seres "políticos", reunidos sob o direito civil. Ou ainda, a explicações do surgimento da vida social não por um pacto de vontades, mas por um golpe violento ou por uma fraude praticada por alguns poderosos sobre os pobres, aos quais é proposta uma unidade que irá, na verdade, submetê-los à espoliação e à opressão (lembremos, aqui, do *Discurso sobre a origem das desigualdades entre os homens*, de Rousseau). Ou, então, na vertente hegeliana, o advento da sociedade civil será explicado pela negação-superação e conservação da família, entendida como unidade natural e subjetiva, determinada pelos laços de sangue e pela vingança do delito. A passagem da família à sociedade civil será feita pelo surgimento do Direito Objetivo. Ou, enfim, em Marx, o advento da vida social é marcado pela divisão social do trabalho, que determina as relações dos homens com a Natureza e deles entre si, as divisões de autoridade e a forma do poder. Em todos esses casos, o que se nota é o esforço de uma elaboração na qual a teoria possa coincidir, por meio dos conceitos, com o instante prático de criação social. Em outros termos, a teoria procura determinar o momento preciso no qual a sociedade teria nascido por obra dos homens.

Na verdade, é esse o problema da História, ou seja, o problema filosófico e político para determinar um ponto fixo no real a partir do qual seja possível enunciar o começo da sociedade. Por que um problema? Porque o momento em que a sociedade começa é o momento no qual também começam seus próprios sujeitos, para poder, dessa maneira, colocá-la no real, de sorte que, para fazê-lo, ela precisa ser a fonte da ação de seus autores. Isto significa simplesmente (o que é enorme) que o advento da sociedade histórica não pode ser determinado como um fato empírico nem como um fato ideal, isto é, como um dado positivo ou como uma idéia positiva, mas precisa ser pensado como um trabalho, no sentido forte do termo. O real não são coisas nem idéias, não são dados empíricos nem ideais, mas o trabalho pelo qual uma sociedade se institui, se mascara, se oculta, constrói seu imaginário e simboliza sua origem, sem cessar de repensar essa instituição, seu imaginário e seus símbolos.

No entanto, a questão é ainda mais densa. A sociedade histórica precisa dar conta da origem de algo muito peculiar e que outras sociedades podem resolver através dos mitos da origem, seja numa versão propriamente mítica, seja numa versão teológica. Além de precisar enfrentar o enigma de sua auto-instituição, a sociedade histórica precisa enfrentar o problema do advento do poder político como um pólo separado do social e que, no entanto, nasceu da própria ação social. É forçada, portanto, a compreender como o poder nasce em seu interior e como dela se destaca, indo alojar-se numa figura visível que parece pairar fora e acima dela: o Estado. Assim, na gênese do poder político, a sociedade histórica enfrenta o mesmo problema que encontrara para a sua gênese social. Agora, como antes, a reflexão precisa dar conta do momento no qual, desprovida de garantias externas e transcendentes (Deus ou a Natureza, o Bem ou a Razão), surge a Lei, que é fundadora do político, mas também fundada por ele. Ora, essa sociedade, que está sendo criada pelo político, é a condição para que o próprio poder político seja criado. Reencontramos, assim, o mesmo problema anterior: o fundante e o fundado estão numa relação de reciprocidade tal que se torna impossível determinar o ponto empírico e o ponto ideal a partir dos quais se pudesse enunciar de modo positivo o começo da vida política.

Nos dois casos — origem social da sociedade e origem política do poder — o que se encontra subjacente e dificultando o desejo de uma teorização positiva é a realidade da práxis social, cuja peculiaridade consiste, justamente, desde os gregos, em ser um tipo de ação no qual sujeito, meios e fins são termos indissociáveis. Se a ação moral pode colocar fora de si um fim ideal (como o céu estrelado kantiano) e se a ação técnica pode separar claramente meios e fins (separação que define a própria técnica), a práxis é aquela ação que identifica agente, sujeito, condições e objetivos. A dificuldade posta pela história reside, pois, na natureza peculiar da própria práxis histórica que a constitui.

Creio ser possível, agora, compreender por que a emergência da ideologia em sentido forte é algo intrínseco às sociedades históricas. A partir do momento em que os sujeitos sociais e políticos deixam de contar com o anteparo de um saber e de um poder anteriores e exteriores à sua práxis, capazes de legitimar a existência de certas formas de dominação, as representações desses mesmos sujeitos, detidas no aparecer social e determinadas pela separação entre trabalho e pensamento, irão constituir o pano de fundo sobre o qual pensarão a si mesmos, pensarão as instituições, as relações de poder, a vida cultural, a sociedade e a política no seu todo. É elaborado, assim, um discurso que, partindo do discurso social (o discurso *do* social) e do discurso político (o discurso *da* política), se transforma num discurso impessoal *sobre* a sociedade e *sobre* a política. Essa passagem do discurso *de* para o discurso *sobre* constitui o primeiro momento na elaboração da ideologia.

Surge, agora, um corpo de representações e de normas através do qual os sujeitos sociais e políticos se representarão a si mesmos e à vida coletiva. Esse corpo de representações e de normas é o campo da ideologia no qual os sujeitos sociais e políticos explicam a origem da sociedade e do poder político; explicam as formas de suas relações sociais, econômicas e políticas; explicam as formas "corretas" ou "verdadeiras" de conhecimento e de ação; justificam, através de idéias gerais (o Homem, a Pátria, o Progresso, a Família, a Ciência, o Estado), as formas reais da desigualdade, dos conflitos, da exploração e da dominação como sendo, ao mesmo tempo, "naturais" (isto é, universais e inevitáveis) e "justas" (ponto de vista dos dominantes) ou "injustas" (ponto de vista dos dominados).

Nesse primeiro nível de conceituação podemos dizer que a ideologia faz com que as *idéias* (as representações sobre o homem, a nação, o saber, o poder, o progresso etc.) expliquem as relações sociais e políticas, tornando impossível perceber que tais idéias só são explicáveis pela própria forma da sociedade e da política. Na ideologia, o modo imediato do *aparecer* (o *fenômeno*) social é considerado como o próprio *ser* (a realidade do social). O *aparecer* social é constituído pelas *imagens* que a sociedade e a política possuem para seus membros, imagens consideradas como a realidade concreta do social e do político. O campo da ideologia é o campo do *imaginário*, não no sentido de irrealidade ou de fantasia, mas no sentido de *conjunto coerente e sistemático de imagens ou representações* tidas como capazes de explicar e justificar a realidade concreta. Em suma: o aparecer social é tomado como o ser do social. Esse aparecer não é uma "aparência" no sentido de que seria falso, mas é uma aparência no sentido de que é a maneira pela qual o processo *oculto*, que produz e conserva a sociedade, se *manifesta* para os homens.

O passo seguinte é dado pela ideologia no momento em que ultrapassa a região em que é pura e simplesmente a representação imediata da vida e da prática sociais para tornar-se um discurso *sobre* o social e um discurso *sobre* a política. É o momento no qual pretende fazer *coincidir* as representações elaboradas sobre o social e o político com aquilo que o social e o político seriam em sua realidade. Nesse passo, realiza seu passe de mágica: a elaboração do imaginário (o corpo das representações sociais e políticas) será vinculada à justificação do poder separado, isto é, à legitimação do Estado moderno. Somente se levarmos em conta o advento e a natureza do Estado moderno, poderemos compreender a função implícita ou explícita da ideologia ou, para usar os termos clássicos, a tentativa para fazer com que *o ponto de vista particular* da classe que exerce a dominação apareça para *todos* os sujeitos sociais e políticos como *universal* e não como interesse particular de uma classe determinada. Para entendermos a ideologia, que fala sobre as coisas, sobre a sociedade e sobre a política, pretendendo dizer o que são em si e pretendendo coincidir com elas, precisamos vinculá-la ao advento da figura moderna do Estado, enquanto um poder que se representa a si mesmo como instância separada do social e, na qualidade de separado, proporciona à sociedade aquilo que lhe falta primordialmente.

O que falta primordialmente à sociedade? Falta-lhe unidade, identidade e homogeneidade. O social histórico é o social constituído pela divisão em classes e fundado pela luta de classes. Essa divisão, que faz, portanto, com que a sociedade seja, em todas as suas esferas, atravessada por conflitos e por antagonismos que exprimem a existência de contradições constitutivas do próprio social, é o que a figura do Estado tem como função ocultar. Aparecendo como um poder uno, indiviso, localizado e visível, o Estado moderno pode ocultar a realidade do social, na medida em que o poder estatal oferece a representação de uma sociedade, de direito, homogênea, indivisa, idêntica a si mesma, ainda que, de fato, esteja dividida. A operação ideológica fundamental consiste em provocar uma inversão entre o "de direito" e o "de fato". Isto é, no real, de direito e de fato, a sociedade está internamente dividida e o próprio Estado é uma das expressões dessa divisão. No entanto, a operação ideológica consiste em afirmar que "de direito" a sociedade é indivisa, sendo *prova* da indivisão a existência de *um só e mesmo* poder estatal que dirige toda a sociedade e lhe dá homogeneidade. Por outro lado, a ideologia afirma que "de fato" (e infelizmente) há divisões e conflitos sociais, mas a causa desse "fato injusto" deve ser encontrada em "homens injustos" (o mau patrão, o mau trabalhador, o mau governante, as más alianças internacionais etc.). Assim, a divisão constitutiva da sociedade de classes reduz-se a um dado *empírico* e *moral*.

Nesse contexto, é possível perceber qual o trabalho específico do discurso ideológico: realizar a lógica do poder fazendo com que as divisões e as diferenças apareçam como simples diversidade das condições de vida de cada um, e a multiplicidade das instituições, longe de ser percebida como pluralidade conflituosa, apareça como um conjunto de esferas identificadas umas às outras, harmoniosa e funcionalmente entrelaçadas, condição para que um poder unitário se exerça sobre a totalidade do social e apareça, portanto, dotado da aura da universalidade, que não teria se fosse obrigado a admitir realmente a divisão efetiva da sociedade em classes. Se tal divisão fosse reconhecida, teria de assumir-se a si mesmo como *representante de uma das classes da sociedade*. Para ser posto como o representante da sociedade no seu todo, o discurso do poder já precisa ser um discurso ideológico, na medida em que este se caracteriza, justamente, pelo ocultamento da divisão, da diferença e da contradição.

Através da ideologia, são montados um imaginário e uma lógica da identificação social com a função precisa de escamotear o conflito, dissimular a dominação e ocultar a presença do particular, enquanto particular, dando-lhe a aparência do universal. Não é por obra do acaso, mas por necessidade, que o discurso do poder é o do Estado nacional, pois a ideologia nacionalista é o instrumento poderoso da unificação social, não só porque fornece a ilusão da comunidade indivisa (a nação), mas também porque permite colocar a divisão fora do campo nacional (isto é, na nação estrangeira). É possível, também, perceber que o discurso ideológico, na medida em que se caracteriza por uma construção imaginária (no sentido de representações empíricas e imediatas), graças à qual fornece aos sujeitos sociais e políticos um espaço de ação, deve necessariamente fornecer, além do *corpus* de representações coerentes para explicar o real, um *corpus* de normas coerentes para orientar a prática.

O discurso ideológico é um discurso feito de espaços em branco, como uma frase na qual houvesse lacunas. A coerência desse discurso (o fato de que se mantenha como uma lógica coerente e que exerça um poder sobre os sujeitos sociais e políticos) não é uma coerência nem um poder obtidos *malgrado* as lacunas, *malgrado* os espaços em branco, *malgrado* o que fica oculto; ao contrário, é *graças aos brancos, graças às lacunas* entre as suas partes, que esse discurso se apresenta como coerente. Em suma, é porque não diz tudo e não pode dizer tudo que o discurso ideológico é coerente e poderoso. Assim, a tentativa de preencher os brancos do discurso ideológico e suas lacunas não nos levaria a "corrigir" os enganos ou as fraudes desse discurso e transformá-lo num discurso verdadeiro. É fundamental admitirmos que, se tentarmos o *preenchimento* do branco ou da lacuna, não vamos transformar a ideologia "ruim" numa ideologia "boa": vamos, simplesmente, *destruir* o discurso ideológico, porque tiraremos dele a condição *sine qua non* de sua existência e força. O discurso ideológico se sustenta, justamente, porque *não pode dizer até o fim aquilo que pretende dizer*. Se o disser, se preencher todas as lacunas, ele se autodestrói como ideologia. A força do discurso ideológico provém de uma lógica que poderíamos chamar de *lógica da lacuna, lógica do branco*.

Cometeríamos um grande engano se imaginássemos que a um discurso ideológico "falso" se opõe um discurso ideológico "verdadeiro", que seria o discurso ideológico lacunar depois de preenchido. Se preenchêssemos o discurso ideológico, na realidade estaríamos produzindo um *outro* discurso e o contraponto se estabeleceria, então, entre o discurso ideológico e um *outro* discurso não-ideológico cuja verdade estaria em desmantelar as construções do discurso ideológico lacunar. Seria ilusório imaginar que o mero preenchimento da lacuna traz a verdade. Dessa ilusão nasceu uma velha tradição hoje reavivada entre os pensadores contemporâneos por Louis Althusser: a ilusão de que a partilha se faz entre a ideologia e a ciência, isto é, a ciência considerada como *discurso pleno* oposto à ideologia como *discurso lacunar*. Na verdade, o "corte" não passa por aí. Se quisermos ultrapassar essa ilusão precisaremos encontrar um caminho graças ao qual façamos o discurso ideológico destruir-se internamente. Isto implica ultrapassar uma atitude meramente dicotômica rumo a uma atitude teórica realmente dialética, encontrando uma via pela qual a *contradição interna* ao discurso ideológico o faça explodir. Evidentemente, não precisamos aguardar que a ideologia se esgote por si mesma, graças à contradição, mas trata-se de encontrar uma via pela qual a contradição ideológica se ponha em movimento e destrua a construção imaginária. Essa via é o que denomino discurso crítico. Este não é um *outro* discurso qualquer oposto ao ideológico, mas o *antidiscurso* da ideologia, o *seu* negativo, a *sua* contradição.

Um discurso que seja capaz de tomar o discurso ideológico e não contrapor a ele um outro que seria verdadeiro por ser "completo" ou pleno, mas que tomasse o discurso ideológico e o fizesse desdobrar todas as suas contradições, é um discurso que se elabora no interior do próprio discurso ideológico como o seu contradiscurso. Esse contradiscurso é o *discurso crítico*,[1] que não deve ser tomado como um discurso da objetividade. Com

---

1. Em um trabalho sobre a filosofia de Espinosa (em preparo para publicação), procurei assinalar que a grande inovação do filósofo está em produzir um pensamento que se elabora como

efeito, se, do ponto de vista teórico, uma das características da ideologia é a separação sujeito-objeto e um certo mito da objetividade, cairíamos também no engodo da objetividade se supuséssemos estar de posse de um discurso *objetivo* para opô-lo ao discurso ideológico, não-objetivo. Se, do ponto de vista teórico e sobretudo do ponto de vista prático, respeitarmos o movimento interno pelo qual sujeito e objeto vão sendo constituídos um pelo outro no real, a crítica da ideologia não se fará pelo contraponto de um segundo discurso, mas se fará por dentro dela, isto é, pela elaboração de um discurso negativo no interior do discurso ideológico.

Gostaria, aqui, de mencionar alguns "exemplos" do que chamo contradiscurso ou crítica.

Edgar de Decca e Antônio Carlos Vesentini,[2] investigando os acontecimentos que teriam constituído aquilo que se costuma designar como "Revolução de 30", descortinaram o campo ideológico que tornou possível aquela representação. Para que se pudesse proferir um discurso positivo *sobre* "Revolução de 30" como um marco na continuidade histórica e, ao mesmo tempo, como ruptura política, foi preciso que o pensamento dominante silenciasse um outro discurso, ocultasse uma outra prática e eliminasse da memória histórica uma outra memória, que, recuperada, torna impossível a representação "Revolução de 30". Trata-se da prática e do projeto político do Bloco Operário e Camponês entre 1926 e 1929. Em que consiste o contradiscurso? Numa periodização da história cujo marco não é dado pela ação conservada pela memória histórica dominante, mas por uma derrota política eliminada da memória. Essa periodização não implica colocar em cena mais uma personagem que estaria "faltando" no discurso sobre 30, mas recuperar uma prática de cuja abolição depende a própria elaboração sobre 30. Em outros termos, os historiadores revelam que a possibilidade da memória histórica fundada sobre a representação "Revolução de 30", tem como suporte a destruição — real e ideológica — de um outro projeto que não era mais um, entre os vários existentes, mas aquele que era portador do germe de uma revolução efetiva. Nessa medida, a recuperação da memória dos vencidos, mostra a "Revolução de 30" como contra-revolução.

---

crítica interna da Metafísica e da Teologia, de tal modo que as idéias espinosanas não se opõem às da tradição, mas nascem da negação interna à própria tradição teológico-metafísica.

2. Decca, Edgar de e Vesentini, Antônio Carlos, "A revolução do vencedor", *Contraponto*, Revista de Ciências Sociais do Centro de Estudos Noel Nutels, Niterói, n° 1, nov. 1976.

Procurando desvendar por que os termos "maquiavélico" e "maquiavelismo" foram conservados para além do tempo e da obra de Maquiavel, Claude Lefort[3] aponta a diferença entre o pensamento maquiaveliano e sua representação no mito do maquiavelismo. Este, elaborado desde o século XV e conservado até nossos dias, supõe uma imagem da política associada a uma visão metafísica do poder como algo essencialmente perverso. O homem maquiavélico é aquele que exerce poder por meio de um controle secreto e absoluto do espaço social e político; é aquele que, permanecendo sempre nos bastidores da política, puxa todos os cordéis e dirige a cena — autor do texto, encenador do contexto, diretor da peça, "ponto" e "maquinista", o político maquiavélico detém um saber total sobre a ação e um poder total sobre os agentes. No entanto, o traço mais determinante do homem maquiavélico é sua capacidade para levar o adversário à autodestruição. Em outras palavras, o poder maquiavélico consiste em permitir que o adversário tenha a ilusão de atuar livremente, sem perceber que cada um de seus atos o conduz à sua própria ruína. Segredo, logro, perversidade, pleno domínio do espaço e do tempo, eis os traços gerais da figura maquiavélica. Lefort indaga, então, o que, na obra de Maquiavel, torna possível a emergência dessa representação. E responde: Maquiavel é o primeiro pensador político que não busca a boa-sociedade nem o bom-governante, que não apóia o poder político sobre a transcendência divina, nem sobre a bondade ou perversidade na Natureza, nem, enfim, sobre as luzes da Razão. A garantia do poder é apenas a ação do sujeito político, que deve encontrar a ocasião oportuna e agarrá-la. É também o primeiro pensador político que não toma como ponto de partida nem como ponto de chegada a idéia de comunidade, mas define a Cidade pela divisão originária entre o desejo dos Grandes de oprimir e comandar, e o desejo do Povo de não ser oprimido nem comandado.

Assim, é o primeiro a definir a sociedade e a política pela divisão interna e não pela harmonia e pela identidade consigo mesmas. Eis por que, desfeito o suporte transcendente, desfeita a busca da boa-sociedade e desfeita a ilusão comunitária, a imagem do pensamento maquiaveliano suscita, de seu próprio interior, a imagem do maquiavelismo. Nada mais intolerável do que a admissão de que a política é o jogo incessante de uma lógica de forças (e não exercício da violência pura), e de que o sujeito político, homem de *virtù* que subjuga a fortuna, é a garantia única de sua própria

---

3. Lefort, Claude, *Le travail de l'oeuvre — Machiavel*. Paris, Gallimard, 1972.

ação. Desvendar o sujeito maquiaveliano sob a imagem maquiavélica é tarefa do contradiscurso.

Quando se percorre a tradição interpretativa da obra de Espinosa, percebe-se que partidários e adversários do "espinosismo" concordam sempre num ponto: a filosofia espinosana encontra-se minada por uma contradição insuperável que invalida o rigor do sistema e torna impraticável sua ética. Essa contradição encontra-se na tentativa absurda, feita pelo filósofo, para conciliar necessidade e liberdade, definindo esta última pela primeira. Fomos habituados por uma longa tradição de pensamento a opor necessidade (determinismo) e liberdade (vontade), isto é, a opor o reino mecânico das leis naturais e o reino humano dos fins livres. Essa oposição revela, portanto, a inconsistência de uma filosofia que, além de não distinguir os termos, define um pelo outro. Todavia, quando nos acercamos com paciência da obra espinosana, notamos algo extraordinário: aquilo que os intérpretes consideram "problema insolúvel do espinosismo" é justamente aquilo que Espinosa tematiza. Em outras palavras, Espinosa se volta para a origem da oposição entre necessidade e liberdade e demonstra que está fundada em dois deslizamentos conceituais, isto é, o conceito de necessidade é representado sob a imagem dos decretos divinos-naturais e a liberdade, sob a imagem de uma vontade perversa que transgride os decretos. Assim, subjaz ao conceito de necessidade uma imagem política pela qual se transforma em imagem de autoridade e de mando, enquanto subjaz ao conceito de liberdade a imagem de uma perversidade que nada mais é senão a representação moral, política e teológica da desobediência. O discurso espinosano elabora em sua construção, um contradiscurso, isto é, um exame do deslizamento dos conceitos metafísicos de necessidade e de liberdade para as imagens políticas da autoridade e da desobediência. É o subsolo político-teológico (isto é, ideológico) que torna necessidade e liberdade conceitos irreconciliáveis, de sorte que a elaboração de um novo discurso metafísico, ético e político, nos quais os termos sejam reciprocamente determinados, supõe o contradiscurso ou a crítica. Seria interessante indagar por que, durante três séculos, os intérpretes de Espinosa não puderam perceber esse trabalho crítico e mantiveram como uma contradição de sua filosofia aquilo que o filósofo não se cansara de apontar como obstáculos para a liberdade individual e política. Isto é, seria preciso elaborar, agora, o contradiscurso da interpretação da obra.

Na base da oposição ideologia-ciência (entendida como oposição entre lacunar e pleno, não-objetivo e objetivo), encontra-se uma certa noção da objetividade que se acha presente tanto na ideologia quanto na ciência, de tal modo que criticar a primeira pela segunda em nome da objetividade gera um engano infindável. Em outras palavras, uma das possibilidades para a elaboração do discurso crítico como contradiscurso encontra-se na possibilidade de realizarmos uma crítica da própria noção de objetividade, em cujo nome ideologia e ciência se degladiam.

Inversão das relações de determinação, o determinado posto como determinante e vice-versa; abstração, ou seja, desconhecimento da gênese e do processo; autonomia das idéias face à sociedade e à história, a ideologia, produto da sociedade histórica e da luta de classes, é também e, sobretudo, o ocultamento dessa gênese. Além de pressupor, mas escamotear, a divisão social, ou seja, a divisão do trabalho, da política e da sociedade, das instituições e do saber, a ideologia tem a peculiaridade de fundar a separação entre as *idéias* dominantes e os *indivíduos dominantes*, de sorte a impedir a percepção de um império dos homens sobre os homens, graças à figura neutra do império das idéias. Posto como autônomo, o universo das idéias organiza-se em uma ordem hierárquica onde as idéias parecem engendrar-se umas às outras, independentemente de toda e qualquer determinação não-ideal. Todavia, o misticismo das idéias a se engendrarem umas às outras acaba sendo corrigido pela própria ideologia quando esta encontra suportes aparentemente reais para as idéias, isto é, a autoconsciência ou a pessoa.[4] Contudo, a consciência da autoconsciência é o privilégio dos guardiões das idéias, isto é, dos intelectuais, de sorte que não é surpreendente que no interior das classes dominantes haja sempre um conflito entre pensadores e não-pensadores, vale dizer, entre os guardiões da autoconsciência e as próprias autoconsciências. O fato de, no ponto final do percurso das idéias, a ideologia encontrar "pessoas" indica que, no ponto de chegada, ela retoma o ponto de partida real, ou seja, homens pensando. Porém, ela reencontra esses homens sempre ideologicamente, visto que eles não aparecem como sujeitos históricos determinados, mas como consciências das idéias que representariam o real. Assim, encontramos no ponto final do percurso ideológico o mesmo ocultamento que tornara possível o ponto de partida, ou seja, as autoconsciências como suportes indiferentes de idéias de uma classe social determinada.

---

4. Em outras palavras, quer queira quer não, a ideologia se vê obrigada a *encarnar* as idéias em sujeitos sociais que seriam seus portadores. É próprio da ideologia burguesa nascente encarnar as idéias na *pessoa*, embora atualmente as idéias tenham encontrado um outro suporte: a Organização.

Ora, porque as idéias dominantes de uma época são as idéias da classe dominante dessa época, o ponto final da ideologia está necessariamente inscrito no movimento que a constitui, isto é, o dominante se reveste de generalidade e de universalidade que anulam e ocultam a realidade das classes. Toda a questão resume-se, portanto, em compreender por que a ideologia é dotada de força para manter-se, uma vez que, paradoxalmente, sua força vem da recusa da realidade. Em outras palavras, seria preciso compreender como a experiência imediata da vida social e política não cessa de oferecer meios para que a ideologia tenha forças.

O primeiro motivo para que a experiência da vida social e política reforce a ideologia (isto é, a recusa das classes) decorre do caráter *imediato* da experiência, fazendo-a permanecer calcada no desconhecimento da realidade concreta, isto é, do processo de constituição da sociedade e da política, portanto da realidade *mediata* que engendra o social e o político nas suas divisões. Porém, não é apenas o caráter imediato e abstrato da experiência que a leva a fortalecer a ideologia e dá a ambas uma força recíproca. Há um outro componente, certamente mais importante, que se exprime na experiência imediata, mas que não vem dela, e que outorga força à ideologia. A ideologia responde a uma exigência metafísica dos sujeitos sociais e políticos que vivem em sociedades fundadas nas lutas de classes e na divisão entre a sociedade e o poder do Estado. Com efeito, a ideologia realiza uma operação bastante precisa: ela oferece à sociedade fundada na divisão e na contradição interna uma imagem capaz de anular a existência efetiva da luta, da divisão e da contradição: constrói uma imagem da sociedade como idêntica, homogênea e harmoniosa. Fornece aos sujeitos uma resposta ao desejo metafísico de identidade e ao temor metafísico da desagregação. Ora, tanto a experiência quanto a ideologia encontram apoio para esta representação da identidade e da ordem no próprio mundo da produção econômica, na medida em que o movimento do capital surge como uma lógica imanente, independente dos homens e garantindo racionalidade e identidade como imanentes à própria realidade. Não só o capital parece ter vida própria, mas sua vida parece determinar de maneira "natural" e "espontânea" o lugar de cada um e de cada coisa, garantindo a cada um e a cada coisa seu sentido, seu papel e sua finalidade. Por outro lado, quando vemos essa racionalidade econômica manifestar-se no planejamento e na burocracia empresarial e estatal, a realidade aparece como racional, idêntica e identificável, previsível e controlável, de tal modo que a lógica econômica comanda a lógica social, política e psicológica. Essa experiência da racionalidade organizada e do lugar "natural" de cada ser humano faz com que experiência e ideologia ganhem força total. Cumpre-nos, então, encontrar o vínculo entre racionalidade e objetividade para encontrarmos a brecha por onde possa passar o contradiscurso e a contraprática que definem a crítica.

Responder ao desejo social de identidade tem uma origem precisa. Para que a violência da dominação exercida por uma classe surja como natural, inscrita na ordem das coisas, racional e legítima, ou como lugar de direito do exercício da dominação — sem o que os dominados teriam o direito de insurgir-se contra ela — é preciso que seja anulada como violência, e a única via possível consiste em produzir uma imagem unificada da sociedade, com polarizações suportáveis e aceitáveis para todos os seus membros. O imaginário ideológico responde a essas necessidades. Por um lado, fornece aos membros da sociedade dividida e separada do poder a imagem da indivisão (isto é, uma sociedade unificada pela unidade estatal, e esta como expressão ou síntese da vida social) e, por outro lado, elabora para a classe que detém o poder uma imagem de si e do social que faça do poder não uma dimensão que distingue a sociedade e o Estado, mas que faça desse Estado um *representante* homogêneo e eficaz da sociedade no seu todo. A idéia de que o Estado *representa* toda a sociedade e de que todos os cidadãos estão *representados* nele é uma das grandes forças para legitimar a dominação dos dominantes.

Assim, a operação ideológica passa por dois ocultamentos: o da divisão social e o do exercício do poder por uma classe social sobre outras. Para tanto, o discurso ideológico tende a fixar, de uma vez por todas, a origem e o significado dos fatos de sorte a oferecer certos signos fixos e constantes que neutralizem toda a contradição possível entre aquilo que já está dado e o que possa acontecer historicamente. As idéias aparecem, então, como representação do real, a sua verdade, e como normas para a ação, isto é, como conduta "conforme à natureza das coisas" ou conforme a certos fins que seriam os mesmos para todos. Representações e normas constituem, então, um corpo de prescrições que devem ser seguidas quando se quer conhecer ou quando se quer agir. A ideologia nada espera da sociedade e nada espera da história como fontes de saber e de ação, mas espera muito da "experiência", visto que esta a reforça mesmo quando lhe pede reformulações do que já fora explicado. O social e o histórico ficam submetidos ao *corpus* que tudo explica e que tudo prevê, mantendo identidades imaginárias entre o saber e a ação, graças à fixação imaginária e definitiva dos seus conteúdos.

Ao afirmarmos que a ideologia não tem história, é conveniente não supor que a sua ausência, na ideologia, se deva ao fato de que a história efetiva se realizaria em um outro lugar (por exemplo, na economia e não na política; por exemplo, nos países centrais e não na periferia). O que devemos compreender é que a ideologia procura neutralizar o perigo da história, ou seja, que opera no sentido de impedir a percepção da historicidade. Deve-se considerar que *a ideologia não tem história porque a operação ideológica por excelência consiste em permanecer na região daquilo que é sempre idêntico, e, nessa medida, fixando conteúdos, procura exorcizar aquilo que tornaria impossível o surgimento da história e o surgimento da própria ideologia*: a história real, isto é, a compreensão de que o social e o político não cessam de instituir-se a cada passo.

Talvez uma das formas mais extraordinárias pela qual a ideologia neutraliza o perigo da história esteja em uma imagem que costumamos considerar como sendo a própria história ou a "essência" da história: a noção de *progresso*. Contrariamente ao que poderíamos pensar, essa noção tem em sua base o pressuposto de um desdobramento temporal de algo que já existira desde o início como germe ou larva, de tal modo que a história não é transformação e criação, mas explicitação de algo idêntico que vai apenas crescendo com o correr do tempo. Outra noção que também visa escamotear a história sob a aparência de assumi-la é a noção de *desenvolvimento*. Nesta, pressupõe-se um ponto fixo, idêntico e perfeito, que é o ponto terminal de alguma realidade e ao qual ela deverá chegar *normativamente*. O progresso, colocando a larva, e o desenvolvimento, colocando a "boa forma" final, retiram da história aquilo que a constitui como história, isto é, o *inédito* e a *criação* necessária de seu próprio tempo e *telos*. Colocando algo antes do processo (o germe) ou *depois* do processo (o desenvolvido), a ideologia tem sérios compromissos com os autoritarismos, uma vez que a história de uma sociedade passa a ser regida por algo que ela *deve realizar* a qualquer preço. Passa-se da história ao *destino*.

Elevando todas as esferas da vida social e política à dimensão de essências, a ideologia se desincumbe da tarefa de explicação e justificação do real, pois sua origem e sentido se encontram fixados de uma vez por todas. As essências — o Homem, a Natureza, a Nação, a Família, o Trabalho, a Empresa, a Organização, a Escola — garantem a identidade, a repetição, a permanência e até mesmo a transformação, esta última imaginada como progresso ou desenvolvimento. Mesmo que a operação ideológica encontre limites — pois as contradições não desaparecem pelo simples fato de permanecerem soterradas sob a fixidez e identidade das representações e das normas — o discurso ideológico, ainda quando forçado a reparos periódicos, não se desfaz como ideologia. Seria ilusório supor que a contradição, porque é contradição, venceria o imaginário ideológico, pois sabemos que não é este o caso. Quando a classe dominante chega a se dar conta de uma contradição, em geral isto lhe ocorre menos pela percepção de uma contradição real entre dominantes e dominados, e muito mais quando percebe um conflito de interesses, seja entre ela e seu "exterior" (isto é, os dominados), seja no interior da própria classe dominante. Quando tal ocorre, mesmo implicando pequenos reparos nas relações entre dominantes e dominados, aquela percepção não indica o fim da ideologia, mas, ao contrário, que uma nova ideologia pode estar a caminho. O simples fato de que os dominantes cheguem a ser sensíveis a algum aspecto da contradição sugere que se tornaram sensíveis porque *já dispõem dos recursos para conjurar aquela contradição que perceberam*.[5]

Se a ideologia é um discurso que se oferece como representação e norma da sociedade e da política, como saber e como condição da ação, isto significa que promove uma certa noção de racionalidade, cuja peculiaridade consiste em permitir a suposição de que as representações e as normas estão colocadas no real, são o próprio real e a verdade do real. Assim, há uma dupla pretensão na ideologia: por um lado, procura fazer com que o discurso sobre as coisas seja um discurso que coincida com as próprias coisas e para isso, por outro lado, precisa afirmar que as coisas são racionais, que a racionalidade está inscrita no próprio real e que o trabalho do pensamento é apenas o de redescobrir esta racionalidade já inscrita no mundo. Evidentemente, não se trata de dizer, contra a ideologia, que a racionalidade não esteja inscrita no real, mas mostrar o que é a racionalidade ideológica. A racionalidade ideológica não é apenas aquela do discurso lacunar, mas ela é, sobretudo, a racionalidade que sustenta o que entendemos por saber científico e por objetividade.

Da mesma maneira que a operação ideológica fundamental consiste em camuflar as contradições, em nome de uma indivisão e de uma harmonia de direito que devem constituir a sociedade e a política, também é uma operação típica da ideologia escamotear a diferença entre o pensar e o real — sobretudo a diferença existente entre uma compreensão crítica das interpretações que os agentes sociais e históricos produzem em condições de-

---

5. Nesse sentido pode-se falar numa história das ideologias.

terminadas, e as origens dessas próprias interpretações. O dado ou o fato constituiriam a realidade de que o saber seria apenas uma representação ordenada e sistemática, graças a certos procedimentos metodológicos pelos quais se estabeleceria a adequação entre a representação e o dado. Por mais sofisticado que possa ser o aparato metodológico das ciências contemporâneos, por mais distante que pareça estar o conceito face ao mero dado, há algo da ideologia que permanece quando a ciência passa do empirismo (isto é, dos fatos dados) ao formalismo (isto é, às puras construções, aos "modelos").

O que permanece? A crença numa certa imagem da objetividade. Sob esse prisma, se há uma diferença inicial entre o discurso científico e o discurso social e político, essa diferença consiste no fato de que o segundo não pode distanciar-se do "mundo" enquanto o primeiro pode assim proceder, de tal maneira que as ciências tenderão a tomar-se a si mesmas como construção formal e coerente que já não acredita estar reproduzindo dados e, sim, apenas aproximando-se deles por meio de conceitos e modelos. Ao contrário, o discurso social e político tem a pretensão de ser um discurso que fala as próprias coisas e não sobre elas. No entanto, essa diferença entre a ciência (tomada como linguagem purificada e coerente que abandonou a pretensão de dizer as coisas em si) e a ideologia (no sentido lato) é uma diferença mínima. Com efeito, a ciência desloca o objetivo, ou a objetividade, para o *constructus*, mas não se desfaz da noção de objetividade entendida como representação coerente e idêntica, de modo que, nessa nova ciência, a verdade apenas foi deslocada do dado imediato para o axioma, sem que a noção de verdade, pressuposta em ambos os casos, tivesse sido interrogada. A ideologia, enquanto discurso social e político, não pode, evidentemente, se dar ao luxo de colocar-se no mesmo plano em que a ciência, isto é, como dotada de simples coerência formal aproximativa; sendo um exercício da dominação, não pode permitir qualquer hiato entre a "verdade" que profere e a "realidade" social.[6] Se, em contrapartida, a ciência parece ter abandonado a pretensão de dizer as próprias coisas, foi apenas porque transferiu a "coisa" para as operações epistemológicas, mas, nesse mesmo movimento, colocou-se, sem saber, como a outra face da ideologia. Pode-se dizer que no exato instante em que a ciência se torna cada vez mais um artificialismo e um formalismo, cada vez mais uma construção

---

6. Essa ausência de distância entre a representação e a coisa é o que torna possível distinguir o "homem comum" e o "cientista".

coerente, vai tornando cada vez mais claro o que é a própria ideologia. Enquanto a ciência não havia chegado ao ponto-limite de já não pretender estar falando sobre o real, mas estar falando a respeito de construções supostamente reais, uma certa dimensão da ideologia não podia ser percebida com muita clareza. É agora, quando o artificialismo da ciência, o artificialismo da comunicação de massas, o artificialismo da informação, o artificialismo reinante na produção de todas as representações alcança o seu limite, é agora que, talvez, transpareça a verdade da ideologia contemporânea.

Por mais absurdo que pareça, é nesse instante em que a cientificidade tem o direito de explicação sobre todo o real, em que a nossa confiança sobre a explicação científica tornou-se total, em que a ciência aparece divulgada nas enciclopédias, nas bancas de jornais, nos debates de televisão, em qualquer escrito que circule em qualquer parte, em nossas aulas, em nossos cursos, em nossos artigos, em nossos ensaios, em nossas discussões — é nesse instante, quando confiamos cegamente na idéia de que existe uma transparência da realidade e que essa transparência emerge desde que a objetividade seja construída, quando a ciência tem a última palavra, ela se torna o lugar privilegiado da ideologia no mundo contemporâneo. Esse privilégio lhe advém, sobretudo, porque o que ela possui é a crença (que partilhamos com ela e graças a ela) de que o real é racional e transparente, faltando apenas aprimorar os procedimentos científicos, melhorar as metodologias, melhorar o aparelhamento tecnológico, para que se chegue a essa racionalidade total que é a própria realidade.

Todavia, por que considerar a racionalidade do real como ideológica? Afinal, o primeiro crítico da ideologia jamais negou a racionalidade do real. Evidentemente, não é ideológica a admissão da racionalidade do real, mas sim *aquilo que nossa ciência entende por racionalidade*. Esta é posta como sinônimo de não-contradição, pois o contraditório é suposto como sinônimo do irracional. Através dessa identificação entre racional e não-contraditório, a ciência está, como a ideologia, afirmando a não-história. Ausência de historicidade e ausência de contradição aparecem como expressões privilegiadas da racionalidade. É nessa racionalidade que confiamos, na medida em que confiamos cegamente na ciência.

Por que, agora, ciência e ideologia estão assim próximas? Porque, com a nova ciência, a manipulação não terá limites, e visto que a finalidade da ideologia é a manipulação, a ciência lhe oferece a imagem de um objeto manipulado e inteiramente manipulável, porque *produzido* pelas próprias operações científicas. Com isto, a ciência mantém e reforça o desejo da ideologia de coincidir com aquilo que é proferido pelo seu próprio discurso, pois o que ela profere (como ideologia), ela mesma (como ciência) construiu.

O que é a racionalidade que o discurso ideológico atribui à realidade social e política? É a racionalidade de uma representação. A ideologia é um discurso que se desenvolve sob o modo da afirmação, da determinação, da generalização e da redução das diferenças, da exterioridade face ao objeto (exterioridade que sempre é o ponto de vista do poder, pois o lugar separado, o olhar de sobrevôo do observador impessoal, é a figura do saber como ato de dominação), trazendo a garantia da existência de uma ordem, atual ou virtual. Esse discurso tende sempre para o anonimato ou para a neutralidade, a fim de testemunhar uma verdade que estaria inscrita nas próprias coisas. Discurso anônimo, sem autor e sem produtor, não precisa de suportes humanos através dos quais o real se cria e se recria, pois o mundo está dotado de uma racionalidade que já nem é mais sua, mas a de sua representação. Não há mais necessidade de alguém que o pense: ele está posto aí diante de nós, como racional em si e por si.

Na medida em que se trata da racionalidade de uma representação, nela está implicada a manutenção da dicotomia sujeito-objeto. A exterioridade entre ambos tende a ser anulada pelas operações de um certo sujeito, o suposto sujeito do conhecimento, que no ato de representar converte o exterior num resultado das operações do intelecto, interiorizando, então, o exterior, mas não porque o interprete e o negue, mas porque o recusa como separado.[7] Assim, longe de buscar o movimento interno pelo qual a realidade constitui e destrói a sua própria racionalidade, e da qual o sujeito é um dos momentos constituintes e constituídos, a ideologia garante uma racionalidade que mantém os termos separados e os unifica graças às operações intelectuais. É incapaz de alcançar a diferença entre o sujeito e o objeto, o momento da sua supressão recíproca como separados e o momento da sua separação seguinte. A ideologia, como ciência, fixa uma distinção imediata e empírica entre sujeito e objeto, em seguida passa a considerá-los como essências diversas e, por fim, encontra nas operações subjetivas um

---

7. Em outras palavras: a dicotomia sujeito-objeto é resolvida aparentemente em favor do objeto (ele é que é real e apreendido pelo sujeito), quando, na verdade, está sendo reduzido à pura interioridade das operações feitas pelo sujeito, vitorioso. Assim, a posição de domínio ocupada pelo sujeito do conhecimento é nítida: finge aceitar a diferença entre o objeto externo e a idéia, mas, na realidade, devora a exterioridade incorporando-a no sistema de representações. Finge "submeter-se" às coisas para melhor submetê-las.

meio de escamotear aquela distinção que ela mesma estabelecera. São essas operações que constroem aquilo que nos acostumamos a designar como sendo a objetividade.

A racionalidade científica, ao construir a objetividade, realiza a operação chamada *determinação completa*, pela qual uma realidade é convertida em objeto de conhecimento. Algo é conhecido objetivamente quando é possível dominá-lo inteiramente pelas operações do entendimento. A noção de objetividade está vinculada, portanto, à idéia de poder: conhecer é exercer um poder, na medida em que conhecer é conhecer o objetivo, e o objetivo foi construído de modo a tornar-se esgotável teoricamente. A idéia de que é possível esgotar teoricamente um objeto é a idéia de que é possível dominá-lo teoricamente e, portanto, dominá-lo praticamente. Essa noção de objetividade é inseparável da idéia de exercício da dominação. Esta aparece, inicialmente, como uma dominação exercida sobre o objeto do conhecimento, mas, na medida em que o objeto do conhecimento nada mais é do que aquilo que foi elaborado no interior de uma prática social determinada (isto é, a prática científica), percebe-se como a ciência é trabalho de dominação. A noção de objetividade é uma noção de poder, pois algo é considerado conhecido objetivamente quando é possível dominá-lo inteiramente pelas operações do intelecto.

Como se determina completamente um objeto (pelo menos de direito)? Quando se pode determinar o conjunto de todas as propriedades necessárias que o fazem ser tal qual é. A determinação completa pressupõe duas operações: em primeiro lugar, o estabelecimento exaustivo das propriedades positivas do objeto; em segundo lugar, a exclusão de todas as determinações que, sendo intrinsecamente contraditórias, fariam com que o objeto se movesse, tivesse um tempo próprio de existência e de destruição. Nessa medida, a determinação é completa, de um lado, porque pretende dizer tudo o que o objeto é ou deve ser e, por outro lado, porque exclui toda possibilidade de que haja um movimento interno ao objeto, sua reflexão, pelo qual ele se ponha e se reponha, se transforme e desapareça, isto é, recusa o objeto dialeticamente desenvolvido. O objeto completamente determinado, ou a objetividade, é constituído por uma coleção de propriedades positivas, restando saber apenas como essas propriedades se articulam mecânica, funcional ou estruturalmente. Mesmo quando o objeto não está completamente determinado, por ser uma singularidade que evolui no tempo, ainda assim se acredita que ele apenas está desdobrando ou explicitando propriedades latentes que o intelecto já havia decifrado. O objeto completamente determinado, ou a objetividade, é, portanto, o objeto imóvel, ou seja, *o objeto morto*. Além de ser exercício do poder do sujeito do conhecimento, a objetividade também é a promoção da morte.

A racionalidade tomada, então, à luz do ideal da objetividade desemboca na noção de *lei* do objeto, que, por estar referida ao objeto morto, permite cálculo, previsão, manipulação. A racionalidade abstrata das leis tem um papel bastante preciso: permitir o controle e a instrumentalização de todo o real. O objeto completamente determinado, isto é, a objetividade, é o objeto completamente dominável, tanto no nível do saber quanto no nível da ação.

Sendo a racionalidade construída a partir dessa morte do objeto e dessa confiança numa construção que esgota as supostas propriedades positivas do objeto e retira dele a possibilidade de uma reflexão interna, essa racionalidade, que chamamos ciência, realiza as finalidades da ideologia muito melhor do que a velha ideologia *lato sensu*.[8]

Passo, então, ao último momento de minha exposição, procurando esclarecer as observações que fiz até aqui através do exame de uma noção que está sempre muito em voga: a noção de crise.

Uma vez construída a idéia de que o real é racional, e que essa racionalidade consiste num conjunto de leis universais e necessárias ou de modelos fixos, torna-se possível pensar a sociedade não como *constituída* pela divisão originária das classes, mas apenas como *contendo* divisões. Que divisões a sociedade conteria? A das esferas chamadas instituições sociais. A sociedade é, então, considerada como composta por uma série de subsistemas ou de subunidades, cada um deles tendo sua racionalidade própria e, portanto, sua própria objetividade, sua própria transparência, suas próprias leis. Por outro lado, o todo da sociedade funcionaria graças a uma articulação harmoniosa desses vários subsistemas ou subunidades. Cada um deles possuiria a sua própria harmonia e, no todo, funcionariam harmonicamente. A explicação funcionalista e a explicação estruturalista são exemplares, neste particular, dessa racionalidade como um todo composto de

---

8. Dissemos, ao iniciar, que a ideologia respondia ao desejo metafísico de identidade e ao horror metafísico da desagregação. Ora, se o sujeito do conhecimento fosse apreendido como sujeito *propriamente*, tornar-se-ia claro o porquê da busca da objetividade como pólo fixo e idêntico, ordenado e manipulável: a objetividade é o recurso epistemológico do sujeito contra a impossibilidade real de fixar sua identidade, pois é histórico.

partes.⁹ Ora, noções como as de burocracia, organização administrativa e planejamento da sociedade estão vinculadas a essa concepção de um todo composto de esferas dotadas de racionalidade própria e articuladas, de sorte que a maneira pela qual a sociedade é pensada resulta na maneira pela qual se admite a racionalidade de suas formas de organização institucional.

Que acontecerá no momento em que essas racionalidades parciais não se articularem harmoniosamente umas com as outras e o todo começar a se mostrar problemático? Para tais momentos, a ideologia possui uma idéia, uma representação graças à qual aparentemente admitirá o problema e, simultaneamente, poderá dissimulá-lo: a idéia de *crise*.

Na crise, a continuidade e a harmonia das racionalidades parciais parecem romper-se. Cada parte aparece como independente das outras e do todo, e a verdade do todo emerge como uma mescla indecisa entre a racionalidade geral dos fenômenos sociais e uma irracionalidade dos subsistemas no seu conjunto. A crise é imaginada, então, como um movimento da irracionalidade que invade a racionalidade, gera desordem e caos e precisa ser conjurada para que a racionalidade anterior, ou outra nova, seja restaurada. A noção de crise permite representar a sociedade como invadida por contradições e, simultaneamente, tomá-las como um acidente, um desarranjo, pois a harmonia é pressuposta como sendo de direito, reduzindo a crise a uma desordem fatual, provocada por enganos, voluntários ou involuntários, dos agentes sociais, ou por mau funcionamento de certas partes do todo. A crise serve, assim, para opor uma ordem ideal a uma desordem real, na qual a norma ou a lei são contrariadas pelo acontecimento, levando a dizer que a "conjuntura" põe em risco a "estrutura" ou, então, que a estrutura é inadequada para absorver a novidade. O acontecimento (portanto, a historicidade) é encarado como um engano, um acidente, ou algo inadequado. Tal representação permite, assim, imaginar o acontecimento histórico como um desvio.

Crise e desvio são noções que pressupõem um *dever ser* contrariado pelo acontecer, mas que poderá ser restaurado porque é um dever ser. Há exterioridade entre o acontecimento e o sistema, entre a conjuntura e a estrutura, entre a historicidade e a racionalidade. Longe, portanto, de surgir como algo que ateste os limites da representação supostamente objetiva e

---

9. É preciso distinguir constituição e composição. Um todo constituído de partes é o movimento dessas partes. Um todo composto de partes é a *soma ou reunião* dessas partes. Na constituição, a relação todo/parte é intrínseca. Na composição, é extrínseca.

racional, a noção de crise realiza a tarefa oposta, que é a sua tarefa ideológica: confirma e reforça a representação. Assim, a crise nomeia os conflitos no interior da sociedade e da política para melhor escondê-los. Com efeito, o conflito, a divisão e até mesmo a contradição podem chegar a ser nomeados pelo discurso da crise, mas o são com um nome bastante preciso: na crise, a contradição se chama *perigo*. Não é por acaso que a noção de crise é privilegiada pelos discursos autoritários, reacionários, contra-revolucionários, pois neles essa noção funciona em dois registros diferentes, mas complementares. Por um lado, a noção de crise serve como *explicação*, isto é, como um *saber* para justificar teoricamente a emergência de um suposto irracional no coração da racionalidade: a "crise" serve para ocultar a crise verdadeira. Por outro lado, essa noção tem *eficácia prática*, pois é capaz de mobilizar os agentes sociais, acenando-lhes com o risco da perda da identidade coletiva, suscitando neles o medo da desagregação social e, portanto, o medo da revolução, oferecendo-lhes a oportunidade para restaurar uma ordem sem crise, graças à ação de alguns salvadores. O tema da crise serve, assim, para reforçar a submissão a um poder miraculoso que se encarna nas pessoas salvadoras e, por essa encarnação, devolve aquilo que parecia perdido: a identidade da sociedade consigo mesma. A crise é, portanto, usada para fazer com que surja diante dos agentes sociais e políticos o sentimento de um perigo que ameaça *igualmente* a todos, que dê a eles o sentimento de uma *comunidade de interesses e de destino*, levando-os a aceitar a bandeira da salvação de uma sociedade supostamente homogênea, racional, cientificamente transparente.

Cultura do povo e autoritarismo das elites*

> *Não há um único documento de cultura que não seja também um documento de barbárie. E a mesma barbárie que o afeta, também afeta o processo de sua transmissão de mão em mão.*
>
> Walter Benjamin

Colocando lado a lado os termos povo e elites vinculados apenas pela conjunção "e", o tema proposto para esta comunicação se oferece a vários percursos interpretativos. Assim, por exemplo, seria possível interpretá-lo como posição de uma diferença entre a cultura que o povo possui e as elites, caracterizadas como autoritárias, diferença que pede explicitação, pois exige que indaguemos qual é sua natureza. Haveria entre os termos uma diferença que se exprime na diversidade entre duas manifestações culturais específicas? Ou haveria apenas uma diferença aparente e uma coincidência real entre ambas? Poderia a diferença ser algo mais do que uma diversidade e muito mais do que uma coincidência, isto é, haveria entre os termos uma contradição?

---

* Esta é uma segunda versão do texto apresentado no simpósio sobre "Cultura do povo", CEDEC/PUC, 1977, e publicado na coletânea *Cultura do povo*, São Paulo, Cortez & Moraes/EDUC, n. 1, 1979. Embora as observações de Octavio Ianni (durante o simpósio e na publicação do livro) acerca dos termos *elite* e *popular* sejam extremamente pertinentes, todavia não me detive em analisá-los enquanto tais, preferindo dar por suposto que essa terminologia é problemática. Aliás, em dois momentos do texto (tanto na primeira versão quanto nesta) menciono a questão sem me demorar nela. No quarto artigo apresentado nesta coletânea, espero ter aprofundado um pouco a discussão propondo que o "popular" não seja glorificado nem seja reduzido à alienação, mas compreendido como dominado e, portanto, como internamente dividido.

Um primeiro percurso interpretativo poderia conduzir-nos à análise da diversidade entre a cultura do povo e a das elites a partir de uma questão precisa: a cultura do povo é ou não uma recusa explícita ou implícita da cultura das elites? Se a resposta for afirmativa, estaremos diante de duas culturas realmente diferentes que exprimiriam a existência de diferenças sociais, de sorte que seria preciso admitir que a sociedade não é um todo unitário, mas encontra-se internamente dividida. Neste caso, o autoritarismo das elites se manifestaria na necessidade de dissimular a divisão, vindo abater-se contra a cultura do povo para anulá-la, absorvendo-a numa universalidade abstrata, sempre necessária à dominação em uma sociedade fundada na luta de classes. Elite significaria precisamente elitismo e segregação, mas, ao mesmo tempo, afirmação de um padrão cultural único e tido como o melhor para todos os membros da sociedade. Salta aos olhos então, o caráter paradoxal do autoritarismo das elites, visto que a idéia de padrão cultural único e melhor implica, por um lado, a imposição da mesma cultura para todos e, por outro lado, simultaneamente, a interdição do acesso a essa cultura "melhor" por parte de pelo menos uma das classes da sociedade. Assim, negando o direito à existência para a cultura do povo (como cultura "menor", "atrasada" ou "tradicional") e negando o direito à fruição da cultura "melhor" aos membros do povo, as elites surgem como autoritárias por "essência". Em outras palavras, a expressão "autoritarismo das elites" é redundante.

Numa outra linha interpretativa poderíamos perguntar em que medida a cultura do povo reproduz o autoritarismo das elites, uma vez que "as idéias dominantes de uma época são as idéias da classe dominante dessa época". Neste caso, o povo repetiria, à sua maneira e segundo seus recursos, os padrões culturais vindos do alto e que, não podendo ser integralmente copiados, levariam um observador incauto a encarar a distância que separa o modelo e a cópia, não como variação de grau do mesmo padrão e, sim, como diferença real entre duas culturas. Nesta perspectiva, a cultura do povo, em lugar de ser a recusa do que se passa na esfera das elites, seria, antes, um instrumento para a dominação por parte daqueles que detêm o poder e que nele são mantidos na qualidade de elites justamente por serem tomados como paradigma do "melhor", a que todos aspiram.

Enfim, numa outra direção, poderíamos indagar se há ou não contradição entre os termos povo e elite, de tal maneira que um dos termos não seja apenas diverso do outro, mas sua negação. Neste caso, seríamos levados a afirmar que a cultura do povo é não-autoritária. Todavia, sendo a contradição uma relação intrínseca entre termos, a designação do não-autoritarismo popular exige que este seja uma negação determinada, isto é, exige que encontremos o lugar onde aquilo que a elite afirma seja exatamente aquilo que o povo nega, e não outra coisa qualquer. Se a negação permanecer indeterminada, se qualquer coisa puder ser vista como recusa ou como oposição do povo à elite, a contradição estará fadada a permanecer na sombra. Para que venha à luz caberia iluminar o espaço onde o que é afirmado por uns é negado por outros.

Evidentemente, essas possibilidades interpretativas não se excluem umas às outras; pelo contrário, assinalam a complexidade do tema a ser debatido e as dificuldades para a manutenção tranqüila de uma dicotomia entre os termos — cultura do povo e autoritarismo das elites — dicotomia que nos desse a ilusão de que ambos são transparentes e providos de contornos suficientemente nítidos para impedir o deslizamento de um no outro. Aliás, porque essa transparência e essa fronteira não são óbvias, o tema pede discussão.

Uma vez que o contraponto (ou a conjunção, resta ver) dos termos é feito a partir da determinação das elites como autoritárias, o debate pode ficar circunscrito à esfera da política e, portanto, às relações entre a cultura do povo e os que detêm o poder no Estado. Todavia, sendo a esfera da política constituída não só pelo exercício efetivo do poder através do Estado e de suas instituições, mas também pelas representações que cercam o poder e a noção de autoridade (sua origem, sua forma, sua finalidade, sua legitimidade ou ilegitimidade, sua permanência ou destruição), será impossível discutir o tema sem referi-lo à ideologia.

Ora, se considerarmos que um dos aspectos mais importantes e eficazes da ideologia reside no esforço imaginário (mas de modo algum ilusório) para estabelecer uma coincidência entre o discurso social e político e o discurso *sobre* o social e o político, graças a uma lógica da identificação que unifique a realidade social e política com as representações construídas acerca delas, então as elites são necessariamente autoritárias. Com efeito, se para exercer o poder e justificar seu exercício os dominantes precisam que as representações acerca do social e do político coincidam com o real e se, neste, povo e elite constituem pólos contraditórios da divisão e luta de classes, os dominantes devem agir de sorte a fazer com que permaneçam soterradas todas as manifestações da diferença e da contradição no interior da sociedade. Esse ocultamento é obtido através de uma prática e de um discurso coercitivos, mesmo e sobretudo quando a coerção não esteja imediatamente visível por ter-se transformado em consenso invisível e interiorizado. A prática e o discurso dominantes, como se sabe, estão encarregados de criar em todos os membros da sociedade o sentimento de que fazem parte dela da mesma maneira, e que a contradição não existe, ou melhor, a contradição deve aparecer como simples diversidade ou como diferentes maneiras, igualmente legítimas, de participar da mesma sociedade. As "classes laboriosas" e as "classes dirigentes" são apenas variantes do cidadão e da pessoa, contidas em germe na natureza humana. Contudo, visto que não é exatamente dessa maneira que as coisas se passam na realidade, a imposição de um mesmo *corpus* de representações e de normas à sociedade exige que os dominantes pensem e ajam autoritariamente para que o embute ganhe foros de verdade. O autoritarismo existe sempre e toda vez que as representações e normas, pelas quais os sujeitos sociais e políticos interpretam suas relações, sejam representações e normas vindas de um pólo ou de um lugar exterior à sociedade e situado acima dela. Ora, como já não vivemos sob teocracias, a exterioridade e a transcendência do poder, fonte de sua autoridade, encarnam-se no instrumento de que os dominantes dispõem para a dominação, isto é, no aparelho do Estado, tomado como poder separado da sociedade, mas na realidade engendrado pelo próprio movimento interno da sociedade.

Uma das sugestões aqui apresentadas para interpretar o tema proposto consistia em indagar se a natureza da diferença entre a cultura do povo e as elites poderia ser tomada como contradição e, portanto, como negação determinada, exigindo que encontrássemos o espaço onde essa negação se efetuaria. Seguindo essa trilha seria possível perguntar se há ou não contradição na maneira como dominantes e dominados representam a autoridade e, conseqüentemente, se há ou não coincidência naquilo que esperam da política. Proponho apenas levantar algumas questões que tornem viável uma outra: se dominantes e dominados possuírem maneiras diferentes de representar a autoridade e se, na verdade, tal diferença for uma contradição, haverá nos dominados uma força libertadora porque libertária?

Não cabe aqui, evidentemente, indagar em que momento os intelectuais fizeram da expressão "cultura do povo" um elemento de seu léxico e um referencial de pensamento. É suficiente lembrar que tal expressão só poderia surgir quando a existência da diferença, da oposição e da luta no interior da sociedade é percebida como manifestação de diferença, oposição e luta de *classes*, uma vez que não se fala apenas em povo e elite, mas em cultura do povo (o que pressupõe uma cultura da elite) e, portanto, em formas diferenciadas de representar e interpretar a relação com a natureza e com os homens. Em contrapartida, seria interessante indagar por que falar em "cultura do povo" em lugar de "cultura popular". É plausível supor que a escolha da primeira expressão em vez da segunda tenha o mérito de procurar um caminho que nos resguarde da ambigüidade presente no termo "popular". Considerar a cultura como sendo *do* povo permitiria assinalar mais claramente que ela não está simplesmente no povo, mas que é produzida por ele, enquanto a noção de "popular" é suficientemente ambígua para levar à suposição de que representações, normas e práticas porque são encontradas nas classes dominadas são, *ipso facto*, do povo. Em suma, não é porque algo *está* no povo que *é* do povo.

Embora uma expressão como "cultura do povo" só pudesse ser cunhada a partir do momento em que a diferença e oposição das classes fosse reconhecida, isto não significa que com tal reconhecimento viesse também o da luta de classes nem que esta deixasse de ser escamoteada. Quando o "do povo" ruma para o "popular", o adjetivo tende a deslizar para um outro que encobre efetivamente a contradição e a luta: o adjetivo "nacional", cuja peculiaridade, sobejamente conhecida, consiste em deslocar a luta interna para um ponto externo à sociedade e que permita a esta última ver-se imaginariamente unificada. Esse deslizamento não é casual, mas encontra-se latente no termo "popular", pois este já realiza uma primeira unificação, extremamente problemática, de todas as camadas da população que não estejam imediatamente "no alto", e que, postas como consumidoras de uma cultura que não produziram, levam ao risco de dissimular diferenças reais como aquelas que provavelmente existem entre operários e pequeno-burgueses, entre proletariado urbano e rural, entre os assalariados dos serviços e os setores mais baixos da pequena burguesia urbana etc. Destarte, passar da unificação popular à nacional torna-se uma operação ideológica muito fácil e tentadora, porquanto elimina a necessidade de enfrentar as diferenças mencionadas.

A expressão "cultura do povo" teria ainda a vantagem de permitir uma leitura da frase de Marx acerca das idéias dominantes, dando ênfase ao termo "dominantes", isto é, ao fato de que se as idéias dominantes são as da classe que exerce a dominação, então seu contraditório certamente deve existir, ou seja, as idéias dos dominados enquanto constituem determinações de uma cultura dominada. As idéias não são dominantes porque abarcam toda a sociedade, nem porque a sociedade toda nela se reconheça, mas porque são idéias dos que exercem a dominação. Sendo cultura do povo, então, sinônimo de cultura dominada, caberia ao intérprete indagar como o dominado vê essa dominação e quais as vias culturais (ou não) que encontra para exprimir essa visão. Sob esse prisma, a frase de Benjamin, que serve de epígrafe a esta comunicação, levaria a compreender que o documento de cultura é também documento de barbárie, seja porque a cultura dominante se realiza a expensas da violência exercida sobre aqueles que a tornam possível, seja porque a cultura dominada fica exposta à barbárie do dominante,[1] seja, enfim, porque a cultura dos dominados exprime a barbárie a que estão submetidos.[2]

Uma outra observação concerne ao uso do singular "cultura", quando talvez fosse mais adequado empregar o plural, "culturas do povo". Esta observação é aparentemente descabida, e poderia até mesmo parecer fruto de um empirismo grosseiro, visto que sugere a multiplicidade e esta, talvez, seja um simples efeito de superfície, mero resultado de variações geográficas e cronológicas. Afinal, não vivemos sob o signo de um mundo cuja eficácia decorre da força que possui para universalizar, generalizar e homogeneizar tudo quanto fazemos e pensamos, reduzidos à condição de simples suportes de uma racionalidade idêntica que perpassa a vida econômica, social e política? Esse pluralismo não ocultaria nosso desejo arcaico de um mundo extinto onde um homem podia ser lavrador pela manhã, caçador à tarde, músico-dançarino à noite, amante e pensador a qualquer

---

1. A esse respeito veja Ecléa Bosi acerca da cultura de massa no meio operário, em *Leituras de operárias*, Petrópolis, Vozes, 1972; José de Souza Martins acerca da destruição da música caipira pela indústria cultural, em "Viola quebrada", *Debate e Crítica*, nº 4, 1974. Na primeira reunião deste congresso, Lúcio Kowarik lembrou a desagregação a que é submetido o trabalhador que sabe construir a casa por inteiro quando é lançado na construção civil dos grandes centros urbanos. Não só o trabalho é, agora, fragmentado, mas o saber anterior de que dispunha o trabalhador tornou-se inteiramente inútil. Arquiteto e artesão da casa por inteiro, converteu-se em operário desqualificado (cf. *Cidade — Usos e abusos*, Rio de Janeiro, Brasiliense, 1978).

2. Basta como referência a literatura de cordel acerca do cangaço. "São heróis *não a despeito* do medo e do horror que inspiram suas ações, mas, de certa forma, *por causa* delas" (Hobsbawm, E., *Bandidos*, Rio de Janeiro, Forense Universitária, 1975). "Se antes eram as *questões de honra*, as *querelas políticas locais* e as *disputas sobre terras* que provocavam conflitos, agora esses motivos sofrem uma tradução. Mais do que uma linguagem nova para exprimir os mesmos conteúdos, o que aparece é uma linguagem que cria uma realidade nova (...). O conflito que se desencadeia dentro das orientações dessa violência inovadora não é mais uma luta entre iguais ou potencialmente iguais, nem mesmo guerra de classes — é o embate entre dois mundos incompatíveis que se vão definindo como radicalmente diferentes à medida que entre eles evidencia-se uma absoluta heterogeneidade" (Monteiro, Douglas, *Os errantes do novo século — Um estudo sobre o surto milenarista do Contestado* [mimeografado FFLCH-USP]).

hora do dia? A ênfase dada à multiplicidade não seria o último lampejo das criaturas do mundo dos equivalentes abstratos e fantasmagóricos, fascinadas por manifestações culturais onde o trabalho ainda se encontra articulado ao valor de uso e a uma relação quase primordial entre homem e natureza?

Não se trata, porém, de empirismo nem de romantismo. Manter a realidade do múltiplo permitiria que não ocultássemos as dificuldades presentes na palavra "povo", pois, como assinalei há pouco, *lato sensu* costuma-se considerar como povo não só o operariado urbano e rural, os assalariados dos serviços, os restos do colonato, mas, ainda, as várias camadas que constituem a pequena burguesia, não sendo possível agrupar em um todo homogêneo as manifestações culturais de todas essas esferas da sociedade. Essa impossibilidade vem não somente porque o modo de inserção no sistema produtivo é diverso para essas classes e segmentos de classes, mas sobretudo porque se considerarmos a cultura como ordem simbólica por cujo intermédio homens determinados exprimem de maneira determinada suas relações com a natureza, entre si e com o poder, bem como a maneira pela qual interpretam essas relações, a própria noção de cultura é avessa à unificação. O plural permitiria, ainda, que não caíssemos no embuste dos dominantes para os quais interessa justamente que a multiplicidade cultural seja encarada como multiplicidade empírica de experiências que, de direito, seriam unificáveis e homogêneas, ou para usar os jargões em voga, destinadas à "integração nacional" ou à "racionalidade capitalista". Se mantivermos viva a pluralidade permaneceremos abertos a uma criação que é sempre múltipla, solo de qualquer proposta política que se pretenda democrática. Enfim, graças à percepção das diferenças poderemos encontrar o lugar onde alguma convergência se tornaria possível, isto é, na dimensão da política.

Uma última observação acerca do uso da expressão "cultura do povo" concerne ao risco que poderemos correr se a encararmos romanticamente, isto é, se considerarmos que a cultura, por ser do povo, é imediatamente libertadora. O romantismo pode prestar serviços inestimáveis aos dominantes, seja porque fornece água ao moinho do populismo, seja porque atribui a este último a origem do desmantelamento da consciência de classe dos dominados, que, sem ele, teriam feito o caminho da liberação. Ora prestando serviços ao populismo, ora lastimando tê-lo deixado destroçar a autonomia da luta dos dominados, a atitude romântica é vítima de dois esquecimentos: não só esquece o problema da alienação e da reprodução da ideologia dominante pelos dominados, como também esquece de indagar se, sob o discurso "alienado", submisso à crença nas virtudes de um poder paternalista, não se esconderia algo que ouvidos românticos não são capazes de ouvir.

Porque o problema da alienação tende a ser encarado sob uma perspectiva quase moralizante, como se fora um vício daqueles a quem atribuímos a árdua tarefa da liberação da sociedade, podemos cometer enganos interpretativos consideráveis quando, por exemplo, alimentamos a lenda de que a origem européia de nossos imigrantes teria sido um elemento fundamental para a existência de forte consciência de classe e para a tendência a organizar-se politicamente, consciência e organização freadas "pelo desenvolvimento do período populista, embora isto faça pouca justiça à realidade histórica".[3] É ainda o romantismo, agora frustrado, que passa a ler os desastres políticos dos dominados sem levar em conta uma determinação essencial para sua compreensão, isto é, a eficácia da máquina repressiva montada, conservada e acionada pelos dominantes.[4] Sob esse aspecto, seria possível dizer que, afinal, o peso da ideologia recai muito mais sobre os intérpretes do que sobre os dominados. Com efeito, se ora o intérprete atribui "boa-consciência" ao dominado ou se ora lhe atribui "falta" de consciência, no final das contas sempre o faz segundo o padrão de pensamento que caracteriza a ideologia, pois esta tem a peculiaridade de só ver e ouvir aquilo que já "sabe" de antemão. Assim, se corremos o risco de sermos ofuscados quando incapazes de perceber os ardis da alienação, não corremos menor risco quando incapazes de ver ou ouvir o inédito sob a carapaça do costumeiro.

Em sua comunicação, neste simpósio, Ecléa Bosi indagava como seria possível àqueles vindos de outra classe alcançar os que são designados como "povo". Estamos habituados, dizia ela, a supor que o "povo" tem um código perceptivo e lingüístico restrito (eufemismo para encobrir palavras como inferior, pobre, estreito), pois tomamos nossos próprios códigos como paradigmas e somos incapazes de apreender a diferença de um outro código, *conciso* pela fala e *expressivo* pelo gesto, marcado pela *fadiga*, por uma

---

3. Hall, Michael, "Immigration and Early Working Class", in *Jalasbuch fur Geschichte*, 1975.

4. "Parece-me que toda a história da imigração italiana em São Paulo é, em grande medida, uma história da eficácia da repressão e que, retrospectivamente, as linhas do processo histórico definidas por um tal processo tinham a substância de uma tragédia tão grave para o Brasil quanto para seus imigrantes" (Hall, Michael, "Immigrazione italiana a San Paolo tra 1880 a 1920", *Quaderni Storici*, n° 25, 1974).

relação com o trabalho na forma do cansaço, numa exaustão que determina a maneira de designar o espaço e de viver o tempo. Porque já "sabemos" o que é a consciência de classe "correta", tudo o que escapa ao nosso "saber" serve apenas para afirmarmos a existência da alienação ali onde certamente não se encontra. Assim, por um cruel paradoxo, nossa imaginação forja um dominado "ideal", mescla de asceta (não reivindica reformistamente qualquer bem-estar, educação para os filhos, condições mínimas de saúde e de conforto) e de lucidez vigilante durante 24 horas por dia, 365 dias por ano (366 nos anos bissextos), de tal modo que toda aspiração a condições de vida *humanas* que não estiver articulada à clara compreensão do movimento internacional do capital surge como prova irrecusável de alienação. No fundo, a má-consciência do intérprete vem espelhar-se inadvertidamente na "boa-consciência" que imputa aos dominados. Tal cegueira impede a visão de toda uma esfera da cultura do povo que poderíamos designar como cultura da resistência.[5]

---

5. Assim, por exemplo, sabemos do machismo que impera entre os operários e camponeses e cuja dimensão autoritária não pode ser negada. Todavia, se indagarmos: "onde os dominantes vão buscar prostitutas?", o machismo pode aparecer como uma das faces da tragédia de uma cultura dominada: é o recurso ambíguo para proteger as mulheres, oprimindo-as. Também é forma da resistência a maneira como os operários "desfiguram" os conjuntos do BNH, diversificando e individualizando um espaço que fora planejado para ser homogêneo e impessoal. Quando Thompson analisa o programa dos operários radicais ingleses, observa que, à primeira vista, o programa reproduz com maior vigor a ética vitoriana; todavia, se o leitor não ignorar o adversário visado, compreenderá que o inimigo fabricara uma imagem operária destinada a provar a irresponsabilidade dos operários cuja vida seria desregrada. A esse adversário não é possível dar armas e, no caso, o programa faz com que não exista no real a imagem imoral que o opressor inventou. Corremos o risco de não perceber a resistência do dominado cada vez que nos obstinamos em não perceber a inovação introduzida naquilo que é costumeiro e que parece ter o mesmo sentido para todos. Assim, por exemplo, a família burguesa é montada de maneira repressiva (exigência da virgindade feminina, proibição do adultério feminino, elogio da castidade masculina) por motivos diversos daqueles que se abatem sobre a família proletária. Na primeira, trata-se da preservação do patrimônio e de assegurar a continuidade pela herança da propriedade; na segunda, procura-se impor a nítida oposição entre a sexualidade e o trabalho, que, sendo forçado, é sem alegria e sem esperança, um dever antagônico à ociosidade do prazer. Valores como a virgindade e a inocência têm um sentido preciso para os dominantes. Terão sempre o mesmo sentido para os dominados? "A virgindade e a inocência passam da condição de valores cujo significado ligava-se anteriormente de modo direto à vida familiar, para a condição de valores da *irmandade*. Essas duas 'virtudes' associam-se à ausência do comprometimento com *o velho século*. De outro lado, a liberação do *humano comum* teria exigido que a preservação da inocência e da virgindade fosse privilégio de alguns que assumiam, dessa maneira, a condição de *primícias* e passariam a ocupar posição mais elevada em escala de santidade" (Monteiro, Douglas, op. cit.). Inocência, virgindade, santidade tornam-se signos e símbolos da diferença entre aqueles que almejam pelo justo e aqueles que são injustos.

Algumas observações acerca da expressão "autoritarismo das elites" merecem ser feitas. Talvez fosse menos desconcertante se déssemos nomes aos bois dizendo: autoritarismo da classe dominante. Opressão. Aliás, mesmo no nível do senso comum seria difícil manter a suposição de que em todas as situações históricas uma elite se encontra no poder, visto que o termo elite conota a idéia de *optimi*, os melhores. Por outro lado, conceder ao dominante o epíteto de "elite" é dar-lhe mais um poder, pois é reforçar a visão que tem de si mesmo, alimentando o embuste de que os mais poderosos são os melhores. Todavia, assim como não foi o caso de indagar em que momento passou-se a falar em cultura popular ou do povo, também não cabe aqui perguntar em que momento os dominantes passaram a ser designados como elite no poder, nem cabe perguntar quem os designa dessa maneira anacrônica (uma vez que não estamos sob regimes aristocráticos fundados na diferença legitimada entre patrícios e plebeus). Basta lembrar que, no contexto histórico atual, essa designação tem um sentido preciso e vale a pena explicitá-lo. Se as elites são os *optimi*, onde se localiza sua excelência?

A elite está no poder, acredita-se, não só porque detém a propriedade dos meios de produção e o aparelho do Estado, mas porque tem *competência* para detê-los, isto é, porque detém o saber. Se, enquanto "maior", o dominante é representado como um senhor, enquanto detentor do saber tende a ser representado como "melhor". Nessa medida, a expressão autoritarismo das elites, embora em si mesma seja redundante e evasiva, contudo nos ensina alguma coisa: deixa mais nítido o lugar por onde passa a representação da diferença entre cultura do povo e a do não-povo. Essa diferença já é visível na fala do dominado, pois embora continue a estabelecer uma distinção cujo corte é dado pela separação entre pobres e ricos, entretanto é freqüente ouvi-lo referir-se ao "rico" como aquele que tem "leitura". Essa representação é extremamente ambígua, como sempre acontece com as representações dominadas, pois indica consciência de uma exclusão e, ao mesmo tempo, a legitimação da diferença entre os membros da mesma sociedade, como se a representação que o dominante possui de si fosse reproduzida pelo dominado, mas não sem a percepção difusa de que sob a diferença esconde-se, pelo menos, a injustiça.

Em geral, tendemos a considerar o autoritarismo através de seus signos mais visíveis: o uso da força, a repressão, a censura, a invasão. Contudo, há uma outra forma mais sutil de exercê-lo no mundo capitalista. Aqui, é a idéia de racionalidade que comanda a legitimação da autoridade ...

autoritária. Esta é intrinsecamente favorecida pelo modo de produção na medida em que o movimento interno do capital é dotado de racionalidade própria, organiza o real e lhe confere inteligibilidade. Pouco importa se, efetivamente, essa racionalidade é uma lógica da contradição, uma vez que esta é pouco visível e deixa-se ocultar por uma racionalidade imediata, em geral tomada em termos causais mecânicos, ou em termos sofisticadamente funcionais-funcionalistas. Essa racionalidade mecânica ou funcional conduz a representações científicas do social e do político, tais como aquelas que se exprimem nas noções de planejamento, modelo e organização. Num movimento de *feed-back* incessante, a racionalidade imediata do universo da produção alimenta as representações da ciência, enquanto o discurso científico, por seu turno, vem alimentar a representação da racionalidade do social. Sob a égide da noção de Organização, aparece no mundo da produção um saber acerca da racionalidade do trabalho e da empresa, noção que é tomada menos como uma aplicação de saber científico e menos ainda como um produto de elaboração científica e muito mais como a própria encarnação da cientificidade no mundo da produção. Entre outras coisas, isso significa que a dominação surge menos em sua forma "clássica" de relação entre homens enquanto sujeitos sociais e políticos e muito mais sob a forma impessoal de uma razão inscrita nas próprias coisas. Não há sujeitos sociais e políticos, mas objetos sociopolíticos. A dominação permanece oculta sob o império da Organização e torna-se fácil encarar os dominantes como elites, isto é, como simples detentores do saber e não mais como proprietários dos meios de produção e do aparelho do Estado. A idéia de Organização serve para criar a crença na existência de estruturas (infra ou supra, não importa) que existem em si e que funcionam por si, sob o comando de imperativos puramente racionais, independentemente dos homens.

O mundo burguês é um mundo laico e profano, um mundo desencantado de onde os deuses se exilaram, mas a ideologia burguesa conserva os traços de uma visão teológica do real onde a Providência inteligente e boa dirige o mundo *ex machina*, elege os justos e pune os injustos segundo desígnios que são seus e não dos escolhidos nem dos condenados. No mundo burguês a Providência chama-se: racionalidade.

Através da idéia de Organização do real, o saber e a ação encontram-se consubstancializados e nela os agentes sociais encontram fixados não só os tipos de relações que lhes são possíveis manter entre si, como também encontram pré-traçadas as formas de suas ações e da cooperação. A identidade de cada sujeito lhe é dada a parar do lugar que ocupa na Organização e a partir do saber que a Organização julga possuir sobre ele. A Organização e o modelo são os signos de uma racionalização em si e para si do social e a máxima concessão que a ciência chega a fazer reduz-se à admissão de que o mundo imediatamente dado é opaco e ininteligível, bastando, porém, que a ciência estenda sobre ele suas redes conceituais para que a transparência e a inteligibilidade o perpassem de ponta a ponta, de sorte que saber e realidade tornam-se co-extensivos.

O prestígio do conhecimento torna o poder invisível, pois não carece de outro suporte senão a crença na competência. Assim, "o homem passa a relacionar-se com o trabalho pelo *medium* da tecnologia, a relacionar-se com o desejo pelo *medium* da sexologia, com a alimentação pela dietética, com a criança, pela pedagogia, com o lactante, pela nutrição racional, com a natureza pelo *medium* da ecologia; de uma maneira geral, passa a relacionar-se com seu corpo, com sua vida e com a dos outros por meio de mil pequenos modelos científico-psicológicos ou sociológicos. Um fantástico projeto de intimidação sustenta esse discurso do conhecimento que constrange a maioria a submeter-se às representações do especialista, ou melhor, a interiorizá-las sob pena de não ser ninguém, de perceber-se a si mesmo a-social, desviante ou lixo".[6] Nesse contexto, compreende-se que a indústria cultural, a cultura de massa, os meios de comunicação e o desvario da informação não são as formas-limites de um mundo alucinado e destrutivo, mas a realização cabal da cultura dominante, pois, como dissera Benjamin, a barbárie também afeta o processo de sua transmissão.

Nessas condições pode-se compreender o prestígio da ciência e por que serve como critério da diferença entre a cultura dominante e a dominada: a primeira se oferece como saber de si e do real, a segunda, como não-saber. Forma nova e sutil de reafirmar que a barbárie se encontra no povo na dimensão da "incultura" e da "ignorância", imagem preciosa para o dominante sob dois aspectos: de um lado, a suposta universalidade do saber dá-lhe neutralidade e disfarça seu caráter opressor; de outro lado, a "ignorância" do povo serve para justificar a necessidade de dirigi-lo do alto e, sobretudo, para identificar a possível consciência da dominação com o irracional, visto que lutar contra ela seria lutar contra a verdade (o racional) fornecida pelo conhecimento.[7] Dando ao povo o lugar da incultura, o

---

6. Lefort, Claude, "Maintenant", *Libre*, Paris, Payot, n° 1, 1977.

7. A esse respeito veja-se o estudo exemplar feito por José de Souza Martins acerca do internamento psiquiátrico de Galdino em *Isto É*, 27-12-78; *Folhetim*, n° 104, 14-1-79.

dominante pode afirmar que a "plebe é temível"[8] porque movida por impulsos passionais, de sorte que a razão completa a frase "a plebe é temível quando não teme".[9] Se é preciso garantir o temor do dominado para que este não seja temido compreende-se o paradoxo da dominação naqueles países ditos periféricos, nos quais as formas de controle institucional são incapazes de dar ao exercício do poder a invisibilidade e impessoalidade que o saber lhe traz, como ocorre nos chamados países centrais.

À perfeição do autoritarismo invisível que faz do povo massa atemorizada pelo pavor do a-social e do detrito, isto é, de ser excluído do mundo humano por falta de competência, contrapõe-se o autoritarismo visível das elites "periféricas" para as quais o povo só não é temível quando teme e só teme quando a força o ameaça a cada momento. Todavia, seria superficial afirmar um mero contraponto entre as duas modalidades de dominação — a cultivada e a bruta — como seria superficial imaginar um "atraso" institucional, responsável por essa diferença. A questão é mais complexa e contraditória, pois, nos chamados países "periféricos", as duas formas de dominação coexistem; longe de haver entre elas um equilíbrio precário ou um mero descompasso, há uma contradição efetiva, necessária para sua manutenção. Para exercer a dominação invisível graças ao prestígio do saber, as elites precisam impô-lo pela força visível. Ora, essa contradição, *como toda contradição*, é dotada de clareza meridiana, pois através dela é possível perceber tanto o caráter opressivo do saber (que por isso precisa ser imposto) quanto o caráter sábio da opressão (que por isso se oferece como "necessária ao progresso da nação"). Ora, desde que percebamos como a negação da invisibilidade pela força visível e a negação da violência visível pela racionalidade necessária do processo histórico estão entrelaçadas, torna-se claro que há em ambas o *mesmo* projeto de dominação. Em outras palavras, o discurso da cientificidade tem a mesma pretensão que se exprime no discurso grosseiro e "grosso" da elite "periférica". O discurso sábio e culto, enquanto discurso do universal, pretende unificar e homogeneizar o social e o político, apagando a existência efetiva das contradições e das divisões que se exprimem como luta de classes. Esse apagamento se faz através de mil recursos institucionais acerca dos quais podemos instruir-nos fartamente com a leitura dos tratados de psicologia, pedagogia e sociologia. O discurso grosseiro e grosso das elites tem exatamente a mesma finalidade, embora seus caminhos não sejam tão ... civilizados.

---

8. Espinosa. *Tratactus politicus*. Haya, Van Vloten e Land, 1914.
9. Idem, ibidem.

Quando as elites "periféricas" designam ações e palavras como subversivas (venham elas de *qualquer* ponto da sociedade), deixam claro o que entendem por subversão. É considerada subversiva toda palavra e toda ação que atestem o óbvio, isto é, que a sociedade e a política existem, simplesmente. Admiti-las como existentes é o primeiro passo para admitir, em seguida, que possuem conflitos e problemas, de sorte que é preciso impedir esse segundo passo, condenando de antemão o primeiro. Discurso do limite, o discurso acusatório e condenador é a forma canônica do discurso dominante bruto porque realiza caricaturalmente (e a alto preço) o mesmo fim a que se propõe a dominação mais cultivada, isto é, apagar a realidade social e política como constituída pela luta de classes.

Em seu estudo acerca dos bandidos, Hobsbawm assinala que um bandido como Robin Hood luta contra o xerife de Nottingham e contra os ricos, mas confia na justiça de Ricardo Coração de Leão. No episódio do Contestado, os rebeldes lutam contra a realização plena da ordem capitalista, identificada com a República, e aspiram a uma nova ordem social cujo paradigma é a monarquia, traída pelas oligarquias locais e estaduais, combatidas pelos revolucionários. Contatos com operários da Grande São Paulo revelam que estes não se sentem concernidos pelo movimento internacional do capital, mas que, informados quanto ao funcionamento do INPS, se dispõem a lutar contra a exploração que os oprime na esfera da saúde. Os bóias-frias da Alta Sorocabana oscilam entre duas atitudes opostas: alguns assumem a miséria inevitável e tentam combatê-la competindo com os companheiros, enquanto outros chegam a lutar contra os fazendeiros pela posse da terra, enfrentando capangas e só desistindo perante a força policial, ao mesmo tempo em que exprimem sua decepção, pois "o governo bem podia ajudar". Os bóias-frias da região de Campinas só se sentem concernidos pelas eleições locais, quando dispõem de certo poder de barganha com os poderosos do lugar, mas não se interessam pelas eleições nacionais, visto que têm clara consciência de estarem excluídos das decisões de um poder mais amplo. Em seu discurso, Getúlio aparece como aquele que foi assassinado pelos "tubarões" porque "ia ajudar os pobres", e as eleições nacionais, como algo que "deve adiantar para eles, senão eles não faziam". A esse "eles", o discurso opõe um "nós", os pobres, a gente da roça os que são "os últimos para olhar".[10]

---

10. Hobsbawm, E., *Bandidos*, op. cit.; Monteiro, Douglas, *Os errantes do novo século*, op. cit.; D'Incao e Mello, Maria Conceição, *Os bóias-frias. Acumulação e miséria*. Petrópolis, Vozes; Alier, Verena Martinez, "Enxada e voto", in *Os partidos e as eleições no Brasil*. Rio de Janeiro, Paz e Terra/Cebrap, 1975.

Por que um bandido como Robin Hood luta contra o xerife e os ricos, mas não luta contra o rei Ricardo? Por que, em geral, os operários não se sentem concernidos pelo movimento internacional do capital, mas querem lutar contra o INPS? Por que os posseiros e os bóias-frias imaginam até mesmo lutar contra os capangas do fazendeiro, mas esperam a ajuda do governo? Por que os camponeses do Contestado e de Canudos lutam contra o Estado, mas organizam-se em corpos políticos próprios? Talvez a resposta a essas questões seja dada em dois níveis. Num primeiro nível, é possível dizer que os oprimidos lutam contra a opressão imediatamente visível, mas não chegam a ter consciência das raízes ou da gênese dessa opressão que se localiza em um ponto que permanece invisível para eles. Todavia, num segundo nível, é possível perceber que não confundem o opressor de classe, portanto o inimigo, com o ponto onde o imaginário localiza a justiça, isto é, no poder político enquanto coisa pública. Sem dúvida, é plausível dizer que a invisibilidade do inimigo mais distante (é tão ou mais real do que o inimigo próximo e visível) permite a atitude ambígua dos dominados que lutam contra o opressor imediato, mas querem uma existência tal como a ideologia dominante promete para todos, ambigüidade que os faria negar e afirmar o sistema ao mesmo tempo. Porém, é preciso não perder de vista o outro registro e significado da luta, pois não se trata de uma luta qualquer, mas de luta contra a opressão. Nesta se exprime o único desejo, aquele desejo único pelo qual o oprimido se diferencia radicalmente do opressor: o desejo de não-opressão. Que os dominantes disponham de formas para impedir a emergência real desse desejo, ninguém duvidará, como não duvidará de que usem esse desejo para exercer a opressão. Contudo, esse ponto não nos deveria iludir, pois seria ilusório considerar que todas as classes representam o poder da mesma maneira. Ricardo Coração de Leão, Pedro II, Dom Sebastião, Getúlio são figuras do imaginário dominado onde o governo surge idealizado justamente porque nessa imagem o poder não se confunde com o Estado atual e real do qual os dominados *sabem* que estão excluídos.

A representação da soberania coletiva por intermédio da figura do Estado fora e acima das classes é a representação moderna da autoridade, cujo poder é sempre coercitivo mesmo quando consensual. Se, como recomendara Maquiavel, o Príncipe nunca deve deixar-se odiar pelo *populo minuto*, e se, como demonstrara Espinosa, a Cidade só se mantém livre se for respeitada e só o será se não for odiada, essas afirmações decorrem do fato de que o detentor legal do poder só o detém legitimamente, se não oprimir os governados, e isto somente será possível se o poder não estiver confundido com as figuras de seus ocupantes e muito menos com a dominação dos "grandes e poderosos". Assim, a transcendência da soberania não possui o mesmo sentido para dominantes e dominados. Para os primeiros, o Estado separado, "fora e acima das classes", é um instrumento a serviço da dominação das demais classes da sociedade. Para os dominados, essa transcendência é encarada como única possibilidade real de justiça. O embuste dos dominantes consiste em fazer com que a crença na transcendência da soberania coletiva venha depositar-se na confiança dada ao aparelho do Estado, quando sabemos que este não pode ser o espaço da soberania política. É com essa contradição entre o lugar da soberania e o de sua representação que os oprimidos têm que se debater e é nesse debate que a história da liberação torna-se tão possível quanto à da sujeição.

Quando, logo após a proclamação da República, a classe dominante lança ao novo regime uma crítica que será repetida monotonamente durante decênios, o ponto fraco da nova política reside, na versão dos dominantes, no direito ao voto que teria feito do povo ignorante um ativo participante das decisões políticas nacionais. Nessa mesma ocasião, os rebeldes do Contestado (e depois os de Canudos) criticam a República em nome da excelência do regime monárquico. À primeira vista, parece que dominantes e dominados têm pelo menos um ponto em comum: a crença de que o melhor Estado é aquele no qual o povo se encontra excluído do poder. Que os primeiros assim pensem, é compreensível, mas que os segundos compartilhem essa opinião, é paradoxal. Por outro lado, quando os detentores do poder vêem no atual processo eleitoral um risco ou um teste valioso, os bóias-frias da região de Campinas, Amparo e Serra Negra não lhe dão qualquer peso real, senão o de uma barganha com os poderosos locais, e não manifestam interesse pelas eleições de âmbito mais largo. Evidentemente, o milenarismo dos rebeldes do Contestado e a indiferença dos volantes paulistas poderiam ser vistos como respostas inadequadas à dominação e, conseqüentemente, como afirmação do sistema. O elogio de Pedro II, por uns, e o de Getúlio, por outros, sugere a tendência a valorizar um Estado de tipo paternalista que cuidasse de seus filhos sem que lhes fosse pedida qualquer participação nas decisões governamentais. Todavia, se através dos elogios pudéssemos também ouvir as críticas, provavelmente estas nos ensinariam mais naquilo que negam do que naquilo que afirmam.

O que é a monarquia para o rebelde do Contestado? "Entre os rebeldes, a idéia monárquica era, antes de mais nada, um símbolo que exprimia, primeiramente, a única alternativa política formal que conheciam em face da República. Se para os revolucionários de 1893 as aspirações desta natureza eram mais ou menos diluídas, para os combatentes da Santa Religião (muitos deles ex-maragatos), cristalizavam-se em torno de crenças místicas (...) Que essas convicções tinham um conteúdo político é inegável. Correspondiam à afirmação armada de uma ordem nova e, mesmo para os que as combatiam, não podiam ser vistas apenas como uma quimera milenarista, pois realizavam-se objetivamente através da conquista de autonomia organizatória com relação ao poder público e da rejeição frontal do sistema social e da ordenação jurídica externos (...) Ao contrário da guerra civil de 93, que foi uma luta pelo poder, envolvendo ambos os lados, 'caudilhos e coronéis' e cujo conteúdo ideológico não punha em causa a ordem vigente, neste conflito as chefias militares profissionais, os caudilhos civis mercenários e os bandos dos 'coronéis' enfrentavam obscuros líderes carismáticos. Amparados em uma doutrina abstrusa e abominável, os sertanejos revoltados pretendiam transformar o mundo."[11]

O que era a República para o homem do Contestado? A ordem capitalista a caminho de sua plena realização e percebida através de um único, mas suficiente sinal: a "impiedosa desmistificação das relações de dominação (anteriores) que, desnudadas, mostravam sua verdadeira face".[12] A violência costumeira, fundada na representação de homens desiguais como iguais ou potencialmente iguais, polarizada na ambigüidade da sujeição real e da independência aparente, cede passo à violência inovadora da Guerra Santa, a derrubar a antiga consciência de nivelamento. Do lado da classe dominante há uma crise de hegemonia: os chefes locais já não conseguem manter a ascendência moral anterior e perdem o controle sobre os dominados. Por outro lado, associando-se abertamente às novas forças políticas e econômicas espoliadoras (nacionais e estrangeiras), a oligarquia estadual é escorada pelos chefes locais que já não podem continuar a ser vistos como outrora, isto é, nivelados aos que estão sob seu domínio. Para o ponto que interessa à presente análise, o momento mais notável do Contestado é aquele no qual a Guerra Santa vai alterando a figura do dominante até constituí-lo plenamente como adversário político real. No momento inicial da luta, "verifica-se a coexistência de lealdades pessoais e do respeito por uma ordem já abalada, com uma conduta afrontosamente subversiva. No decurso da

---

11. Monteiro, Douglas, op. cit.
12. Idem, ibidem.

Guerra Santa, porém, as imposições da luta e, mais do que isto, a própria ideologia dos rebeldes conduziu a uma radicalização do tipo 'quem não está conosco está contra nós'. Em seu ponto de partida, entretanto, a agressão era dirigida contra certos coronéis que, independentemente das circunstâncias concretas, que poderiam ter gerado animosidades, exprimiam por sua própria conduta o desnudamento de uma imagem paternalista. E, naturalmente, contra instituições e símbolos do poder das oligarquias estaduais e contra o estabelecimento das empresas estrangeiras situadas na área".[13] Assim, o ponto de partida para sertanejos que iam mudar a ordem do mundo foi a identificação do inimigo imediato, por cuja mediação o adversário longínquo e real era visado. E o que os tornou visíveis, tanto o próximo quanto o distante, foi o desnudamento das formas de opressão que, invisíveis no passado, faziam deste o ancoradouro imaginário do que estava por vir.

"Para nós ganha o partido que quiser, para nós não melhora nada. *Nós somos os últimos para olhar*. Quando vai olhar, o tempo dele já acabou. Pobre não tem vez. Tem vez só quando vai pôr o candidato no lugar. Depois mais nada".[14] "Esse negócio (eleição) nós da lavoura não marca. Vai lá e vota. Eu acho que eleição deve adiantar; para nós na roça não, mas para eles deve adiantar senão eles não faziam eleição".[15] Verena Martinez Alier analisa o comportamento do bóia-fria paulista perante as eleições, assinalando a diferença estabelecida por ele face às eleições municipais, onde o voto pode ter alguma relevância (nem que seja para a reeleição do candidato que precisa atender a algumas reivindicações e cumprir algumas promessas), e às eleições nacionais, que, efetivamente, não concernem ao camponês. O fundamental dessa análise reside no fato de que deixa à mostra a clara (claríssima) consciência que o camponês possui acerca do uso que a classe dominante faz do voto dominado e de todos os recursos de que este último lança mão para não se deixar ludibriar. As cartas do jogo estão marcadas, mas é preciso deixar patente ao parceiro que sabemos disto. Longe de ser indiferente e inconsciente (um atrasado, como muitos gostam de dizer), o camponês é lúcido, mesmo que sua lucidez seja quase trágica. "Dá medo de vir uma força maior, prender todos e bater. Teve um tempo, já nos

---

13. Idem, ibidem.

14. Depoimento citado por Verena Martinez Alier e Armando Boito Jr. em "Enxada e voto", op. cit.

15. Idem, ibidem.

tempos de meus pais, que contavam isso. Que as criancinhas morriam de fome, que era uma dureza, não tinha o que comer. Se juntaram e foram ao governo. Governo e presidente é a mesma coisa, não é? Foram pedir alguma ajudinha alguma coisa. Aí ele disse: vão todos lá no alto e esperem. Aí foram e esperaram. As criancinhas contentes. Aí diz que mandou uma bomba que acabou com tudo. Que era a única coisa que tinha para mandar. Será que é piada ou verdade?"[16]

A memória guarda uma imagem do governo (presidente é a mesma coisa? não é?) que anula a simplificação que gostaríamos de fazer quando nos defrontamos com o discurso que espera ajuda do governo. Como nota a intérprete, há dois governos no discurso e erraríamos se víssemos apenas um. Há o governo que só tem bomba para jogar nas criancinhas. E há o governo que "era muito a favor dos pobres e mataram" (Getúlio, que, segundo os depoimentos colhidos, não se suicidou, mas foi assassinado pelos ricos, pelos "tubarões"). Há o governo real, no qual não há ilusões de participação, e há um governo ideal, que existiu antes e que poderia existir um dia, e no qual haveria o cuidado com os pobres. Todavia, e para o ponto que procuro salientar aqui, esse aspecto é de grande relevância. O governo ideal, impedido de efetuar-se no real, não é uma utopia qualquer: *é o governo que os ricos não deixam existir*, pois, "se fizessem assim logo sai guerra e não adianta. Quando quer fazer alguma coisa boa para os pobres os ricos trocam e matam mesmo".[17] A consciência de classe não se manifesta apenas nessa oposição entre o governo dos ricos e o governo que os ricos não deixam existir, mas ainda se manifesta em um detalhe do discurso interpretado por Verena Alier: os camponeses usam dois pronomes pessoais preferenciais, "nós" e "eles", enquanto o "turmeiro" ou fiscal, homem da pequena burguesia, dono do caminhão, usa invariavelmente "eu". Essa diferença é fundamental, pois, como salienta a intérprete, no plano mais imediato, o discurso dos camponeses e o do "turmeiro", no que concerne às críticas feitas aos políticos, são muito semelhantes, por vezes idênticos, no entanto, o uso dos pronomes designa sujeitos sociais diversos que, sob a carapaça do mesmo discurso, colocam-se opostamente no seio da sociedade. Há um coletivo que, embora somente ouvidos sensíveis sejam capazes de captar, não se deixa engolir pela ilusão de que por si só e por si mesmo seria uma força efetiva, mas que também não ignora ações alternativas para

---

16. Idem, ibidem.
17. Idem, ibidem.

enfrentar a dominação dada. Se, por vezes, o bóia-fria confunde o preposto com o seu inimigo verdadeiro, todavia "quando se pensa o fazendeiro, predomina a caracterização desta figura como oposta aos seus interesses. O contrário se dá com o governo, para o qual a vacilação entre o idealizado e o constatado na prática cotidiana pende para o primeiro termo. As duas posturas são convergentes. Quanto mais o 'tubarão' (fazendeiro) é 'tubarão', isto é, seus inimigos, mais obstáculos existem para a efetivação das boas intenções do aparelho do Estado (...) Não é por acaso que a greve é imediatamente percebida como uma relação de forças opostas onde imprescindem da união, ao passo que ao governo pode-se apenas fazer pedidos".[18]

O que gostaria de sugerir é, apenas, que levemos em conta o fato de que os dominados, mesmo que confusamente, tendem a diferenciar no interior da sociedade, de um lado, o seu adversário de classe e, de outro, a esfera do poder, de tal modo que o espaço político surge configurado por três polarizações: a da classe dominante, a da classe dominada e a da soberania. Embora, de fato, uma das classes tenha se identificado com a soberania e reduzido a polarização a dois pólos contraditórios, a ideologia dominante também representa o espaço político como se o poder estivesse separado das classes. Seria preciso, então, acompanhar dois movimentos: aquele pelo qual se estabelece uma diferença na representação do poder por parte de dominantes e dominados, e aquele pelo qual a representação do dominante escamoteia a política pela demarcação do poder no interior do aparelho do Estado. A preocupação com a diferença visa apenas manter a representação dos dominados como aquela onde o caráter separado do poder é uma garantia de que o adversário de classe não será sempre vitorioso, enquanto a versão dos dominantes usa a separação para o exercício de uma dominação sempre vitoriosa, contando para isso, afinal, com a própria representação do dominado. Assim, ao reduzir a política à região do aparelho do Estado, a classe dominante cria uma imagem do poder que possa figurar de maneira idêntica o que todas as classes pensam e esperam da política. Foi nesse sentido que, ao iniciar, procurei caracterizar a ideologia como discurso *sobre* o social e o político, que procura coincidir com o discurso *da* sociedade e *da* política e que, para tanto, opera uma redução de todas as representações e práticas existentes na sociedade às representações e práticas da classe dominante, parâmetro e paradigma do *optimum*.

---

18. Idem, ibidem.

Foi, nesse sentido, que considerei a elite como necessariamente autoritária e que sugeri o uso do plural "culturas do povo", a fim de manter a multiplicidade e resistir à homogeneização desejada pelos dominantes, ao mesmo tempo em que nos resguardaria contra o perigo de tomar todas as manifestações populares como portadoras virtuais da liberação. Enfim, se procurei apoio de exemplos onde a diferença se torna legível foi por acreditar que essa diferença, que transparece como resistência pelo estilo de vida e pelos valores reinterpretados, manifesta-se como contradição nos momentos em que os dominados são levados a assumir, mesmo que de modo efêmero (*et pour cause*...) sua situação. E tais momentos são políticos.

Se há uma experiência popular de derrubada de autoritarismo das elites, sem dúvida há de ser a experiência húngara de 1956, experiência de revolução e de revolução socialista, porquanto feita de baixo para cima, visando à derrubada do Estado e do Partido, espraiando-se por todos os recantos da vida social, manifestando-se como autogestão da sociedade através de conselhos provinciais nascidos de uma divisão inédita do poder em poder político-econômico, político-jurídico e político-político, fundado em três fontes diversas de autoridades reconhecidas por todos e realizando-se de maneiras múltiplas sem nunca tender à unificação; pelo contrário, reiterando sua legitimidade em um programa tríplice e simultâneo: uma federação de conselhos operários, um parlamento eleito por sufrágio universal e a reorganização de todos os sindicatos pela base. Uma vida política coletiva e uma soberania política coletiva, jamais coletivizada. Experiência do poder como coisa pública.

Notas sobre cultura popular*

Para aqueles, como nós, que passaram pela experiência histórica do populismo, as expressões "cultura popular" e "cultura do povo" provocam certa desconfiança e vago sentimento de mal-estar. No entanto, convém admitir que tais reações nascem da lembrança do contexto político em que aquelas expressões foram abundantemente empregadas. Em qualquer de suas modalidades, paternalista ou justiceiro, o populismo é uma política de manipulação das massas, às quais são imputadas passividade, imaturidade, desorganização e, conseqüentemente, um misto de inocência e de violência que justificam a necessidade de educá-las e controlá-las para que subam "corretamente" ao palco da história. O populista e obrigado a admitir a realidade bruta de uma cultura dita popular ao mesmo tempo em que precisa valorizá-la positivamente (como solo das práticas políticas e sociais) e negativamente (como portadora dos mesmos atributos que foram impingidos à massa). Dessa ambigüidade resulta a imagem de uma cultura popular *ideal* (seja no sentido de uma idéia a ser realizada, seja no sentido de um modelo a ser seguido) e cuja efetivação dependerá da existência de uma vanguarda esclarecida, comprometida com a ação do povo a ser por ela esclarecido. Esse iluminismo vanguardista e inconscientemente autoritário carrega em seu bojo uma concepção instrumental da cultura e do povo e uma de suas expressões lapidares encontra-se no Manifesto do CPC, de 1962, publicado no primeiro número de *Arte em Revista*.[1]

---

* Texto originalmente publicado em *Arte em Revista*, São Paulo, n. 3, 1980.

1. Era nosso propósito numa terceira parte deste trabalho comentar o manifesto do CPC; contudo, a extensão assumida pelo texto tornou impraticável essa parte final. A intenção era a de tecer alguns comentários em torno das distinções entre "povo fenomênico" e "povo essencial" (uma

Abordando em outro trabalho[2] um tema que me fora proposto — "Cultura do povo e autoritarismo das elites" — procurei, inicialmente, indagar qual o sentido da conjunção "e" que vinculava os dois termos, perguntando se se tratava de uma diferenciação tipológica entre povo e elite ou se se tratava de uma oposição entre os dominantes e seu Outro, o que implicaria designar a cultura do povo como não-autoritária. Todavia, o contato com o material empírico trazido pelas ciências sociais tendia a desmentir essa hipótese, visto revelar que o autoritarismo se encontra presente tanto nas manifestações culturais dominantes quanto nas dominadas. Assim sendo, se houvesse interesse em desvendar a oposição e mesmo a contradição entre ambas, pelo menos duas atitudes seriam desejáveis: por um lado, adotar a posição do historiador e do antropólogo e evitar essencialismos ao indagar se as práticas e idéias populares são efetivamente autoritárias, tentando ouvir como os próprios sujeitos interpretam suas vidas;[3] por outro lado, indagar se o autoritarismo possui sentido unívoco para dominantes e dominados. Sugeria, com isto, uma investigação que tentasse discernir quais as manifestações populares que reafirmam a cultura dominante e quais aquelas que a recusam e negam. Procurava sugerir uma certa modificação de perspectiva tal que nos fosse possível perceber como conservador algo que, à primeira vista, nos parecera libertário, e vice-versa. Uma terceira direção, enfim, sugeria que a política pode ser a esfera privilegiada para avaliar a oposição e mesmo a contradição entre povo e elite, visto ser possível perceber, nas mais diversas circunstâncias (greves, revoltas, eleições), que os dominados jamais se engajam na identificação de seus inimigos de classe. Esta constatação, se por um lado esclarecia por que os dominantes têm interesse em fazer com que a noção de popular deslize para a de nacio-

---

curiosa maneira de trabalhar com a dialética da aparência e da essência), e entre as três formas de arte — do povo, popular e revolucionária — sugerindo que, talvez, os avanços dos estudos antropológicos no país pudessem tornar "cientificamente" questionáveis aquelas distinções, politicamente inaceitáveis.

2. "Cultura do povo e autoritarismo das elites" — comunicação apresentada no Congresso CEDEC/PUC, em maio de 1977, e publicada com algumas revisões em *Cinema BR*, São Paulo, n. 1, 1978. O texto original encontra-se na coletânea *Cultura do povo*. São Paulo, Cortez & Moraes/ EDUC, 1979.

3. Sob esse aspecto foram de grande valia os trabalhos de: Thompson, E. P., *The Making of the English Working Class*. Penguin Books, 1976; Monteiro, Douglas, *Os errantes do novo século*, USP (tese de doutoramento mimeografada); Alier, Verena M., "Enxada e voto", in *Os partidos políticos e as eleições no Brasil*. Rio de Janeiro, Paz e Terra/Cebrap, 1975; e Kowarik, Lúcio, "Usos e abusos: reflexões sobre as metamorfoses do trabalho", in *Cidade — Usos e abusos*. São Paulo, Brasiliense, 1978.

nal e por que se empenham, nos momentos de conflito, em propor "frentes populares", no entanto, por outro lado, exigia que compreendêssemos por que a clara identificação do inimigo de classe não elimina uma visão idealizada do "bom" Estado. A hipótese levantada naquela ocasião (e que mantenho) é a de que essa visão implica muito menos um desejo de exercer o poder do Estado e muito mais uma exigência, sempre postergada e longínqua, de realização da justiça. Nessa exigência-esperança de justiça, acredito, manifesta-se de modo mais nítido a natureza da diferença entre cultura do povo e ideologia dominante.

Cultura popular e alienação

Quando se fala na cultura popular, não enquanto manifestação dos explorados, mas enquanto cultura dominada, tende-se a mostrá-la como invadida,[4] aniquilada pela cultura de massa e pela indústria cultural,[5] envolvida pelos valores dos dominantes,[6] pauperizada intelectualmente pelas restrições impostas pela elite,[7] manipulada pela folclorização nacionalista, demagógica e exploradora,[8] em suma, como impotente face à dominação e arrastada pela potência destrutiva da alienação. Todavia, se nos acercarmos do conceito de alienação, perceberemos que não possui força exemplicativa suficiente para desvendar a mola de diferenciação e de identificação entre cultura popular e ideologia dominante.

Num primeiro momento, o fenômeno da alienação parece transcorrer na esfera da consciência e, portanto, no modo pelo qual os sujeitos representam as relações sociais tais como lhes aparecem, sendo-lhes impossível reconhecerem-se nos objetos sociais produzidos por sua própria ação. Neste nível, fala-se em "falsa consciência". Contudo, desde que passemos da

---

4. Freire, Paulo, *Pedagogia do oprimido*, Rio de Janeiro, Paz e Terra, 1975.

5. Martins, José de Souza, "Viola quebrada", *Debate e Crítica*, n. 4, 1974; Milanesi, Luiz Augusto, *O paraíso via Embratel*, Rio de Janeiro, Paz e Terra, 1978; Barriguelli, José Cláudio, "O teatro popular rural: o circo-teatro", *Debate e Crítica*, n° 3, 1974.

6. Alier, Verena M. "As mulheres da turma do caminhão", *Debate e Crítica*, n. 5, 1975; Bosi, Ecléa, *Leituras de operárias*, Petrópolis, Vozes, 1972.

7. Rodrigues, Arakcy Martins, *Operário, operária*. São Paulo, Símbolo, 1978; Hoornaert, Eduardo, "Folclore é invenção de policiais", in *Arte popular e dominação*, Alternativa, 1978; D'Incao e Mello, Maria Conceição de, *Os bóias-frias, acumulação e miséria*. Petrópolis, Vozes, 1976.

8. *Arte popular e dominação* (autores vários), Alternativa, 1978.

noção de falso para a de ilusão necessária à reprodução de uma ordem social determinada, o conceito de alienação vai gradativamente perdendo sua conotação imediatamente subjetiva, para emergir como determinação objetiva da vida social no modo de produção capitalista, apoderando-se tanto da cultura dominante quanto da dominada, pois ainda que seu conteúdo e finalidade sejam diversos nos dois casos, sua *forma* é idêntica em ambos. O movimento das relações sociais gera para os sujeitos a impossibilidade de alcançar o universal através do particular, levando-os a criar uma universalidade abstrata que não passa pela mediação do particular, mas por sua dissimulação e contra ele. A sociedade (e, portanto, as classes sociais) encontra-se impossibilitada de relacionar-se consigo mesma, a não ser recusando aquilo que ela própria não cessa de repor, isto é, a particularização extrema de suas divisões internas. Este movimento denomina-se alienação.

Na esfera econômica, basta lembrarmos a universalidade abstrata do trabalho sustentando (e sendo sustentado por) a fragmentação absoluta do processo de trabalho para que percebamos a alienação inscrita no modo de produção, não apenas como sua face subjetiva, mas como processo objetivo. Se, paradoxalmente, o trabalhador contemporâneo, enquanto trabalhador individual, se reconhece no produto imediato, é porque não pode reconhecer-se como trabalhador coletivo que efetivamente é, pois não só lhe escapa a realidade da classe, mas sobretudo lhe escapa o significado global do processo produtivo como valorização e o significado parcial desse mesmo processo enquanto decisão e controle do capitalista e de seus gerentes. À universalidade abstrata do processo de trabalho acrescenta-se a universalidade abstrata da Organização.[9] Além disso, cumpre não esquecer que "o processo produtivo capitalista, ao particularizar-se pelo processo de trabalho, impõe a este seu objetivo último: participar do processo de valorização. Para o capital, todos os produtos assumem a forma de mercadoria integrada no movimento de autovalorização (...) *potencialmente*, o objeto do trabalho, o instrumento e a própria força de trabalho se lhe apresentam como capital, como capital capaz de autovalorizar-se. Nada mais simples, portanto, do que tomar a parte pelo todo, aceitar a autonomia de cada uma das figuras, emprestando, a cada momento do processo de trabalho, o traço básico do processo capitalista de produção na sua totalidade. O capital perde sua *medida social* para que suas partes adquiram uma medida natural

---

9. Cf. Braverman, Harry, *Trabalho e capital monopolista*. Rio de Janeiro, Zahar, 1977.

representada. A terra passa, então, a gerar naturalmente a renda; os instrumentos, a fabricar o lucro, e o trabalho, a produzir salário. Formam-se assim os fetiches".[10] A subordinação formal do trabalho ao capital (o contrato "livre" de compra e venda da força de trabalho) prepara sua subordinação real. Agora, "não é o operário que emprega os meios de produção, são os meios de produção que empregam o operário. Não é o trabalho material vivo que se realiza no trabalho material como seu órgão efetivo; é o trabalho material que se conserva e se acrescenta por meio da sucção do trabalho vivo, em virtude do que se converte no valor que se valoriza, em *capital*".[11] Que todo esse processo seja uma alucinação universal, ninguém porá em dúvida, mas que seja conservado por um "engano" da consciência, já é mais difícil admitir.

Não sendo um estado nem uma forma de consciência, mas um processo de fabricação da universalidade abstrata como privação da universalidade concreta, a alienação desvenda a necessidade que obriga cada uma das instituições sociais a buscar sua própria universalização, lutando para evitar uma queda no particular, que lhes roubaria a legitimidade de valer igualmente para todos. Eis por que, desde os albores do capitalismo, o grande problema enfrentado pela Igreja de Roma é o risco de sua redução ao particular (ser uma instituição entre outras), que lhe retiraria o poder sobre homens, agora tomados universalmente como cidadãos e apenas enquanto particulares como fiéis.[12] No mesmo sentido, o Estado burguês não pode deixar de oferecer-se como universal, solo e fim de uma comunidade imaginária capaz de anular, graças ao formalismo da lei, a particularidade que o define, ocultando a dominação de classe pela simples recusa da forma de existência real das classes, isto é, a luta. Além disso, é preciso admitir que o "estadismo" não é um acidente nas histórias das sociedades capitalistas, como gostariam de imaginar os liberais, mas a produção-limite e contínua de uma universalidade abstrata em ato. Enfim, também não é casual, mas necessário, que o movimento inicial de surgimento para si de uma classe tenha a forma do particular — reconhecer-se como outra — e que corra permanentemente o risco de universalizar-se abstratamente, por exemplo, como "força viva da nação".

---

10. Giannotti, José Arthur. "Formas da sociabilidade capitalista", *Revista Estudos*. Petrópolis, Cebrap/Vozes (24): 78.

11. Marx, *Das Kapital*, VI, 465, tr. 17, cit. por Giannotti, op. cit., p. 80.

12. Silva, Roberto Romano da. *Brasil — Igreja contra Estado*. São Paulo, Ed. Kairós, 1979.

No que concerne à ideologia como universalização do particular, através de um *corpus* de normas e de representações encarregado de fabricar a unidade social pela dissimulação das divisões internas, aqui também a alienação não é apenas um resultado (algo cronologicamente posterior), mas mola propulsora, condição e resultado do processo. E isto não apenas porque seria responsável pela inversão imaginária do real (a ideologia reduzindo-se a um fenômeno de consciência inconsciente), mas porque nela se realiza a tentativa insensata de suprimir imaginariamente a fragmentação e os conflitos reais. Não é por acaso nem por maquiavélica decisão subjetiva que a classe dominante aposta nas idéias de administração, planificação e comunicação, por seu intermédio, o universal abstrato converte-se em "ação adequada a fins", isto é, em racionalidade.

Enfim, com respeito à cultura dominante, condição e resultado da separação radical entre trabalho manual e intelectual, observa-se que este último encontra-se tão fragmentado quanto o primeiro. Todavia, enquanto no caso do trabalho manual/produtivo a unidade do trabalho é dada com a multiplicidade e multiplicação das atividades, de tal modo que nenhuma delas pode relacionar-se consigo mesma nem com o todo senão através da fragmentação, no caso do trabalho intelectual a privação do universal tende, inicialmente, a uma hipervalorização da particularidade — é o que conhecemos sob o nome de especialização — para, num momento seguinte caminhando em sentido contrário, buscar ultrapassar a limitação prática e teórica imposta a cada esfera do conhecimento, atribuindo-lhe universalidade. Esse processo — que conhecemos sob o nome de reducionismo — consiste no esforço para elevar ao universal o ponto de vista particular de uma região do saber, dando-lhe o estatuto de fundamento de todas as outras e do próprio real.

Estas observações pretendem apenas sugerir que o apelo ao conceito de alienação para determinar a situação da cultura popular merece cuidado, a fim de que não se atribua a uma esfera da sociedade algo que define o próprio todo social. O cuidado não significa, de modo algum, abandonar o conceito em nome da juventude daquele que o empregou no século passado, imbuído do humanismo filosófico dos velhos socialistas. Ao contrário, trata-se de mantê-lo porque, uma vez compreendida a identidade de sua forma para exploradores e explorados, torna-se possível marcar o lugar da diferença, e esta concerne ao conteúdo. Se, para a classe dominante, a alienação vivida e exercida é fonte de autoconservação e de legitimação, para os dominados é fonte de paralisia histórica. A bem da verdade, porém, seja dito que o presente texto deslizou do "popular" para a "classe" sem que houvesse explicitação do movimento de pensamento que permitiria esta passagem. Esta, contudo, ocorreu não só como conseqüência do referencial teórico aqui adotado, mas ainda por duas outras razões. A primeira delas visa deixar claro que não tomamos popular como sinônimo de nacional. A segunda é, antes, uma precaução contra a mania dos intelectuais de imputar aos explorados uma alienação que é sua, como, por exemplo, quando falam numa "cultura da pobreza" dotada de "estoque simbólico restrito",[13] decorrente (valha-me Deus!) de experiência de vida "muito simples". Atribuir às ... ordens inferiores pobreza cultural serve, no mínimo, para avaliarmos a miséria dos intelectuais. Com argumentos dessa natureza, Sepúlveda, que "nunca vira os indígenas da América, mas conhecia bem Aristóteles",[14] pôde legitimar o direito espanhol de escravizar aqueles que "por serem de natureza rude devem ser obrigados a servir pessoas mais refinadas",[15] que "protegerão os nativos contra sua própria fraqueza".[16]

"'Os trabalhadores não tem opinião. Vota em quem você falar' (um turmeiro). Feita desta maneira, a avaliação dos trabalhadores rurais é representativa de amplos setores da sociedade brasileira. É, inclusive, referendada pela legislação eleitoral que proíbe o voto ao analfabeto (...) 'Eleição para eles é grande coisa, para nós não adianta (...) O certo para o pobre é não votar em ninguém' (uma trabalhadora bóia-fria) (...) 'É tudo bobagem, besteira. É tudo puxa-saco do patrão. A Arena puxa mesmo o saco do patrão. O partido da Arena diz que é repartição de fazendeiro. Os que manda brasa, o MDB (...) como é que fala? diz que é da pobreza, mas eu não acredito nada disso' (um trabalhador bóia-fria) (...) 'Esse negócio de eleição, nós da lavoura não marca. Vai lá e vota. Eu acho que eleição deve adiantar, para nós da roça não, mas para eles deve adiantar, senão eles não faziam eleição' (um trabalhador bóia-fria) (...) 'No Brasil não existe mais greve. Você não acha que se unindo a polícia não bate? que os trabalhador ganha? A polícia e o exército é forte' (um trabalhador bóia-fria) (...) Se, no momento atual, o imobilismo conjugado com o apelo ao governo ideal são pensados como estratégias mais viáveis face à correlação de forças existen-

---

13. Lewis, Oscar, cit. por Berlinck, Manuel Tosta. "Adaptação da população e 'cultura da pobreza' em São Paulo", in *Cidade — Usos e abusos*, op. cit., p. 127.

14. Hanke, Lewis, *Aristóteles e os índios americanos*. São Paulo, Martins Ed., s/d., p. 82.

15. Idem, ibidem, p. 61.

16. Idem, ibidem, p. 61.

te, em um outro momento constata-se que podem ser abandonadas, por exemplo, por uma greve organizada, alternativa simultaneamente presente entre os trabalhadores. Assim, o mesmo ator que num momento pode afirmar que 'quem nasce camelo morre camelo', num outro momento elabora a idéia de uma 'greve completa', onde o problema do sustento dos grevistas seria solucionado abatendo o gado das fazendas".[17]

Ponto de encontro dos trabalhadores da construção civil, de biscateiros e ambulantes e de pequenos funcionários públicos, o boteco, contrariamente ao bar de classe média, lugar de "badalação", é um mundo.[18] Nele, a relação freguês-proprietário não é de amistosa camaradagem, mas de antagonismo e tensão disfarçados em complacência recíproca: o freguês *sabe* que tem diante de si um patrão. Nele, o novato é encarado com desconfiança: os freqüentadores *sabem* que podem estar junto a um policial. Nele, os casos amorosos, tema central da "fossa" dos bares de classe média, quase não são mencionados: a "farra" é relatada, mas o amor pede pudor. Nele, a política, papo obrigatório nos bares da esquerda festiva, é assunto quase ausente: o mundo da política é sentido como inacessível e o político, desprezado como corrupto. Nele, o bêbado, contrariamente ao que ocorre no bar de classe média, é tratado como se estivesse sóbrio: participa da conversa com mesma atenção que os demais e não é desculpado se ofende alguém; aqui, a bebedeira não é objeto de graça e complacência, pois não é ocasião para um "retorno do reprimido". A polícia, tida como necessária, não é diretamente contestada nem enfrentada: sua ação é cerceada pela proteção àquele por ela ameaçado. Dando por estabelecida a virilidade incontestada dos companheiros, para os homens do boteco ser macho é ser valente (desafiar a sociedade) e resistente (não entregar companheiros quando se é apanhado por alguma força da "ordem"). O assunto privilegiado no boteco é o trabalho, associado à habilidade técnica e à resistência física. "Toda atividade não manual, não é considerada trabalho, apesar de extremamente valorizada — ou talvez por causa disto".[19] Simultaneamente consciente de sua identidade e valor, mas também de sua exclusão do mundo "cultivado", o homem do boteco sabe das coisas. A análise primorosa de Machado da Silva, porém, sofre um "escorregão" no último parágrafo de seu texto. Interpretando a relação dos homens do boteco com o tempo, o

---

17. Alier, Verena M., *Enxada e voto*, loc. cit.
18. Silva, Luiz Antônio Machado da. "O significado do botequim", in *Cidade — Usos e abusos*, op. cit.

autor conclui que são incapazes de projetos e planos, de uma reflexão sobre o futuro, de sorte que a rígida rotina do cotidiano substitui a percepção do tempo. Interfere aqui o ponto de vista do intelectual que não indaga se, para tais homens, o tempo teria necessariamente que possuir o mesmo sentido que lhe deu Benjamin Franklin. Trata-se de um preconceito semelhante ao daqueles que consideram a organização do espaço pelos "subalternos" como restrita, indiscriminada e confusa, sem avaliar que se trata de um espaço cujas coordenadas não são idênticas à da *gestalt* burguesa. Quando o arquiteto do BNH fica desolado com o caos espacial do bairro operário, tão bem planejado por ele e que foi desmantelado pela horta no lugar do jardim, pelas cores espevitadas das fachadas, pela "confusão" entre calçada e quintal, não lhe passa pela cabeça indagar se essa destruição do planejado não seria uma forma de recusá-lo.

"Minha mãe estava torrando farinha. Ela estendia aqueles panos alvos na grama e ia botando a farinha que ia torrando ali. Nesse momento ela estava no forno, a chuva caiu de repente, veio o temporal. Ela saiu quente e veio acudir a farinha dela aquele beiju bonito de milho. A farinha não molhou, mas deu um resfriado nela. Minha mãe ficou oito dias e não falou, não disse mais uma palavra (...) Minha mãe morreu ressecada: tava no tacho redondo, no fogaréu. A gente pedia: — Me dá um beiju, mãe. Ela dava daqueles grandes. Farinha de milho dá trabalho para fazer, dona. Muito trabalho. Esse povo vê tudo aí bonitinho nos pacotes, mas não sabe o trabalho que dá pra fazer (...) Quando minha mãe saiu correndo não tinha ninguém para acudir a farinha que estava no sol. Fechou a garganta dela que não falou mais uma palavra".[20] Filha de ex-escravos, doméstica, mais de 70 anos, D. Risoleta narra a morte de Teodora, sua mãe. Como assinala Ecléa Bosi, é sempre através do trabalho que a memória de D. Risoleta encontra a figura materna, seu viver e seu morrer. "D. Risoleta medita sobre o produto da faina de sua mãe sendo vendido em pacotes a pessoas que não avaliam o sacrifício ali contido. Estendendo aqueles panos alvos na grama, mexendo o tacho no fogaréu, dando beijus aos filhos, acudindo a farinha lá fora, Teodora ia trabalhando e morrendo. Na narração da filha se misturam os planos de seu trabalho e de sua morte, os panos de farinha e os lençóis da agonizante".[21]

---

19. Idem, ibidem, p. 99.

20. Bosi, Ecléa. *Memória e sociedade — Lembranças de velhos*. São Paulo, Taq Editor, 1979 (Biblioteca de Ciências Humanas).

21. Idem, ibidem, p. 709.

Cultura pobre, experiências de vida muito simples, falta de percepção do tempo e do espaço... Quem sabe se no lugar dos beijus estivessem *madeleines* o "estoque simbólico" dessa gente não seria considerado "restrito"?

Para encerrar este tópico não me parece inútil mencionar a tendência dos intelectuais a minimizar o papel da repressão para que a idéia de alienação recubra a existência dos explorados. "A noção de 'apatia' ou de 'despolitização' (usada por Juan Linz) pareceu-me pouco adequada para descrever as atitudes políticas dos operários agrícolas andaluzes (e certamente o mesmo vale para todos os operários espanhóis) e pareceu-me tendenciosa, pois servia para ocultar a importância da repressão e o medo (...) Analisar esse medo requeria abordar temas de Psicologia Social. E acabei desanimando quando uma busca bibliográfica da literatura dos politólogos sobre o medo (na Espanha e em outros países) deu resultados minguados. O que é surpreendente, visto que a maior parte dos pobres do mundo, acredito, têm medo de meter-se em política (...) O conceito de 'mobilização' (ou de 'desmobilização') não serve para captar atitudes políticas do proletariado (...) Não se pode dizer que os operários estão conformados ou inconformados com a situação, mas sim que *estão ao mesmo tempo* conformados e inconformados: de um lado, acreditam-se impotentes para mudá-la e, em vez de assumir essa falta de força, confessar seu medo e tratar de superá-lo, muitos preferem tomar uma atitude fatalista e manifestam receio dos militantes que pretendem tirá-los dessa inatividade; de outro lado, apesar da calma aparente, há um inconformismo profundo, que às vezes é difícil perceber sob a capa do fatalismo. Até onde possam ir na ação, depende da repressão e da persistência do medo. Portanto, é errôneo tomar a 'despolitização' como um dado, pois pode desaparecer de um momento para outro".[22]

Cultura popular e religião

Quando o jovem Marx declara: "somos todos judeus", afirmando que a religião é temor e aceitação de um poder transcendente, ou quando o velho Hegel declara: "somos todos gregos", querendo com isto assinalar a determinação essencial da religião como visibilidade e espetáculo, circunscrevem o campo da religiosidade como pavor e cisão irremediável entre o

---

22. Alier, Juan Martinez. *Noras sobre el franquismo*. Barcelona, Papers, 1978, pp. 30-32. Cf. também Hall, Michael, *Immigration and the Early Working Class*, Jahrbuch für Geschichte, 1975.

exterior e o interior.²³ Eis por que, do ponto de vista da razão, a consciência religiosa surge como forma exemplar da alienação — tema explicitamente desenvolvido por Feuerbach.²⁴

Projeção fantástica do humano no divino, a religião define uma existência irremediavelmente cindida: cisão entre finito e infinito, criatura e criador, individualidade e universalidade, o aqui e o além, o agora e o porvir, a culpa e o castigo, o mérito e a recompensa. O deus da religião, afirma Feuerbach, não é um Deus-intelecto (que interessa ao filósofo e ao teólogo, "ateus envergonhados"), mas é Deus-vontade e coração. O primeiro ama o universo e implica panteísmo, não podendo satisfazer a alma religiosa, essencialmente antropocêntrica. Projetado como ser moral perfeito, como o ser absoluto do homem sob forma do dever-ser, Deus se manifesta como realidade prática a exigir ação e a criar tensão entre o que somos e o que deseja que sejamos. Por isso, a consciência da dor do pecado só pode ser reparada por um Outro personificado, feito de amor e de misericórdia, lançando uma ponte entre sua lei e nosso coração. É este o Deus da religião. Cisão e separação, projeção de si num Outro desmesurado, tensão e luta definem a essência da vida religiosa e a alienação humana cujo fim, advento da unidade do homem consigo mesmo, é, simultaneamente, término da religião. A alienação termina quando começa o humanismo, ao reconhecermos que, se pela água (batismo) pertencemos à Natureza, pelo pão e pelo vinho, frutos do trabalho, somos humanidade. A vida humana tem em si mesma um sentido sagrado cuja essência infinita não precisa esquecer-se de si, projetando-se no além.

Definida como espetáculo por não ser especulativa, como lógica da ilusão por não alcançar a raiz da história efetiva ou como alienação por não reconhecer sua humanidade, a religião aparece como uma atitude genérica perante o real, tornando-se impossível estabelecer uma diferença qualitati-

---

23. Essas referências ao jovem Marx e ao velho Hegel encontram-se em Lebrun, Gérard, *La patience du concept*. Paris, Gallimard, 1972, p. 43.

24. "A religião é a primeira consciência de si do homem, mas indireta (...) inicialmente o homem desloca para seu exterior sua própria essência, antes de encontrá-la em si mesmo. A religião é a *essência infantil* da humanidade (...) A religião, pelo menos a cristã, é a relação do homem consigo mesmo ou, mais exatamente, com sua essência, mas como essência de um outro ser. O ser divino é apenas a essência humana, ou melhor, a essência humana separada dos limites do homem individual, isto é, real, corporal, *objetivada*, ou seja, contemplada e honrada como um outro ser, um outro distinto dele, particular" (Feuerbach, *L'essence du Christianisme*, Maspéro, 1973, pp. 131-132).

va entre religião dos dominantes e religião popular: ambas parecem ser, apenas, variantes do mesmo, distinguindo-se em grau e não em natureza.[25]

Na perspectiva das ciências sociais, contudo, parece viável distinguir qualitativamente as duas modalidades de religião. Grosso modo, para as ciências sociais a religião popular resulta da combinação de quatro variáveis: a composição social dos fiéis (pobres, oprimidos, camadas baixas), a função da religiosidade (conservar uma tradição ou responder ao desamparo suscitado por mudanças sociais), o conteúdo da religião (visão sacral do mundo oscilando, conforme a opção feita, entre uma ética rígida e uma atitude mágico-devocional mais fluida), a natureza da autoridade no plano da instituição religiosa (burocrática ou carismática, mas sempre tendendo à formação de seitas em contraposição à religião dominante, que se institucionaliza sob a forma de igrejas). Os antropólogos enriquecem essas análises enfatizando a dimensão propriamente cultural da religião popular como preservação de valores éticos, estéticos, étnicos e cosmológicos de grupos minoritários e oprimidos, de sorte a funcionar como canal de expressão da identidade grupal e de práticas consideradas desviantes (e por isso repudiadas) pela sociedade inclusiva.

No caso particular do Brasil, simplificadamente poderíamos resumir nos traços seguintes a religiosidade popular.

1) A religião popular enquanto catolicismo rural, herdado do instituto do Padroado e da noção de Cristandade, caracteriza-se pela presença marcante dos leigos como estimuladores da vida religiosa (irmandades, romarias, ermidas, devoções, procissões, festas), entrando em conflito com a imposição da romanização, isto é, do catolicismo tridentino, que privilegia a autoridade sacerdotal.[26] A romanização confere supremacia aos sacramentos e à instrução religiosa (catecismo), além de exercer censura sobre as práticas anteriores, seja abolindo-as, seja tutelando-as sob a supervisão do

---

25. Para Hegel, por exemplo, a diferença entre o cristianismo e o judaísmo, entre o cristianismo em sua verdade e sua versão "primitiva" ou popular, consiste na diferença entre uma religião cujo conteúdo especulativo é reconhecido e uma outra que não pode cessar de pedir revelação e manifestação. O cristianismo, em sua verdade, é uma religião das mediações, da invisibilidade, da rememoração, da abolição da imaginação e da representação, da interioridade reconciliada entre finito e infinito. Em contrapartida, a versão popular é imediata, sensível, representativa, dogmática e revelada, irreconciliada. Nela, Deus é um vazio depositado no além, "objeto" de devoção e de lembrança como nostalgia.

26. Azzi, Riolando, "Catolicismo popular e autoridade eclesiástica na evolução histórica do Brasil", *Religião e Sociedade*, n. 1, 1977.

clero oficial. Nesse quadro, a diferença entre religião popular e oficial manifesta-se como oposição entre leigos e clero, e entre festividades e sacramentos, isto é, entre uma religiosidade espontânea e uma religião vertical, imposta autoritariamente. Essa mesma oposição reaparecerá após Vaticano II e podemos considerar, por exemplo, a diversidade entre os Cursilhos da Cristandade e as comunidades de base como nova expressão do conflito anterior, não só em termos de composição social, mas também em termos teológicos, os primeiros enfatizando a evangelização, as segundas privilegiando a linha profética. Essa descrição, todavia, coloca um problema: a ênfase dada ao caráter autoritário da Igreja Tridentina e dos opositores a Vaticano II face ao espontaneísmo popular não deixa clara a maneira como este, no passado e no presente, resolve a questão da diferença de classes, pois a idéia de laicato serve para identificar todos os fiéis (no passado) e para minimizar a autoridade clerical (no presente). Assim, por exemplo, no catolicismo rural popular, latifundiários, coronéis, prefeitos, comerciantes pertencem às mesmas irmandades, cultuam os mesmos santos, patrocinam as mesmas festas que negros, colonos, homens livres (tropeiros e sitiantes), pequenos funcionários e empregados? Sua distribuição nas procissões é aleatória ou a "geografia" de seu perfilamento obedece a critérios hierárquicos? Estas questões ganham alguma relevância na medida em que a identificação operada pela noção de laicato pode sugerir que o catolicismo popular (passado) foi uma expressão da vida rural comunitária, esquecendo-se, talvez, de que essas comunidades são perpassadas por duas formas de violência institucionalizada: a primeira opera entre os homens pobres, despojados e solitários, para os quais "a capacidade de preservar sua própria pessoa contra qualquer violação aparece como a única maneira de ser",[27] de sorte que, entre esses iguais, prevalece uma relação marcada pelo desafio recíproco e pela prova da valentia; a segunda, existente entre os homens pobres e os dominantes, exprime-se através de inúmeras instituições cuja síntese e sentido é a relação de favor, a violência manifestando-se na ocultação da desigualdade pelos laços de dependência pessoal.[28] Assim, não será por acaso que a classe dominante irá aderir à religião tridentina: esta, ao mesmo tempo em que reforça a idéia de favor (basta lembrarmos a introdução da prática da comunhão nas primeiras nove sextas-feiras de cada mês como garantia de salvação para aquele que, por descuido, tenha

---

27. Franco, Maria Sylvia Carvalho, *Homens livres na ordem escravocrata*. IEB/USP, 1969, p. 60.
28. Idem, ibidem.

morrido em pecado mortal), demarca fronteiras rígidas entre o sagrado e o profano, realizando, sob a forma da religião, a mesma separação efetuada pela política.[29] Do mesmo modo, no presente, os Cursilhos da Cristandade, enquanto religião de massa, estimulam a leitura da Bíblia, a participação social, a confissão comunitária e o sentimento de comunidade através dos Encontros com Cristo. O fato de que as comunidades de base tenham linha profética (e não evangélica como o Cursilho) e defendam a participação social não como acomodação ao existente (como o Cursilho), mas como contestação da injustiça social, entretanto, não pode livrá-las, por um lado, do estigma da "consciência vinda de fora", nem impedi-las, por outro lado, de pensar a justiça social sob a forma da redistribuição da renda num capitalismo mais "justo", pois quando ultrapassam essa fronteira sofrem repressão interna. Se, para o passado, a idéia de laicato não nos esclarece quanto ao "popular" na religião, no presente, a idéia de comunidade de base não nos esclarece quanto ao "social" na vida religiosa católica.

2) A religião popular caracteriza-se por "um limitado nível de consciência a respeito dos valores que a justificam",[30] opondo-se a uma religião internalizada da qual o fiel participa de modo consciente e deliberado. Nesta segunda modalidade há uma tônica modernizante decorrente do aproveitamento das conquistas da ciência (em particular das ciências humanas e da medicina), redefinindo normas e valores religiosos mais condizentes com a sociedade moderna (entenda-se: capitalista) e estimulando a ativa participação social dos fiéis, cônscios da discrepância entre os ideais igualitários da religião e das injustiças sociais. Ao contrário, a religião popular, definida como tradicional e, portanto, como conservadora, tende a legitimar o *status quo* mediante visão sacral do mundo, justificadora da ordem vigente. A oposição entre religião popular e internalizada, em termos de tradicional e moderno, permite explicar a conversão inicial dos católicos (classe média urbana) ao protestantismo histórico, cuja ética, moderna, responde aos anseios individuais e democratizantes de homens que mergulham definitivamente na sociedade capitalista. E permite explicar também, num segundo momento, a conversão dos católicos pobres às religiões urbanas de massa (pentecostalismo, umbanda, espiritismo, seicho-no-yê), pois,

---

29. Não errou o protestantismo histórico quando criticou o catolicismo brasileiro por sua mentalidade devocional (povo) e clerical (classe dominante), mas não levou em conta as devoções clericais.

30. Camargo, Cândido Procópio de, *Católicos, protestantes, espíritas*. Petrópolis, Vozes, 1973, p. 65.

à medida que o catolicismo se internaliza e se moderniza e o protestantismo se mantém moderno, enfatiza-se a dessacralização do mundo e a admissão de sua racionalidade. Ora, para os pobres, que não podem usufruir dos benefícios da ciência (particularmente da medicina), nem suportar a idéia de que sua miséria é racional, a busca de religiões que respondam a angústias vitais torna-se imperiosa. Migração e isolamento, doença e desemprego, pobreza e falta de poder conduzem de uma religião popular tradicional a uma outra, de massa. Essa abordagem é um tanto problemática, talvez por seu caráter extremamente funcionalista. Assim, por exemplo, a "modernidade" do protestantismo e do novo catolicismo é apresentada sem qualquer vínculo com processos de dominação social e com a manutenção de poder por parte das igrejas. A "modernidade", que parece ser em si um bem, escamoteia a determinação da religião pela sociedade capitalista, como é o caso, por exemplo, da redefinição dos papéis sexuais e familiares depois de "explicados" pelas ciências (entenda-se: pelas exigências do mercado de trabalho). Além disso, modernidade é um termo ambíguo: como discernir a modernidade dos Cursilhos e das comunidades de base? Dizendo que os primeiros leram epígonos de Parsons e Galbraith enquanto as segundas leram Buber e Marx, Bourdieu e Vasquez? Como classificar o espiritismo kardecista, que se autodefine como visão "científica" do cristianismo? Dizendo que Kardec leu Comte e o positivismo não é moderno? Também se enfatiza como traço de modernidade o valor atribuído às técnicas de comunicação de massa. Neste caso, Billy Graham, modernoso, serve para nos alertar quanto ao caráter manipulatório da religiosidade moderna, substituindo o púlpito pela televisão. Seria recomendável ir devagar com o andor que o santo é de barro.

3) A adesão à religião popular urbana (de massa) é um esforço feito pelos oprimidos para vencer um mundo sentido como hostil e persecutório. A religião fornece orientação para a conduta da vida, sentimento de comunidade e saber sobre o mundo, compensando a miséria por um sistema de "graças": cura, emprego, regresso ao lar do marido ou esposa infiel, do filho delinqüente, da filha prostituída, o fim do alcoolismo. Fornece também um sentimento de superioridade espiritual, compensando a inferioridade real e, para alguns (classe média urbana baixa), a promessa de ascensão social como recompensa da retidão moral, enquanto para outros (os pobres) reforça a visão fatalista da existência, cujo prêmio virá um dia, no além. Alguns cientistas sociais distinguem umbanda e macumba das demais seitas populares e do catolicismo devocional de santuário, conside-

rando as primeiras como religiões da transgressão e as segundas, como religiões da ordem.[31] Ao que tudo indica, a composição social e a diferença ordem/transgressão são inferidas da natureza das "graças" solicitadas e dos "trabalhos" encomendados. No entanto, se observarmos os pedidos feitos pelos pobres (em qualquer das seitas), notaremos um aspecto que tem sido pouco salientado, em decorrência da ênfase dada à idéia de alienação. Pede-se cura, emprego, "regeneração" de algum membro da família desgarrado: pede-se que a vida não seja como é. Todavia, quem conhece, por exemplo, a situação da medicina brasileira (preço da consulta, do leito de hospital, do remédio, dos INPS, dos convênios hospital/empresa) há de convir que não é apenas por alienação, mas também por perfeito conhecimento de causa e por reconhecimento da impotência presente que se pede cura milagrosa — caso contrário, é morte certa. Quem conhece a situação de subemprego, desemprego, alta rotatividade e os FGTS, há de convir que não é somente por alienação, mas também por pleno conhecimento de causa e reconhecimento da impotência atual que se pede o pão nosso de cada dia para lírios que já não são do campo. E as páginas lancinantes de Marx sobre o alcoolismo e a prostituição entre os trabalhadores não falam de gente alienada: falam de gente degradada. Os pedidos não são feitos porque se "escolhe" a via religiosa, mas porque no presente sabe-se que não há outra via. Também seria interessante indagar se a distinção entre religiões da ordem e da transgressão é pertinente. Talvez se pudesse dizer que há em todas elas a idéia de ordem, embora com sentido diverso em decorrência do significado dado ao bem e ao mal e ao tempo de sua chegada (agora, na umbanda, amanhã, no pentecostalismo e catolicismo, na próxima encarnação, no espiritismo). Trazendo o "bem" ou o "mal", as religiões dependem de um portador para "transportá-los" e, portanto, de uma autoridade investida para tal fim. Ora, desde que haja reconhecimento de autoridade, há hierarquia e, com ela, ordem — a transgressão, se houver, encontra-se organizada. Assim, por exemplo, quando nos "terreiros" de Belém,[32] a bicha é prestigiada e valorizada, transforma-se um "desvio" em fonte de poder. Todavia, ao criar um espaço que legitima o "desviante", o terreiro justifica, por segregação, os valores da ordem estabelecida. O estudo das

---

31. Monteiro, Douglas, "A cura por correspondência", *Religião e Sociedade*, n. I, 1977. É o autor quem usa a expressão "religiões da ordem", tomando como referência, por exemplo, o fato de o cônjuge legítimo pedir ao santo a volta do outro e atribuir a um "trabalho" umbandista ou macumbeiro a sedução do parceiro pelo(a) amante.

32. Fry, Peter, "Mediunidade e sexualidade", *Religião e Sociedade*, n. 1, 1977.

religiões populares e de massa poderia levar em consideração três aspectos contraditórios: o apelo a um poder transcendente como resultado de uma clara consciência da realidade presente, face à qual os indivíduos se reconhecem impotentes; a visão dessa realidade como fatal, exigindo, então, que os homens se movimentem exclusivamente no interior do quadro assim delimitado, de sorte que a mudança só possa ser pensada em termos de milagre — e não devemos, por um minuto, nos esquecer de que o milagre é a possibilidade de uma outra realidade no interior da existente; enfim, um conjunto de transgressões (não seguir os padrões da moda por parte dos pentecostalistas, receber o espírito de luz por parte do espírita, dar vazão à bichice por parte do umbandista), como transgressões organizadas e submetidas à autoridade.

4) As religiões populares se organizam sob a forma de seitas, opondo-se às religiões oficiais que se institucionalizam sob a forma de igrejas. Se, por vezes, o termo seita serve para assinalar o caráter minoritário de seus adeptos, no entanto, o uso mais corrente do termo visa salientar o caráter segregado da comunidade religiosa, seja em termos éticos (pentecostalismo, espiritismo), seja pelos poderes mágicos de seus líderes (umbanda, macumba, espiritismo), seja pela potência miraculosa de seus santos (catolicismo devocional), seja, enfim, pelo fanatismo, latente ou manifesto. A seita tende a tornar-se sectária, na medida em que transfigura a segregação social, econômica e política de seus membros numa eleição espiritual. O catolicismo devocional parece não corresponder exatamente à noção de seita, dado o conceito de Cristandade, porém, é tido como forma inferior da "verdadeira" religião, isto é, aquela professada pelas classes dominantes e cultivadas. O caráter sectário das religiões populares costuma ser muito valorizado por alguns cientistas sociais e historiadores, pois a seita contém um potencial contestatório de grande envergadura, tendendo a "virar o mundo de ponta-cabeça", para usar a expressão de Hill.[33] Assumindo ou não uma forma messiânica e profética, a contestação social de origem religiosa é radical, pois sendo a religião contato com o absoluto, a transformação exigida por ela é a de que o mar vire sertão e o sertão vire mar. Talvez por este motivo seja essencial para as lideranças religiosas eclesiásticas afirmar a passividade e o pacifismo do povo, esvaziando o potencial rebelde que o habita. Talvez também, pela mesma razão, um instru-

---

33. Hill, Christopher, *The World Upset Down*. Temple Smoth, 1972; Monteiro, Douglas. *Os errantes do novo século*, op. cit.

mento eficaz para abafar o desejo de mudança seja o de converter a religião popular em religião de massa, cooptando seus líderes para o serviço da classe dominante. É aqui que a expressão "ópio do povo" alcança toda sua verdade.

Ordenação cósmica do espaço e do tempo eliminando o acaso, separação e reconciliação do finito e do infinito conjurando o medo da morte, a religião, "compêndio universal, lógica em versão popular" no dizer do jovem Marx,[34] responde ao terror da desagregação. Elaborando uma justificação transcendente (destino, moira, karma, providência, predestinação) para o que se passa aqui e agora, a religião converte o acontecer em dever-ser cuja causa se encontra num passado longínquo, mas reiterado, ou num futuro ilocalizável, mas esperado. Ao ampliar a linha do tempo (chamando-a de eternidade) e ao estruturar o espaço em coordenadas reconhecíveis (chamando-as de sacralização), a religião abre os horizontes do mundo, ao mesmo tempo em que demarca seus rígidos limites. Por isso, o milagre, pedra de toque das religiões populares e de estonteante simplicidade para a alma religiosa é, *de jure*, inaceitável pelas teologias e apenas de fato por elas tolerado, pois rompe a ordem predeterminada do mundo por um esforço da imaginação. Arrimo da religião popular, o milagre é verdadeira profanação para as religiões purificadas ou internalizadas — naquelas, Deus é vontade; nestas, razão, primeiro passo na dessacralização do real. O milagre, ao mesmo tempo em que reafirma a onipotência da divindade a quem se apela (e que não teria o menor interesse se não fosse capaz de mudar suas antigas decisões), manifesta uma relação estritamente pessoal entre o poder supremo e o suplicante — único momento em que se tem certeza de que o grito, abafado, explodiu e foi ouvido. "A miséria da religião é, ao mesmo tempo, expressão e protesto contra a miséria real. É o lamento da criatura oprimida, coração de um mundo sem coração, alma de uma condição desalmada (...) Assim, a crítica do paraíso transforma-se em crítica da terra, a crítica da religião em crítica da lei, a crítica da teologia em crítica da política".[35] A liberação contra o consolo religioso é tarefa da história, crítica das ilusões, pois se "a religião é visão invertida do mundo, é porque esta sociedade, este Estado são o mundo invertido".[36]

---

34. Marx. *Critique of Hegel's Philosophy of Rigth*. Cambridge Press, 1977.
35. Idem, ibidem, pp. 131-132.
36. Idem, ibidem, p. 131.

Contrariamente às interpretações intelectualistas, para as quais a religião é efeito da ignorância da verdadeira natureza do absoluto, Espinosa[37] considera a religiosidade como forma originária e imaginária de relação com o poder. Exprimindo o jogo contraditório de duas paixões — o medo e a esperança — a religião realiza-se como temor da vinda de um mal quando se espera um bem e como esperança de que um bem advenha quando se teme um mal. Temer é esperar. Esperar é temer. Medo e esperança são afetos desencadeados pela percepção do tempo como fragmentado e, portanto, como fonte de puro acaso. A necessidade de conjurar os riscos do tempo incerto, fixando-o em regularidades previsíveis, e a necessidade de encontrar um substituto visível da certeza recusada pelo acontecer, fixando o espaço numa topologia controlável, exige o recurso a um poder ordenador que não só crie a continuidade temporal e a familiaridade espacial, mas, sobretudo, que não se confunda com o mundo a ser ordenado. Com efeito, a exigência de que o ente supremo esteja separado do mundo não é apenas uma projeção fantástica do homem num vazio situado além: é a figuração da própria essência do poder concebido como uma potência que só pode se efetuar se estiver fora, antes e acima do caos que deve organizar. Se estivesse confundido com as criaturas, não teria poder sobre elas; seria apenas um ente no meio dos entes, impregnado pela incerteza do mundo e não podendo governá-lo. Se a religião é, como afirma Espinosa, o instrumento privilegiado para a dominação política, não é porque pressupõe resignação infinita, mas porque, tendo a alma religiosa depositado fora de seu próprio alcance um poder secreto, sentido simultaneamente como implacável (justo) e misericordioso (bom), prepara terreno para que a obediência e a resignação se infiltrem em todas as manifestações da existência onde um poder for figurado da mesma maneira. Assim, a consciência e a onipotência do poder soberano são resultado de sua transcendência. No entanto, nascido de uma carência humana, esse poder só se conserva como objeto de crença e de adoração se não cessar de mostrar-se: a sacralização do mundo, a ritualização da vida, os signos e os milagres, os símbolos de uma presença ausente não são complementos dispensáveis, mas exigências intrínsecas da religiosidade. Medo e esperança engendram a transcendência ao mesmo tempo em que a fé exige a reposição do poder divino no mundo. A religião precisa depositar o poder fora do visível e, simultaneamente, trazê-lo de volta aos olhos. Um sistema complexo de sinais, por cujo intermédio

---

37. Espinosa, *Tratado teológico-político*. Haya, Van Vloten e Land, 1914, t. II, prefácio.

as religiões se distinguem sem perder sua identidade originária, faz com que a liturgia seja o coração da religiosidade. Pomposa, sóbria, delirante ou esfuziante, a liturgia comemora a separação entre o divino e o humano e a promessa de sua reconciliação momentânea — reafirma os mitos de origem (sempre de transgressão e queda, sem os quais a existência humana permaneceria inexplicável) e os mitos do retorno (sempre reconciliadores, sem os quais a adoração não teria sentido). Resposta imaginária às adversidades do presente e às incertezas do futuro, às culpas passadas e às remissões por vir, marca a emergência da percepção da autoridade como distante e próxima, surda e misericordiosa, cega e justa, pronta a atender o apelo, desde que feito segundo suas próprias ordens, prodigalizando graças, desde que o receptáculo seja dócil. Por isso mesmo, o fenômeno da institucionalização, seja como seita ou igreja, de forma carismática ou burocrática, tradicional ou moderna, progressista ou reacionária, longe de ser a perda da interioridade religiosa numa exterioridade morta e repressiva ou viva e contestadora, revela-se, como a liturgia, corolário indispensável da vida religiosa, não apenas porque cristaliza aquilo que a religião deseja (a estabilização do real), mas sobretudo porque realiza aquilo que a religião procura: a figuração, aqui e agora, do poder separado e invisível. Assim como a unção do rei medieval e sua coroação transfiguravam seu corpo profano em corpo político-religioso, assim também a consagração da sacerdotisa Nagô "transforma o ser humano num verdadeiro altar vivo no qual pode ser invocada a presença do Orixá".[38]

Como negar o "parentesco" entre a visão religiosa da autoridade e a percepção profana do poder do Estado (moderno ou não)? Como negar que a busca de intermediários para diminuir a distância invisível reabre nova distância, reproduz no visível a mesma separação, de forma que entre os oficiantes dos cultos, dirigentes de igrejas e de seitas e dominantes políticos se estabeleça, face aos fiéis e aos dominados, um tipo de relação que torna quase impossível discriminar a contemplação religiosa do poder e a instauração da autoridade política?[39] Como negar que, para os oprimidos,

---

38. Elbein, Juana, *O Nagô e a morte*. Petrópolis, Vozes, 1976, p. 44.

39. Em seu estudo sobre os Nagô da Bahia, Juana Elbein considera insuficientes os estudos sobre as relações entre a organização do "terreiro" e a organização sócio-política de origem, sugerindo haver no primeiro uma concentração do poder político-religioso. "Essas semelhanças (entre o terreiro e as origens) intensificaram-se ainda mais depois da criação do 'corpo de ministros' de Xangô, seis à direita e seis à esquerda, que, no decorrer da cerimônia pública, ficam à direita e à esquerda da Iyaiaxê" (Elbein, op. cit., p. 38). O estudo das políticas teocráticas deixa patente a

há, em ambas, o trabalho da mesma contradição, isto é, a percepção da distância face a Deus e ao Estado como desconhecimento da natureza do poder (isto é, de sua origem) e como compreensão efetiva da falta *deste* poder? Como negar, afinal, que é o medo do tempo e da "desordem", isto é, do acontecimento e do conflito, numa palavra, o *medo da história*, que se encontra do lado dos explorados, porque sabem o preço da derrota, e dos exploradores, porque sabem o que têm a perder? No entanto, a politização da religião e a religiosidade política não possuem o mesmo sentido: na primeira, exige-se que o invisível se manifeste; na segunda, que o visível se oculte. E essa diferença é maior do que tudo quanto possa imaginar nossa vã filosofia.

Seja na versão racionalizada e reacionária do pentecostalismo, seja no cosmos militarizado da umbanda, seja no universo estritamente impessoal do bem e do mal no protestantismo, seja no conservadorismo da "evolução" espírita, seja na verticalidade burocrática da Igreja Tridentina, seja na linha modernizante e profética de Vaticano II, em sua versão popular, as religiões sancionam a versão dominante de submissão aos desígnios ocultos de um poder separado. Em todas elas, os conflitos sociais são figurados como resultado da ação de forças externas à sociedade, polarizações estranhas entre bem e mal que se abatem sobre os homens, determinam suas vidas e organizam o real. Nesta perspectiva, somos tentados a considerar a laicização do saber e a dessacralização do mundo como primeiro passo indispensável para denunciar os poderosos da terra e desalienar os explorados. No entanto, qualquer um dotado de bom-senso (que consta estar *igualmente distribuído* entre os homens e não se confundir com o senso comum), há de convir, sem temer ser tido por obscurantista, que a crença na racionalidade em si do real pode ser um soporífero tão danoso quanto a religião popular e, talvez, mais aterrador do que ela. Não é somente a confiança no "progresso das luzes", ou, para sermos menos anacrônicos, a confiança na "conscientização", que pode engendrar um autoritarismo vanguardista e iluminado, justificar a existência de elites dirigentes (com, para, pelo ou contra o povo, pouco importa). É sobretudo a crença na racionalidade em si do real que pode legitimar a ordem reinante, abrindo caminho para o etapismo do "desenvolvimento necessário" ou para o reformismo (bem ou

---

inseparabilidade das duas formas de relação com o poder. No entanto, o que é mais interessante (e mais alarmante) é a "semelhança" de ambas ali onde consta ter havido separação entre religião e Estado.

mal intencionado, também pouco importa), justificando a suposição de que o "povo fenomênico"[40] não é capaz de, sozinho, seguir a linha "correta", precisando de um *front cultural*, constituído por aqueles que "optarem por ser povo", só que *mais* povo do que povo. À vista do que se tornou, a leste e a oeste, a "administração das coisas", os modelos organizacionais da empresa, da saúde, da escola, do lazer e do Estado, nada nos impede de perceber o surgimento de uma crença difusa e difundida em uma razão inscrita nas próprias coisas. O mundo burguês é laico e profano, mundo desencantado que se reencanta não só pela magia da comunicação de massa (a forjar uma comunidade transparente de emissores/receptores de mensagens sem autor), pois quem fala é a voz da razão, mas também pela magia de uma sociedade inteligível de ponta a ponta. Desse mundo desencantado, os deuses se exilaram, mas a Razão conserva todos os traços de uma teologia escondida: saber transcendente e separado, exterior e anterior aos sujeitos sociais, reduzidos à condição de objetos sócio-políticos manipuláveis (as belas-almas e as consciências infelizes dizem, eufemisticamente, "mobilizáveis"), a racionalidade é o novo nome da providência divina. Talvez tenha chegado a hora da heresia: a ciência é o ópio do povo.

---

40. A expressão encontra-se no anteprojeto do "Manifesto do CPC", *Arte em Revista*, n. 1.

Considerações sobre o nacional-popular*

Gostaria de iniciar nosso encontro propondo que discutíssemos algumas dificuldades manifestas ou latentes contidas na expressão "o nacional-popular", não só porque ela costuma ser convertida em nacionalismo cultural ou em populismo nacionalista, mas também porque o vínculo entre o nacional e o Estado, de um lado, e entre o popular e as classes dominadas, de outro, parece tornar inviável aquilo que freqüentemente é o alvo dos projetos de "cultura nacional-popular", isto é, a identidade nacional. As experiências do fascismo, do nazismo, do "socialismo em um só país" (cujo arquiteto era especialista na questão das nacionalidades), dos populismos e nacionalismos autoritários latino-americanos colocam a expressão "o nacional-popular" sob suspeita e a "identidade nacional" como altamente indesejável.

Também gostaria de propor que evitássemos partir de algumas definições prévias sobre o tema que nos levassem, por via dedutiva, a analisar manifestações culturais para decidir se seriam ou não nacionais-populares. Sugiro que procuremos as maneiras pelas quais em diferentes momentos e por diferentes sujeitos essas idéias e imagens são construídas e por que o são, deixando vir à tona diferentes modos de articular ou de separar os dois termos, em vez de buscarmos "o" nacional-popular que se materializaria em todas as manifestações culturais.

A expressão "nacional-popular" costuma ser associada ao nome de Gramsci. Quando a propõe, Gramsci pretende alcançar uma interpretação

---

* Este texto faz parte de um conjunto de seminários realizados no Núcleo de Estudo e Pesquisa da Funarte, em 1980, e publicado em 1984 pela Brasiliense como *Seminários* (O nacional e o popular na cultura brasileira).

do nacional e do popular contrária e para além daquela que recebe sob a hegemonia burguesa e, mais particularmente, sob a fascista. Nesta, sobretudo a partir do nacionalismo de Corradini (com as revistas *Il Regno* e *La Voce*), exaltava-se o cesarismo, a Roma imperial, *Patria lontana*, os *condottieri* medievais e os navegantes do Renascimento, imagens que iriam inspirar D'Annunzio e Mussolini, o primeiro livro de um e o mais famoso artigo de outro trazendo como epígrafe: "Navegar é preciso. Viver não é preciso". Jornais como *Populo d'Italia* ou da Associação Nacionalista Italiana, como *L'Idea Nazionale*, iriam estimular a ideologia belicista, retomada pelos futuristas (que propunham a guerra como "higiene do mundo"), e o surgimento dos primeiros *Fasci*, "livres associações subversivas", encarregados de parir a "alma italiana" e o Partido Nacional Fascista, em novembro de 1921. Para este, "a Nação não é a simples soma dos indivíduos vivos, nem o instrumento dos objetivos partidários, mas um organismo que compreende a série indefinida das gerações cujos indivíduos são elementos passageiros; é a síntese suprema de todos os valores espirituais e materiais da raça. O Estado é a encarnação jurídica da Nação". (Idéias que encontraremos reproduzidas *ipsis litteris* pelos militantes e teóricos da Ação Integralista Brasileira, nos anos 30.)

Nos textos gramscianos, o nacional, visado como e enquanto popular, significa a possibilidade de resgatar o passado histórico-cultural italiano como patrimônio das classes populares. Nos artigos de *Ordine Nuovo* e nos *Cadernos do Cárcere*,[1] as análises sobre a apropriação fascista do passado, sobre o futurismo, sobre a modernidade livresca e acadêmica, sobre o cosmopolitismo provinciano da intelectualidade italiana mostram que para esta o passado não existe ou existe apenas para fins de propaganda. O descaso, de um lado, e a manipulação, de outro, acabam deixando espaço livre para uma outra cultura que pretenda resgatar a memória nacional numa perspectiva popular. Se o nacional é o passado resgatado pela consciência e pelo sentimento populares, o que é o popular para Gramsci? Evidentemente, as análises políticas gramscianas tomam o popular segundo as determinações econômicas e sociais da divisão social das classes e enfatizam a opacidade dessas classes no capitalismo italiano onde, desde o *Rissorgimento*, a diferença entre norte industrializado e sul agrário parece ser mais decisiva

---

1. Gramsci *Ordine Nuovo*, Turim, Einaudi, 1955; *Quaderni del Carcere*. Roma, Istituto Gramsci; *Letteratura e vita nazionale*. Turim, Einaudi, 1956; *Literatura e Vida Nacional*. Rio de Janeiro, Civilização Brasileira, 1978.

do que outras. Porém, no que toca à cultura, o popular recebe alguns sentidos novos e mesmo surpreendentes.

Gramsci afirma que existem uma religião e uma moral do povo, muito diversas daquelas organizadas pelos intelectuais da hierarquia eclesiástica e da classe dominante, fazendo com que existam crenças e imperativos muito mais fortes, tenazes e eficientes do que os da religião e moral oficiais. Distingue aí três estratos: os fossilizados, que refletem condições de vida passada e que por isso são reacionários e conservadores; os inovadores e progressistas, determinados espontaneamente pelas condições atuais de vida e, finalmente, aqueles que estão em contradição com a religião e a moral vigentes. São estes que devem mais interessar a quem se ocupa com o nacional-popular. Existe também uma cultura popular, tal como se exprime nos cantos populares que se distinguem de outros "no quadro de uma nação e de sua cultura não como fato artístico, nem por sua origem histórica, mas por seu modo de conceber o mundo e a vida, em contraste com a sociedade oficial. Nisto — e tão-somente nisto — deve ser buscada a 'coletividade' do canto popular e do próprio povo", ainda que este não forme uma coletividade homogênea e imediatamente identificável. Se há, portanto, uma cultura popular em sentido amplo, por que esta não é nacional, na Itália?

Gramsci observa que em inúmeras línguas os termos "nacional" e "popular" são sinônimos ou mesmo um só. Na Itália isto não ocorre porque os intelectuais estão afastados do povo e da nação, presos a uma tradição livresca e elitista que jamais foi quebrada por um forte movimento político popular ou nacional, como na França, por exemplo. Nesse sentido, a discussão do nacional-popular passa também pela dos intelectuais, e, em particular, pelos eclesiásticos que jamais contribuíram para criar na Itália o *povo-nação*. Nem mesmo o romantismo, que no restante da Europa produziu esse efeito, foi capaz de realizar o nacional-popular italiano.

Criticando o catolicismo aristocrático e não jesuítico de Manzzoni, Gramsci observa que seus romances têm a pretensão de possuir um conteúdo popular e, no entanto, neles o povo não só é tratado como "os humildes", pelos quais o autor se enche de compaixão, mas ainda como se fosse desprovido de vida interior, sem profundidade ou personalidade moral, animais que recebem a benevolência do autor, "com a benevolência própria das sociedades católicas de proteção aos animais". Criticando o catolicismo repressivo-paternalista dos jesuítas, observa que estes, por serem fruto da Contra-Reforma, são naturalmente antipopulares e antinacionais, e como intelectuais tradicionais da classe dominante foram incapazes de aproveitar a sabedoria popular em suas obras, reduzindo a superstições fatos ricos de sentido, como o interesse popular pela astronomia. Criticando o cosmopolitismo artificial e provinciano dos intelectuais italianos, observa a ausência de uma literatura nacional-popular leiga na Itália, resultando daí o gosto popular pela leitura da literatura popularesca vinda do estrangeiro. O curioso, porém, são os autores que Gramsci considera populares: Shakespeare, Goldoni, Tolstói, Dostoievski, Victor Hugo, Alexandre Dumas. Também examina a importância dos folhetins e, no caso particular da Itália, a substituição da literatura democrática ou democratizante (existente em toda a Europa a partir dos acontecimentos de 1848) pelo melodrama ou pela ópera, além de mencionar brevemente o rádio e o cinema. Por fim, indaga por que havendo tanto interesse popular pela literatura, pela música e pelas artes, estas não correspondem aos desejos dos leitores, ouvintes e espectadores. E responde que a ausência desse tipo de produção cultural decorre da distância infinita cavada entre a intelectualidade e o povo. O que é, então, o popular para Antonio Gramsci?

O termo possui vários significados simultâneos, sendo por isso multifacetado. Significa, por exemplo, a capacidade de um intelectual ou de um artista para apresentar idéias, situações, sentimentos, paixões e anseios universais que, *por serem universais*, o povo reconhece, identifica e compreende espontaneamente (é o caso de Shakespeare). Significa também a capacidade para captar no saber e na consciência populares instantes de "revelação" que alteram a visão de mundo do artista ou do intelectual que, não se colocando numa atitude paternalista ou tutelar face ao povo, transforma em obra o conhecimento assim adquirido (é o caso de Victor Hugo e de Tolstói). Significa ainda a capacidade para transformar situações produzidas pela formação social em temas de crítica social identificável pelo povo (é o caso de Goldoni e de Dostoievski). Significa, por fim, a sensibilidade capaz de "ligar-se aos sentimentos populares", exprimi-los artisticamente, não interessando no caso qual o valor artístico da obra (é o caso do melodrama e do folhetim, ambos considerados por Gramsci estímulos à imaginação popular e ao sonhar acordado como forma de compensação para as misérias reais). Na perspectiva gramsciana, o popular na cultura significa, portanto, a transfiguração expressiva de realidades vividas, conhecidas, reconhecíveis e identificáveis, cuja interpretação pelo artista e pelo povo coincidem. Essa transfiguração pode ser realizada tanto pelos intelectuais "que se identificam com o povo" quanto por aqueles que saem do próprio povo, na qualidade de seus intelectuais orgânicos. Gramsci se situa, portanto, quase como antípoda de um Brecht.

Nacional como resgate de uma tradição não trabalhada ou manipulada pela classe dominante, popular como expressão da consciência e dos sentimentos populares, feita seja por aqueles que se identificam com o povo, seja por aqueles saídos organicamente do próprio povo, a cultura nacional-popular gramsciana possui um aspecto pedagógico que não pode ser negligenciado. Aliás, Gramsci vai muito longe nesta questão, pois declara que há uma diferença entre o intelectual-político e o intelectual-artista. O primeiro deve estar atento a todos os detalhes da vida social, a todas as diferenças e contradições e não deve possuir qualquer imagem fixada *a priori*. Em contrapartida, o segundo, justamente por sua função pedagógica, deve fixar imagens, generalizar, descrever e narrar o que é e existe, situando-se num registro temporal diferente daquele do intelectual-político que visa o que deve ser e existir, o futuro.

Como Maquiavel nos *Discorsi*, Gramsci critica a intelectualidade e os políticos italianos porque imaginam uma Itália já existente, já feita no passado e nas tradições, procurando apenas conservá-la sem considerar sua inviabilidade. Nesse sentido, a recuperação do passado, na perspectiva gramsciana, não é restauração de tradições nem culto à tradição, atitudes próprias do fascismo. Para ele, trata-se da possibilidade de refazer a memória num sentido contrário ao da classe dominante, de modo que o corte histórico-cultural seja um corte de classe. Enquanto o totalitarismo fascista pretende "resolver a questão proletária nos quadros da nação", restaurando o passado imperial-imperialista de Roma, o cesarismo e o "bom tirano", Gramsci procura uma resposta que contrarie esse nacionalismo. Sua resposta nacional-popular à hegemonia fascista é conhecida: *Maquiavel ou o Moderno Príncipe*, isto é, uma interpretação da obra de Maquiavel contra a tradição das leituras burguesa e fascista e, portanto, a reelaboração de uma política republicana, porém na perspectiva comunista. Substituindo o mito burguês do Salvador e o fascista do Condutor pela prática do partido proletário como ação auto-emancipadora, Gramsci reata com a tradição humanista do Renascimento em sua vertente republicana. Sob esse aspecto, o papel decisivo que tem em seu pensamento a relação sociedade política — sociedade civil tem como fonte não apenas Marx e Hegel, mas também Maquiavel.

Um último ponto que convém mencionar é a relação entre a idéia do nacional-popular na cultura e o conceito gramsciano de hegemonia, em íntima ligação com seus conceitos de sociedade civil e sociedade política, a primeira definida como organização e regulamentação das instituições que constituem a base do Estado e a segunda como passagem da necessidade (econômica) para a liberdade (política), da força para o consenso. A hegemonia opera nos dois níveis: no primeiro, como direção cultural e no segundo, como direção política. Ou, como aparece nos textos sobre Maquiavel, é a criação da "vontade coletiva" para uma nova direção política e também a "reforma intelectual e moral" para uma nova direção cultural.

A hegemonia se distingue do governo (o *dominium* como instituição política e, em tempo de crise, como uso da força) e da ideologia (como sistema abstrato e invertido de representações, normas, valores e crenças dominantes). Não é forma de controle sócio-político nem de manipulação ou doutrinação, mas uma direção geral (política e cultural) da sociedade, um conjunto articulado de práticas, idéias, significações e valores que se confirmam uns aos outros e constituem o sentido global da realidade para todos os membros de uma sociedade, sentido experimentado como absoluto, único e irrefutável porque interiorizado e invisível como o ar que se respira. Sob essa perspectiva, *hegemonia é sinônimo de cultura em sentido amplo e sobretudo de cultura em sociedade de classes*.

Isto significa, por um lado, que a hegemonia determina o modo como os sujeitos sociais se representam a si mesmos e uns aos outros, o modo como interpretam os acontecimentos, o espaço, o tempo, o trabalho e o lazer, a dominação e a liberdade, o possível e o impossível, o necessário e o contingente, as instituições sociais e políticas, a cultura em sentido restrito, numa experiência vivida ou mesmo refletida, global e englobante cujas balizas invisíveis são fincadas no solo histórico pela classe dominante de uma sociedade. É o que Gramsci designa como "visão de mundo". Mas significa também, por outro lado, que essa totalização é um conjunto complexo ou um sistema de determinações contraditórias cuja resolução não só implica um remanejamento contínuo das experiências, idéias, crenças e dos valores, mas ainda propicia o surgimento de uma contra-hegemonia por parte daqueles que resistem à interiorização da cultura dominante, mesmo que essa resistência possa manifestar-se sem uma deliberação prévia, podendo, em seguida, ser organizada de maneira sistemática para um combate na luta de classes.

No caso específico do nacional-popular como contra-hegemonia ao fascismo italiano, trata-se não só da captação dos pontos de resistência popular ao fascismo, como ainda da prática intelectual deliberada de reinterpretação do passado nacional sob perspectiva popular. Além disso, se nos lembrarmos que Maquiavel dissera ser toda sociedade constituída por duas tendências antagônicas, a dos Grandes, que desejam comandar e oprimir, e a do Povo, que deseja não ser comandado nem oprimido, a busca gramsciana do popular se insere, ela própria, no passado cultural italiano, porém naquilo que este possui de universal. O importante também, creio, é a modificação que o conceito de hegemonia introduz nas versões mecanicistas de um certo marxismo, na medida em que permite alcançar a práxis ultrapassando a dicotomia abstrata entre infra e superestrutura, ao mesmo tempo que compreende a práxis como prática que capta as brechas na hegemonia existente. Entre outras conseqüências, essa compreensão da articulação interna entre cultura, hegemonia e contra-hegemonia como práxis implica tomar a proposta de uma cultura nacional-popular não como a única resposta possível à hegemonia burguesa, mas como a resposta determinada pela forma histórica particular que essa hegemonia assume num momento determinado — no caso, como resposta revolucionária à contra-revolução fascista. Em outras palavras, o nacional-popular não é uma panacéia universal, não é um modelo, não é uma substância nem uma idéia provida de determinações fixas e plenamente inteligíveis. Não é transparente nem um instrumento perpetuamente disponível.

Essas brevíssimas referências à obra de Gramsci no tocante ao nacional-popular não pretenderam, obviamente, esgotar o assunto no pensamento gramsciano nem muito menos considerar o tema proposto pela pesquisa da Funarte* como resolvido *a priori*. Pelo contrário, as considerações anteriores pretenderam dar início à discussão do problema e não encerrá-lo. Aliás, podemos tomar do próprio Gramsci um primeiro problema, qual seja o da universalidade por ele atribuída ao popular.

Com efeito, em várias passagens de suas análises sobre a literatura, o teatro e a música, Gramsci afirma que inúmeras obras estrangeiras estão muito mais próximas dos sentimentos, dos valores e das idéias do povo italiano do que a maioria das obras nacionais. Isto significa, em consonância com o internacionalismo marxista, que o popular não está determinado apenas pela cultura nacional-local, mas possui uma universalidade própria, desconhecendo fronteiras. Afirma ainda que muitas obras estrangeiras são populares enquanto conservação épica, trágica ou cômica de tradi-

---

* O tema proposto era *O nacional e o popular na Cultura* e os resultados das pesquisas foram publicados pela Editora Brasiliense.

ções remotas ou recentes, de modo que o popular, além de não se confinar às fronteiras do espaço, também não é limitado por fronteiras temporais — nem o espaço geográfico da nação nem o presente nacional circunscrevem inteiramente o popular. Neste caso, a proposta de uma cultura *nacional-popular* não é determinada pela universalidade do popular, mas pela particularidade da forma nacionalista da hegemonia fascista, isto é, pela necessidade de bloquear a reconstrução do passado nacional pelo totalitarismo como propaganda nacionalista-expansionista e de contrapor a essa propaganda uma outra interpretação do passado e do presente nacionais. Ora, um dos resultados (anti-gramsciano) observado em experiências que tentaram apropriar-se do nacional-popular em outros contextos históricos costuma ser, paradoxalmente, o nacionalismo populista ou o populismo nacionalista como se a face universalizante do popular fosse neutralizada pela particularidade que define o nacional. Por quê?

Tanto o adjetivo "nacional" quanto o adjetivo "popular" reenviam a maneiras de representar a sociedade sob o signo da unidade social, isto é, Nação e Povo são suportes de imagens unificadoras quer no plano do discurso político e ideológico quer no das experiências e práticas sociais. Considerando-se a nação como "existência geográfica e antropológica", para usar a expressão de Hegel, ou como a face externa do social (território, língua, mores, instituições), e o povo como a face interior da sociedade, ou como unidade política e jurídica, tanto um termo como outro, na qualidade de "faces" de uma mesma realidade, têm como referência última a imagem de um todo uno, ainda que diversificado (a diversidade sendo apenas a pluralidade daquilo que é em si idêntico). Nessa perspectiva, o nacional-popular, para não ser convertido numa redundância ou num pleonasmo, passa a indicar uma unidade geográfica, antropológica, jurídica e política dotada de uma face externa e de uma face interna. Todavia, visto ser possível falar em "sentimento nacional" ou numa "consciência nacional" como fundadores de uma "identidade nacional", assim como é possível falar em "espírito de um povo" impresso nos mores ou na língua, ou ainda em "soberania popular" materializada nas instituições políticas, é preciso admitir que a exterioridade — o nacional — comporta uma interiorização e que a interioridade — o popular — comporta uma exteriorização. A unificação dessas duas determinações, marcadas pelo selo da determinidade, isto é, da particularidade (pois nação e povo são retro e verso de uma mesma realidade *determinada* e por isso particular, nenhum dos dois termos possuindo universalidade), só poderá ser efetuada por um terceiro termo que apareça como transcendente a ambos: o Estado nacional. Assim, é o Estado, em última instância, que define o nacional-popular e, neste caso, desfaz a universalidade sem fronteiras espaciais e sem limites temporais que a perspectiva marxista atribui ao popular.

Porém, a imagem da unidade social pode ser também negada pelo nacional-popular e não apenas afirmada por ele. Essa negação ocorre quando o nacional reenvia à Nação como unidade, mas o popular reenvia à sociedade e, portanto, à divisão social das classes e não mais ao Povo como unidade jurídica e política. Enquanto, no caso anterior, a unidade nacional absorvia a divisão popular-não-popular na identidade nacional e no Estado nacional, agora, a divisão das classes impede essa absorção.

Essa diferença — o nacional-popular afirmativo da unidade e negador dela — aparece, por exemplo, quando a discussão toma como referência a idéia de soberania. No primeiro caso, há identificação entre soberania nacional e soberania popular, identificação problemática porque o segundo termo inclui uma determinação que não é constitutiva do primeiro, isto é, a de poder democrático. No segundo caso, a identificação é impossível e a expressão nacional-popular abriga uma divisão interna, isto é, a unidade nacional não se sobrepõe à divisão social das classes. Porém, a divisão pode tomar dois rumos: ou a expressão "o nacional-popular", é conservada, mas apenas como estratégia ou tática da luta de classes, a ênfase num dos termos ficando na dependência da classe que define a própria estratégia ou tática; ou a expressão é conservada para ocultar a divisão social e, neste caso, a ênfase recai sobre o terceiro termo, implícito, ou seja, o Estado nacional.

Essas oscilações nos deixam entrever alguns problemas instigantes. Em primeiro lugar, observa-se que a realidade empírica dos dois termos parece ser irrelevante, uma vez que as construções teóricas lhes podem conferir sentidos diversos e mesmo diferentes, em segundo lugar, porém, observa-se que a ênfase nas componentes empíricas de um dos termos não deixa intacto o sentido do outro, o que supõe uma secreta articulação entre ambos; em terceiro lugar, e sobretudo, observa-se que a elaboração conceitual retroage de *modo prático* sobre os dados empíricos e modifica até mesmo os "dados", o que supõe um vai-e-vem entre as componentes empíricas e as construções conceituais. À primeira vista, esses movimentos dão um caráter quase evanescente ao nacional-popular, mas provavelmente estão a indicar o óbvio, isto é, que não estamos diante de uma substância material ou espiritual. O nacional-popular parece ser, por um lado, um campo de práticas e de significações delimitadas pela formação social burguesa, mas, por outro lado, uma reestruturação contínua da experiência social, política e cultural que refaz e redefine, em momentos historicamente determinados, as relações sociais, o campo prático e semântico no qual os sujeitos sociais em presença se representam uns aos outros interpretando o espaço e o tempo sociais, a liberdade e a necessidade, o possível e o impossível, o justo e o injusto, o verdadeiro e o falso, a legalidade e a legitimidade — e o fazem pela mediação desses dois termos cambiantes e instáveis que são o nacional e o popular. Antecipando nossas considerações, diremos desde já que as ideologias nacionalistas e populistas são ideologias justamente porque pretendem exorcizar as oscilações dos termos, capturá-los num campo prático e semântico definitivo, imóvel e fixo, fazendo-os passar de qualidade de experiências sociais, políticas e culturais à condição de substâncias (imaginárias).

As variações e dificuldades postas pelo nacional-popular talvez se tornem mais explícitas se acompanharmos duas vertentes que ora unificam ora separam os dois termos — a vertente nascida com as revoluções burguesas, particularmente a francesa e os nacionalismos europeus posteriores à derrota proletária de 1848, e a vertente das análises marxistas, que articulam o desenvolvimento da acumulação capitalista à necessidade da emergência dos Estados nacionais e do imperialismo.

Os historiadores consideram uma das novidades maiores da revolução francesa o fato de que ela se afirma a si mesma como *revolução*, isto é, como instituição de uma ordem social inteiramente nova que pretende criar a sociedade e a política a partir de um marco zero, definido por elas próprias, sem qualquer referencial externo ou suporte transcendente. Dois símbolos marcam esse desejo de revolução-criação: a derrubada dos Estados Gerais por uma Assembléia Nacional Constituinte, geradora absoluta da nova lei instituinte da nova ordem, e a mudança do calendário, como inauguração radical do tempo presente Enquanto na revolução inglesa havia referência ao tempo passado — a ordem anterior a ser restaurada — e ao poder transcendente — a ordem justa benquista e bendita por Deus —, e enquanto a revolução americana pretendia dar forma política a uma sociedade preexistente nascida de pactos sociais anteriores (o juramento dos Pais Peregrinos do Mayflower, sob o testemunho de Deus), a revolução francesa se representa a si mesma como início absoluto determinado apenas pela vontade revolucionária, definida como vontade geral. O que torna possível essa representação é um remanejamento das representações sobre o poder.

Por um lado, a polarização da sociedade entre um Alto e um Baixo irreconciliáveis e por outro lado, como salienta Lefort,[2] a perda da naturalidade que justifica e legitima o poder vigente. Essas modificações produzem uma inversão política essencial, isto é, a percepção da ilegitimidade, da injustiça e da arbitrariedade do Alto — rei, nobreza e clero são vistos como usurpadores — e o deslocamento da fonte do poder para o Baixo, isto é, para o Povo.

Em sua versão mais explícita, isto é, jacobina, a revolução francesa pretende dar existência ao Povo, tal como o *Contrato Social* de Rousseau o definira: "Mas quando todo o povo estatui sobre todo o povo, considera apenas a si mesmo e forma uma relação, é o objeto inteiro sob um ponto de vista em relação com o objeto inteiro sob um outro ponto de vista, sem divisão alguma do todo. Então, a matéria sobre a qual estatui é geral como a vontade que estatui. Esse ato, chamo de lei (...). Chamo República todo Estado regido por leis, sob qualquer forma de administração que possa haver, porque é somente então que o interesse público governa e a coisa pública é alguma coisa. Todo governo legítimo é republicano" (*Du contrat social*, II, 6).

As idéias de igualdade, liberdade e fraternidade articulam uma unidade política — o Povo, soberano porque legislador —, uma unidade jurídica — a Nação como passagem do indivíduo indeterminado ao cidadão — e uma unidade de sentimento e de destino ou uma unificação ideológica — a Pátria como sociedade civil atomizada e, contraditoriamente, como comunidade orgânica. A referência dessas unidades não é transcendente, mas imanente: a Humanidade e, nesta, a Razão que se exprime como Vontade Geral. A elaboração dessas unidades que se recobrem umas às outras permite deslocar a divisão social das classes para a divisão entre os "amigos" e os "inimigos" do povo, ou para a separação social das facções políticas cuja resolução será operada inicialmente pelo Terror e, posteriormente, pela centralização napoleônica. Para muitos historiadores, aliás, a revolução francesa põe em cena o povo e a pátria, mas é Napoleão quem instaura a nação, a partir do momento em que substitui o exército profissional pelo "povo armado" ou pela "nação em armas", nação que estará em toda parte, ou melhor, ali onde estiverem os exércitos. Não será casual, que o sentimento nacionalista se alastre pela Europa com as invasões napoleônicas

---

2. Claude Lefort "Penser la Révolution dans la Révolution française". *Annales*, n. 2, 1980.

que, contrariamente, despertam esse sentimento justamente porque exercem o poder não em nome de uma casa ou de uma dinastia, mas em nome de uma nação *estrangeira*. O poder, agora, aparece como o de um povo sobre outro e por isso inaceitável.

É importante assinalarmos desde já o caráter *político* das idéias e imagens criadas pela revolução francesa, aspecto frisado pelo jovem Marx na *Questão Judaica*, quando distingue o Estado político francês e o Estado teológico-político alemão. O conceito de povo — político e jurídico — opera geneticamente, isto é, como origem do Estado e da Nação, na medida em que estes não possuem qualquer suporte transcendente, mas apenas a idéia de soberania popular. Em contrapartida, na Alemanha teológico-política, o povo não é e não pode ser um conceito político-jurídico e será, pelo menos a partir do romantismo, uma realidade espiritual — o *Volksgeist* — que se manifesta originariamente como *cultura* (língua, costumes, sentimentos). A nação, neste caso, não emerge como unidade posta pela soberania popular, mas aparece como "vida comum" do mesmo povo. A determinação política sobrevém ao povo e à nação por intermédio de uma outra realidade espiritual, o Estado, cuja origem é a vontade do monarca. A unificação que, na França, é operada pela política, na Alemanha aparece como unidade cultural coroada pela política.

Essas observações nos parecem importantes porque quando nos voltamos para o Brasil, notamos que as principais ideologias nacionalistas serão montadas a partir dessas duas fontes, no entanto, diferentes que são a teologia-política das comunidades naturais (fonte alemã) e a idéia jurídica do povo (fonte francesa). Isto é, povo e nação serão tomados como realidades culturais prévias, porém sem forma definida, às quais vem sobrepor-se o Estado, porém encarregado não de coroá-las, mas de lhes dar forma, de sorte que a política não possui origem popular, mas transcendente (natural e espiritual) e jurídica.

Embora a revolução francesa se represente a si mesma como um começo absoluto, as idéias que informam sua prática possuem um longo passado. Assim, por exemplo, o pressuposto da igualdade e da liberdade vem das teorias contratualistas que, por seu turno, pressupõem a superação da idéia e da instituição da comunidade (cujo fundamento é o sentimento de amor recíproco, a naturalidade imediata dos laços familiares e da posse da terra, e a organicidade que a faz ser um fim em si mesma — idéia que será retomada pelo romantismo nacionalista ao rejeitar o iluminismo racionalista que fundamenta a revolução francesa) pela idéia e pela instituição da sociedade como sociedade civil (cujo pressuposto é a dispersão dos indivíduos sem laços orgânicos de sociabilidade e cujo fundamento são os indivíduos livres e iguais que pactuam entre si por uma decisão voluntária). As teorias contratualistas (de onde emerge o liberalismo) pressupõem um direito natural (donde a igualdade e a liberdade serem originárias) que permite conceber o povo sob dois aspectos antagônicos, isto é, como "multidão pura" (a malta) e como "multidão organizada" pelos pactos sociais de onde pode emergir o pacto político criador da soberania. Seja o soberano um monarca constitucional ou uma assembléia popular, o regime político é considerado republicano (exceção, portanto, para o despotismo) e sua origem é a soberania popular — que tanto pode ser voluntariamente alienada ao ocupante do governo, quanto ser conservada por meio da representação política em assembléias eleitas.

Além de pressupor o pensamento político dos séculos XVII e XVIII, a revolução francesa ainda pressupõe duas histórias na base de sua concepção republicana do povo e da nação como soberanos: a reconstrução do passado romano (donde Marx, na abertura do *18 Brumário*, lembrar que os revolucionários aparecem vestidos nas túnicas romanas) e a reconstrução do passado nacional feita pelos historiógrafos do século XVI.

A importância simbólica da república romana não se confina à revolução francesa, evidentemente, mas aparece desde o Renascimento em toda parte onde se pretenda estabelecer um regime republicano. No caso específico da França; a presença do modelo romano nas obras de Rousseau e de Montesquieu fornecerá aos revolucionários uma referência central para uma prática que pretende dar um lugar político à plebe mantendo, porém, o poder do patriciado (o fracasso de Babeuf sendo o melhor índice do caráter "romano" ou não-plebeu da revolução). A presença do modelo romano, com ênfases diferentes por girondinos e jacobinos, permite que compreendamos que o "Povo" é menos a população francesa, menos as classes sociais populares ou a plebe e muito mais um princípio jurídico e econômico, exatamente, aliás, como em Florença — onde o *populo* são "os cidadãos economicamente ativos", distintos do *populo minuto* — ou na república holandesa — onde, calvinistamente, define-se o povo como conjunto dos "homens honestos, trabalhadores e responsáveis" (*Breve Demonstração da República Holandesa*, por Vrancken, pensionário de Gulda, 1581) em contraste com a plebe, formada pela "ralé, por vagabundos, desordeiros e irresponsáveis" (*idem, ibidem*). Aliás, em 1963, Antonio Saturnino Braga, chefe da Divisão de Assuntos Políticos da Escola Superior de Guerra define o povo como "a parte da população global de uma nação que tem consciência política, isto é, que tem noção do que se relaciona com os problemas de direção da comunidade nacional".

Na revolução francesa, as idéias de Vontade Geral e de Razão constituem politicamente o Povo, de modo que o regime é popular não porque seja democrático, mas porque os constituintes do Povo (na dupla acepção do termo "constituinte") fundam uma nova lei. O governo será republicano e representativo porque pública é a Vontade Geral (que se profere a si mesma enunciando os direitos do homem e do cidadão) e porque representada está a Razão por meio dos que definem, criam e protegem o bem comum.

O modelo romano, isto é, de uma república oligárquica que afirma encontrar no povo o princípio político ou o legislador, implica conservar dois elementos essenciais da política republicana de Roma: a distinção entre *populus* e *plebs* (o primeiro como *cives* e como *optimates*, ou patriciado detentor da cidadania, da magistratura, do comando militar e do governo; a segunda como *populares*, populacho, com direito conquistado de ter representantes, mas com poderes limitados e jamais como governante), e um conjunto de dispositivos institucionais e legais garantindo à plebe exprimir suas reivindicações e vê-las atendidas sem que ela própria assuma a direção política e o poder judiciário (Montesquieu, por exemplo, insiste em mostrar que a fraqueza do patriciado romano, deixando periodicamente a plebe tomar as rédeas da república, foi sempre a causa de sedições, perturbações e, finalmente, da queda do regime). Em suma, uma república será popular sob a condição explícita de não ser plebéia. E, doravante, bastará que seja nacional.

No momento em que começam a se constituir os futuros Estados nacionais europeus, o grande inimigo político está cristalizado nas duas instituições magnas do feudalismo: a idéia de Cristandade e a de Europa, encarnadas nas figuras imperiais, isto é, papas e imperadores. Além das teorias políticas que estabelecem a diferença de natureza e de função entre o político e o religioso, procurando desarticular a unidade entre papado e sacro-império romano-germânico, e das teorias do direito natural subjetivo e do contrato como fonte do direito positivo e do poder, para desmontar o poder teológico-político fundado no princípio da graça divina, uma outra elaboração tem papel central para o pensamento de uma nova soberania de estilo constitucional ou republicano, na Inglaterra, na Holanda e na França: a historiografia nacional e nacionalista, desenvolvida nos séculos XV e XVI pelos juristas. Inspirando-se na história patriótica dos historiadores italianos (particularmente os florentinos), juristas se tornam antiquários e historiógrafos com a finalidade de encontrar o momento político anterior à dominação imperial romana, tida como responsável pela posterior dominação imperial da Igreja. Tanto como Roma dos Césares quanto como Roma dos Papas, o poder romano é representado nessa historiografia como invasor e usurpador, tanto mais quando os juristas retomam a tese dos paduanos (Bartolo e Marsílio) sobre a inexistência do Direito Romano, que servira de garantia a esses poderes. Através do levantamento exaustivo de fatos, documentos e fontes, os historiógrafos pretendem encontrar a sociedade primitiva, isto é, tal como era antes da invasão romana e da unificação católica. Desfazendo-se das crônicas régias e religiosas, dos relatos míticos e miraculosos sobre a origem, recorrendo à filologia e ao estudo direto das fontes, "encontram" as sociedades originárias diferenciadas pela raça, pela língua, pelos costumes e pelas instituições (especialmente o Direito), isto é, particularidades que constituem *nações* cujos sujeitos são, agora, o gaulês, o saxão, o batavo. Nessas "comunidades civis" o poder político não se identifica com a religião nem se realiza através dos cultos. Definidas pelo direito natural, pelo direito costumeiro e pelo direito civil, essas comunidades são nacionais, isto é, independentes e laicas, o poder emanando não de Deus, mas do legislador como "a parte hegemônica do povo" (para usar uma expressão cunhada pelo jurista populista Marsilio di Padova no *Defensor da Paz*). Com os juristas-historiógrafos estão lançadas as bases para a elaboração subseqüente da idéia de *soberania* — nacional e popular.

O trabalho dos historiógrafos é facilitado pelo desenvolvimento do que Weber designa "cidades plebéias", isto é, as comunas urbanas do final da Idade Média, constituídas pelas corporações e grêmios de empresários, comerciantes e artesãos, fundadas nas práticas da *conjuratio* e da *confidatio*, isto é, em relações baseadas no juramento de lealdade, fidelidade e de confiança recíprocas entre os iguais. As cidades plebéias — fonte do futuro terceiro estado do Antigo Regime — criam o "povo" não só como idéia e realidade econômica, mas também política, visto que possuem organização própria (financeira, administrativa, militar, jurídica) e possuem regras para a garantia de sua autonomia face aos barões, aos reis, papas e imperadores, além de pactuarem entre si, formando federações ou confederações. Germes das futuras repúblicas italianas, holandesas e suíças, as cidades plebéias servem de suporte para a construção da idéia de república autônoma, isto é, *soberana*. Assim, a formulação posterior da soberania como autonomia territorial, jurídica e política fundada no povo e na nação encontra nas comunas urbanas seu primeiro suporte histórico. Em outras palavras, a centralização administrativa, o exército profissional e a delimitação do território constituem os pilares para a formulação subseqüente do Estado Nacional.

Visando inicialmente a desfazer os fundamentos do poder teológico-político, que mantém a unidade européia sob a dispersão feudal, a idéia de nação como república opera, a seguir, como elemento central de superação da fragmentação das senhorias feudais para a criação e estabilização dos mercados internos e externos, a defesa do território pela centralização burocrático-administrativa e militar, a regulamentação das relações econômicas para a acumulação do capital (direito de mar e terra, direito de guerra e paz, tratados políticos internacionais, estratégicos e econômicos). Ora, nesse percurso, em lugar de predominar a forma da cidade republicana ou das confederações livres, o Estado Nacional assumirá a forma predominante da monarquia (no caso francês, da monarquia absoluta) e do império colonial. Essa forma, se permite a fundamentação da soberania *nacional*, é avessa à idéia de soberania *popular*. É nesse choque entre a dupla determinação da origem da soberania que a revolução francesa trabalhará no sentido de identificar as duas fontes do poder, declarando a monarquia absoluta ilegítima, despótica e usurpadora.

A característica principal do regime monárquico é a identificação entre o monarca e o poder, o rei e a lei, o poder político e o Estado. Há uma incorporação gradativa de cada um dos termos nos e pelos outros e o "corpo político" é a metáfora dessa identificação. O traço distintivo da expressão *l'état c'est moi* é a determinação da lei pela vontade do monarca, ou, se se quiser, a monarquia é monocracia. Quando os revolucionários declaram a ilegitimidade da monarquia e fazem valer a idéia de vontade geral como soberania do cidadão ou do povo, operam uma primeira desincorporação do poder, isto é, a autonomia da lei face ao Estado, que se torna apenas seu guardião. O povo, como legislador, é soberano e como cidadão-súdito obedece à sua própria lei, sendo por isso livre. Por outro lado, a metáfora do "corpo político" enquanto corporificação do poder no corpo do rei implica uma apreensão do social como comunidade orgânica e, por isso, os revolucionários dirão que o Antigo Regime *não é uma sociedade*. Para passar da comunidade orgânica à sociedade é preciso uma nova desincorporação, isto é, a separação entre sociedade civil e Estado, e, portanto, a teoria e a prática do contrato social. Na medida em que o contrato transforma um indivíduo em "sujeito de direito" ou em cidadão, ele opera, na verdade, uma dupla desincorporação: a da comunidade orgânica imposta pela monarquia e a da comunidade orgânica imposta pela natureza, de sorte que a revolução francesa pode-se pensar a si mesma como começo absoluto num duplo registro, isto é, como ruptura face à ordem antiga e como ruptura face à natureza. É nesse ponto que intervém a idéia da nação, porém, mediada por uma outra, essencial: a idéia de Pátria. Para compreendermos o fenômeno peculiar desencadeado por essa idéia, isto é, *uma nova forma de incorporação*, convém lembrarmos que o traço principal das formações sociais modernas sob o capitalismo é a substituição da autoridade e do domínio pessoais pelo poder político como pólo impessoal e separado da sociedade civil.

Se a fragmentação dos indivíduos é substituída pela idéia de povo e a fragmentação das classes é substituída pela idéia de nação, por seu turno a separação entre o poder e a sociedade, ou entre o Estado e sociedade será mediada por um elo que permitirá ao povo-cidadão e ao povo-nativo reconhecerem-se como membros de um Estado *particular*. Esse elo é a pátria. Como dirá Saint-Just, a pátria não é solo, não é território, mas uma entidade moral ou ética, uma comunidade de sentimento e de destino. Dessa maneira, os cidadãos, ligados apenas pelos vínculos do direito, e os nacionais, ligados apenas pelos vínculos do território e das instituições, formam um novo *corpo social e ético* enquanto patriotas. Se o liberalismo iluminista pouco caso fará da nação e não falará na pátria (mesmo porque contesta a autoridade pessoal fundada no pátrio poder), o nacionalismo patriótico, que varrerá a Europa a partir de Napoleão, dos fracassos de 1848 e da "via prussiana para o capitalismo" com Wismarck, encontra na idéia revolucionária da pátria e nas elaborações de Herder, no final do século XVIII, os elementos para produzir, por meio do Estado nacional, o sentimento nacional como consciência patriótica, o que permitirá, por seu turno, um duplo tratamento do "popular": como resíduo tradicional da nação (folclore) e como perigo contínuo para a pátria (as classes populares).

Quando Hegel afirmar a racionalidade e a universalidade do Estado Nacional como culminância do processo histórico e político (tanto é culminância que a distinção hegeliana entre as sociedades sem e com história funda-se no surgimento da escrita e da prosa que coincidiriam com o advento do Estado), resume e recolhe os frutos do romantismo e do liberalismo. Superação-conservação da unidade imediata ou substancial da família como comunidade natural (ponto onde começava e findava a concepção política de um Herder, por exemplo) e superação-conservação da unidade mediata ou formal das vontades como sociedade civil (ponto onde começava e findava a concepção liberal clássica), o Estado Nacional exprime o "espírito de um povo" num momento determinado do desenvolvimento histórico e é o ponto mais alto desse desenvolvimento determinado.

É importante notar que o conceito de nacionalidade em Hegel inverte totalmente as concepções nacionalistas românticas, como as de Herder, e as da Escola do Direito Histórico, de Savigny. Essa diferença é importante porque quando observarmos os nacionalismos do século XX e os nacionalismos brasileiros, notaremos não só a oscilação entre essas duas concepções, como a tentativa de juntá-las. No caso de Herder, língua religião, moralidade e artes constituem o "espírito do povo" e conduzem à afirmação de um *Ur-Volk*, povo originário que sustenta o povo presente com suas características particulares. Para Hegel, ao contrário, o "espírito do povo" não se encontra na origem e sim no término do processo histórico como resultado do trabalho racional e não como explosão de sentimentos naturais; o conceito de *Volksgeist* opera muito mais de modo descritivo do que genético. No caso de Savigny, o conceito serve, à moda dos juristas de outros países nos séculos XVI e XVII, para encontrar as instituições do antigo direito germânico, lei nacional e tribal, justiça primitiva que deveria substituir o formalismo e a codificação artificial do Direito Romano. Para Savigny, há uma relação orgânica entre a lei e o caráter nacional, a natureza da lei vindo a determinar a essência da nação e de sua história. A origem da lei deve, pois, ser encontrada na consciência nacional que também produz a língua e os costumes, cabendo ao legislador apenas a tarefa de vestir formalmente e externamente conteúdos inerentes ao caráter nacional, tornando explícito seu silencioso existir. O Estado nacional não é, portanto, realização de uma vontade racional consciente de si, mas produto de forças históricas nacionais inconscientes e ocultas. Para Hegel, ao contrário, não só o "espírito de um povo" é resultado e não princípio, como ainda o Estado é o ponto mais alto da vontade plenamente consciente de si e para si, ponto culminante da racionalidade do Espírito Objetivo e, portanto, primeiramente universalidade política e somente depois particularidade nacional. Afinal, Hegel parte da sociedade civil e não da nação e sobretudo considera o natural como selvageria, alienação e animalidade inconsciente que não poderia, de modo algum, sustentar o ápice da racionalidade, o Estado.

É interessante observar como se cruzarão, no Brasil, as duas vertentes. Assim, por exemplo, quando Oliveira Vianna e, depois dele, os Integralistas criticarem o liberalismo como formalismo artificial e importado pelo "Brasil litorâneo", a crítica se aproxima da posição de Savigny na recusa do Direito Romano em nome de uma lei nacional autêntica, porque conforme ao caráter nacional. Por outro lado, no entanto, tomarão o Estado como realização deliberada de uma vontade política racional encarregada de superar as divisões sociais, regionais e locais, mas simultaneamente, também encarregada de exprimir o caráter nacional.

Talvez seja conveniente recordarmos o caminho histórico que levou, aqui e na Europa, a essa peculiar combinação de ideários opostos.

A partir da data simbólica da "revolução hedionda", julho de 1848, da consolidação da ordem burguesa na Europa com a vitória do Partido da Ordem, esmagando fevereiro, defendendo a propriedade privada, a família, a religião e a disciplina, difundindo as longas frases de Guizot, Benjamin Constant e Tocqueville sobre a impossibilidade ou sobre os riscos da democracia e a ausência de frases na prática de Bismarck, tem fim uma era de movimentos proletários socialistas e comunistas e tem início o nacionalismo como ideologia propriamente dita. Esta, porém, não é unívoca, a variação dependendo da ênfase dada ao Estado ou à sociedade.[3]

Do lado do Estado, a ideologia nacionalista se desenvolve partindo da afirmação de Bonaparte — "a política de um Estado está em sua geografia" — e das teorias de Ratzel sobre o *território nacional* como território vital e a nação como *Lebensraun*, concebendo a nacionalidade a partir da geopolítica que promove as unificações nacionais, desenvolve o pangermanismo e põe em ação o ideal da *Mitteleuropa*, sonhada pelos jovens wagnerianos de Bayreuth.

Do lado da sociedade, o nacionalismo se desenvolve sobretudo como ideologia patriótica de uma classe média ilustrada ou letrada e das "irmandades nacional-revolucionárias", na expressão de Hobsbawm, isto é, associações inspiradas em Mazzini, após 1830, ou os carbonários da "Jovem Itália". Surgem as "Jovens" Polônia, Suíça, Alemanha, França, Irlanda e, mais tarde, os "Jovens Turcos".

É a confluência dessas duas vertentes que não só produz a oscilação entre um ponto de vista romântico e outro, hegeliano, mas também realiza a unificação dos três termos postos pela revolução francesa: povo, nação e

---

3. A seqüência que será exposta inspira-se sobretudo em E. Hobsbawm. *The Age of Revolutions*. Há tradução brasileira: *Era das Revoluções*. Rio de Janeiro, Paz e Terra, 1985.

pátria. Todavia, enquanto os revolucionários de 1789 imaginavam a incorporação recíproca dos três termos a partir do Baixo, a contra-revolução de 1848 opera a identificação pelo Alto, isto é, pelo Estado nacional expansionista e colonialista, fruto da segunda revolução industrial. Nem mesmo a Comuna de Paris, repondo na cena política o popular, poderia interromper o curso da prática nacionalista e imperialista. Como 1917 não o fez também.

A elaboração geopolítica (que é uma verdadeira geomorfização do humano e uma antropomorfização da paisagem, segundo Joseph Nadler) possui quatro pontos que tornarão possível um quinto, introduzido pelo nacional-socialismo alemão. Em primeiro lugar, uma relação interna e mecânica entre as qualidades físicas do território e as "disposições nacionais" que justificam a expansão nacional pela conquista de territórios como "capacidade espiritual para a mobilidade", como atestariam os conquistadores espanhóis e ingleses, por exemplo. Em segundo lugar, a consubstanciação entre o povo e o território que começa pela demarcação de fronteiras em cujo interior o "espírito do povo" se desenvolve ou onde se traçam os contornos da futura "personalidade nacional", devendo-se distinguir a fronteira artificial, imposta pelo jogo diplomático, e a fronteira natural ou real, que corresponde às necessidades concretas da "personalidade nacional" — isto é, a fronteira geográfica pode não corresponder à verdadeira fronteira posta pela raça, pela língua e pela cultura. Em terceiro lugar, a refração do povo sobre o território, isto é, a transformação dos valores objetivos do território em valores subjetivos ou civilizatórios, graças aos quais o Estado geográfico se torna um Estado orgânico e propriamente nacional. Em quarto lugar, a idéia de fronteira ideal ou de território "prometido" à nação, graças à ação militar e econômica de centralização nacional de territórios estranhos à fronteira geográfica. A esses quatro pontos, que operam no nacionalismo de estilo bismarzkiano, acrescenta-se um último, contribuição do nazi-fascismo: a geopolítica racial como *consciência política do Estado* (para usarmos uma expressão de Korinnan e Ronai). Este último ponto da ideologia nacionalista não é privilégio alemão: MacKinder propõe uma geopolítica fundada na idéia de *ilha mundial* ou de centro mundial formado pela Ásia, Europa e África, tendo como coração a Rússia; os estrategistas de Mussolini postulam como centro mundial o *Mare Nostrum*; os geógrafos japoneses colocam o Japão como centro da *Maior Ásia;* o general Golbery do Couto Silva, aponta os Estados Unidos como centro dinâmico do ocidente cristão ao qual deve aliar-se o Brasil. E em todos esses casos, a oposição entre potências continentais e marítimas é essencial, como posteriormente será essencial a distinção entre potências nucleares e não-nucleares, além de, evidentemente, no período da Guerra-Fria a oposição entre Leste e Oeste se exprimir como diferença entre países com e sem liberdade. Nesse percurso, iniciado com as derrotas populares de 1848, o Estado nacional surge, portanto, como *potência geopolítica*.

Essas idéias, acopladas ao culturalismo, aparecem em Oliveira Vianna, assíduo leitor de Ratzel, entre outros. Em *Evolução do povo brasileiro*, escreve ser prioritário, no conhecimento da sociedade, o estudo das "forças oriundas do meio cósmico" e, em particular, o do solo, "base física da sociedade". "O estudo dessas modalidades diferenciais, oriundas das necessidades da adaptação de cada sociedade ao seu meio cósmico, ao meio étnico e ao meio histórico é o verdadeiro objetivo da investigação científica contemporânea." Desse estudo, previa que a consolidação de uma nação sob um Estado racional e centralizado exigia um programa de colonização intensiva, cuja fórmula seria: "um *maximum* de base física + um *maximum* de circulação = um *maximum* de unidade política".

Na mesma linha, embora com fontes diferentes, no *Tratado geral do Brasil*, João de Scatimburgo, citando Camilo Barcia Treles e Gilberto Freyre, escreve: "Sem entrar na discussão que inspirou a filosofia da geopolítica, podemos no entanto admiti-la como método de estudo do jogo de forças da política mundial e os rumos que as nações devem seguir para vencer as resistências ao desenvolvimento, à harmonia internacional, à paz e ao entendimento recíproco. Nessas condições, a tese de uma política tropical é viável como é viável uma política das estepes, uma política do deserto, uma das ilhas e outra dos continentes temperados, uma do Oriente anti-racionalista, outra da África irracionalista". Ou, ainda, "o trópico torna o homem por excelência o sujeito exterior. Comunica-lhe a vibratilidade do ar, da natureza; a alacridade impulsiva ou a tristeza mal contida no azedume, que são os extremos em que oscila a vida tropical (...) o povo da América Latina, o povo do continente tropical luta com seus problemas, mas é afetado pela natureza e extravasa na sua indisciplina". Ou, enfim, "à luz do sol tropical, ofuscam-se conceitos, pelas manifestações mais absurdas de instabilidade política, de flutuação de opiniões, de reações inesperadas e de inesperados triunfos (...) Tropicais no sentido de irrequieta instabilidade, de sofreguidão, de suas peculiaridades, de suas fraquezas, de sua generosidade, de sua paixão, de sua ênfase barroca". Infelizmente, textos deste calibre, reencontrados também nos Integralistas ou em Glauber Rocha, não levam à ironia de Caetano Veloso — "Carmem Miranda, da, da" — mas a uma psicologia social e a uma sociologia política que articulam racismo e classes sociais, ao mesmo tempo que invocam a necessidade imperiosa do Estado nacional autoritário como única solução para o ... tropicalismo.

Enfim, não custa lembrar que a política cultural desenvolvida no Brasil a partir de 1964 e, mais precisamente, de 1968, assenta-se sobre três pilares: integração nacional (a consolidação nacional buscada no Império, na República Velha e no Estado Novo), segurança nacional (contra a guerra externa e interna subversiva) e desenvolvimento nacional (nos moldes das nações ocidentais cristãs).

Esse brevíssimo percurso (abstrato, porquanto não nos referimos às condições históricas particulares que o determinaram e particularizaram) visou apenas a assinalar que, a partir do momento em que se combinam, de um lado, os esforços para impedir os movimentos populares de tipo democrático e socialista, e, de outro lado, a construção geopolítica do Estado nacional, é possível perceber o que acontecerá com o popular no interior desse nacional: transfigura-se em espiritualidade. O "espírito do povo", que é o "caráter nacional", é o popular da tradição imemorial, como identidade cultural e como civilização particular com impulso universal (entenda-se: imperial). Nessa perspectiva, já não há oposição, e muito menos contradição, entre o nacional e o popular, como observei ao iniciar o seminário.

A outra vertente que propus mencionar na consideração do nacional-popular é a das análises marxistas.

Em princípio, a perspectiva marxista implica uma crítica do nacional a partir do popular, este entendido como universalidade da classe proletária e portador concreto de uma ordem nova. O internacionalismo proletário, próprio do marxismo (e também de várias correntes socialistas do século XIX), tem como fundamento dois pressupostos: o de que as relações materiais de produção determinam a divisão social das classes e o de que essa divisão, gerada pelo modo de produção, é uma contradição, exprimindo-se como luta de classes. Esta, evidentemente, não se reduz aos momentos de combate visível entre os contraditórios, mas se apresenta pelo sistema de instituições e de práticas, de idéias, normas e valores impostos pela classe dominante à classe dominada, economicamente explorada e responsável pela produção da riqueza social. O modo de produção capitalista, cuja identidade é gerada pela contradição econômica, constitui um sujeito social: o capital. São suportes desse sujeito vários predicados determinados e abstratos, isto é, as diferentes classes sociais (burguesia, senhores da terra, pequena burguesia, trabalhadores), donde resultam três conclusões: a primeira é a de que o modo de produção capitalista só terminará quando o seu sujeito (o capital) tiver desenvolvido todos os seus predicados contraditórios (as classes sociais) sem ter força para repô-los; a segunda é a de que nesse modo de produção, entidades como o indivíduo, o cidadão, o homem, e idéias como igualdade, liberdade, são abstrações que possuem base material concreta, mas não são sujeitos e, portanto, não podem se desenvolver, de sorte que a representação dessas entidades e dessas idéias redunda em sua negação efetiva; a terceira é a de que o desenvolvimento do sujeito (o capital) só pode ocorrer em decorrência da contradição interna entre ele e um de seus predicados, a classe proletária, que por negá-lo internamente pode constituir-se a si mesma como novo sujeito histórico. Não cabe aqui discutirmos as teses de Marx. Essa brevíssima referência foi feita apenas para balizar o campo no qual se desenrola a discussão marxista sobre a nação e o povo.

Na esteira de Hegel, Marx assinala que a grande novidade introduzida pelo modo de produção capitalista face aos modos que o antecederam é a separação clara entre a relação social de exploração e de opressão e a relação impessoal de dominação, ou seja, a separação entre a sociedade civil e o Estado. A forma do Estado capitalista lhe permite *aparecer* como dominação de ninguém e por isso ser representado como soberania nacional e popular (na perspectiva republicana, evidentemente), embora, de fato seja um instrumento da dominação de uma classe sobre outras. Esse destacamento ou descolamento entre a sociedade civil e o Estado possui uma base material (a fórmula trinitária: capital/lucro, terra/renda, trabalho/salário) que engendra a aparência de três classes igualmente proprietárias relacionadas entre si por contratos e que, por ação de sua vontade geral, dão origem ao Estado, encarregado de velar pelos interesses dos contratantes e de arbitrar seus conflitos. A representação ou imagem "povo" resulta tanto da fórmula trinitária quanto da relação Estado — sociedade civil. Resta saber por que o Estado toma a forma de um Estado *nacional*.

Assim como o sujeito, o capital, se desenvolve por meio de seus predicados, as classes sociais, também se desenvolve como sujeito mundial ou como capital mundial cujo suporte são os diferentes capitais sociais particulares incrustados em mercados particulares determinados ou mercados internos e externos. A expansão do capital se realiza, portanto, pela expansão desses mercados que oferecem bases materiais (no caso, territoriais) para o desenvolvimento capitalista. A forma política desses mercados constitui o Estado nacional que nada mais é senão o suporte abstrato e político para o capital internacional. A nação é, pois, a base material-territorial de que carece o capital para se desenvolver. E, tal como o povo, é uma abstração política.

A formação social capitalista põe uma divisão interna que constitui sua identidade pela contradição, isto é, como contradição das classes sociais, posta pelas relações de produção. Para ocultar essa contradição e dissimular sua divisão interna, essa sociedade busca (por intermédio da classe dominante) oferecer de si mesma uma imagem unitária, elaborando uma *representação* de si mesma como indivisa e não-contraditória. Para que a representação possa ocultar a essência contraditória da sociedade e firmar a aparência indivisa, a imagem necessita de termos nos quais possa assentar a identidade unificada. Esses termos são o povo, a nação e o Estado enquanto representações ou abstrações que produzem um imaginário social de identificação e o ocultamento da divisão social, isto é, a luta de classes. O procedimento representador (ou o que o marxismo consagrou com o conceito de ideologia) faz com que a divisão de classes apareça como diversidade dos indivíduos, a contradição apareça como contrariedade de interesses de diversos grupos sociais e que o desenvolvimento apareça como nacional ou estatal e não como desenvolvimento do capital.

Não cabe aqui examinar a extrema complexidade da teoria política marxista,[4] porém cabe mencionar dois aspectos nessa teoria que interessam à nossa discussão. Em primeiro lugar, a impossibilidade para a formação social capitalista de reconhecer-se como geradora de suas próprias divisões e contradições, ocultando-se num imaginário de equivalências abstratas cujo suporte fundamental é a forma mercadoria enquanto suporte material e concreto para as operações ideológicas. Em segundo lugar, as dificuldades do próprio marxismo para lidar com as divisões e contradições que ele mesmo desentranhou da aparência social, dificuldades que se manifestam com o surgimento de ideologias nacionalistas e populistas de esquerda, sobretudo a partir da social-democracia alemã e do stalinismo. Examinemos brevemente o primeiro aspecto deixando o segundo para quando, mais adiante, considerarmos a diferença entre Gramsci e Stálin.

---

4. Veja-se R. Fausto *Marx Lógica e Política*, I e II. São Paulo, Brasiliense, 1983 e 1987. Para a discussão do nacionalismo, veja-se Horace B. Davis *Para uma teoria marxista do nacionalismo*. Rio de Janeiro, Zahar, 1979.

A história da sociedade capitalista é história da produção e reprodução incessante de separações (entre o produtor e o produto do trabalho, entre o pensador e as idéias, entre a exploração econômica e a dominação política etc.) não sendo casual que o liberalismo seja uma ideologia que faz dessas separações o suporte empírico ou factual da sociedade civil, encarada como articulação mecânica e voluntária dos indivíduos dispersos e portadores do direito natural, nem seja casual que o romantismo procure vencê-las por meio do ideal da comunidade como laço orgânico, natural e originário entre os homens que não seriam conduzidos pela vontade racional e sim pelo sentimento. Ora, o movimento da separação é contraditório. Há separações que se efetuam para repor a exploração e a dominação: separação entre o trabalhador e os instrumentos de trabalho e os meios de produção, entre as relações de produção e as forças produtivas, entre o trabalho e o produto do trabalho, entre produção e consumo, entre trabalho manual e intelectual, entre ideadores e idéias, separações que, na sociedade capitalista contemporânea, redundam na separação entre controle técnico-científico do processo de trabalho por um grupo de dirigentes "competentes" e a execução do trabalho pela maioria "incompetente", em suma, a separação entre concepção e realização como forma contemporânea da dominação. Mas há separações que permitem a posição da diferença entre comunidade (imaginária) e sociedade (real), diferença que é a *conditio sine qua non* das democracias modernas: separação entre o público e o privado, entre religião e ciência, entre poder teológico e poder político, entre o econômico e o político, entre o político e o jurídico, entre o jurídico e o científico. Todavia, como as primeiras separações são decisivas para a reposição da sociedade capitalista, passam a governar as segundas e o resultado é a separação entre todas as esferas da vida social e suas representações, separação que funda a alienação social contemporânea.

Reproduzindo-se na e para a separação, a formação social capitalista não pode, ao fim e ao cabo, oferecer a si mesma um pólo de identificação ou que lhe sirva de referencial para a identidade. Assim, a única medida ou único *métron* de que disporá para representar um sistema de identificação dos indivíduos e um sistema de medida de equivalências sociais é justamente aquele padrão que só consegue repor as divisões que ele mesmo pretendia afastar. Esse padrão de medida que dá a aparência de medir indivíduos e identificá-los num campo de equivalências é o mercado, centro reiterador das divisões sociais. Donde o papel que a ideologia liberal confere ao mercado como regulador de toda vida social e política, como fonte de racionalidade e de modernidade. Percebe-se que o papel ideológico do mercado é conferir identidade aos membros da sociedade e que ele só pode realizar essa operação de maneira abstrata. Graças à abstração do mercado (que não é assim percebida porque sua aparência é concreta), a sociedade unifica-se: unificação do processo de trabalho pela gerência científica, unificação dos trabalhos intelectuais pela administração burocrática, unificação do público e do privado pelo consumo, unificação das atividades sociais e das representações pela ideologia. A sociedade capitalista produz identificações abstratas que não suprem o que busca: a universalidade.

A única universalidade concreta de que dispõe a formação capitalista é o movimento do capital que, no entanto, só se efetua na e pela divisão e que se totaliza na e pela fragmentação da superfície social. Todavia, se não é possível tolerar a contradição nem a divisão, a sociedade capitalista procura reparar sua falta de identidade consigo mesma procurando em dois pólos "extra-sociais" o elemento da universalidade: inicialmente, no direito natural, posteriormente, no Estado. Ora, essa dupla direção, longe de solucionar a dificuldade, a recoloca noutro nível, pois, no caso do direito natural, trata-se de dar conta da divisão entre natureza e sociedade, comprometendo o conceito jusnaturalista que estava encarregado de superar essa divisão, enquanto no caso do Estado, trata-se de dar conta da separação entre economia e política, explicação que justamente o Estado deveria fornecer. Em outros termos, o problema colocado pela formação social capitalista está no fato de que, por seu movimento próprio, engendra as divisões e cada termo unificador que propõe simplesmente repõe a divisão, ainda que noutro plano. Em resumo, não podendo refletir-se, sob pena de reconhecer-se dividida, a sociedade capitalista nega abstratamente suas divisões construindo pólos imaginários de identificação: o direito, a lei, o povo soberano, a nação soberana, o Estado nacional, a família, a ciência, a arte, a religião, a organização etc.

Justamente por ser uma compreensão materialista, o marxismo está em condições de mostrar que as unificações abstratas possuem base material concreta porque as relações sociais põem as divisões, mas estas não aparecem como tais e sim como diversificações *de facto* e unificações *de jure*. E porque a compreensão marxista é materialista dialética, cada posição percorre um caminho de mediações que lhe conferem novas determinações e lhe permitem a reposição. Assim, por exemplo, o modo de produção capitalista *pressupõe* o trabalhador separado dos instrumentos de trabalho e dos meios de produção e a separação entre o campo e a cidade, figuras que por sua própria força interna ele *põe* como assalariado e como mercado, voltando a *repô-los* como classe trabalhadora e como mercado da compra e venda da força de trabalho. Mas esse movimento é também representado: o trabalhador pressuposto é representado como indivíduo livre e a separação campo-cidade pressuposta é representada como estado de natureza; o assalariado posto é representado como proprietário de seu trabalho e o mercado posto é representado como sociedade civil; a classe trabalhadora reposta é representada como uma parte do povo e o mercado reposto é representado como nação. A partir desse ponto, há uma reposição imaginária totalizante do povo e da nação como cidadania e soberania territorial sob o Estado. Dessa maneira, povo, nação, sociedade civil e Estado são simultaneamente reais e imaginários, cada qual aparecendo como uma diversificação (povo e sociedade civil) e como uma unificação (nação e Estado). A realidade do povo (a divisão social das classes) permite imaginar a unidade nacional (a comunidade de todos os que nascem e vivem no mesmo território); a realidade da nação (território, mercado interno, instituições, leis, costumes) permite imaginar a unidade popular (todos os nativos como trabalhadores e proprietários). Graças a esse movimento, a sociedade civil pode aparecer como conflituosa (as lutas dos interesses individuais dos vários proprietários postos pela fórmula trinitária) e como harmoniosa (sob a regulamentação objetiva das leis). Emerge a figura do Estado que é nacional por seu território, popular por sua soberania e autodeterminado pela inviolabilidade do espaço nacional e da independência política.

Resta saber, no entanto, se além da realidade empírica e da representação imaginária, nação e povo, ou o nacional e o popular não teriam ainda outras dimensões.

Descrevendo a experiência de quem fala várias línguas, Merleau-Ponty observa que sentimos a diferença entre uma frase pronunciada em nossa língua e numa outra, sentimento não apenas da diferença óbvia de sons e vocábulos, mas de uma diferença na língua e de língua. Assim, por exemplo, via de regra, o que dizemos de modo afirmativo em português, dizemos no negativo em francês; em inglês pode-se dispensar perfeitamente o emprego do "that", mas é impossível dispensar o "que" em português, pois "The man I love" só pode ser dito como "O homem *que* amo". Essa experiência tão simples, que confirma a expressão "traduttore traditore", supõe que tacitamente (para nós) e explicitamente (para os estudiosos da linguagem) a língua é uma totalidade singular, um sistema de relações internas, de puras diferenciações articuladas e determinadas que não só fazem sentido, mas fazem o sentido. Todavia, não sentimos apenas a diferença entre as línguas. Nossa experiência imediata nos faz crer que nossa língua é a única a exprimir completamente uma significação enquanto as demais línguas são incompletas ou lacunares (mesmo quando são gramaticalmente muito mais complexas do que a nossa, como aquelas que possuem declinações e mais tempos verbais, por exemplo). Esse sentimento é ilusório e verdadeiro.

É ilusório não porque cada língua tenha a pretensão de exprimir completamente e nenhuma possa fazê-lo efetivamente, mas porque ilusório é o pressuposto da completude. Esse pressuposto pode aparecer numa formulação de tipo instrumental e também numa outra, oriunda do romantismo, de tipo essencialista. No primeiro caso, a linguagem é considerada um instrumento de tradução do pensamento silencioso e as idéias, por definição conhecimentos completamente determinados, pedem uma língua capaz de traduzi-las completamente — no caso, nossa língua. Ora, não só linguagem e pensamento não estão numa relação instrumental de exterioridade, como as idéias nunca estão completamente determinadas. Há criação do sentido na e pela linguagem e há suscitação de palavras pelo e no pensamento, a literatura sendo o caso exemplar desse movimento. A suposição de uma linguagem completa é a da existência de um "texto originário" já feito nas coisas e no pensamento, mudos, aguardando a transcrição sonora ou gráfica. No outro caso, isto é, na concepção organicista e essencialista, de estilo romântico, uma língua é encarada como arquétipo unívoco e denso de sentido, de sorte que os fenômenos das linguagens singulares são vistos como realização concreta de uma essência simbólica. Entendida como arquétipo ou como essência semelhante ao organismo guiado por finalidades internas, a língua aparece como totalidade simbólica que representa eminentemente uma essência ou uma significação cultural. Supõe-se uma relação biunívoca entre o símbolo e o conteúdo particular objetivado numa história ou numa prática, conferindo ao arquétipo lingüístico a unidade ou a singularidade de um organismo. O arquétipo é uma forma saturada de sentido e simbolizar é estabelecer uma relação de correspondência precisa entre um significado particular e o conteúdo essencial. Ora, a partir do momento em que a língua é tomada como totalidade simbólica de tipo orgânico ou como arquétipo saturado de significação, cada realização particular da linguagem aparece hierarquizada conforme se aproxime mais ou menos da totalidade originária. Novamente aqui estamos diante da suposição de um "texto originário" que, escrito numa língua originária e oculta, hierarquiza as linguagens concretas segundo sua capacidade maior ou menor para transcrever a "palavra original". Nacionalismos e colonialismos se servirão abundantemente dessa hierarquia imaginária, fazendo crer em línguas superiores e inferiores. Se a superioridade estiver na capacidade para exprimir conceitos e idéias, as línguas inferiores serão aquelas muito próximas da sensibilidade e dos sentimentos, incapazes de abstração. Ou vice-versa. Ou ainda um arranjo de "conciliação" como, por exemplo, a classificação do inglês como "conceitualmente superior" e do português como "sentimentalmente superior", de modo geral as línguas "sentimentais" sendo as tropicais ou as das zonas sombrias do Reno e do Volga, as "conceituais" ficando por conta dos impérios inglês e francês. A imaginação ideológica não tem limites.

Todavia, a impressão de que somente nossa língua exprime completamente significações, idéias ou afetos, também é verdadeira, mas pelo motivo bastante simples, tantas vezes analisado pelos antropólogos, de que a língua não é uma entidade isolada nem uma essência fundadora, porém uma dimensão da vida cultural em sua particularidade histórica, exprimindo relações com a natureza, com os demais membros da sociedade, com o espaço, o tempo, o sagrado e o profano, o visível e o invisível, a política. Se os esquimós possuem mais de 100 vocábulos para designar a neve, não é porque sejam mais "concretos" do que nós, mas simplesmente porque a neve para nós é imagem longínqua, paisagem inexistente, relação com a natureza, com o trabalho, com a moradia inexistente para nós (quando muito é algodão na árvore de Natal) assim como para nós o vocabulário das quatro estações tende a ser abstrato, não só porque mal-e-mal conhecemos duas estações, mas também porque nos escapam os símbolos que, em outras partes, acompanham a mudança. O que não impede transposições curiosas como a do "mês de maio, mês das noivas", início da primavera européia e início do outono (!) para nós, os antigos ritos de fertilidade estando ausentes nos dois casos, não há motivo para deslocar nosso "mês das noivas" para setembro. Mesmo porque os comerciantes, nessa altura, já estão voltados para o "dia da criança"... e as Forças Armadas, para o "dia da Pátria".

As articulações entre a língua (por exemplo, a diferença entre "value" e "worth", analisada por Marx numa nota do primeiro capítulo de O *Capital*, ou o jogo entre "pessoa", "persona" e "personne" analisado por Leila Perrone num estudo sobre, Fernando Pessoa) e as outras dimensões culturais e as relações sociais são tão poderosas que os jovens escritores alemães do pós-guerra foram tomados de verdadeira afasia e afonia porque não restara uma única palavra da língua que não tivesse sido marcada com o selo da apropriação nazista. Cada palavra, reenviando a constelações simbólicas e conceituais, afetivas e práticas tornara-se parte de uma "cultura nazista", exigindo dos artistas o esforço trágico de reinstituição lingüística. São, pois, as relações determinadas da língua com uma sociedade determinada que dão àqueles que a falam e nela escrevem o sentimento da expressão completa — o que também vale para os dialetos e idioletos. "Nossa" língua exprime para nos uma totalidade singular, as experiências de uma coletividade diversificada e, no entanto, ancorada em algumas identidades reais, outras empíricas, outras, enfim, imaginárias.

O curioso no sentimento da expressão completa é sua ambivalência. Por um lado, nos abre para a experiência da alteridade e da diferença (como será uma sociedade na qual "água" seja masculino ou neutro e "fogo" seja feminino ou neutro?); por outro lado, em decorrência da articulação entre a língua e as outras dimensões da existência coletiva, a experiência de plenitude conduz à idéia de identidade e, as referências não-lingüísticas da linguagem atuando em seu interior e recebendo também sua ação, encontram no mundo moderno o ancoradouro da nação. Esta é, paradoxalmente, o referencial identificador da língua, algo que parece preexistir aos atos da fala e da escrita, mas ao mesmo tempo é o pólo unificado criado pela própria atividade dos falantes e escreventes, existindo por meio deles. Empírica pelo território, imaginária pelas necessidades econômicas e políticas, a nação possui também uma dimensão simbólica onde se instalam a identidade e a alteridade. Não por acaso, na trilha aberta pelo idealismo alemão (em sua vertente ilustrada) a nação tenderá a ser pensada como idéia reguladora da razão e, portanto, como idealidade *a priori* e como realidade a ser construída pela prática ético-política, construção necessária e por liberdade. O *Discurso à Nação Alemã*, de Fichte, coloca a nação como um transcendental prático, o que faz da nacionalidade uma tarefa e tarefa ético-política. Encarada como resultado da ação, distancia-se da versão romântica que a encara como resultado da natureza.

Todavia, dois fenômenos podem ser percebidos nessa referência da língua à nação como dimensão simbólica. Por um lado, o fato de que, no interior da nação, as pessoas não falam a mesma linguagem (às vezes, por resultados militares, não falam sequer a mesma língua), isto é, a língua nacional pode ser, sob certos aspectos, uma abstração política e ideológica quando considerada pelo ângulo da diversificação interna (regional) e das diferenciações internas (de classe). A "língua" são as linguagens. Por outro lado, e como decorrência do primeiro fenômeno, vemos uma verdadeira proliferação de discursos *sobre* a nação. Este segundo fenômeno é o que me interessa no momento.

A proliferação de discursos diversos e diferentes sobre a nação faz com que existam muitas "nações" sob a nação (basta pensarmos nas nações de Alberto Torres, Oliveira Vianna, Plínio Salgado, Getúlio Vargas, do ISEB, do CPC, dos que realizaram o golpe de 1964), cada uma delas determinando um modo de representar a sociedade e a política, cada qual enfrentando, combatendo e excluindo as outras. E cada qual pretendendo oferecer-se como discurso da "verdadeira" nação. O fato de que possa haver diferentes discursos sobre a nação, à direita e à esquerda, e uma diversificação desses discursos em cada um dos lados antagônicos, costuma levar, num primeiro momento, a duas atitudes: ou julgamos que é necessário "aferir" cada um dos discursos com a realidade para decidir quanto à sua verdade ou falsidade, ou julgamos que a nação é uma simples idéia e, sobretudo, uma ficção deliberada nascida do convencionalismo lingüístico e das necessidades do capitalismo. Num segundo momento, porém, podemos mudar o foco da interpretação e considerar que a nação só atinge o estatuto de realidade social, política, cultural e histórica através do e enquanto enunciado lingüístico. A nação só existe enquanto objeto de um discurso sobre ela e que a constitui como tal. Aqui, duas linhas interpretativas se enfrentam: para alguns, a nação é um "fato discursivo" (o que confere à linguagem um poder constituinte soberano e sem qualquer lastro não-lingüístico); para outros, não estamos diante de um "fato lingüístico", mas sim mergulhados numa experiência social determinada que faz com que a existência da nação dependa, entre outras coisas, de uma fala (a seu favor ou contra ela) que a faça existir como experiência social, política, cultural e histórica.

Num terceiro momento, porém, se regressarmos à multiplicidade das falas sobre a nação, às oposições, diferenças, antagonismos e contradições entre elas, poderemos perceber algo mais interessante: o movimento invisível que leva cada um dos discursos *sobre* a nação a apresentar-se como discurso *para* a nação e, finalmente, como discurso *da* nação, pretendendo não só dizer como a nação é ou deve ser, mas sobretudo pretendendo *dizer a nação*. Esse movimento invisível não indica apenas uma luta política e ideológica para apossar-se de uma *fala nacional* que se proferiria a si mesma ocultando seus falantes reais, mas indica ainda (e, talvez, sobretudo) que a nação não é uma idealidade nem uma positividade disponíveis cujo sentido se transforma simplesmente graças à designação daqueles que a formariam realmente (é a nação formada pela burguesia ou pelo proletariado?, por exemplo). A nação não é coisa, não é idéia, não é uma representação coletiva, não é um dado factual ou ideal, não é algo que se possa circunscrever como um "ser" determinado nem como uma idéia *a priori* da razão — é uma prática sócio-política, é um conjunto de relações *postas* pelas falas e pelas práticas sociais e políticas para as quais ela serve de suporte empírico (o território), imaginário (a comunidade cultural e a unidade política por meio do Estado) e simbólico (o campo de significações culturais constituídas pelas lutas sociais e políticas).

A teologia e a metafísica sempre se empenharam em fornecer provas da existência de Deus, recorrendo seja às provas *a priori* (da essência de Deus se deduz a necessidade de sua existência), seja às provas *a posteriori* (da finitude do mundo e das criaturas se deduz a necessidade de um princípio infinito criador). Não creio ser descabido considerar o nacionalismo um substituto moderno para o teológico-metafísico, na medida em que aqui o discurso opera como prova *a priori* ou *a posteriori* da existência da nação, de modo a conquistar (esquerda) ou a conservar (direita) um espaço posto pelas classes dominantes e, sobretudo, para garantir a realidade em si e por si da nação. Dessa maneira, há um empenho para eliminar aquilo que talvez seja o mais interessante no nacional: sua indeterminação, sua existência como prática contraditória em busca da unidade que anule a divisão social e que não pode cumprir-se, aparentemente, senão pela conversão da prática histórica numa substância imortal. Nesse contexto, compreende-se porque os vários nacionalismos se preocupam em produzir a *identidade nacional* que, na prova *a priori*, é deduzida das etnias, dos costumes, da língua, da cultura em sentido antropológico, e, na prova *a posteriori*, é deduzida do Estado. Freqüentemente, as duas provas se combinam e seu fruto (pouco bendito) costuma ser batizado com o nome de *política cultural*.

Se nos voltarmos para o popular, podemos chegar a observações semelhantes às anteriores. Não só encontramos o povo como objeto de um discurso (sobre ou para o povo) e como sujeito de um discurso (do povo), como ainda percebemos o mesmo movimento invisível de produção de uma fala que *diz o povo* — fala geralmente a cargo do Estado e das vanguardas político-culturais. Como a nação, o povo também serve de suporte tríplice ao discurso e às práticas que visam a constituí-lo: suporte empírico (etnias, à direita; classes, à esquerda), imaginário (pólo aglutinador e unificador das diferenças sociais, políticas e culturais; à direita, pólo jurídico, à esquerda, pólo econômico) e simbólico (campo definido a partir de sua distância face ao poder, figurando a comunidade, à direita, e o "Baixo" contestador, à esquerda). E encontramos também as provas *a priori* e *a posteriori* de sua existência nas várias ideologias populistas. *A priori:* do postulado da necessidade de laços jurídicos entre os indivíduos, ou do postulado da necessidade racional do mercado, se deduz a existência do povo. *A posteriori:* da existência de comunidades ou da existência de divisões sociais se deduz a necessidade da existência do unificador (direita) ou do divisor (esquerda).

No entanto, há no popular algumas determinações que o distinguem do nacional, dificultando sua assimilação imediata a este último, como vimos desde o início deste seminário. A diferença entre *populus* e *plebs* pode ganhar uma importância muito grande impedindo que revoluções e regimes ditos populares, alcancem a unidade que é própria do nacional. É que neste prevalece um modo de lidar com a alteridade que favorece a unificação. Por um lado, a alteridade pode ser interpretada como diversidade regional e, por outro lado, como exterioridade, isto é, o outro da nação encontra-se fora dela — é o estrangeiro. Tanto assim que, no Brasil, um dos traços predominantes das ideologias nacionalistas no plano político é a designação do não-nacional como exótico e como contrário à *natureza* ou a *essência* da nação. No discurso dos republicanos, por exemplo, a monarquia era atacada não só por ser anacrônica (ataque feito pelos positivistas em busca de uma ordem sócio-política científica ou positiva), mas também por ser um transplante europeu contrário à natureza republicana dos "povos americanos". No discurso integralista (inspirado em Alberto Torres e em Oliveira Vianna) a crítica ao liberalismo e ao federalismo baseava-se no caráter artificial dessas políticas estrangeiras que não correspondiam às necessidades do caráter nacional brasileiro. No discurso anticomunista (desde sempre) o marxismo é acusado como ideologia exótica contrária à natureza ocidental e cristã da nação brasileira, havendo aqui a combinação de elementos variados para explicar o "exotismo", visto ser o marxismo uma concepção ocidental da história (os argumentos nacionalistas vão desde o racismo — o marxismo como conspiração judaica —, o cristianismo — o marxismo como ateu — até o ocidentalismo geopolítico — o marxismo se implantou no oriente). Enfim, no discurso nacionalista de esquerda, via de regra um discurso de aliança de classes e etapista, o imperialismo ocupa o lugar do não-nacional, sendo responsável pela colonização econômica, política e mental do povo brasileiro, empecilho para o desenvolvimento nacional autônomo que faça desabrochar a verdadeira natureza na nação. Curiosamente, a pátria aparece como elemento central desses discursos, a ponto de haver, na extrema-direita, a sobrevivência da corrente "Pátria Nova" e, na extrema esquerda, a palavra de ordem "Pátria Livre venceremos".

Ora, no caso do popular ou da divisão *populus-plebs*, a alteridade não é externa: o outro do *populus* é a *plebs*, o outro é interno e, por bem ou por mal, o povo é constituído pelo não-popular e pelo popular. Neste caso, não podemos deduzir o povo das classes (como faz a esquerda) nem as classes do povo (como faz a direita) porque a divisão é constitutiva de sua realidade. Ou, se se quiser, a exploração econômica, a dominação política e a exclusão cultural *põem* a existência das classes porque *pressupõem* a divisão entre os com-poder e os sem-poder. Assim, por exemplo, para que a separação entre o trabalhador e os meios de produção fosse possível, foi necessário que alguns tivessem poder para impor e conservar essa separação, pois a lógica do capital não pode realizar-se sem o suporte da divisão social que será reposta por ele.

Em outros termos, enquanto nação-nacional formam um par sem equívocos (o problema maior estando, como vimos, na elaboração do próprio conceito de nação), povo e popular não se ajuntam sem equívocos. Talvez a interpretação maquiaveliana da divisão social nos ajude a enfrentar o enigma de um povo que é e não é povo. Maquiavel afirma que toda cidade é constituída por dois desejos opostos: o dos Grandes, de oprimir e comandar, e o do Povo, de não ser oprimido nem comandado. Enquanto o desejo dos Grandes possui conteúdo determinado, o do Povo é pura negatividade. Contrariamente aos Grandes, o Povo não é algo nem alguém, mas uma oposição negadora da ação de um outro determinado, seu outro de classe. A percepção dessa diferença percorre os movimentos populares tanto de modo explícito (quando, por exemplo, são usadas as designações pobre-rico, ou quando os membros dos movimentos se nomeiam a si mesmos para marcar a diferença, como os membros da "santa irmandade", no Contestado, ou os niveladores e cavadores, na revolução inglesa, ou os braços-nus, na revolução francesa), quanto de modo implícito (como os estudos de Verena Allier, Thompson, Hill ou Hogarth nos mostram, desde, por exemplo, o uso dos pronomes nós-eles, indicando a percepção diferenciada de si e do seu outro). E não só os populares marcam a diferença, também os Grandes não cessam de marcá-la referindo-se ao povo de modo a estigmatizá-lo (zé-povinho, povão). A estigmatização do dominado pelo dominante por meio das designações é mostrada por Walnice Galvão, analisando os jornais que se ocupavam de Canudos: nestes, os rebeldes são designados como "jagunços". E Walnice observa que somente após o massacre os intelectuais, num "lamento protestatório-humanitário depois do fato", num "complexo de Caim", passam a designar os rebeldes como "brasileiros".

A análise de Walnice Galvão sobre Canudos e os intelectuais nos interessa particularmente porque revela o movimento constante de posição da diferença — jagunços-brasileiros — e de sua anulação — todos brasileiros — por meio da absorção do popular no nacional. Escreve ela: "Literatos ou cientistas, monarquistas ou republicanos, liberais declarados ou indiferentes, na verdade essas distinções são superficiais: todos os intelectuais estavam atrelados ao carro do poder, empenhados na grande parada histórica do tempo que era a consolidação nacional (...) E a 'incorporação à nacionalidade' é o que pedem aqueles que protestam, já ou anos mais tarde, em nome dos sertanejos exterminados. Uma vez mortos, passam a ser irmãos".[5]

A diferença entre o modo como o popular se apresenta a si mesmo e o modo como é representado pelos Grandes torna-se mais visível em momentos nos quais a indiferenciação poderia aparecer e, no entanto, não aparece: os momentos de revolução ou de guerra civil. Assim, por exemplo, quando a Reforma está em curso na Alemanha, é de supor-se uma aliança entre Grandes e Povo na luta comum contra a tirania católica e imperial. Mas não será o caso. Lutero se alia aos Eleitores Palatinos de Saxe e de Hesse e convoca os príncipes a massacrar os camponeses de Münzer. Este, por seu turno, reconhece a diferença ao afirmar: "O povo se libertará e nessa hora o doutor Lutero será como a raposa na armadilha". Também é significativa, na revolução inglesa de 1640, a separação entre niveladores e cavadores face a Cromwell, quando declaram: "Fomos dominados pelo rei, pelos Lordes, pelos Comuns e agora, por um general, uma corte marcial, uma Câmara dos Comuns: onde está a diferença?, vos pergunto".

O contraponto é ainda mais claro em dois textos escritos no decorrer da revolução inglesa. O movimento dos "verdadeiros niveladores" declara: "Todos os homens se lançaram na conquista da liberdade e aqueles *dentre vós que pertencem à espécie dos ricos têm medo de reconhecê-la porque ela avança trajada em roupas grosseiras (...) a liberdade é o homem decidido a virar o mun-*

---

5. Walnice, Nogueira Galvão, *No Calor da Hora*. São Paulo, Ática, 1974, p. 107-108.

do de ponta cabeça. Como então surpreender-se de que seus inimigos lhe façam emboscadas? (...) A verdadeira liberdade reside na comunidade de espírito e na comunidade dos bens deste mundo, é o Cristo verdadeiro Filho do Homem, reinando em toda criação e restaurando seu poder sobre todas as coisas" (os grifos são meus). Ao que retruca a Câmara dos Comuns: "Tempo virá em que seitas livremente toleradas acabarão aprendendo que também lhes pertence, de direito e por nascença, libertar-se do poder do Parlamento (...) e dos reis, de pegar em armas contra um e outro quando estes últimos se recusarem a votar e a agir segundo o agrado delas. Se não tomarmos cuidado, o que erroneamente se chama liberdade de consciência arrisca-se a se tornar, com o tempo, a liberdade dos bens, a liberdade dos imóveis e a liberdade de ter mulheres em comum".[6]

Ora, é interessante observar que enquanto, no caso de Canudos, os vencedores é que impõem postumamente um rótulo comum a todos, vencedores e vencidos — brasileiros —, no caso inglês, os "verdadeiros niveladores" é que pressupõem a comunidade, pela nivelação de ricos e pobres enquanto homens, ao passo que a Câmara dos Comuns reafirma a diferença e o perigo, em decorrência da liberdade de consciência, de ter bens, imóveis e mulheres em comum. Por que a disparidade de atitude nos vencedores de Canudos e nos da revolução inglesa? Porque a origem e a forma das diferenças sociais não são as mesmas. Em Canudos, são os dominantes que designam a divisão como nacional e não-nacional. Na revolução inglesa, são os dominados que designam a unidade a partir do popular: a liberdade é virar o mundo de ponta-cabeça, ter os direitos que a ordem estabelecida recusa aos que vêm "trajados em vestes grosseiras". Se, no caso de Canudos, há o resgate nacional dos mortos, no caso da Inglaterra há reposição da diferença social, isto é, a liberdade é de consciência e não igualdade econômica, política e social. Percebe-se, portanto, que o nacional e o popular não operam da mesma maneira nem na prática nem na ideologia. O primeiro tende a ser invocado pelos dominantes e o segundo, pelos dominados.

No Brasil, via de regra, a diferença social é mediada pelo recurso ao nacional — o imigrante, primeiro, e o migrante, depois. Durante toda a Primeira República, a repressão aos movimentos operários, no sul do país,

---

6. Os textos citados encontram-se em C. Hill *The World Turned Upside Down*, Harmondsworth, Penguin, 1976. Há tradução brasileira: *O Mundo de Ponta Cabeça*. São Paulo, Companhia das Letras, 1987.

não é justificada pelos interesses do capital, mas pelo interesse nacional, na medida em que os "agitadores" são estrangeiros que, ao fim e ao cabo, prejudicam o trabalhador brasileiro, não só roubando-lhe emprego, mas colocando-o contra seu compatriota, no caso, o patronato. A proposta contínua de conciliar "os interesses do trabalho e do capital" que concorrem para a "prosperidade das nações" passa inevitável e sistematicamente pela acusação contra os "estrangeiros". Numa conferência comemorativa do 1º de maio de 1920, em Niterói, o patronato afirma: "No caso do operariado brasileiro, isto é, do ponto de vista nacional da questão, há ainda um aspecto muito interessante a considerar, como profilaxia de defesa de nosso meio ambiente à invasão do mal. É a nacionalização das entidades operárias (...) é indispensável que na alma do operariado nacional desabroche a flor vigorosa que anima os sentimentos vivos do amor à Pátria, que mantém o culto de suas tradições cívicas, da sua história, do seu passado, dos seus heroísmos, dos seus feitos, de toda sua grandeza política, social e econômica".[7]

Esses poucos exemplos, arrolados aqui sem respeito pela cronologia nem pela geografia, pretenderam apenas contribuir para a hipótese que levantei no início do seminário, isto é, que há uma espécie de instituição contínua da divisão e da identidade que dependem do modo como as condições históricas colocam os sujeitos sociais em presença uns dos outros, representando-se a si mesmos e uns aos outros.

Justamente porque os termos não cessam de ser definidos e articulados de maneiras diferentes em diferentes condições históricas, a imaginação ideológica, como já observei, procura fixá-los como se fossem entidades positivas. Se considerarmos que no Brasil o nacional-popular encontra suas formulações maiores e mais permanentes no romantismo e nos populismos, notaremos que, assim determinada, a expressão possui um traço principal: nação e povo funcionam como arquétipos ou como entes simbólicos saturados de sentido que se materializam em casos particulares, tidos como expressões dos símbolos gerais. Encontramos *o* índio, *o* negro, *o* sertanejo, *o* operário, *o* camponês, *a* verde mata, *os* verdes mares, *o* céu de anil, *a* singeleza, a rudeza, *a* bravura, *a* não-violência, *a* crendice, *a* indolência, *a* floresta, *a* cidade, *a* fábrica, *a* usina, *o* sindicato, *a* revolução, *o* patrão, *a* burguesia, *o* estrangeiro.

---

7. Cf. P. S. Pinheiro e M. Hall, *A Classe Operária no Brasil 1889-1930. Condições de Vida e de Trabalho, Relações com os Empresários e o Estado*. São Paulo, Brasiliense, 1981.

Não é casual que o verde-amarelismo modernista retome esses arquétipos, nem que Mário de Andrade os problematize como contradições trágicas ou que Oswald de Andrade os apanhe pela ironia antropofágica e ambígua. Também não é casual que os populistas dos anos 60 trabalhem com eles, seja para denunciá-los, seja para transformá-los em pedagogia política, seja, enfim, como observou Roberto Schwarz, para oferecê-los como espelho à platéia classe-média estudantil dos teatros e cinemas. No caso do populismo, os arquétipos do nacional-popular são tomados pelo avesso, isto é, para serem valorizados apenas tais como virão a ser depois de libertados do jugo imperialista.

Na perspectiva romântica, há o "bom povo" e a "boa nação", porém adormecidos, cabendo aos artistas e intelectuais despertá-los (Plínio Salgado escreve um livro: *Despertemos a Nação*), enquanto na perspectiva populista de esquerda o "povo bom" e a "nação boa" estão por vir, no presente estão alienados, cabendo aos artistas e intelectuais a tarefa de conscientização nacional e popular. Na perspectiva romântica, a bondade já existe porque obra da Natureza; na populista de esquerda, está por vir porque resultado da História.

Se, no entanto, deixarmos a concepção arquetípica, veremos a expressão modificar-se ininterruptamente. Em lugar de essências metafísicas ou de idealidades *a priori* — o nacional, o popular — encontramos campos, configurações, constelações de práticas e de discursos que se rearticulam ininterruptamente, rearticulando a referência ao nacional e ao popular. Não é sem motivo que a história nacional não cessa de ser narrada e de ser reinterpretada, pois a reconstrução do passado, além de articular-se às constelações das práticas e dos discursos presentes, também depende do foco que determina a reconstrução, isto é, a identidade nacional ou a contradição social. Dois exemplos poderiam auxiliar a perceber o movimento de rearticulação do passado pelo presente: o caso da revolução Praieira e o de Gramsci, com quem iniciamos o seminário.

Observei que o 48 europeu — fevereiro e julho — foi decisivo na construção de um nacionalismo patriótico que amorteceu (freqüentemente exterminou) os movimentos populares de cunho socialista. É bastante esclarecedor ler dois trechos escritos na França em 48, um deles de Thiers e o outro de Benjamin Constant. Escreve Thiers: "O homem tem uma primeira propriedade em sua pessoa e suas faculdades; tem uma segunda propriedade, menos aderente ao seu ser, mas não menos sagrada, no produto de suas faculdades que envolve tudo o que chamamos de 'os bens deste mundo' e que a sociedade está altamente interessada em garantir para ele, pois sem essa garantia não há trabalho, sem trabalho não há civilização nem o mínimo necessário, mas a miséria, o banditismo e a barbárie (...) Assim, à medida que o homem se desenvolve torna-se mais agarrado ao que possui, mais proprietário. No estado de barbárie quase não é proprietário; no estado civilizado ele o é com paixão". Nenhuma referência à nação e à pátria, como convém ao discurso liberal coerente, mas também a clara identificação entre os movimentos de fevereiro e a barbárie. Por seu turno, escreve Benjamin Constant: "Os cidadãos possuem direitos individuais independentes de toda autoridade social ou política e toda autoridade que viole esses direitos torna-se ilegítima. Os direitos dos cidadãos são a liberdade individual, a liberdade religiosa, a liberdade de opinião, o usufruto da propriedade, a garantia contra toda arbitrariedade (...) Em nossas sociedades atuais, o nascimento no país e a maturidade da idade não são suficientes para conferir a todos os homens as qualidades próprias ao exercício dos direitos da cidadania. *Aquelas que a pobreza retém numa eterna dependência e que condena a trabalhos cotidianos, não são pessoas esclarecidas, conhecem os negócios públicos tanto quanto uma criança. Não sabem pensar.* E têm tanto interesse na prosperidade nacional quanto os estrangeiros, pois não conhecem os elementos fundamentais da economia nacional e só indiretamente participam de suas vantagens. *Não quero ser injusto com as classes trabalhadoras. Não são menos patriotas do que as outras.* São capazes de atos de heroísmo e de devotamento, tanto mais extraordinários quanto se sabe que não são recompensados nem pela fortuna nem pela glória. *Mas o patriotismo que dá coragem para morrer por seu país é uma coisa, e outra muito diferente é ser capaz de conhecer seus próprios interesses.* Assim, a condição para ser cidadão politicamente reconhecido é o lazer, indispensável para a aquisição das luzes e a retidão do julgamento. Somente a propriedade assegura esse lazer e, portanto, somente a propriedade torna os homens capazes do exercício dos direitos políticos" (os grifos são meus).[8] Novamente, estamos diante do discurso liberal com todos os seus ingredientes — propriedade, cidadania, luzes, conhecimento dos próprios interesses, liberdade etc. —, porém com dois ingredientes *quarante-huitards*: patriotismo à parte, nada de socialismo e nada de sufrágio universal; os trabalhadores desconhecem a coisa pública e os interesses nacionais. Um pouco à moda de Canudos, são bons patri-

---

8. Os textos de Thiers e Constant encontram-se em Pierre François Moreau. *Les Racines du Libéralisme*. Paris, Seuil, 1978.

otas depois de mortos, visto que o cuidado com a pátria cabe aos verdadeiros patriotas, os que possuem propriedades e luzes. Assim, os dois elementos de unificação — nação e pátria — podem operar de maneira curiosa, pois em lugar de unificar servem, agora, de critério para diferenciar. Ora, é isto que parece ter ocorrido no 48 brasileiro, isto é, na Praieira.

Há pouco disse que há uma reconstrução contínua do passado nacional, visto que o nacional, no presente, está em contínua definição. Há uma versão de esquerda, no Brasil, que considera a Praieira pelo angulo de fevereiro — teria sido uma revolução de cunho socializante à la Saint-Simon. Isabel Marson[9] revela que a Praieira, à sua moda evidentemente, está muito mais próxima de julho do que de fevereiro. Não só porque para ter sido um fevereiro local precisaria ter incluído entre seus protagonistas uma figura ausente na política européia de 48, o escravo, como também teria sido preciso que os opositores preenchessem a divisão do popular — não-popular. Ora, nenhum dos dois requisitos foi preenchido para adequar-se ao "modelo". Não só os escravos estão ausentes das lutas, mas também esta se configura como luta entre governistas e oposição que se alternam no governo e que pertencem às mesmas frações das classes dominantes. Porém, o que dá o tom *quarante-huitard* à Praieira, segundo Isabel Marson, é a imagem que os protagonistas constroem de si mesmos: proprietários probos, homens civilizados e com luzes, determinações que lhes conferem um título que ostentam sem cessar, isto é, *patriotas*. Não cabe discutir aqui se o 48 brasileiro está ou não "no lugar", mas apenas observar que o momento em que a esquerda brasileira reconstrói a Praieira pelo prisma de fevereiro é, justamente, um momento em que já defende uma ideologia nacionalista e aliancista e, portanto, de maneira paradoxal, fevereiro é descrito com os elementos de julho de 1848.

Num dos *Cadernos do povo brasileiro*, publicado em novembro de 1962, *Que é a revolução* brasileira, Franklin de Oliveira escreve: "Nada mais dramático para um povo do que ver frustrada sua Revolução Nacional. Toda revolução nacional malograda leva fatalmente ao obscurantismo político. Nesse sentido, o exemplo da Alemanha é expressivo. Damos por pacífico o axioma de que cada nação nasce de uma revolução; de que *só as revoluções criam os caracteres nacionais*. É às revoluções nacionais de 1848, na Alemanha, na Itália, na Europa Central e na Europa Oriental que devemos esse

---

9. Isabel Andrade Marson, *Movimento Praieiro — Imprensa, Ideologia e Poder Político*. São Paulo, Moderna, 1980.

axioma histórico. As revoluções de 1848 cristalizam as aspirações nacionais em toda a Europa. Em 1848, o nacionalismo, que derivou da combinação da idéia de soberania com a doutrina da revolução, emergiu como um ideal político definido. Ao lema *Viva o Rei!* sucedeu o lema *Viva a Nação!* Porque desde a Reforma Luterana até o movimento de 1918, que fundou a República burguesa, na qual se embutiram todas as forças e resíduos do antigo regime, a Revolução Nacional Alemã viu-se frustrada, a velha Germania desembocou no nazismo. As frustrações revolucionárias resultaram em Hitler". Percebe-se, portanto, que por revoluções de 1848, o autor tem em mira julho como se este exprimisse, em termos nacionais, os anseios populares do fevereiro revolucionário e a seqüência é estabelecida entre Lutero, 1848 e Weimar, sem qualquer referência a Münzer, fevereiro e 1919.

O caso de Gramsci é ainda mais interessante. Seus textos sobre a necessidade e a importância da cultura nacional-popular datam da década de 30. Ora, quando lemos seus textos das décadas de 10 e de 20 observamos dois traços que dificilmente nos levariam a imaginá-lo, mais tarde, numa defesa do nacional-popular: uma crítica feroz do nacionalismo, que chama de confusionismo diletante e de reacionário (pois serve para justificar a concepção corporativa dos sindicatos) e uma crítica impiedosa do popularesco de Victor Hugo, Dumas e D'Annunzio (os dois primeiros como versões populares embrionárias, juntamente com Balzac, Sue e Dostoievski, do super-homem nietzschiano; o terceiro como novo "ópio do povo" e novo "suplemento d'alma"). Teria Gramsci, posteriormente, sucumbido à hegemonia burguesa-fascista que criticara teórica e praticamente (pagando altíssimo preço por isto)? Evidentemente não, uma vez que o nacional-popular é elaborado por ele justamente para fazer frente à cultura fascista.

Hitler dissera que "a principal proposta do programa do Nacional-Socialismo é abolir o conceito liberal de indivíduo e o conceito marxista de humanidade, substituindo-os pelo da Comunidade do Povo, enraizada no solo nacional e unida pelo laço de sangue comum". E Mussolini: "A Nação não é uma simples soma dos indivíduos vivos nem o instrumento dos objetivos partidários, mas um organismo que compreende a série indefinida das gerações cujos indivíduos são elementos passageiros; é a síntese suprema de todos os valores materiais e espirituais da raça (...) O Estado é a encarnação jurídica da Nação (...) O Partido Nacional-Fascista pretende conferir uma dignidade absoluta aos costumes políticos a fim de que a moral pública e a moral privada não mais se mostrem em contradição na vida da Nação" (encontraremos *ipsis litteris* essas idéias em Plínio Salgado e em

Miguel Reale, na década de 30). Essa consubstanciação orgânica entre a nação e o Estado pela mediação da idéia de comunidade, própria dos totalitarismos, não se encontra em Gramsci, pois o nacional-popular opera na qualidade de elaboração de uma contra-hegemonia face ao totalitarismo.

Se Gramsci não sucumbe ao totalitarismo, então sua passagem da crítica ao nacionalismo e ao popularesco para o nacional-popular também não pode aproximá-lo de Stálin. Este, como sabemos, parte da recusa da concepção do nacional-popular no socialismo tal como fora formulada por Otto Bauer, para quem "a nação é o conjunto dos homens ligados pela comunidade de destino e pela comunidade de caráter. Pela comunidade de destino: este traço distintivo a separa das coletividades internacionais de profissão, de classe, de cidadania que se baseiam na semelhança de destino e não na comunidade de destino. O conjunto dos companheiros de caráter: isto os separa das comunidades de caráter mais restritas no interior da nação, que jamais constituem uma comunidade natural e cultural autodeterminada, determinada por seu próprio destino, mas estão relacionadas ao conjunto da nação e são determinadas por seu destino (...) Na sociedade socialista, a nação será constituída pelo conjunto de todos os que usufruem da educação nacional e de seus bens culturais naturais, cujo caráter seja formado pelo destino da nação, que determina o conteúdo dessa cultura (...) Na nossa sociedade de classes não pode haver nação (...) a nação só se manifesta no caráter nacional, na nacionalidade do indivíduo e esta nada mais é do que um aspecto de sua determinação efetuada pela história da sociedade, de sua determinação em devir pela evolução dos métodos e das condições de trabalho (...) A integração de todo o povo à comunidade nacional cultural, a conquista pela nação de sua autodeterminação integral, uma diferenciação espiritual crescente entre as nações — é isto o socialismo (...) Enquanto a nação repousa na comunidade de educação, traz em si mesma a tendência à unidade: ela submete todas as crianças à mesma educação, todos os co-nacionais trabalham juntos nas oficinas da nação, participam da formação da vontade coletiva da nação, usufruem juntos os bens culturais da nação. Assim, o socialismo comporta em si mesmo a garantia da unidade nacional (...) A nação deve inicialmente tornar-se uma comunidade de trabalho antes de poder ser plenamente uma verdadeira comunidade cultural que se autodetermina". Stálin dirá que além de idealista ("caída do céu"), a nação de Bauer não é nação — é tribo.

Ao romantismo tribal de Bauer (que Stálin considera psicologista), o stalinismo contraporá uma outra idéia da nação. Para que haja nação, escreve Stálin, é preciso que haja comunidade e esta se caracteriza pelos seguintes traços: estabilidade da reunião, comunidade de idioma, comunidade de território, comunidade de vida econômica, comunidade psicológica ou de caráter nacional. "Só a existência simultânea de todos esses traços distintivos em conjunto constitui a nação." Feita a prova *a priori* da existência da nação por sua essência, Stálin frisa que a luta nacional nas sociedades capitalistas é popular apenas em aparência e burguesa na sua essência, mas que nem por isso o proletariado deve deixar de lutar pela nacionalidade. E isto, por dois motivos. Um motivo histórico — a luta das nacionalidades foi essencial para a constituição dos diferentes proletariados — e um motivo tático-estratégico — a luta nacional é uma etapa necessária para a chegada ao socialismo.

A questão das nacionalidades (especialmente a das pequenas nacionalidades) é o eixo das análises de Stálin, de modo que há um deslizamento conceitual gradativo em que o nacional-popular se converte no conflito das nacionalidades num mesmo território nacional e no conflito entre nações sob a ação do colonialismo. Como a preocupação principal é com a autodeterminação das nacionalidades e com a autodeterminação nacional, a discussão sofre novo deslocamento e passa do popular para as minorias oprimidas (as pequenas nacionalidades dentro da nação) e as nações colonizadas (as submetidas ao imperialismo). Do ponto de vista tático-estratégico, os oprimidos — nacionalidades e colônias — ocupam o lugar que tradicionalmente o marxismo conferira ao proletariado como força transnacional e trans-histórica, de sorte que o popular se converte, agora, em força nacional-nacionalista a caminho do socialismo.

A longa polêmica de Rosa e Lênin sobre as dificuldades da luta nacional como luta da internacional proletária (em que, como e quando a autodeterminação das nacionalidades pode ou não auxiliar a construção do socialismo?) é inteiramente varrida da cena política pelos dois postulados ou dogmas de Stálin: a luta das nacionalidades e a etapa nacionalista democrático-burguesa nas nações colonizadas cristalizam a prática política numa ideologia que dispensa a formulação do nacional-popular como questão. Nessa passagem, a nação autodeterminada de Stálin é caudatária de duas idéias cujas conseqüências políticas são sobejamente conhecidas. Por um lado, a idéia de comunidade nacional, entendida como unificação do proletariado pelo partido proletário no Estado proletário, sustenta a consubstanciação povo-nação pelos seus respectivos "representantes", isto é, o partido e o Estado. Por outro lado, a idéia de etapa nacionalista rumo ao socialismo ou as lutas de libertação nacional por alianças de classes e frentes político-revolucionárias a partir da versão stalinista da teoria leninista do imperialismo (ou seja, a tradução dos conceitos de "mercado interno" e "mercado externo" para "nacional" e "internacional", quando no marxismo clássico "interno" significa capitalista e "externo" significa não-capitalista, o imperialismo sendo a política do capital financeiro para colocar no mercado interno, isto é, sob o capital, tudo o que resta à margem do capitalismo).

Parece impossível colocar Gramsci nessa perspectiva e, no entanto, fica a pergunta: por que, entre várias possibilidades de prática popular-proletária, vai em busca do nacional-popular? Criticando as observações de Nizan contra o nacionalismo e o populismo na literatura, Gramsci dirá que nas condições presentes é impossível uma literatura (e, por extensão uma cultura) que não se manifeste nacionalmente, "em combinações e liames diversos, mais ou menos híbridos". Além disso, considera que na Itália, pré-fascista e fascista, a cultura antinacional sempre foi marcadamente antidemocrática, estabelecendo, assim, uma articulação entre nacionalismo e democracia. Dessa maneira, há um argumento local — a cultura burguesa e fascista italianas — e um argumento geral — as nações modernas são um fato irrecusável como território e como sistema de instituições, determinando o modo como as forças políticas e culturais se enfrentam, sendo impossível não passar por aí — na justificação gramsciana do nacional-popular como nova força moral de uma nova hegemonia. O problema, porém, permanece, não só porque outras interpretações são possíveis, como a de Rosa, por exemplo, mas ainda e principalmente porque o marxismo é uma teoria e uma prática revolucionárias e se a marca distintiva da revolução é a visualização do possível como radicalmente outro face aos dados presentes, por que uma política revolucionária precisaria ancorar-se justamente naquilo que é a menina dos olhos de seus inimigos, isto é, a ideologia da unidade nacional?

Se quem diz sociedade diz divisão social e quem diz comunidade diz indivisão natural; se, coerentemente, os liberais raramente apostam no nacional e, por princípio político-lógico-metafísico, jamais no popular; se, em contrapartida, as políticas autoritárias e totalitárias apostam no jogo de espelhos do nacional e do popular sob a comunidade estatal, creio que nos restam duas perguntas:

1) se o nacional e o popular constituem um campo de significações práticas, teóricas, empíricas, imaginárias e simbólicas no interior das quais aprendemos a articular política, cultura e história, haverá uma outra ma-

neira de trabalhar nesse campo que não redunde na repetição das experiências já conhecidas? É possível redefinir o nacional-popular?

2) se a carga histórica e política que pesa sobre o nacional e o popular limita nossa reflexão e nossa prática, não seria melhor correr o risco de abandonar essas idéias e imagens e repensar a história, a cultura e a política sem esses referenciais herdados? E não vale dizer que a solução é "dialética" porque isto não seria uma rima nem uma solução.

Além dessas duas perguntas, uma outra me ocorre: não seria interessante analisarmos o pressuposto do tema da pesquisa, isto é, que o nacional-popular foi colocado como manifestação *cultural*?

Gostaria de mencionar aqui um texto de Raymond Williams, *Marxism and Literature*,[10] no qual examina a mutação conceitual de alguns termos, a partir do século XVIII. Assim, o termo *indústria*, que significava habilidade, engenho e perseverança, qualidades do indivíduo, passa a significar uma instituição econômica — a manufatura e a produção, isto é, de qualidade pessoal, passa a ter existência social e a conotar um corpo de atividades coletivas. *Democracia*, que antes significava governo do povo e pelo povo, passa a significar, com as revoluções americana e francesa, governo representativo, deixando de ser a forma de um regime político para tornar-se uma prática e uma luta políticas. O termo *classe* que, anteriormente, significava a divisão jurídica e militar romana e a divisão de grupos para o aprendizado nas faculdades, na Idade Média, passa a designar divisões na sociedade, surgindo primeiramente o termo "classes baixas", em seguida, "classes altas" e, no século XIX, "classe trabalhadora". *Arte*, significando anteriormente habilidade e engenhosidade para lidar com os materiais naturais, técnica, trabalho, passa a significar um conjunto particular de atividades e habilidades dependentes da imaginação criadora e da inspiração, destinadas à contemplação e à beleza, isto é, se transforma na idéia burguesa das belas-artes, e seu cortejo: o gênio, do lado do criador, o esteta, do lado do espectador. Ócio e não mais trabalho, diferenciando o artista do mero artesão. E muda também o sentido da palavra *cultura*.

Vinda do verbo latino *colere*, cultura é o cultivo e o cuidado com as plantas e os animais para que possam bem desenvolver-se; donde, agricultura. Por extensão, é empregada no cuidado com as crianças e sua educação, desenvolvendo suas qualidades e faculdades naturais. Hanna Arendt,

---

10. R. Williams *Marxism and Literature*. Oxford, Oxford University Press, 1977.

em *Entre o passado e o futuro*,[11] observa ainda que cultura, significando cuidado, cultivo, amanho, se estende ao cuidado com os deuses, isto é, o *culto*. Fundamentalmente, escreve ela, cultura era relação com a natureza que, além de agricultura, implicava também torná-la habitável para os homens e cuidar dos monumentos do passado, em latim *cultura animi* sendo o espírito cultivado para a verdade e a beleza, inseparáveis da natureza. Williams observa que, a partir do século XVIII, cultura passa a opor-se a civilização. Esta, entendida como um estágio acabado do desenvolvimento social, econômico, político e científico, opõe-se à barbárie. É progresso e história, no sentido de Vico, isto é, Natureza é o que fazem os deuses, enquanto História é o que podem fazer os homens em sua finitude. Ora, na oposição à civilização (nítida em Rousseau, mas ainda mais poderosa nos românticos alemães), cultura toma duas direções. Por um lado, passa a significar o que é "natural" nos homens por oposição ao artificialismo da civilização, ou se se quiser, designa a interioridade humana contra a exterioridade das convenções e das instituições civis-civilizadas. Mas, por outro lado, passa a ser a *medida* de uma civilização. Agora, cultura não é o "natural" qualquer, mas o específico da natureza humana, isto é, o desenvolvimento autônomo da razão na compreensão dos homens, da natureza e da sociedade para criar uma ordem superior (civilizada) contra a ignorância e a superstição. Nesse sentido, torna-se sinônimo de progresso racional e de história. Entendida como exercício racional e, livre da vontade, a cultura surge como reino humano da finalidade oposto ao reino necessário da natureza. A oposição deixa de ser entre o "natural" e o "artificial", como no início da Ilustração, para tornar-se oposição entre liberdade e necessidade, no final da Ilustração e já no idealismo transcendental. Gradativamente, a natureza se torna imóvel e passiva, materialidade mecânica e pura exterioridade, enquanto a cultura se faz mobilidade, atividade, temporalidade, atividade consciente de si — Espírito Objetivo, na terminologia hegeliana.

Novamente, o termo se bifurca em duas direções. Numa delas, refere-se ao processo interior dos indivíduos educados intelectual e artisticamente, constituindo as "humanidades", apanágio do "homem culto" em contraposição ao "inculto", desembocando, como lembra Hanna Arendt, no filistinismo burguês. Na outra, marcada pela relação com a história, torna-se o conjunto internamente articulado dos modos de vida de uma sociedade determinada, concebida ora como trabalho do Espírito mundial (como

---

11. H. Arendt *Entre o Passado e o Futuro*. São Paulo, Perspectiva, 1972.

em Hegel), ora como relação determinada dos sujeitos sociais com as condições materiais dadas ou produzidas e reproduzidas por eles (como em Marx). Na linha da *Kulturgeschichte*, aparece como o campo das formas simbólicas — trabalho, linguagem, religião, ciências e artes; na linha marxista, como resultado das determinações materiais econômicas sobre as relações sociais e a ideologia. Em ambos os casos, porém, é concebida como fazer humano na relação com a materialidade e como história. Em sentido amplo, é antropologia. Em sentido restrito, isto é, articulada à divisão social do trabalho, é posse de conhecimentos, habilidades e gostos específicos, privilégio de classe, diferenciação entre "cultos" e "incultos" que determina, a seguir, a divisão entre cultura popular e não-popular. A primeira, porque próxima da natureza e da sensibilidade aprisionada na repetição, nos mitos e nas tradições, encontrar-se-ia mais próxima da "barbárie", enquanto a segunda seria a "civilização".

É interessante considerar o vínculo entre cultura e história. Em *As palavras e as coisas*,[12] Foucault, examinando o momento em que o saber europeu ultrapassa a ordem clássica e pretende ultrapassar os limites da representação, assinala o advento da idéia moderna de história e sua ambigüidade constitutiva. "A história não deve ser compreendida como a coleção das sucessões de fatos, tais como puderam ser constituídas; é o modo de ser fundamental das empiricidades, aquilo a partir do que são afirmadas, postas, dispostas e repartidas no espaço do saber para eventuais conhecimentos e para ciências possíveis (...) A história, a partir do século XIX, define o lugar de nascimento daquilo que é empírico onde, abaixo de toda cronologia, toma o ser que lhe é próprio. É por isso, sem dúvida, que a história logo é dilacerada, segundo um equívoco impossível de dominar, entre uma ciência empírica dos acontecimentos e esse modo de ser radical que prescreve seu destino a todos os seres empíricos, a esses seres singulares que somos nós. A história, sabe-se, é a praia mais erudita, mais avisada, mais vigilante, mais sobrecarregada de nossa memória, mas é também o fundo onde todos os seres vêm à existência e à cintilação precária."

O advento da história como forma canônica dos seres e do conhecimento exprime a descoberta da finitude como separação irremediável entre homem e natureza, homem e divindade, homem e transcendência, ou, para usar a expressão de Merleau-Ponty, a perda do Infinito Positivo. Se o idealismo crítico faz do tempo, sentido interno, e da prática, tarefa infinita

---

12. M. Foucault, *Les Mots et les Choses*. Paris, Gallimard, 1965.

da liberdade, o idealismo absoluto fará do tempo o estofo mesmo do real e da história o movimento imanente, necessário e livre do infinito conquistando-se a si mesmo pela mediação da finitude. A tarefa infinita é substituída pelo processo como temporalidade cumulativa e chegada ao "dia espiritual do presente", ou, como escreve Paulo Arantes,[13] o "apagamento do tempo", sua desaparição ou neutralização — "o tempo, para o Espírito, permanece sendo uma *pressuposição* cuja eliminação coincide com a posição da identidade do *em si* e do *para si*; o preenchimento (*Erfüllung*) o dissipa".

Esse privilégio do Presente aparece ainda num outro registro. Depois de haver descrito o advento da história, Foucault descreve as tentativas para capturar o tempo e fisgar, de algum modo, a finitude. A primeira dessas tentativas, em vista da multiplicidade de começos para os acontecimentos, considera impossível encontrar a origem e a finalidade temporais, desembocando no relativismo historicista. A segunda, pelo contrário, identifica a cronologia humana e a das coisas, colocando o homem na série sucessiva dos seres e dotado de sucessão própria, desembocando, assim, no evolucionismo. A terceira, porém, vai na direção oposta, isto é, busca identificar a cronologia das coisas à humana, ou melhor, à experiência que os homens têm das coisas e de si mesmos. O mundo existe para os homens e pelo fazer humano, tornando-se o homem contemporâneo daquilo que produz — linguagem, trabalho, bens, ciências, artes —, isto é, o mundo é mundo cultural. A cultura se torna, portanto, a captura mais perfeita do tempo e da história, na medida em que submete o fluxo temporal das coisas à ação temporal dos homens, que fazem sua própria história, ainda que não o saibam e em condições que não escolheram.

Nessa perspectiva, a história tanto pode ser concebida como memória — à maneira grega de narrar o que é memorável para imortalizar os mortais — quanto como trabalho — à maneira dramática cristã na qual o curso do tempo é o resgate da eternidade. E pode, enfim, ser concebida como trabalho memorioso que põe todos os acontecimentos na ordem do "dia espiritual do presente".

No entanto, poderíamos discutir a questão da história tomando ainda uma outra direção. Concebida e escrita de maneiras variadas desde a antigüidade, a história é pensada sob o signo da separação, o tempo sendo potência de destruição e de desagregação incontrolável. Feitos, fatos e escritos históricos se reúnem contra essa força desagregadora, mas o tema da

---

13. P. E. Arantes, *Hegel — A ordem do tempo*. São Paulo, Pólis, 1981.

separação, implícito ou explícito, comanda todos eles — separação entre homens e divindades, entre homens e natureza, entre os próprios homens constituem a teia histórica, ao mesmo tempo em que os relatos e as interpretações procuram conferir sentido à separação e, se possível, diminuí-la ou eliminá-la. Seja como memória ou co-memoração, seja como progresso ou desenvolvimento, a história está encarregada da reconciliação ideal ou real. Exceção feita para a história como relato da decadência, a busca da reconciliação como retorno à origem ou como consecução de fins superiores marca a tarefa do historiador. Como força externa de dispersão e de fragmentação ou como força interna de reunificação e de totalização, o tempo se distingue entre a sucessão empírica, feita de contingência, e a duração interna, constituinte de uma trama e de um tecido de relações necessárias, a necessidade, porém, podendo ser ela própria uma potência externa ou interna, produzindo uma oscilação incessante entre uma concepção da história como descontinuidade e contingência ou como continuidade e necessidade. Sucessão empírica ou gênese real, dispersão ou efetividade, o tempo introduz a indeterminação na experiência e a ciência da história aparece como trabalho da determinação (conhecimento das causas e conseqüências, das influências, da geração do novo pelo velho, ou, enfim, do modo de constituição interna do objeto). Acoplado ao tempo natural ou dele diferenciado como duração humana, o tempo histórico busca a determinação como tempo lógico e, sob esse ângulo, todo tempo é o tempo presente, não só porque a interpretação do passado é marcada pelas coordenadas do presente, nem só porque, como dizia Hegel, ninguém escapa de seu próprio tempo, mas ainda porque a compreensão do passado o presentifica como totalidade para o presente, ainda que não o fosse para si. Aquilo que no tempo histórico passado era experiência indeterminada e campo de possíveis surge, no presente, de modo determinado e como efetuação de uma necessidade.

Se a história surge sempre sob o signo da separação e rodeada pelos fantasmas da contingência e da necessidade, é porque opera com a diferença temporal e não apenas com a diferença empírica dos tempos. Essa separação fundamental, contornada pela referência originária aos deuses (ou a Deus), à natureza, à razão, a causas primeiras ou finais, é justamente aquela que a sociedade nascida com o capitalismo já não poderá fazer, senão sob a forma da ideologia (como o fará, de fato). Estamos numa sociedade na qual a separação não é apenas pressuposta — separação entre homem e natureza, separação entre trabalhador e instrumentos e meios de produção, separação entre sociedade e poder político, separação entre exploração e dominação —, mas é incessantemente reposta por ela como forma de sua existência. Nela, não só o tempo será cada vez mais o tempo abstrato do trabalho abstrato, como ainda será a medida de todas as suas instituições. Mas sobretudo, é a primeira formação social que não poderá explicar a origem dessas separações e dessa abstração recorrendo a determinações transcendentes, pois terá que encontrar no próprio movimento de sua instituição o da separação.

Em outras palavras, é simultaneamente a formação social que porá, senão como fato, pelo menos como idéia e como direito, a individualidade racional autônoma e a alienação ou heteronomia, e não poderá explicá-las senão por si mesma. Ainda que recorra aqui e ali a Deus ou à Natureza já não encontra neles a compreensão real do que efetua por si mesma, de sorte que os pilares transcendentes tornam-se cada vez mais puras justificativas e dissimulação da sociedade perante si mesma. Se é nessa sociedade que se destacam pela primeira vez subjetividade e objetividade, se é nela que um acontecimento imaginado como auto-instituição do social pode acontecer (como é o caso da revolução francesa e da revolução russa, ou melhor, da idéia mesma de revolução), se é nela que o fenômeno da ideologia (e não mais da mitologia e da teologia) pode acontecer com clareza, se é nela, enfim, que a instituição e a idéia de comunidade desaparecem sob a ação das divisões internas, é porque para ela ter uma história é um problema e uma questão. Nela, ser e ter história se confundem e a história é seu modo de reflexão, não apenas como atividade de um sujeito, mas como operação de suas objetividades.

A sociedade histórica[14] é aquela que precisa encontrar em si mesma sua própria origem, não podendo recorrer a princípios naturais, divinos e conscientemente racionais para determiná-la. Terá que encontrar dentro de si seu próprio nascimento e o de suas instituições, o princípio de suas transformações e, no entanto, se defronta com um obstáculo quase insuperável para realizar essa tarefa: a ausência de identidade consigo mesma, pois sua existência é comandada por divisões internas cuja origem também precisa ser explicada. Como diz Lefort, estamos numa sociedade que se vê obrigada a reconhecer a origem *da* divisão como divisão *de* origem, como separações originárias. No instante mesmo em que essa sociedade se produz como

---

14. A esse respeito veja-se C. Lefort, *Machiavel — le Travail de l'Oeuvre*. Paris, Gallimard, 1972.

sociedade, produz as divisões que a fazem ser e nas quais não pode reconhecer-se porque nelas não encontra a identidade que a definiria. Pressupondo divisões e repondo a divisão das classes, tenta oferecer-se como idêntica identificando-se a uma das classes — a dominante —, mas só pode fazê-lo imaginariamente (pela ideologia) e recorrendo à força ou à persuasão. O único recurso de que dispõe para alcançar a identidade sem desfazer a divisão é o recurso que ela mesma, sob a ação da classe dominante, irá perder: o poder como instância simbólica de identificação social, mas desfeito como tal porque identificado com o aparelho de Estado e, portanto, com uma particularidade que se erige a si mesma à dimensão da universalidade (imaginária). Estamos numa sociedade que recusa refletir sobre a divisão interna que a constitui e que dissimula essa divisão produzindo identidades e um sistema de identificações imaginárias: a lei, o Estado, o direito, a organização, a família, o trabalho, a ciência, a arte, e, evidentemente, o povo e a nação. Repondo a divisão interna e pondo um sistema de equivalências abstratas (cuja forma canônica é a mercadoria), a sociedade tenta exorcizar as contradições que a constituem e o trabalho dessas contradições. Paradoxalmente, essa sociedade fará da história o grande agente de instauração da identidade, em lugar de instituinte das divisões.

Entendida como continuidade e progresso, a história, além de excluir a ruptura, exclui ainda a diferença temporal entre passado e presente e entre presente e futuro. O primeiro se insere na linha contínua da tradição memorizada; o terceiro é posto como previsível e provável, perdendo a dimensão do possível. Assim como anula a alteridade interna que a constitui como formação social, a sociedade capitalista anula a alteridade temporal numa história una que ordena o espaço social, a memória e o porvir. Como diz Walter Benjamin, é sociedade que conhece apenas a história do vencedor, impedindo que outras histórias sejam conservadas como outros possíveis e outros passados. Ao se oferecer como história *nacional*, exclui todos os feitos e fatos que ponham em risco ou em dúvida sua unidade e unicidade contínuas. História afirmativa, mesmo quando recorre ao trabalho do negativo.

Operação semelhante é realizada pela idéia de cultura, como foi possível notar quando nos referimos brevemente ao conceito gramsciano de hegemonia, ao romântico de *Volksgeist*, ao iluminista de civilização. Mais do que eles, porém, a moderna indústria cultural e a cultura de massa nos fazem perceber o fenômeno extraordinário de instauração de identidades e identificações sociais e políticas — "nós, ouvintes", "nós, telespectadores", "nós, leitores" —, graças ao seu oposto, isto é, pela reposição das divisões sociais e políticas e sobretudo das exclusões culturais, pois a identificação é operada enquanto os sujeitos são conservados na qualidade de receptáculos coisificados das "mensagens". Nós, consumidores. Mas não só isto. Se pensarmos que a operação da história contínua, progressiva e una apaga a diferença temporal pela diferença empírica dos tempos, se lembrarmos que a cultura popular é vista como repositório e guardiã da tradição, enquanto a cultura não-popular (erudita, letrada, científica, tecnológica) é vista como inventora e guardiã do futuro, a linha temporal se torna contínua, esfuma-se a divisão da e na sociedade, e em seu lugar aparecem "as forças vivas da nação", sua memória e seu porvir. A comunidade restaurada.

Foram essas preocupações que me levaram a perguntar se os pesquisadores pretendem levar em conta que lhes foi sugerido como tema o nacional-popular *na cultura*. Mormente quando lemos os projetos de política cultural do Estado, nos quais a cultura popular é posta como *integrável* na qualidade de resíduo (folclore, artesanato) de diversidade empírica (regionalismo, localismo) e de continuidade temporal ou tradição (documentos, monumentos).

Nota da autora: Agradeço a Caio Graco Jr. a permissão para publicar parte dos seminários nesta nova edição de *Cultura e democracia*.

A questão democrática*

Em um ensaio, *Le philosophe et la sociologie,* Merleau-Ponty assinalava os riscos de uma rivalidade cultivada entre filósofos e sociólogos, os primeiros considerando-se possuidores da verdade porque detentores da Idéia, os segundos reivindicando para si a posse do verdadeiro porque conhecedores do Fato. É uma rivalidade obscurantista que priva o filósofo de contato com o mundo e o sociólogo, da interpretação do sentido de sua investigação; tal atitude esconde algo típico da ideologia: a crença na existência do Sujeito do Conhecimento como olhar separado que sobrevoa imaginariamente o real e o domina através de um sistema de representações, sem que seja preciso indagar qual o sentido dos fatos nem qual a necessidade das idéias ao serem realizadas pela experiência.

A democracia, talvez por ser um enigma — e como não o seria se, através das mutações históricas, é um tema incessantemente retomado? — poderia tornar-se um campo de interrogação no qual até mesmo aquela rivalidade chegasse a ser compreendida. Não porque *todos* "democraticamente" desejamos a democracia. Nem porque *todos* "democraticamente" a discutiremos. Mas porque a interrogação acerca da democracia é uma indagação em que estamos todos *implicados* como sujeitos, sem que possamos reivindicar o lugar imaginário do saber separado. Se conhecer é fixar o real em representações (fatos ou idéias), em contrapartida, pensar é acolher o risco do trabalho do acontecimento sem pretender fixá-lo num racional positivo completamente determinado. Se pensar é um momento da práxis

---

* Comunicação para o congresso da CLACSO sobre "Condições sociais da democracia", Costa Rica, 16 a 20 de outubro de 1978.

social, se é aceitação da diferença entre saber e fazer, se é compreensão dos limites entre a teoria e a prática, talvez, então, nossas discussões não unifiquem nossos pontos de vista, nem nos ensinem simplesmente a conviver com nossas diferenças, mas nos levem também a indagar se o desejo da unidade não seria o maior engano que nos afasta da democracia, em lugar de nos aproximar dela. O olhar separado e a unidade (aparentes atributos do Sujeito do Conhecimento), sabemos que são, nas sociedades modernas, os atributos do Poder. A nós, a tarefa de questioná-los.

Minha comunicação se divide em três partes:

1) A democracia como questão sociológica — as instituições democráticas.

2) A democracia como questão filosófica — os princípios da fundação democrática.

3) A democracia como questão histórica — relações entre democracia e socialismo.

A democracia como questão sociológica

É conhecido o "modelo democrático" formulado por Schumpeter e seus epígonos, a partir do momento em que o critério da democracia passa a ser dado pela relação entre o Estado, como sócio e interventor econômico, e a economia oligopólica. Resumidamente, o "modelo" apresenta os seguintes traços: a) a democracia é um mecanismo para escolher e autorizar governos, a partir da existência de grupos que competem pela governança, associados em partidos políticos e escolhidos por voto; b) a função dos votantes não é a de resolver problemas políticos, mas a de escolher homens que decidirão quais são os problemas políticos e como resolvê-los — a política é uma questão de elites dirigentes; c) a função do sistema eleitoral, sendo a de criar o rodízio dos ocupantes do poder, tem como tarefa preservar a sociedade contra os riscos da tirania; d) o modelo político baseia-se no mercado econômico fundado no pressuposto da soberania do consumidor e da demanda que, na qualidade de maximizador racional de ganhos, faz com que o sistema político produza distribuição ótima de bens políticos; e) a natureza instável e consumidora dos sujeitos políticos obriga a existência de um aparato governamental capaz de estabilizar as demandas da vontade política pela estabilização da "vontade geral", através do aparelho do Estado, que reforça acordos, aplaina conflitos e modera as aspirações.

Em seu livro sobre *A democracia liberal*,[1] McPherson critica o modelo schumpeteriano, afirmando que se trata de um modelo de equilíbrio pluralista elitista porque parte do pressuposto de que a sociedade que a ele deve ajustar-se é uma sociedade plural, isto é, impelida por múltiplas direções e interesses de indivíduos e grupos; porque parte do pressuposto de que a função política principal cabe à elite dos dirigentes; porque parte do pressuposto de que a democracia é um sistema que mantém equilíbrio entre as demandas dos cidadãos e as ofertas do Estado. Cada vez que um Estado é capaz de responder satisfatoriamente às demandas da cidadania, o regime é democrático. O cidadão define-se, pois, como consumidor, e o Esta do, como distribuidor, enquanto a democracia se confunde com um mecanismo de mercado, cujo motor é a concorrência dos partidos segundo o modelo da concorrência empresarial.

McPherson aponta os dois grandes suportes do "modelo": o pressuposto de que as demandas da cidadania são um dado fixo ou fixável e que, para manter a "funcionalidade" do sistema, é estimulada a apatia política dos cidadãos, apatia reforçada pelas desigualdades econômicas e sociais que deixam nas mãos da elite econômica todo o poder político. Finalmente, o "modelo" se apóia (ou cria-a) na ilusão da soberania do consumidor quando, numa economia oligopólica, o mercado produz e controla as demandas. Na base do modelo político encontra-se o modelo econômico keynesiano da intervenção e parceria estatal, com a "finura" de seus artifícios a tornar a ordem capitalista invulnerável.

Contrapondo-se ao modelo criticado, McPherson propõe um outro que designa como "democracia participativa". Sendo um projeto e não uma descrição empírica, o modelo mcphersoniano apresenta um conjunto de precondições que seriam, então, as condições sociais da democracia: a) mudança da consciência popular, que passa a ver-se não mais como consumidora, mas como agente e executor que desfruta de suas próprias decisões. Trata-se do sentimento de comunidade; b) grande diminuição da atual desigualdade social e econômica, na medida em que a desigualdade é o motor da coesão da ordem capitalista, pois impede a participação político-partidária e é sustentáculo da ordem vigente; c) estimular procedimentos pelos quais se viabilizem as propostas de Marx (ditadura do proletariado) e de Stuart Mill (alargamento das franquias e aumento da participação)

---

1. McPherson, C. B. *A democracia liberal*. Rio de Janeiro, Zahar, 1978.

numa democracia participativa. Esses procedimentos seriam: associações de bairro e de vizinhança, lutas pela melhoria da qualidade de vida (poluição, transportes, comunicações, escolas, saneamento), pela liberdade de expressão, pelos direitos das minorias (sexuais, raciais, coloniais), pela cogestão das empresas pelos trabalhadores. Enfim, lutas onde os sujeitos não se vejam como consumidores, mas como produtores; d) enfatizar o peso do ônus social trazido pelo crescimento do capitalismo, as dúvidas quanto às capacidades do capitalismo financeiro para satisfazer necessidades aumentadas pela desigualdade, a consciência dos prejuízos causados pela apatia política.

O modelo mcphersoniano enfatiza os movimentos sociais e, portanto, apóia-se na ampliação do espaço político pela sociedade civil. O resumo do modelo é, então, descrito pelo autor: "O modelo da democracia participativa seria um sistema piramidal com democracia direta na base e democracia por delegação em cada nível depois dessa base (...) Assim prosseguiria até ao vértice da pirâmide, que seria um conselho nacional para assuntos de interesse nacional, e conselhos locais e regionais para setores próprios desses segmentos territoriais".[2] Declarando que se trata de uma democracia de tipo liberal, o autor assinala os riscos que a tornariam inviável: a) ameaça de contra-revolução (como ocorreu no Chile de Allende); b) reaparecimento de uma divisão e oposição de classes subjacentes que impediriam a função primordial dessa democracia, qual seja, a conciliação dos interesses de classe. Essa divisão, afirma McPherson, existirá enquanto se pensar a conciliação das classes em termos de mera redistribuição da renda; c) apatia do povo na base, o que exige o papel dos partidos políticos, mas pensados de maneira radicalmente nova, visto que o modelo partidário existente tem a função expressa de manter a apatia.

Essa longa referência às análises e propostas de McPherson não tem nenhuma pretensão de criticá-las ou apoiá-las. Foi feita apenas para que através de duas linhas opostas da democracia liberal pudéssemos delinear algo peculiar à concepção liberal da democracia (algo que se encontra um tanto atenuado em McPherson porque leva em consideração a literatura marxista acerca do problema). A peculiaridade liberal está em tomar a democracia estritamente como um sistema político que repousa sobre os postulados institucionais que se seguem, tidos, então, como condições sociais da democracia.

---

2. Op. cit., p. 110.

1) A legitimidade do poder é assegurada pelo fato de os dirigentes serem obtidos pela consulta popular periódica, onde a ênfase recai sobre a vontade majoritária. As condições aqui postuladas são, pois, a cidadania e a eleição.

2) A eleição pressupõe a competição entre posições diversas, sejam elas de homens, grupos ou partidos. A condição aqui postulada é a existência de associações cuja forma privilegiada é o partido.

3) A competição pressupõe a publicidade das opiniões e liberdade de expressão. A condição aqui postulada é a existência da opinião pública como fator de criação da vontade geral.

4) A repetição da consulta em intervalos regulares visa proteger a minoria garantindo sua participação em assembléias onde se decidem as questões de interesse público, e visa proteger a maioria contra o risco de perpetuação de um grupo no poder. As condições aqui postuladas são a existência de divisões sociais (maioria/minoria) e de parlamentos.

5) A potência política é limitada pelo judiciário, que não só garante a integridade do cidadão face aos governantes, como ainda garante a integridade do sistema contra a tirania, submetendo o próprio poder à lei, isto é, à Constituição. As condições aqui postuladas são a existência do direito público e privado, a lei como defesa contra a tirania e, por conseguinte, a defesa da liberdade dos cidadãos.

Ora, esse conjunto de critérios políticos e sociais configura a democracia como uma forma de vida social (cidadania, direito, eleições, partidos e associações, circulação das informações, divisão de grupos majoritários e minoritários, diversidade de reivindicações etc.) que se manifesta apenas no processo eleitoral, na mobilidade do poder e, sobretudo, em seu caráter representativo. Nessa medida, compreende-se por que a crítica marxista sempre esteve voltada contra o formalismo dessa concepção da democracia, assim como um liberal como McPherson se volta contra o modelo do equilíbrio pluralista elitista. Tanto na crítica marxista quanto na de McPherson, a ênfase é dada ao fato de que a democracia, modelada sobre o mercado e sobre a desigualdade sócio-econômica, é uma farsa bem sucedida, visto que os mecanismos por ela acionados destinam-se apenas a conservar a impossibilidade efetiva da democracia. Se, na tradição do pensamento democrático, democracia significa: a) igualdade, b) soberania popular, c) preenchimento das exigências constitucionais, d) reconhecimento da maioria e dos direitos da minoria, e) liberdade, torna-se óbvia a fragilidade democrática no capitalismo. No entanto, seria mais pertinente indagar se o mal-entendido que torna possíveis a fragilidade democrática, o reformismo liberal e social-democrata, bem como a própria crítica marxista, não se encontra justamente no fato de que a democracia, reduzida à dimensão de um sistema estritamente político, não é percebida como forma da própria vida social. Somente desfazendo esse mal-entendido, ganha sentido a questão acerca das condições sociais da democracia. Estas seriam menos precondições para a democracia, seriam menos condições *dadas* para haver democracia, e seriam muito mais a expressão de uma sociedade democrática através de suas próprias instituições.

Quais seriam, nesta perspectiva, as condições sociais da democracia?

Na esfera econômica, trata-se do óbvio: a transformação das relações de classe pela transformação do sistema de produção e do sistema de propriedade, com o fim da exploração da força de trabalho, da separação entre trabalho braçal e trabalho intelectual, em suma, trata-se da igualdade sócio-econômica. Ora, essa obviedade (teórica), sabemos, dissimula um risco (histórico) inscrito na noção de igualdade: a homogeneidade coletiva sob o império de certas "racionalidades" imprescindíveis ao "bom" funcionamento da vida econômica. Resumindo: o risco do planejamento da organização, do dirigismo e da burocracia. Todavia, não sendo a igualdade democrática nem meramente jurídica nem meramente distributiva, mas implicando os produtores, sabemos que historicamente os sovietes, os conselhos, comissões de fábrica etc. tendem a ser uma resposta ao risco anteriormente apontado. No entanto, talvez a boa pergunta acerca da democracia econômica não esteja na pergunta pelas formas institucionais de viabilizá-la e, sim, na pergunta sempre escamoteada (quando não diretamente recusada) acerca da própria racionalidade econômica: com efeito, as soluções institucionais (tanto as burocratizantes quanto as democratizantes) partem do pressuposto da racionalidade imanente à economia e cuidam de "humanizá-la". Ninguém, entretanto, parece interessar-se em perguntar o que é a racionalidade econômica, cuja fórmula concisa e precisa é "maximizar os ganhos e minimizar as perdas". Ora, a pergunta democrática talvez deva ser: Qual ganho? Ganho de quem? Perda de quem? Todavia, essas perguntas, com ressonâncias psicológicas e humanistas, não são ainda as que colocam em dúvida a racionalidade econômica. Seria preciso indagar: O que é maximizar? Como e por que se maximiza? O que se maximiza? A partir do momento em que a resposta a essas perguntas ignorar a exploração da mais-valia, a tendência será a de encontrar a resposta nos mecanismos de funcionamento da empresa, isto é, dizendo-se que se trata de maximizar a racionalidade da empresa e de minimizar gastos irracionais para ela. Assim, pois, a racionalidade econômica é traduzida para a noção de Organização. O essencial está no fato de que paulatinamente, a Organização passa a ser racionalidade do *social* no seu todo, de sorte que maximizar o ganho é organizar tudo e todos, e minimizar as perdas é organizar tudo e todos.

O imperativo da Organização (com ou sem intervenção estatal, com ou sem a figura do Estado como sócio, com ou sem a visão do próprio Estado como organização das organizações) define a natureza do ganho e da perda, do máximo e do mínimo e, portanto, concerne à sociedade no seu todo. Definir a *qualidade* do ganho e da perda é, portanto, recolocar a economia como condição social da democracia. Basta pensar em sociedades como as latino-americanas, nas quais o fenômeno da migração campo/cidade altera radicalmente a figura do trabalhador, para que a questão se mostre em plena luz: quando o migrante pedreiro, construtor da casa por inteiro, incorpora-se à organização da construção civil, seu saber anterior se perde, seu trabalho se desqualifica — a organização maximiza seu ganho (não só porque sobe a taxa da mais-valia e amplia-se o exército industrial de reserva, mas também porque coloca o novo trabalhador numa engrenagem indispensável para o movimento global do capital e o transforma em submissa argamassa do edifício social), e o trabalhador maximiza sua perda (e não somente em termos de exploração e do abaixamento de seu nível de vida, mas também em sua humanidade, inscrita na exteriorização mutilada do seu trabalho mutilado). Assim, também, há ganho na burocracia hospitalar e escolar e perda da medicina e da cultura. Basta lembrar as batalhas (no Brasil) semi-perdidas pela socialização da medicina e pela valorização da medicina preventiva, de um lado, e numa invenção como o Mobral (Movimento Brasileiro de Alfabetização), de outro lado, para que a questão econômica da qualidade do ganho e da perda se esclareça: evita-se a medicina preventiva para investir na indústria dos remédios; alfabetiza-se o trabalhador para ampliar o exército industrial de reserva.

Basta pensar no fato de que uma das bandeiras de luta das esquerdas no Brasil (entre 1930 e 1968) foi a do desenvolvimento do aparelho estatal como fonte racionalizadora e igualizadora da vida econômica — desde a nacionalização das fontes de energia e da reforma agrária até à redistribuição da renda — para percebermos que essa bandeira pode ser levada pela direita. Ao lembrarmos que no Brasil o Estado alcançou várias metas que a esquerda supunha indispensáveis para a democracia econômica, concluímos que, numa perspectiva democrática, a esfera econômica, enquanto condição da socialização e enquanto condição social da democracia, ultrapassa a idéia de uma organização racional da produção e da distribuição e recoloca na ordem do dia a questão da exploração da mais-valia e com ela a definição da qualidade social dos ganhos e perdas para a sociedade como um todo.[3] "Organizar e multiplicar as comunicações entre os trabalhadores, articular as atividades, favorecer a socialização dos indivíduos e, por esta via, reduzir a inércia de um conjunto, reduzir as condutas de defesa e estereotipadas, estimular as condutas inovadoras e desejosas de mudança. Ora, enquanto permanecerem como modelos da vida sócio-econômica a segregação e a especialização de papéis, a retração de cada um às fronteiras de uma técnica particular, a distancia entre um meio e outro, a perda é certa. A intensificação do trabalho pode ser uma tentativa de compensação, mas além do gasto de energia se traduzir em um desgaste difícil de medir, a fadiga e as perturbações de comportamento fornecem um índice incontestável de que a intensificação aumenta os ganhos pelo crescimento das perdas — estereotipia das condutas, indiferença quanto aos objetivos coletivos, impotência para responder a exigências novas do meio".[4]

Na esfera político-institucional, uma das afirmações centrais concernentes à democracia consiste em admitir que se trata de uma forma política não só aberta aos conflitos, mas essencialmente definida pela capacidade de conviver com eles e de acolhê-los, legitimando-os pela institucionalização dos partidos e pelo mecanismo eleitoral. Tem sido também uma das bandeiras de luta democrática a negação do partido único como uma im-

---

3. Em um seminário realizado no Centro de Estudos de Cultura Contemporânea (CEDEC), o economista Antônio de Barros Castro examinou o fato de que o capitalismo das últimas décadas tem sido analisado tanto pela direita quanto pela esquerda, de acordo com uma mesma matriz teórica na qual o peso fundamental é dado à conjugação entre grande empresa e Estado e na realização da mais-valia, isto é, na demanda, em lugar de ocupar-se com a própria produção da mais-valia. A diferença entre direita e esquerda se reduz apenas ao fato de que para a primeira, a conjugação Estado/empresa torna o capitalismo invulnerável, enquanto para a segunda, essa conjugação revela a existência de um capitalismo senil mantido pelos artifícios do Estado. Tanto na face "boa" quanto na face "má", a matriz teórica é a mesma, embora para a direita a política apareça como arte de uma elite dirigente, enquanto para a esquerda seja fruto da intervenção de um Estado militarista. A racionalidade econômica nada mais é do que o conjunto de expedientes referidos à realização da mais-valia, deixando de lado o movimento de reprodução e expansão do capitalismo a partir da produção da mais-valia.

4. Lefort, Claude, *Elements pour une critique de la bureaucratie*. Genebra, Ed. Droz, 1971, p. 338.

possibilidade de fato e de direito para a prática democrática. Essas afirmações, quer feitas por liberais, quer por conservadores, quer por sociais-democratas, omitem o fundamental (exatamente como no caso da esfera econômica): a questão da qualidade. Em outras palavras, o elogio do pluripartidarismo como essência da democracia pode dissimular o fato de que um partido, seja ele qual for, carrega dentro de si a sociedade como um todo, exprimindo-a de um ponto de vista determinado (uma classe, uma fração de classe, um grupo) como *pars totalis*. Isto significa que se, por um lado, o pluripartidarismo implica aceitação das divergências, por outro, enquanto multiplicidade de posições, é apenas *um signo* da possibilidade democrática e não a efetividade democrática. Tanto isto é verdade que cada um dos partidos pode organizar-se de tal forma que nele não haja democracia interna, como ainda serve de álibi para aqueles que apontam os partidos como prova da inexistência de vida democrática.

O caso brasileiro é bastante sintomático a esse respeito: tanto nas épocas "democráticas" ou pluripartidárias, quanto nas épocas ditatoriais (sem partidos, com partidos clandestinos ou com bipartidarismo tutelado), a tônica antidemocrática foi dominante no interior dos partidos onde cada qual à sua maneira exprimia a sociedade brasileira no seu todo. No caso dos liberais, o elitismo dos "cartolas"; no caso dos populistas, a tutela e o clientelismo (Vargas, Ademar), ou o burocratismo justiceiro de classe média (Jânio Quadros); no caso da extrema direita, o integralismo ou a geopolítica e a segurança nacional; no caso das esquerdas, o estatismo e a versão cabocla do "centralismo democrático". Fazendo da suposta necessidade do desenvolvimento do aparelho estatal e do nacionalismo as armas da luta de classes, os partidos e organizações de esquerda primaram pelo autoritarismo interno e dos programas. No caso dos liberais, a crítica constante ao perigo da intervenção estatal nunca impediu que, em momentos de convulsão política e social, apelassem para as Forças Armadas e para a aceitação "provisória" de regimes ditatoriais.

Talvez no que concerne à democracia no plano das instituições partidárias, as questões mais prementes sejam: a) Em que medida as desigualdades sociais são transportadas para o interior dos partidos, distinguindo seus membros quanto ao poder, ao saber e à informação? b) Em que medida um partido democrático consegue ter objetivos manifestos no plano político (tomar o poder ou pressioná-lo), social (reunir e organizar setores determinados da população) e ideológico (uma teoria, um programa para a maioria dos cidadãos)? E em que medida tais objetivos se coadunam com objetivos latentes — tomar o poder e redistribuí-lo (clientelística, hierárquica e igualitariamente); reunir politicamente homens que as condições de trabalho e de vida dispersaram; apropriar-se da cultura e recriá-la (reproduzindo divisões anteriores, inovando em todos os setores de sua produção e apropriação)? c) Como se dão as relações de autoridades no interior do partido? Como os militantes encaram essas relações? São tidas por eles como provisórias ou como protótipo da nova sociedade ou de uma sociedade democrática?

Talvez a condição social mais premente da democracia, aquela que incide nas anteriores (que, não por acaso, levou Marx a iniciar a questão da gênese da ideologia com a separação entre trabalho manual e intelectual, como levou Gramsci às longas análises acerca do papel dos intelectuais e à esperança de um partido no qual todos os membros fossem intelectuais porque com igual direito ao saber), seja a questão da informação.

Seja qual for o estatuto econômico, a posição dentro de um sistema global de dependências sociais, um indivíduo participa da vida social em proporção ao volume e à qualidade das informações que possui, mas, especialmente, em função de sua possibilidade de acesso às fontes de informação, de suas possibilidades de aproveitá-las e, sobretudo, de sua possibilidade de nelas intervir como produtor do saber. Isto significa que nas discussões acerca das condições sociais da democracia algumas questões merecem ser focalizadas: a) Como os indivíduos recebem a informação? b) Quais as informações que lhes são dadas? c) Quando o são? d) Quem as dá? e) Com que fim as recebem — para serem fixados em certos pontos determinados do sistema social ou para dar-lhes liberdade de transito entre um setor e outro? f) Podem os indivíduos tirar igual partido das mesmas informações, ou a homogeneidade serve apenas para ocultar uma desigualdade social e econômica reforçada pela própria "igualdade" de informações, aceita como algo de que nem todos poderão tirar frutos?

Ora, sabemos que nas sociedades não-democráticas (e sob esse aspecto particular será difícil encontrar alguma sociedade que seja democrática) uma fórmula precisa rege o processo da informação e pode ser assim resumida: não é qualquer um que pode dizer qualquer coisa a qualquer outro em qualquer lugar sob qualquer circunstancia. Há, portanto, regras de interdição quanto ao emissor, ao receptor, à mensagem, seu tempo e seu lugar.

Paradoxalmente, sociedades que desenvolveram até o paroxismo a idéia da cultura de massa, são exatamente aquelas que criaram duas abstrações gêmeas e poderosas que apenas reforçam aquela regra: o discurso competente (a fala e o saber do especialista) e a massa (o agregado amorfo e sem fisionomia dos receptores do conhecimento). A noção de competência tem a função precisa de marcar a desigualdade numa esfera que não é mais aquela tradicional da ideologia burguesa (a desigualdade natural das capacidades e talentos), mas uma outra, produzida pela sociedade planificada e organizada: a desigualdade entre os detentores do saber e os despossuídos. Todavia, este aspecto não seria tão poderosamente conservado não fosse compensado por um outro: a magia dos meios de comunicação que prometem a todos a possibilidade de alcançar e deter esse saber. O efeito desse procedimento consiste, na verdade, em recriar novas barreiras e desigualdades, porém muito mais sutis: agora, as barreiras e distâncias são erguidas entre cada indivíduo e sua própria experiência. Com efeito, a noção de competência invade toda a sociedade. Como observa Claude Lefort, entre o indivíduo e seu corpo intercala-se o discurso sexológico, entre o homem e a natureza, o saber ecológico, entre a mãe e a criança, a pediatria e a puericultura, entre os membros de um grupo, a psicologia da dinâmica de grupo, entre o professor e o aluno, o saber pedagógico. Revistas de divulgação cultural, a televisão "educativa", os livros de "ciência ao alcance de todos" não só reforçam a idéia de competência, mas servem para intimidar violentamente a "massa" dos incompetentes, pois ser não-competente é mais do que ser "menor" — é ser a-social, detrito, incapaz. É ser lançado fora do circuito da socialização, ficando à beira da "Natureza" (o "louco", o "infantil"). A competência acrescenta, pois, à regra de interdição que pesa sobre o saber, a regra da exclusão. A estas duas regras, uma terceira vem acrescentar-se: o monopólio da informação e, conseqüentemente, do saber e de sua manipulação. Esta terceira regra parece-me ser a mais grave não porque nela se concentre a impossibilidade democrática (da economia à política), mas porque nela se anuncia a possibilidade de uma caricatura democrática no plano da cultura: a chamada "cultura popular". Não me refiro aqui aos aspectos mais óbvios da manipulação da cultura popular pela classe dominante (desde as feiras de artesanato até os festivais de música e dança folclórica) para exibir, simultaneamente, a criatividade "das ordens inferiores" e fazer delas o repositório das "tradições nacionais". Refiro-me à manipulação demagógica da cultura como *coisa pública e fazer coletivo*, como algo a que todos têm acesso e como promessa ilusória de uma sociedade transparente na qual todos se comunicam com todos.

Se quiséssemos resumir numa só palavra a questão das condições sociais da democracia, talvez devêssemos recuperar um conceito que a "ciência" nos fez abandonar por causa de suas ressonâncias humanistas e filosóficas: o conceito de *alienação* e o de sua forma na sociedade capitalista, a reificação. Em resumo, o problema da divisão social do trabalho como divisão das classes para e pela exploração social da mais-valia, exploração que não é realizada pelo Estado, mas através do Estado. Eis por que a questão da democracia, ao ser reduzida à esfera estritamente político-institucional, acaba sendo reduzida a uma discussão que se concentra, em última instância, nas transformações do aparelho do Estado, isto é, discutida "pelo alto" e com as lentes dos dominantes. Se, do lado socialista, a ênfase no econômico parece fazer com que a discussão se realize a partir "de baixo" e reforce o tema da igualdade, contrapondo-se à discussão liberal que enfatiza o tema da liberdade, em termos estritamente históricos a igualdade, afirmada por uns, e a liberdade, defendida por outros, deixaram intacta a questão da alienação e com ela a da democracia, porque deixaram intacta a questão do Poder.

A democracia como questão filosófica

Costuma-se afirmar que a política deixou de ser uma questão filosófica e se tornou uma questão científica quando os pensadores deixaram de lado a discussão acerca da boa-sociedade e do governo justo e virtuoso para discutir as instituições e práticas necessárias ao funcionamento dos diferentes regimes políticos. Assim, enquanto Platão, Aristóteles e Santo Tomás encontram-se entre os filósofos, Maquiavel, Hobbes, Espinosa, Montesquieu encontram-se entre os cientistas. "Enquanto os antigos partiam da questão fundamental de saber como os homens podem praticamente viver em conformidade com uma ordem ditada pela natureza, os modernos partem do problema prático da dominação das forças naturais que ameaçam os homens (...) Face à antiga política, Thomas More e Maquiavel conquistam, cada qual, um novo domínio de investigação, pois liberam as estruturas do poder de seu contexto ético".[5] Não por acaso, na abertura do *Tratado político*, Espinosa afirma que ninguém é mais incompetente para tratar da política do que o filósofo, seja porque propõe

---

5. Habermas, J., *Theory and Practice*. Boston, Mass., Beacon Press, 1973, pp. 50-52.

uma política para homens ideais, seja porque apenas critica e despreza a política realmente existente. E, ainda, além dos que escrevem utopias e sátiras, há um outro filósofo tão incapaz quanto os outros de investigar a política: aquele que faz o bom funcionamento da *res publica* depender da boa-fé e virtude dos governantes. E Espinosa conclui: "Uma Cidade, cuja salvaguarda dependa da lealdade de alguns homens e cujos negócios para serem bem conduzidos exijam dirigentes leais, não terá qualquer chance de estabilidade. Para que possa subsistir, é *preciso arranjar as coisas de tal maneira que os dirigentes*, sejam eles guiados pela razão ou pela paixão, *não possam agir de modo desleal ou contrário ao interesse coletivo*. Pouco importa para a segurança da Cidade qual o motivo interior que leva os homens a bem dirigir a coisa pública, desde que a dirijam bem: a liberdade de alma, com efeito, é uma virtude interior e privada. A virtude necessária à Cidade é a segurança".[6]

Assim, no momento em que a reflexão filosófica abandona a questão da boa-sociedade e do bom-governante, nasce o discurso moderno da filosofia política. Todavia, seria um grande engano supor que o deslocamento operado consiste em passar de uma visão normativa a uma visão realista, ou em passar de uma questão acerca da arte de governar para outra relativa apenas ao sucesso das técnicas eficazes de dominação. Uma leitura atenta de Maquiavel e de Espinosa, por exemplo, mostra que a crítica da tradição do pensamento político vem ostensivamente acompanhada da crítica da experiência imediata da política e de seu corolário, o realismo.[7] A leitura revela também que a questão do governo não se reduz à de um conjunto de instituições e de técnicas, mas nasce de longa meditação acerca da arte de governar. Enfim, Maquiavel pede ao Príncipe que *"paziente audittore del vero"*, enquanto Espinosa afirma que desejar conduzir os negócios públicos à revelia do povo e esperar deste moderação e prudência é rematada loucura, cabendo aos dirigentes compreender que o adágio "a massa é terrível quando não teme" aplica-se não ao povo, mas aos grandes e poderosos, que são "temíveis quando não tremem".

---

6. Espinosa. *Tratactus politicas*, Haya, Van Vloten e Land, 1914, t. II, p. 5.

7. Em Maquiavel, a crítica de Savanarola tem como contrapartida a crítica do projeto da burguesia florentina que se exprime na ideologia da Unione. Em Espinosa, a crítica da revolução inglesa tem como contrapartida a crítica do projeto da burguesia holandesa de aliar-se com a nobreza e centralizar o poder para evitar a aliança com o povo (cf. Lefort, Claude, *Le travail de l'oeuvre — Machiavel*, Paris, Gallimard, 1972).

O deslocamento operado pela reflexão moderna da política concerne menos à questão da boa-sociedade e da eticidade e muito mais à questão da natureza do Poder (*Imperium*). O que é nítido em Maquiavel e em Espinosa (para citar pensadores que se empenham em teses democráticas) é a preocupação em dar uma resposta à pergunta política moderna por excelência: como, na ausência de uma vontade transcendente e justificadora da ordem do mundo, os sujeitos sociais podem compreender e tolerar a existência do poder político como um pólo separado da sociedade civil, separação ocorrida por obra da própria sociedade? Como a sociedade pode suportar o peso de ter que se definir não pela identidade consigo mesma, mas por divisões internas irreparáveis?

Quando Maquiavel afirma que em toda Cidade há dois desejos opostos, o dos Grandes, que desejam comandar e oprimir, e o do Povo, que não deseja ser comandado nem oprimido, apresenta a divisão social e o problema por ela acarretado: a tendência de ver no poder político o pólo imaginário que unifica o dividido. Quando Espinosa afirma que todos os homens são movidos por dois desejos antagônicos, isto é, que todos desejam governar e ninguém deseja ser governado, transfere para o interior de cada sujeito a divisão que Maquiavel pusera na sociedade. Todavia, tanto aqui como lá, o problema é o mesmo: como o poder surge para resolver a divisão e garantir a Cidade contra seu risco maior, a tirania? E tanto em Maquiavel quanto em Espinosa, a tirania não se define como o mau regime político, onde um só homem governa, mas como a forma política na qual o detentor do poder (um homem, um grupo, uma classe) se identifica com o próprio poder. A tirania é o instante no qual o poder perde seu lugar público para aderir às figuras empíricas de seus ocupantes. É nesse contexto que a tese democrática pode ser compreendida, não porque na democracia todos podem ocupar periodicamente o poder, nem porque todos governam, nem porque todos estão representados, nem porque todos são súditos, governantes e cidadãos por direito, mas *porque nela ninguém pode identificar-se com o próprio poder*. Só neste contexto compreende-se que Maquiavel afirme que o Príncipe deve fazer aliança com o Povo (o desejo de não ser oprimido nem ser comandado), e que Espinosa afirme que somente na democracia a questão do Estado não é a da segurança, mas a da liberdade. Enfim, somente neste contexto se esclarece o significado simbólico das eleições: nelas, o que está implicado não é apenas o fato da disputa e do conflito, mas sim que, por um lapso de tempo, o Poder permanece vazio e que esse lugar vicário é a sociedade como um todo, incomensurável à soma dos cidadãos e aos conflitos das classes. A questão moderna, como a antiga, concerne, pois, ao político como ato de fundação, trabalho que a sociedade efetua sobre si mesma em busca de sua definição e de sua inscrição histórica.

Para Aristóteles, o problema da fundação política é um problema de justiça. Por quê? Porque, por natureza, o homem é *zoon politikon* e, portanto, a Cidade também é "por natureza". O que distingue, portanto, uma cidade de outra não é a natureza, mas a lei. E a questão da lei é a da justiça como fundação política, na medida em que o justo é o que igualiza os desiguais. A desigualdade é um ato (tanto natural quanto social — desde a diferença física à diferença profissional e de classe), enquanto a justiça é um valor (*axia*). Seu papel é permitir a relação eqüitativa entre os desiguais. Ora, Aristóteles distingue entre o partilhável e o participável. O partilhável diz respeito aos bens materiais necessários à sobrevivência individual e coletiva. O participável concerne ao que não pode ser repartido nem partilhado mas apenas participado — trata-se do poder. A justiça que concerne ao partilhável é aquela nascida de um cálculo de equivalência, isto é, da proporção geométrica entre as necessidades de cada um e os bens que deve receber da Cidade. A justiça eqüitativa é distributiva segundo um princípio geométrico de proporcionalidade, havendo injustiça se o cálculo for apenas aritmético. A igualdade (econômica) não visa, portanto, igualar os desiguais, mas igualar seus direitos à partilha dos bens materiais. Ao contrário, no que diz respeito à justiça do participável, problema por excelência da política, o ponto de partida não é a desigualdade, mas a igualdade: somente os iguais participam do poder. Toda a questão que se coloca neste plano, portanto, é a de saber qual o valor que permite estabelecer o próprio valor da justiça, isto é, qual o valor que cria o politicamente justo? Em outras palavras! qual o valor pelo qual há iguais na participação do poder? É na resposta a esta questão que Aristóteles define os diferentes tipos de Cidade: numa aristocracia, o valor será a nobreza, numa oligarquia, a riqueza, numa democracia, a liberdade.

Não cabe aqui discutir as preferências políticas de Aristóteles, mas apenas suscitar, através de seu pensamento, aquilo que se oferece como questão filosófica da democracia: o fato de a cidade democrática não se definir pela igualdade (isto deve definir *toda* cidade justa no partilhável), mas pela liberdade, isto é, os homens da cidade democrática são tidos como iguais (para participar do poder) porque são livres. Também é de extrema importância na reflexão aristotélica o fato de que a medida do partilhável depende daquilo "que a cidade requer para permanecer coesa, porque o partilhável concerne aos que participam da cidade". Isto significa que a forma da justiça social (o que a cidade requer para permanecer coesa) depende, em última instância, da forma de justiça política (os que participam da cidade), de sorte que, numa democracia, a liberdade é o valor que definirá a igualdade social. Embora o econômico (a coesão exigida pela cidade) determine o político (a participação no poder), o político também determina o econômico.

Dissemos que o pensamento moderno transforma a questão antiga da política passando da questão do justo (a boa-cidade) para a questão direta acerca do *Imperium*. Para que essa transformação ganhe uma certa concreticidade, basta resumirmos a posição espinosana, cujo interesse advém não apenas do fato de que se trata de uma defesa da democracia, mas, no caso em pauta, do fato de que Espinosa, em outro contexto, conserva a referência aristotélica à proporcionalidade.

A Cidade não é um fato natural, mas histórico, embora universal (bárbaros e civilizados, cristãos e pagãos, diz Espinosa, constituem sociedades e leis, isto é, a sociedade não nasce da razão nem da natureza, mas de condições históricas determinadas que levam os homens a se agregar cada vez de modo diverso). A instauração política ocorre não através de um pacto (este é apenas a forma pela qual o imaginário coletivo representa para si mesmo a gênese da vida social e política), mas de uma distribuição proporcional de potências individuais rumo à constituição de uma potência coletiva, tida como soberana. O que distingue uma forma política de outra não é o número de governantes (isto se reduz a uma distinção numérica ou aritmética irrelevante), nem o sistema eleitoral e de representação (não só porque há monarquias e aristocracias eletivas, mas sobretudo porque isto é um efeito e não a causa instituinte da forma política). O que distingue uma forma política da outra é a proporcionalidade que se estabelece entre o poder da potência soberana e o poder das potências individuais, isto é, entre o poder coletivo e o poder dos cidadãos.

A questão de Espinosa não é a de saber quando uma forma política é mais justa do que outra (isto depende da decisão coletiva quanto à distribuição da potência), mas quando uma forma política é mais livre do que outra. Assim, fazendo da liberdade a pedra de toque das diferenças políticas, Espinosa faz da democracia a pedra de toque de interpretação dos regimes políticos. A Cidade é tanto mais livre quanto mais a potência soberana for incomensurável à potência de seus cidadãos e quanto mais impossível for que um cidadão, um grupo ou uma classe possa identificar-se com a soberania. A Cidade é tanto mais potente e tanto mais livre quanto mais o poder, sendo de todos, não possa ser de ninguém. Donde a distribuição do poder no interior da sociedade tornar-se a medida para diferenciar os regimes políticos e, sobretudo, a medida para discernir no interior da sociedade quem é seu inimigo: o particular ou grupos de particulares que pretendam identificar-se com a soberania. Por outro lado, uma Cidade diferencia-se de outras segundo dois novos critérios: o medo da morte e o desejo da vida. O medo da morte, isto é, a guerra, e em particular a guerra civil, pode levar os cidadãos a depositar confiança em um salvador que possui aquilo que os demais não possuem: a posse das armas e a capacidade de manejá-las. A Cidade nascida do medo da morte engendra a tirania. Em contrapartida, a Cidade que deseja a vida é aquela que, sendo respeitada pelos cidadãos, não é odiada por eles, e por isso não teme ter todos os cidadãos armados, excluindo, portanto, a necessidade do salvador providencial em quem se concentraria todo o poder. A única Cidade que não teme o *povo* armado é a democracia. Por quê? Porque se trata de uma Cidade que não *permite* a liberdade mas é livre, não só porque nela há igualdade política, todos os cidadãos podendo ter igual participação no poder, nas decisões e execuções, mas porque nela a transcendência do poder é tão clara que permite a participação sem risco de identificação. A democracia é livre porque igualitária, pois o que a define é uma proporcionalidade máxima de poder, visto que nela o poder de cada um depende da potência do poder coletivo. A Cidade é que precisa ser livre para que a igualdade política possa ser instaurada. E, por igualdade! Espinosa entende a cidade na qual os conflitos e as diferenças não são tomados como um perigo, mas como forma de existência coletiva. Seu oposto é o "Império do Grande Turco", no qual os cidadãos não pegam em armas porque seu medo é tamanho que ali já não há mais cidade, "mas solidão, servidão e barbárie".

  Essas breves incursões pelo pensamento de Aristóteles e de Espinosa visaram apenas dar relevo à questão da proporcionalidade como ato da fundação política e social, bem como enfatizar os dois conceitos que balizam a questão filosófica da democracia: liberdade e igualdade. A referência à proporcionalidade tem por fim, aqui, dar um lugar filosófico à *Crítica do programa de Gotha*, no qual a questão do partilhável e do participável é a questão da fundação socialista. A referência aos conceitos de igualdade e de liberdade pretende, aqui, enfatizar os problemas por eles envolvidos: a) o problema da precedência (isto é, somos iguais porque somos livres ou somos livres porque somos iguais?); b) o problema enfrentado pelos pensadores marxistas contemporâneos, que se sentem impelidos pela necessidade de compreender por que a ênfase dada à igualdade conduziu ao totalitarismo, enquanto a ênfase dada à liberdade conduziu ao reformismo social-democrata. Que ocorreu no marxismo para que esses conceitos (igualdade e liberdade), que pareciam indissociáveis, tenham sofrido tão grande separação? E isto em um grau tão acentuado que muitos pensadores (filósofos ou não) chegaram a propor uma separação entre o tema da democracia e o do socialismo como dois conceitos teórica e praticamente diferentes, seja para enfatizar a democracia, seja para "defender" o socialismo contra a democracia, identificada com a democracia burguesa.

A referência à *Crítica do programa de Gotha* visa indagar qual é a transformação operada pelo socialismo quando os temas da justiça, da igualdade e da liberdade encontram como medida (isto é, como valor a partir do qual os demais valores são avaliados) o *trabalho*. Ao contrário de Aristóteles, para quem a justiça depende da lei da Cidade quanto ao partilhável/participável, para Marx o suporte da medida não é mais a sociedade ("o que a Cidade requer para permanecer coesa"), mas o indivíduo ("de cada um segundo suas capacidades, a cada um segundo suas necessidades"). Ao contrário de Espinosa, para quem a igualdade decorre da liberdade coletiva como medida da liberdade individual, para Marx, a igualdade engendra a liberdade.[8] O suporte dessas inovações da fundação socialista consiste em colocar a medida dos valores — o trabalho — como forma atual da servidão e forma futura da liberação, de sorte que o *mesmo motor*, operando uma reflexão prática, engendre o novo na agonia do velho.

A referência ao dilema dos contemporâneos pretende sobretudo questionar a validade *teórica* de separar a discussão acerca da democracia de uma discussão sobre o socialismo.[9]

---

8. Marx. *Critique du programme de Gotha*. Paris, Ed. Sociales, 1972, Parte I, § 3, e Parte IV.

9. Em um seminário do CEDEC, acerca das relações entre democracia e socialismo, Ernesto Laclau considerou importante enfatizar que não há qualquer relação lógica necessária entre democracia e socialismo, a articulação sendo uma questão política e não teórica. Laclau demonstra sua afirmação considerando o fato de que, historicamente, o tema da democracia sempre foi arrancado do proletariado e da esquerda toda vez que a burguesia teve condições para atender às demandas democráticas e incorporar um discurso popular em seu próprio discurso de classe. Tal esvaziamento explicaria o economicismo social-democrata e o estilo militarizado do leninismo. Também é uma idéia fundamental de Laclau que o reducionismo classista do marxismo é um obstáculo para a compreensão do conceito de democracia.

A democracia como questão histórica

Podemos chamar histórica, no sentido forte do termo, uma sociedade que não *está no* tempo, mas que se *efetua como* tempo, isto é, uma sociedade que não pode cessar de se reinstituir porque para ela sua gênese e sua forma são uma questão incessantemente recolocadas. No sentido forte do termo, somente uma sociedade que vive os conflitos e acolhe a produção interna de suas diferenças, uma sociedade para a qual o poder está sempre na ordem do dia porque suas contradições impedem de fixar-se numa imagem idêntica, é uma sociedade histórica. Enfim, cremos não ser um despropósito afirmar que somente uma sociedade democrática é histórica no sentido forte do termo e que, não por acaso, somente nas sociedades abertas ao risco da história pode ocorrer o fenômeno da ideologia, isto é, a produção do fixo para conjurar o perigo da temporalidade, fazendo com que a universalidade abstrata de normas e representações, elevadas à condição de "essências", assegurem de uma vez por todas a identidade da sociedade consigo mesma, a hegemonia dos dominantes e a tranqüilidade do "progresso".

Seria impossível, nos limites desta comunicação, ir além de alguns temas para debate.

Gostaria, então, tomando como núcleo o problema da articulação entre democracia e socialismo, enquanto problema de uma sociedade histórica, de propor três temas para discussão.

I — Desde o célebre texto de Engels contra o socialismo utópico, a idéia de socialismo "científico" fez um percurso que seria interessante compreender. Com efeito, se nos lembrarmos de que o termo alemão *Wissenchaft* não recobre os termos inglês e francês de *Science,* nos lembraremos também de que, enquanto *Wissenchaft* significa *saber e trabalho do pensamento, Science* significa *conhecimento* ou conjunto de conhecimentos instituídos acerca de campos empíricos de objetos. Enquanto a *Wissenchaft* pretende alcançar totalidades reflexivas ou em movimento, a *Science* pretende fixar-se em partes determinadas do real. Assim, conforme Engels, compreende-se que o socialismo utópico não se caracterize pelo fato de ser um voto piedoso pela justiça, mas pelo fato de ser *parcial,* isto é, de imaginar que uma alteração em uma das "partes" da vida social e política possa trazer alterações de todas as outras. Do ponto de vista marxista e engelsiano, o socialismo utópico seria cientificista e não científico. Mais do que isto. Um socialismo que esperasse do igualitarismo jurídico e político a transformação da sociedade seria utópico. Porém, também seria utópico um socialismo que esperasse da socialização da propriedade a transformação de toda a sociedade. Nos dois casos, a utopia está na parcialidade; esta, no "cientifismo" e este, como sabemos, é ideológico porque confere à parte privilégio sobre o todo (entendido como agregado funcional ou mecânico de partes). Assim, quando a social-democracia acredita no desenvolvimento das forças produtivas e formula uma teoria das etapas rumo ao socialismo, ou quando os bolchevistas, enfatizando a contradição explorador-explorado e o papel tático da democracia (identificada com a democracia burguesa e com uma certa organização do Estado) na luta revolucionária, formulam uma teoria da vanguarda política, são rigorosamente utópicos, embora de modo diverso, porque diversas suas interpretações dos fundamentos econômicos das relações sociais e porque diversas suas interpretações da práxis revolucionária.

Evidentemente, estas observações não pretendem afirmar que Marx e Engels resolveram o problema do socialismo. Não porque este fosse algo futuro, mas porque Marx e Engels também oscilaram entre a *Wissenchaft* e a *Science*. E não oscilaram em um aspecto menor, mas em um aspecto fundamental, isto é, no papel conferido à categoria do Trabalho na economia capitalista. Não se trata obviamente, de negligenciar a clarificação decisiva dessa categoria à luz da análise do processo de trabalho, da precisão trazida ao conceito pela idéia de *força de trabalho* e de *tempo socialmente necessário* para a produção da mais-valia e reposição da força de trabalho. Sobretudo, não se trata de negligenciar (pelo contrário, trata-se de enfatizar) a compreensão marxista da sociedade capitalista como processo de abstração pela redução do trabalho concreto ao trabalho abstrato. O que se procura sugerir, aqui, é o fato de que o papel conferido a essa categoria no modo de produção capitalista oscila e que tal oscilação cria um problema para a compreensão do processo histórico. Assim, podemos distinguir pelo menos três formas de articulação entre economia capitalista e trabalho, nos textos de Marx:

— em certos textos, a economia capitalista *cria*, isto é, traz ao ser, o trabalho simples abstrato, ou seja, transforma os homens e seus trabalhos heterogêneos em algo harmonioso e mensurável, reduzindo a diferença ao Mesmo;

— em certos textos, a economia capitalista *manifesta*, isto é, faz aparecer o que sempre esteve lá, escondido: a igualdade e identidade entre os homens e seus trabalhos, ocultas anteriormente por representações fantasmagóricas da Diferença;

— em certos textos, a economia capitalista *esconde*, isto é, dá a aparência de homogeneidade ao que é essencialmente heterogêneo: os indivíduos e seus trabalhos na produção de mercadorias e na transformação do trabalho em força de trabalho, isto é, em mercadoria.

A dificuldade para determinar se o capitalismo engendra o novo manifesta e desmascara o velho, ou se esconde uma diferença essencial (que já estava lá) através da aparente inovação identificadora, é uma dificuldade decorrente dos diferentes níveis em que Marx enfrenta o problema, de sorte que ora o capitalismo é uma inauguração histórica, ora é um momento de uma história mais global, ora v uma mascarada nova no coração do velho. Essa alternância explica os textos nos quais a burguesia aparece como revolucionária e aqueles nos quais aparece como uma força paralisadora e parasitária e, enfim, aqueles textos nos quais a inovação burguesa é um progresso que, na verdade, é a forma aguda da barbárie.[10]

Por que essa questão, aparentemente apenas filosófica (ser/aparecer; real/ilusório: criação/repetição; temporalidade/inércia), ganha relevância prática? Por um lado, porque se tomarmos a *Crítica do programa de Gotha* veremos que a categoria-chave na fundação política socialista é o trabalho e, mais ainda, a busca da justiça numa sociedade que está nascendo "no interior dos escombros da velha ordem". Ora, se o capitalismo *cria* a abstração do trabalho, então a fundação socialista é uma revolução no sentido pleno do termo. Porém, se o capitalismo *manifesta* a abstração do trabalho que sempre esteve lá como mola propulsora da economia, então o socialismo é mais do que uma revolução, é a negação absoluta de todo o passado da humanidade. Todavia, se o capitalismo apenas *esconde* a heterogeneidade e individualidade reais que estão apenas soterradas para que haja produção de mercadorias, o socialismo pode ser só uma reforma nas condições e no processo de trabalho. No primeiro caso, o socialismo é transição; no segundo, ruptura absoluta; no terceiro, continuação. Não será difícil percebermos nessas três possibilidades *teóricas*, a tríplice herança *política* de Marx: leninismo, luxemburguismo, social-democracia.

II — Um outro tema que gostaria de abrir ao debate concerne à teoria da história. O materialismo é histórico porque é dialético, porque nele o

---

10. Cf. Lefort, Claude, "Marx: de uma visão da história a outra", in *As formas da história*. São Paulo, Ed. Brasiliense, 1979; Castoriadis, Cornelius, "Valeur et justice, de Marx à Aristote et d'Aristote à nous", in *Les carrefours du labyrinthe*. Paris, Editions du Seuil, 1978.

movimento do real é o de uma reflexão negadora cujo motor é a contradição, isto é, a luta de classes. Assim sendo, por que tanto no leninismo como na social-democracia é possível elaborar uma teoria da história na qual a categoria dialética *momento* é substituída pela idéia positiva de *etapa*, e a categoria dialética *desenvolvimento* é substituída pela idéia positiva de inevitabilidade do caminho histórico? Em suma, por que há elaboração de uma teoria da história na qual necessidade se torna sinônimo de determinismo, e temporalidade se torna sinônimo de progresso?

Como contribuição ao debate, gostaria de avançar aquilo que acredito serem as razões teóricas dessa compreensão do processo histórico.

1) Nela o tempo é tomado como homogêneo, linear, contínuo e, sobretudo, como receptáculo neutro de instantes sucessivos. O tempo, como na ficção científica, é a quarta dimensão do espaço.

2) Nesse tempo espacializado, o presente é visto como realização do tempo passado e como um ponto de parada possível, a partir do qual o futuro se prepara. A suposição de que o presente realiza um projeto do passado pode permitir duas ideologias e duas práticas diferentes. Numa delas, o passado aparece como um tempo no qual a "boa-sociedade" já foi conseguida, mas foi perdida em conseqüência da atuação maléfica de alguns sujeitos políticos que desviaram a sociedade do rumo que deveria ter tido; cabe ao presente refazer o passado anterior ao desvio, de sorte que a prática é uma repetição e uma continuação para restaurar o que foi perdido. Na outra perspectiva, o passado aparece como acumulação de experiências e bens que o presente herda e conserva. Há um recorte do tempo segundo duas linhas de força que decidem quanto ao que deve ser conservado e quanto ao que deve ser abandonado: os oponentes políticos vendo-se reciprocamente pela diferença que estabeleceram quanto à conservação e à destruição.

Enfim, no que concerne ao futuro, essa imagem espacializada do tempo permite elaborar uma imagem transparente da revolução como algo a que o presente tende quase "por natureza".

3) Nessa elaboração, o tempo do *possível* é encarado a partir da sucessão e da continuidade, de tal modo que a possibilidade histórica possa ser lida e vista como possibilidade *objetiva*, circunscrita em alguns enunciados e representada através de cálculos. As margens do possível são retraídas ao máximo até às margens do atual, de maneira a fazer com que, já no presente, seja legível a linha de contorno do futuro. Aqui podemos compreender

por que, ao fazer a crítica da social-democracia e do stalinismo, Walter Benjamin tenha falado em uma história dos vencedores (o vencedor de hoje estabelece a linha da vitória de amanhã), perante a qual nem mesmo os mortos estão em segurança (pois a memória é elaborada pelo vencedor de modo a fazer do passado a "prova", a "justificação" e a "legitimidade" de sua vitória presente). Nessa história dos vencedores, o progresso não traz a barbárie, mas é a barbárie.[11]

Na imagem do futuro como possível objetivo, a imagem da Revolução torna-se plenamente transparente como instante no qual os homens dominam inteiramente as instituições, concordam quanto aos meios e aos fins, dissolvem o poder no fluxo de decisões coletivas, os conflitos desaparecem ou são esmagados, permitindo que a sociedade se ordene internamente como um organismo em plena saúde dos órgãos e relegando toda diferença e oposição para o que permanece "fora" da revolução, isto é, os contra-revolucionários internos e os inimigos externos.

Ao propor essa questão para o debate, gostaria de esclarecer o que a motivou.

Sabemos que é próprio do reformismo estabelecer uma identificação abstrata entre democracia e socialismo. Do ponto de vista teórico, talvez seja possível encontrar nos três pontos anteriormente assinalados (isto é, na visão linear da história) uma das causas da perspectiva reformista que acredita na razão como uma espécie de plano prescrito e decifrado "cientificamente". Porém, o risco de separar abstratamente democracia e socialismo, de considerar a primeira um regime político, uma forma do Estado, uma etapa e uma tática para chegar ao socialismo, não me parece um risco menor e cuja causa teórica também é a visão linear da história.

Enfim, separar socialismo e democracia como conceitos autônomos e deixar por conta dos acontecimentos históricos a articulação (ou não) de ambos, parece-me ser o risco de reduzir a história à sucessão contingente dos acontecimentos. Isto é, para não cair no "objetivismo", cai-se no "logicismo" — para evitar unir ou separar logicamente democracia e socialismo, prefere-se uni-los ou separá-los empiricamente. Com esse procedimento cai-se numa armadilha: em lugar de compreender a história como

---

11. É sintomático que Benjamin não oponha uma ciência burguesa a uma ciência proletária, isto é, duas formas antagônicas de objetividade, mas que oponha a ciência dos vencedores (uma teoria da história) à tradição dos oprimidos (a memória); portanto, duas memórias, uma das quais está permanentemente sendo esmagada pela outra.

produção da diferença temporal (isto é, trabalho interno que uma sociedade efetua sobre si mesma), toma-se a história como diferença dos tempos (presente, passado e futuro) encarregada de unir ou separar democracia e socialismo conforme as circunstâncias o permitam ou não.

Aceitar a história como diferença temporal é aceitar que o real não são os fatos nem as idéias, mas o movimento interno no qual uma sociedade aponta *seu* possível próprio como possível e não como futuro objetivado.

III — O terceiro e último tema que gostaria de propor ao debate, seria, então, o da questão do possível na perspectiva socialista, a partir da *Crítica do programa de Gotha*.

No terceiro parágrafo da Parte I da *Crítica*, Marx discute o problema da "partilha eqüitativa do produto". A primeira parte da discussão consiste em mostrar que "eqüitativo" é um conceito extremamente ambíguo não somente porque a burguesia considera a distribuição capitalista do produto como eqüitável, mas também porque as diferentes "seitas" socialistas possuem vários significados para o "eqüitativo" Quando se comenta esse parágrafo, geralmente a ênfase é dada não apenas à crítica feita ao socialismo vulgar, mas também ao fato de que Marx enfatiza que todo direito (burguês ou não) é fundado sobre a desigualdade e que o problema maior de uma sociedade nova, que nasce da agonia da velha, é o de manipular-transformando a herança da sociedade destruída. Aqui aparece toda a problemática da "fase de transição". Ora, há dois pontos nesse parágrafo que têm merecido pouca atenção dos intérpretes: a) que o direito é o uso de uma unidade de medida comum, empregada para indivíduos tomados de um mesmo ponto de vista, "apreendidos sob um aspecto *determinado*" (o grifo é de Marx); b) que o aspecto *determinado*, que está sendo considerado na questão da partilha eqüitável, são os indivíduos "considerados *apenas como trabalhadores* e nada mais, com abstração de todo o resto" (os grifos são de Marx). Ora, que significam esses dois pontos, pontos que Marx lança contra a burguesia e contra os lassalianos? Seu significado surge no final desse terceiro parágrafo quando Marx alude ao modo de produção como um todo: por isso mesmo, ou seja, porque o modo de produção é um todo, os indivíduos, tomados como trabalhadores e do ponto de vista do direito, são *ainda uma abstração*, visto que um modo de produção determina e é determinado pela totalidade das relações sociais. Poderia ser mais clara (justamente nesse parágrafo que fala em trabalho, força de trabalho, trabalhadores, partilha do produto, modo de produção) a crítica do economicismo? Poderia ser mais claro que o indivíduo igual/desigual exigido pela medida do trabalho faz com que, na crítica da sociedade capitalista, a questão da democracia e a do socialismo não possam ser teoricamente separadas porque a questão do trabalho envolve não apenas a desigualdade e a divisão econômica das classes, mas também a exploração e a dominação, portanto, a sociedade capitalista como um todo?

No entanto, é preciso passar à parte IV da *Crítica* para que essas observações sejam pertinentes. Nessa parte IV, Marx assinala a confusão entre o Estado (ficção que escamoteia a diferença política no seio da identidade capitalista) e o Estado *prussiano*. Dessa confusão, compreende-se que o programa pareça ser socialista ao fazer reivindicações republicanas democráticas, visto que na Alemanha ainda não há a república democrática, a tal ponto que diante do programa, "a própria democracia está a cem côvados acima do democratismo desse tipo, confinado aos limites do que é autorizado pela polícia e proibido pela lógica". O "democratismo" do programa, subordinado à polícia e à lógica, consiste nas reivindicações populares burguesas (sufrágio universal, legislação direta, direito do povo, milícia popular, educação gratuita, fiscalização estatal da legislação trabalhista). O que o programa não põe em questão é a própria origem, função e lugar do Estado na sociedade capitalista, isto é, as relações de dominação política e a natureza do Poder.

Economicismo (parte I) e democratismo (parte IV) constituem o núcleo de um projeto político incapaz de fundação histórica. Quando, portanto, se considera necessário distinguir a problemática da democracia e a do socialismo para evitar o economicismo e o reformismo, afirma-se que tal separação implica evitar sobretudo o risco maior, latente no marxismo: o reducionismo classista. A leitura atenta da *Crítica* (mesmo que discordemos radicalmente de Marx) não permite falar em reducionismo classista e isto pela simples razão de que a luta de classes não se reduz ao econômico. Mas não porque, como pensariam muitos, o econômico é apenas a determinação em última instância e as demais determinações são apenas sobre determinações relativamente autônomas. E, sim, porque a luta de classes é o próprio ser da sociedade capitalista e das sociedades históricas. Há história quando há relação com o que é Outro. Nas sociedades históricas há alteridade entre classes, entre sociedade civil e poder político, entre poder e Estado, entre o atual e o possível, entre saber e ideologia, entre pensar e agir. Se se quiser evitar o reducionismo classista talvez as duas primeiras exigências sejam: a) não cair no engano da ideologia, que apaga as divisões e a alteridade para conservar apenas distinções empíricas; b) não cair no formalismo socialista, que erige como critério do socialismo as modalidades do sistema de propriedade como se fossem um conjunto de instituições e regras de ação (nacionalização dos meios de produção, planificação do Estado, organização social) e que não possuem qualquer evidência de serem capazes, por si só e por si mesmas, de acarretar transformações essenciais das relações de produção, isto é, da desigualdade social e da dominação política, tais como estão cristalizadas na sociedade capitalista.

Democracia e socialismo: participando do debate*

A discussão sobre as relações entre democracia e socialismo tornou-se urgente para o pensamento e a prática das esquerdas em toda parte, ainda que (ou talvez sobretudo) por motivos diferentes. Em certos casos (como o da Espanha, de Portugal ou do Brasil), porque a passagem de regimes autoritários a democráticos vem sendo realizada sob a direção da fração governante das classes dominantes que, forçadas por razões internas — ascenso dos movimentos sociais —, ou por razões externas — guerras coloniais, crise energética, política econômica das multinacionais —, procuram um caminho político que lhes permita conservar o controle da vida social e política sem alterar profundamente a forma da acumulação, no plano econômico. Em outros casos (como nos países de democracia representativa), porque o fenômeno do intervencionismo estatal, do crescimento desmedido do Executivo, do aumento da burocratização da sociedade e do Estado, e da ingerência, finalmente visível, dos oligopólios nas decisões políticas forçam as esquerdas a buscar alternativas para o liberalismo, agora anacrônico, e para o risco de "totalitarismo" do Estado.[1] Em alguns casos (como o

---

* Exposição feita durante o ciclo de seminários sobre democracia e socialismo no Centro de Estudos de Cultura Contemporânea (CEDEC), setembro de 1978. Em virtude da distância entre a data da exposição (1978) e a da preparação para publicação (abril de 1980) foram feitos alguns reparos e acréscimos, especialmente sob a forma de notas de rodapé.

1. "O conjunto dos meios utilizados pelo capitalismo obedece sempre ao mesmo imperativo: manter sua dominação, estender seu controle sobre a sociedade em geral, sobre o proletariado, em particular (...) Todas as esferas da vida social, além da economia e da política, estão agora arrastadas no conflito e explicitamente integradas na rede de organização onde a classe dominante procura aprisionar toda a sociedade (...) É assim que a sociedade moderna, quer viva sob um regime 'democrático', quer sob um regime 'ditatorial' de fato, é sempre *totalitária*. Pois a dominação dos

dos países em vias de socialização, na maioria saindo de guerras coloniais), porque as experiências socialistas já empreendidas evidenciam que a nacionalização, o planejamento econômico e a socialização dos meios de produção através do Estado não trazem de modo imediato a socialização do poder político, nem as tentativas de socializar a política por meio de frentes nacionais-populares trazem consigo, ainda que de modo lento e gradual, a socialização econômica.[2] A discussão possui, portanto, um amplo espectro de referências, indo desde a democratização nos países autoritários à socialização nos países coloniais, passando pelo colapso das democracias representativas, pelos impasses das experiências socialistas e pelo risco do reformismo social-democrata. Em certa medida, concerne à sociedade contemporânea como um todo, sob sua multiplicidade real ou aparente.

Para as esquerdas de orientação marxista, essa discussão é mais imperiosa do que para os não-marxistas, seja pela necessidade de opor-se ao abc da vulgata antimarxista, seja pela necessidade de retomar alguns problemas legados pelo próprio Marx. Em primeiro lugar, a esquerda marxista precisa enfrentar a emergência não prevista do totalitarismo, na medida em que alguns textos de Marx sugerem e outros afirmam categoricamente a abolição do Estado na futura sociedade socialista. Com efeito, se nas sociedades de classes, em geral, e na capitalista, em particular, o poder político se destaca da sociedade e, na qualidade de poder separado, reaparece como encarnação do universal, esse reaparecimento possui uma gênese material cujo ocultamento é determinado no próprio aparecer das relações sociais, facilitando a representação do Estado como universalidade (imaginária). Ou seja, a fórmula trinitária — capital/lucro terra/renda, trabalho/salário — faz com que a sociedade capitalista apareça composta por três classes sociais de proprietários, juridicamente postos como iguais, e por

---

exploradores deve, para se manter, invadir *todos* os domínios da atividade e tentar submetê-los (...) A manipulação 'pacífica' das massas, a assimilação gradual das oposições organizadas podem ser meios muito mais eficazes" (Castoriadis, Cornelius, *Capitalisme moderne et révolution*. Paris, Union Générale d'Editions, 1979, pp. 118-119, col. 10/18).

2. "O Vietnã e Angola serviram para demonstrar o papel decisivo do poderio *militar* dos *Estados* socialistas (...) Pelo contrário, o Chile, Portugal e o Médio Oriente testemunharam a inadequação *política* dos *partidos* comunistas respectivos (...) Em suma, tudo se passa como se os três grupos dirigentes, o espanhol, o italiano e o francês, tivessem encontrado, cada um deles, o momento em que alguma coisa buliu dentro do sistema de idéias e de valores que era, até então, o seu (...) Para os espanhóis, especialmente para Carrillo, foi a Primavera de Praga; para os italianos, foi o Chile de setembro de 1973; para os franceses, Portugal do verão de 1975." (Kriegel, Annie, *Um comunismo diferente?*, Lisboa, Edições Antonio Ramos, 1978, pp. 40-41, Col. Arquivos de Sempre).

cujos interesses vela o Estado, na qualidade de regulador de conflitos e ordenador do espaço social através do *corpus* legal e da prestação de serviços públicos. Ora, uma vez revelada a aparência necessária das classes como igualmente proprietárias, graças ao conhecimento de seu modo de constituição, de sua diferença real e de suas contradições como suporte das relações de produção, encontramos a base material do Estado como dominação de classe e a idéia do direito, não como expressão da soberania mas como forma de sujeição social. Por outro lado, uma vez abolida a origem da exploração econômica e da dominação política, com elas são abolidas as próprias classes e, neste movimento, também desaparece o Estado, isto é, o poder como órgão destacado da sociedade. Findo o período de transição, acha-se desfeita a separação entre a sociedade e o poder político, de sorte que a socialização econômica e política caminham juntas. O fato de que, nos países ditos socialistas, o período de transição tenda a eternizar-se e de que neles tenha sobrevindo o imprevisto, isto é, em lugar da abolição do Estado, a emergência do totalitarismo, identificando sociedade, Estado e partido, reforça a vulgata antimarxista, mas também gera dúvidas quanto à relação entre socialismo econômico e democracia política.

No entanto, mais complexa do que a constatação da experiência dos países ditos socialistas, é uma questão legada por Marx aos marxistas e de cuja compreensão talvez dependa a do problema anterior. Nos *Grundrisse*, Marx demonstra a especificidade do modo de produção capitalista face a todos os outros que o precederam pela clara separação que nele se opera entre a base econômica e a esfera política, razão pela qual esse novo modo de produção torna legível a verdade da determinação econômica das relações sociais (que permanecia oculta nas formas pré-capitalistas), assim como a verdade da dominação política que, nas formas anteriores, especialmente no despotismo asiático, se ocultava sob a figura da comunidade imaginária. O modo de produção capitalista, ao libertar a propriedade (real e não-jurídica) dos nexos das relações pessoais e políticas, existentes nas outras formas, e ao revelar a dominação real como dominação econômica (cujo pleno cumprimento se efetua apenas com o advento da grande indústria, isto é, com a passagem da dominação formal à sujeição real do trabalho ao capital), também rompe os laços imediatos que uniam dominação/exploração econômica e dominação/opressão política. A separação do vínculo imediato entre economia e política enseja o aparecimento do Estado, não mais como uma comunidade imaginária, mas como poder separado revestido de uma universalidade que mascara o verdadeiro universal, isto é, o movimento do capital e a sujeição do trabalho ao movimento de valorização do valor.

Assim, se o modo de produção capitalista revela a natureza da dominação exatamente no momento em que efetua a separação entre economia e política, a relação entre ambas e suas diferenças precisam ser explicadas. Como fazê-lo sem cair no economicismo, isto é, como fazer para que a base material do poder não seja confundida com este último? A questão deixada aos marxistas, e para a qual a *Crítica da filosofia do direito de Hegel* e *O 18 Brumário* são as primeiras respostas, é: "Por que a dominação de classe não permanece aquilo que efetivamente é — subordinação, de fato, de uma parte da população a uma outra parte? Por que a dominação toma a forma da dominação pelo Estado oficial? Ou, o que dá no mesmo, por que o mecanismo de coerção do Estado não é criado como mecanismo privado da classe dominante? Por que é dissociado da forma da classe dominante, tomando a forma de um mecanismo impessoal de autoridade pública isolada da sociedade?"[3] Em resumo: como a dominação de classe passa à generalidade do poder político, conservando-o e ao mesmo tempo desligando-o dessa particularidade?

E o problema não se esgota nesse primeiro movimento, no qual a particularidade de classe é ocultada pela generalidade política. No movimento seguinte, isto é, no desenvolvimento mundial do capital como política imperialista, aquela generalidade ressurge sob a forma da particularidade, ou seja, como Estado nacional, ou como aquilo que Bukharin designava como o "truste nacional de Estado". No momento do capital monopolista, quando se efetua a organização mundial do mercado pela intervenção reguladora e ordenadora do capital financeiro, realiza-se uma política determinada — o imperialismo (erroneamente tomado por muitos marxistas como exportação de capitais e de tecnologia dos "centros avançados" para as "periferias tardias"), cujo suporte político e econômico é o Estado nacional. Isto significa, em primeiro lugar, que o Estado-nação é o espaço particularizado para e pela realização da universalidade econômica, ou seja, para a expansão mundial do capital; mas significa também, em segundo lugar, que na perspectiva marxista, sendo o imperialismo a política do capital financeiro, cujo suporte é o Estado nacional, nenhuma política revolu-

---

3. Pashukanis, Eugene, *General Theory of Law in Marxism*, apud *State and Capital — a Marxist Debate*. Austin, University of Texas Press, 1978, p. 19. Cf., também, Giannotti, José Arthur. "Formas da sociabilidade capitalista", *Revista Estudos*. Petrópolis, Cebrap/Vozes (24): 41-126.

cionária pode ter como alvo a autonomia econômica e política de um Estado *nacional*. Em outras palavras, a luta contra o imperialismo, quando for pelo socialismo, não poderá ter como palavra de ordem "a construção do socialismo em um só país". Enfim, quando a interpretação do fenômeno do Estado, enquanto Estado capitalista, considera todas as suas determinações históricas, tornam-se inseparáveis a análise do movimento mundial do capital e a da divisão internacional do trabalho, de tal modo que a baliza da luta de classes possa iluminar simultaneamente as origens de classe do Estado, sua determinação nacional e sua possível supressão.

Os dois problemas mencionados — a eternização do período de transição sob a forma totalitária e a separação entre base material econômica e poder político impessoal sob a forma do Estado — têm levado as esquerdas marxistas à discussão de três questões principais. Em primeiro lugar, o debate em torno da natureza do Estado enquanto Estado capitalista; em segundo lugar, a avaliação do significado social da organização partidária de tipo leninista como germe da burocracia e do totalitarismo e o papel que pode ser atribuído aos movimentos sociais na consecução de fins políticos; em terceiro lugar, e como conseqüência, a discussão sobre as relações entre democracia e socialismo, oscilando entre a afirmação de um nexo intrínseco entre ambos e a recusa desse nexo por parte daqueles que o consideram resultante de uma visão economicista, classista ou reducionista do problema político.

A questão da natureza do Estado costuma ser antecedida por considerações sobre a falta de uma teoria política acabada em Marx, ausência que teria deixado os marxistas desamparados quando, após o fluxo revolucionário do final do século XIX e início do século XX, o refluxo do proletariado e as novas modalidades do Estado capitalista revelaram a precariedade das análises existentes, quando não mostraram seus erros. Para suprir o que "falta" em Marx, os pensadores marxistas têm elaborado interpretações que, segundo alguns autores,[4] podem ser classificadas como instrumentalistas (aquelas, como as de Miliband, que analisam de modo sistemático os vínculos entre a classe dominante e o Estado, enquanto o contexto estrutural onde ocorrem esses vínculos permanece sem uma teorização mais consistente), estruturalistas (como as de Poulantzas, que estabelecem sistematicamente como a política do Estado está determinada pelas contradições e

---

4. Gold, David; Lo, Clarence; Wright, Erik. "Recientes desarrollos en la teoría marxista del Estado capitalista", in *El Estado en el capitalismo contemporaneo*. Madri, Siglo XXI, 1979.

limitações do sistema capitalista que exige, por sua própria lógica, a autonomia relativa do político) e, enfim, as de inspiração hegeliana (como as de Marcuse e Habermas, que enfatizam a ideologia e a consciência, deixando em segundo plano o vínculo com a acumulação e a manipulação instrumental).

No Brasil, os debates mais candentes estiveram atados à chamada posição "estruturalista" e à "autonomia relativa do político". A esse respeito, a crítica de Fernando Henrique Cardoso é bastante esclarecedora[5] ao mostrar que um dos enganos dessa interpretação consiste em tipificar o Estado capitalista a partir de suas manifestações autoritárias, nas quais o Estado parece dotado de autonomia face à sociedade civil e "se descola da Nação". Seria interessante acrescentar à observação de Cardoso pelo menos duas outras: por um lado, o fato de que essa perspectiva se engana ao não tomar a fragmentação do aparecer social como uma divisão posta pelo movimento das relações sociais a fim de garantir a dominação de classe, mas como se fora a produção real de esferas diferentes de sociabilidade capitalista; por outro lado, justamente por ter confundido a fragmentação e a diferença, a autonomia do político implica, de modo ambíguo, tomar o Estado como figuração da unidade social e não como aquilo que efetivamente é: uma das dimensões diferenciadas da sociedade, aquela encarregada de localizar e tornar visível o poder político que se encontra simultaneamente presente, de modo difuso e invisível, nas relações sociais. Escapa ao "estruturalismo" a dupla face do poder político — a de sua existência invisível, perpassando todas as esferas da vida social, e a de sua localização invisível, para além dessas relações e para além da figuração estatal. Em uma palavra, escapam a dominação cotidiana, de um lado, e a dimensão simbólica do poder, de outro.

A vertente "hegeliano-marxista", pouco difundida entre nós, não se resume nas posições da Escola de Frankfurt, embora tenha nela sua grande inspiração inicial. Assim, o grupo reunido à volta da revista *Kapitalistate* possui também uma posição de tipo hegeliano, não porque enfatize a consciência ou a ideologia (pelo contrário!), mas porque se interessa em ultrapassar as duas perguntas que têm balizado todo o debate marxista sobre o Estado — para que serve o Estado? E como opera o Estado para manter e expandir o sistema capitalista? A questão de *Kapitalistate*, que sob este as-

---

5. Cardoso, Fernando Henrique, "Estado capitalista e marxismo", *Revista Estudos*. Petrópolis, Cebrap/Vozes (21): 28.

pecto reencontra as análises do grupo reunido, outrora, à volta da revista *Socialisme ou Barbarie*, concerne à própria existência do Estado (o que é o Estado?) e à sua forma no mundo capitalista (o que é um Estado capitalista?).

Enquanto o grupo de *Socialisme ou Barbarie* se dedicou a analisar a emergência da burocracia, e os limites da teoria econômica e da teoria da história em Marx, pondo em dúvida a verdade da lei do valor e da taxa decrescente do lucro, e denunciando o positivismo determinista subjacente à concepção marxista-leninista do movimento necessário da história, o grupo de *Kapitalistate* busca a "derivação do Estado" no modo de produção capitalista, determinando a gênese material da *forma* do Estado, seu desenvolvimento, as possibilidades e limitações estruturais de sua ação, tomando como referência a relação entre o Estado e as contradições da acumulação capitalista.

O grupo se opôs à perspectiva da "autonomia relativa", criticando uma concepção estruturalista, e não dialética, que toma a fragmentação da superfície da sociedade burguesa como se fora um conjunto de estruturas relativamente autônomas. Também se opôs às análises de Miliband, criticado juntamente com outros "marxistas britânicos", cujo empirismo leva a confundir a forma do Estado capitalista com o conjunto das instituições políticas que o fazem funcionar. Rejeitou, ainda, a posição dos "fundamentalistas", cujo economicismo espera encontrar nas tendências das leis econômicas tanto a origem quanto o perecimento do Estado.

"O debate da 'derivação do Estado' coloca-se fora dos limites restritivos da polêmica Poulantzas-Miliband e procura tornar claro que, malgrado todas as diferenças, o que ambos têm em comum é, afinal, mais significativo do que o que os separa. Em contraste com o debate de *Kapitalistate*, que focaliza a análise e interrelação na unidade da separação das diferentes esferas e insiste em que tal foco seja central para a compreensão materialista da política, tanto Poulantzas como Miliband focalizam a política como um objeto de estudo autônomo, argumentando, pelo menos implicitamente, que o reconhecimento da especificidade do político é uma précondição necessária para a elaboração dos conceitos científicos (...) Conseqüentemente, nenhum deles tenta construir sistematicamente sobre categorias do materialismo histórico desenvolvidas por Marx em sua análise da 'anatomia da sociedade civil' em *O capital*, a fim de elaborar uma teoria marxista do Estado".[6] O grupo endereça críticas, portanto, a todos aqueles

---

6. *State and Capital — a Marxist Debate*, op. cit., pp. 3-4.

que consideram a separação entre economia e política, efetuada realmente pelo modo de produção do capital, como separação imediata de onde resultam leis diferentes para o funcionamento econômico e político. Mas também endereça críticas a todos aqueles que, recusando a separação, encaram a política como mera elaboração complementar e instrumental das práticas econômicas. Rejeitar a perspectiva da autonomia e do instrumentalismo não é, porém, recair nas análises sobre a "lei de bronze da economia", nem regressar ao determinismo economicista, mas retomar o aspecto essencial de *O capital* não como análise do "nível econômico", mas como crítica materialista da economia política burguesa, que separa. para poder melhor ocultar, as relações de classe e a exploração em que se baseia.

Kapitalistate procura "derivar o Estado" tomando como ponto de partida as formas das "relações do capital", isto é, tomando a economia e a política como formas das relações sociais assumidas pela luta de classes no modo de produção capitalista e cuja separação (tanto lógica quanto histórica) deriva das "relações do capital". A questão discutida não se explicita na célebre pergunta: "como a infra-estrutura econômica determina a superestrutura política?", mas indaga qual é a natureza das relações sociais do capitalismo que faz com que a sociedade burguesa apareça sob as formas separadas de relações econômicas e de relações políticas. A discussão também não parte do exame do conteúdo de classe das leis e do Estado, mas de sua forma enquanto determinada pela classe dominante, o que significa dizer que leis e Estado são determinados pela natureza da sociedade capitalista. "Se insistimos em começar pela categoria do capital é porque as contradições entre as relações do capital (como forma básica tomada pelo antagonismo de classes no modo de produção capitalista) fornecem a base para a compreensão da dinâmica do desenvolvimento econômico e político no capitalismo, o problema da natureza das relações entre as ações do Estado e a acumulação do capital (...) O econômico não deve ser visto como a base que determina a superestrutura política, pois o econômico e o político são formas das relações sociais assumidas pelo conflito básico de classe na sociedade capitalista: a relação do capital".[7]

Os pontos em comum entre os membros de *Kapitalistate*, porém, não anulam divergências profundas quanto ao ponto de partida da "derivação". Para uns, deve-se partir da natureza contraditória das relações entre capitais, isto é, entre o capital social total e os capitais individuais, como

---

7. Idem, ibidem, pp. 14-15.

formas de realização do primeiro. Somente a existência do Estado como forma autonomizada e acima das relações sociais pode estabelecer as condições para a reprodução do capital social total de maneira estável. Por outro lado, essa "derivação" permite compreender com clareza maior a situação do Estado no capitalismo monopolista, isto é, o Estado como "capitalista total ideal e não real", pois sua existência está vinculada à sua função reguladora, a qual os capitais privados não podem preencher.

Para outros, o ponto de partida da "derivação" não são as relações entre capitais, mas a lei do valor, isto é, procuram a origem da forma do Estado nas relações entre capital e trabalho, não partindo, portanto, do problema da competição, mas da exploração. Neste caso, a "derivação" se inicia na superfície fetichizada das relações sociais capitalistas (as relações entre os proprietários, tais como aparecem na fórmula trinitária) rumando para seu núcleo, a relação de exploração, a partir da qual se deriva a natureza específica da dominação na sociedade capitalista. A forma dessa dominação não se explica pela força nem pela coerção imediata, mas pela pura compulsão das leis — incompreendidas — da reprodução. Na apropriação da mais-valia, as relações de força precisam ser abstraídas do processo de produção e localizar-se em esferas distintas dela, uma das quais é, justamente, o Estado. Isto significa que a ação estatal não pode ser imediatamente reduzida à condição de um instrumento de classe, pois para estar a serviço da dominação de classe precisa mediatizá-la através da sociedade. Por outro lado, sendo necessário ao sistema que o Estado apareça como instância separada da produção, embora sua forma e existência dependam das condições da acumulação e da reprodução, o Estado só pode reagir aos resultados delas e seu conteúdo é dado por essa reação. Nesta perspectiva de "derivação", a forma do Estado não está na dependência do capitalismo monopolista, mas está voltada para a questão da taxa decrescente do lucro como dinâmica que determina o desenvolvimento do Estado. A queda da taxa de lucro, segundo esses intérpretes, não é uma lei econômica, mas a expressão do processo de luta de classes que impõe ao capitalismo uma reorganização permanente das relações de produção e das relações políticas. Esse remanejamento do conceito, deslocando-o da esfera econômica para a da luta de classes, permite dar sentido pleno ao conceito de *forma*, isto é, o Estado como historicamente determinado e logicamente derivado. Uma outra vantagem dessa perspectiva consiste em retomar o problema das crises como contradição entre necessidades e produção de valor, desvendando a exigência feita pelo modo de produção capitalista no sentido de manter o Estado como lugar separado, pois sua função reorganizadora se manifesta nas conseqüências das crises.

Finalmente, outros membros do grupo *Kapitalistate* começam avaliando as contribuições trazidas pelo debate anterior entre a "derivação" pela lógica do capital e a "derivação" pela luta de classes. Consideram ambas as perspectivas excessivamente abstratas, se dispõem a retomar as condições reais das relações do capital e tomam, então, como ponto de partida, o capital como sistema mundial (na linha de Bukharin, Rosa Luxemburgo, Hilferding, Gunder Franck e Wallestein). Para eles, trata-se de não operar apenas com a forma do Estado (lógica do capital ou luta de classes), nem com o conteúdo determinado por essa forma (capital monopolista ou regência das crises), mas de desvendar o desenvolvimento social como interação dialética entre a forma e o conteúdo. Isto implica, dizem eles, abandonar o puro movimento das categorias de *O capital* para reencontrar o movimento histórico concreto das relações sociais capitalistas. Agora, a apreensão do capital como mercado mundial, a impor, para seu estabelecimento e preservação, formas históricas determinadas de organização estatal leva à idéia de que o mercado mundial impõe não só a existência do aparelho do Estado como órgão separado, mas impõe sobretudo a forma do Estado nacional. "A nação burguesa é, realmente, o lugar primário para a reprodução das relações de classe: é aqui que as medidas repressivas são promovidas, o que se torna cada vez mais claro à medida que crescem as coincidências dos alvos da reprodução econômica e social (...) No entanto, nem as considerações da reprodução econômica, nem as da reprodução social são adequadas para explicar a recusa de uma burguesia nacional em aceitar a sujeição político-territorial a uma outra. Até mesmo no caso de enorme dependência econômica, na sempre frágil união da burguesia com seu Estado nacional, a sociedade de classes se revela como nexo da dominação".[8] Na perspectiva desses intérpretes, o jogo entre o imperialismo e a nação é a chave para a compreensão da forma e do conteúdo históricos do Estado.

Participando inicialmente dos debates de *Kapitalistate*, mas distanciando-se pouco a pouco dessa linha interpretativa, Claus Offe, prosseguindo numa direção aberta por Habermas, muda o foco da questão do Estado. Offe está interessado no problema da legitimação ou das "crenças e símbo-

---

8. Von Braunmühl, "On the Analysis of the Bourgeois Nation State within the World Market Context", in *State and Capital — a Marxist Debate*, op. cit., p. 175.

los de legitimação política" que o Estado contemporâneo é obrigado a mobilizar porque houve uma alteração profunda no processo de trabalho e na divisão social das classes. Sua análise se desdobra em dois planos, no primeiro dos quais mantém a discussão em sua forma clássica, isto é, o Estado posto a serviço da acumulação capitalista, enquanto no segundo discute as modificações do papel do Estado justamente para continuar realizando seu papel primário. Focaliza, assim, o processo pelo qual a exploração da mais-valia precisa ser convertida em política pública ou em serviços sociais do Estado. Usando mecanismos de seleção, o Estado se constitui como realidade contraditória que deve resolver suas próprias contradições. Há três grandes mecanismos seletivos: os negativos, isto é, aqueles que excluem sistematicamente da política e da sociedade, pela mediação da atividade estatal, todos os interesses anticapitalistas; os positivos, isto é, uma seleção de políticas que favoreçem o capital no seu conjunto, ainda que em detrimento dos capitais particulares ou locais; e, por fim, os mecanismos mascaradores, isto é, a construção do "interesse geral" defendido pelo Estado neutro e acima das classes, e mantido graças a procedimentos ideológicos tais como o consenso e a legitimação. Uma crise ocorre quando esses mecanismos não conseguem ajustar-se "espontaneamente" e obrigam o Estado a usar cada vez mais a repressão para manter seu caráter classista. "Neste sentido, a politização das funções necessárias à preservação da ordem capitalista, que a economia de mercado não gera por si mesma, representa a solução ambivalente e autocontraditória para o Estado, pois este se vê confrontado com a necessidade de harmonizar e reconciliar os interesses empíricos dos *capitais singulares* com os requisitos funcionais do *capital como um todo*. Mas não só isto. Ainda tem a tarefa de canalizar o *processo político*, único meio disponível para tal fim, de sorte que sua dinâmica interna não ultrapasse o modo de produção capitalista. *A priori*, nenhuma 'intuição superior' pode garantir que o recurso ao Estado como timoneiro reforçará ou não, simultaneamente, a capacidade do Estado para agir como 'elemento estranho', relativamente autônomo. Permanece aberta a questão de saber se a intervenção de algum setor 'separado' do Estado para bloquear alguma lacuna funcional no processo de acumulação do capital controlado pelo mercado servirá, a longo prazo, para estabilizar ou pôr em perigo tal processo".[9]

---

9. Offe, Claus, "The Abolition of Market Control and the Problem of Legitimacy", *Kapitalistate*. São Francisco, 1973, n. 1, p. 111.

Num segundo nível de análise, Offe procura mostrar que a contradição entre processos controlados pelo valor e processos controlados pelo poder se deve à emergência de um fenômeno novo: o crescimento do setor de bens de serviço face ao setor de produção de mercadorias. Ou seja, é nova a existência de dois tipos de força de trabalho, aquela ligada à produção de mais-valia e aquela ligada à produção de valor de uso. O crescimento dos serviços, o crescimento do funcionalismo público e privado, modifica o papel do Estado na medida em que deve atender a um problema inédito, pois os grupos cuja vida não está organizada pela produção de mercadoria tendem a ser um forte elemento de desestabilização social e política. Para conservar seu papel fundamental, isto é, de instrumento de políticas capitalistas, o Estado não pode se reduzir à regulação e ordenação do mercado e ao jogo entre capitais particulares e capital social total, mas precisa de mecanismos administrativos e políticos novos pelos quais encontre nos grupos não-vinculados diretamente ao capital sua fonte de legitimidade e de estabilidade. A prestação de serviços sociais e sobretudo a racionalidade administrativa tornam-se pontos fundamentais para a legitimação estatal, no momento em que o mercado deixou de ser o racionalizador da sociedade. O Estado precisará, pois, recorrer a três expedientes: absorver parte do produto excedente social, para atender à toda esfera dos serviços públicos — o que lhe criará um sério problema, o da "crise fiscal"; deve planejar, coordenar e prever em termos quantitativos e qualitativos sua atividade social, isto é, deve tornar-se racionalmente administrativo; e, por fim, deve dispor de um sistema de crenças legitimadoras, isto é, procedimentos institucionalizados para organizar símbolos políticos e formação de consenso.

Segundo Offe, este novo aspecto é fundamental para enraizar noutro ponto a contradição do sistema capitalista. A politização da economia — isto é, o Estado interventor social para manter a acumulação e a reprodução — implica abrir antagonismos entre a esfera da produção (ali onde tradicionalmente se esgotava a contradição) e as esferas exteriores à produção, fontes propulsoras dos conflitos de classe contemporâneos. Assim, para suportar o peso dessa contradição, o Estado se vê forçado a tornar-se tanto o "capitalista ideal" quanto o integrador social das esferas não-produtoras de valor.

Esse longo percurso pelo interior das discussões mais recentes sobre a natureza do Estado capitalista visou apenas recolocar a questão das relações entre economia e política de tal modo que a autonomia (real ou aparente) do Estado seja encarada como um problema e não como ponto de partida das discussões teóricas e da prática política. A importância desse debate transparece, ainda que indiretamente, quando nos voltamos para o segundo problema que mencionamos no início deste trabalho, isto é, a ênfase dada aos movimentos sociais e a crítica do modelo de organização política de tipo leninista.

No plano da prática política, a apreensão da realidade econômica do poder político e, portanto, do vínculo entre exploração e dominação (ainda que sua origem, forma e conteúdo não estejam plenamente esclarecidos) tem levado, no Brasil e noutras partes, à ênfase nos movimentos sociais como um contrapoder popular e democrático em busca de expressão política. Essa ênfase possui uma data: os acontecimentos mundiais do final da década de 60, indo dos movimentos estudantis aos raciais e feministas, do movimento *hippie* e de contracultura à reativação sócio-política das comunidades eclesiais de base na América Latina, até o ressurgimento das tendências anarquistas voltadas para a crítica de todas as formas de dominação e de espoliação (como nas análises da "microfísica do poder", em Foucault), para o ideal da autogestão e para a demolição das práticas normalizadoras e disciplinadoras, necessárias ao capitalismo (como na antipsiquiatria de Laing e Cooper). No Brasil, o privilégio conferido aos movimentos sociais possui ainda determinações locais, isto é, a luta contra o autoritarismo, encarnado preferencialmente no Estado, que levou à crença difusa na existência da "sociedade civil" como pólo contraposto ao aparelho estatal e espaço de liberdade, senão de ação, pelo menos de opinião. Todavia, a diversidade dos motivos que levaram à ênfase dos movimentos sociais, não esconde um ponto comum, freqüentemente implícito para os sujeitos sociais, porém essencial: a recusa da "autonomia relativa" do político, de um lado, e a do "fundamentalismo economicista", de outro.

Parece estar em lenta gestação uma outra idéia da prática política que traz consigo uma outra compreensão do sujeito histórico. Nessa medida, a discussão dos movimentos sociais implica uma reavaliação do modelo partidário de herança leninista, fundado na afirmação (de Marx) de que as classes sociais são o instrumento ou o suporte no qual se encarna a ação das forças produtivas. "São atores exatamente no sentido em que os atores, no teatro, recitam um texto dado de antemão e realizam gestos predeterminados, e onde, quer atuem bem ou mal, não podem impedir que a tragédia caminhe rumo a seu fim inexorável (...) São agentes do processo histórico, mas agentes inconscientes, são agidos mais do que agentes (...) Ou melhor, agem em função de sua consciência de classe e sabe-se que 'não é a consciência dos homens que determina seu ser, mas seu ser social determina sua consciência' (...) O conservadorismo da classe no poder e a revolução da classe ascendente serão predeterminados em seu conteúdo, em todos os detalhes 'importantes' pela situação das classes correspondentes na produção".[10]

Ora, muitas das dificuldades teóricas e práticas que se encontram na base da discussão sobre a herança leninista não costumam vir à tona, seja porque são mantidas na qualidade de dificuldades implícitas, seja porque permanecem efetivamente ignoradas. Convém, pois, mencioná-las.

A perspectiva revolucionária marxista esteve assentada sobre alguns pontos teóricos que, ao serem convertidos em pontos práticos, permitiram o surgimento do modelo partidário hoje questionado. Com efeito, aquela perspectiva fundava-se na admissão de que o sistema capitalista é corroído por uma contradição entre a anarquia concorrencial do mercado e as necessidades sociais que o sistema é impotente para resolver (ou seja, aquilo que *Kapitalistate* conceituou como lógica do capital e como luta de classes). Em outras palavras, a sociedade capitalista encontra-se minada por dois problemas que o capitalismo apenas pode repor e jamais resolver: de um lado, as contradições objetivas do sistema (cuja dinâmica interna resulta num conflito entre o desenvolvimento ilimitado das forças produtivas, como tendência do capital, e o desenvolvimento limitado do poder de consumo da sociedade, em decorrência da estagnação do nível de vida proletário, engendrando crises que, no limite, tornam impossível a acumulação do capital) e, de outro lado, a incapacidade congênita do sistema para satisfazer as reivindicações econômicas do proletariado. Uma teoria dos salários, ligada à relação entre valor e preço do trabalho, conduzia à idéia de pauperização absoluta ou ao aumento da taxa de exploração. Nessa teoria, três leis econômicas são fundamentais: o aumento da taxa de exploração, a elevação da composição orgânica do capital (substituição do homem pela máquina) e a queda da taxa de lucro. O importante para a discussão em pauta não diz respeito à verdade ou falsidade dessas leis ou tendências econômicas, mas o que delas decorre na determinação da consciência dos trabalhadores: esta surge como "consciência da miséria, e mais nada"[11] e sua prática seria a revolta contra a fome, e mais nada. Nesse contexto, a crítica do capitalismo pode redundar na afirmação de que sua incompetência social e econômica

---

10. Castoriadis, Cornelius, *L'Institution imaginaire de la sociéte*. Paris, Editions du Seuil, 1975, p. 41.
11. Castoriadis, Cornelius, *Capitalisme moderne et révolution*, op. cit., p. 103.

decorre de sua incapacidade para um desenvolvimento mais rápido das forças produtivas, o que quer dizer que seu problema é "não ser suficientemente capitalista".[12] Donde duas conclusões possíveis: a primeira seria a de que nacionalização e planejamento por intermédio do Estado realizariam a tarefa histórica que a anarquia e a impotência capitalista não poderiam realizar; a segunda, a de que a consciência da miséria e da fome e a prática da revolta por parte dos trabalhadores ainda não são um saber sobre as condições reais do modo de produção capitalista, cabendo a uma vanguarda teórica e política trazer-lhes tal saber e uma prática revolucionária. Ora, se é verdade que o sistema capitalista soube vencer a anarquia do capital e a impotência no atendimento às reivindicações econômicas dos trabalhadores, não só modificando a economia (como, por exemplo, "racionalizando" o processo de trabalho), mas, sobretudo, dando à forma do Estado e ao seu conteúdo uma realidade nova e inaceitável para velhos liberais, não é menos verdade que o partido que trouxe a consciência revolucionária aos trabalhadores fez uma revolução socialista, nacionalizou e planejou a economia, taylorizou o processo de trabalho e não fez do proletariado sujeito de sua própria história. Nesse caso, quando a prática política visa tanto desmantelar o intervencionismo estatal quanto não seguir o modelo de organização partidária legado, seu pressuposto, afinal, é uma recusa daqueles pontos teóricos que permitiam reduzir a consciência dos trabalhadores à consciência da miséria, e sua prática, à revolta.

O que permanece freqüentemente implícito (quando não ignorado) na ênfase dada aos movimentos sociais é uma exigência que a teoria econômica, enquanto econômica, não pode satisfazer, pois trata-se de algo extra-econômico: a admissão de que as transformações das condições de trabalho e de vida são fruto da ação dos trabalhadores, à qual a classe dominante foi obrigada a responder no curso da luta de classes. As ações dos trabalhadores — tanto aquelas que resultaram em vitórias, como a redução da jornada de trabalho, o direito de greve, a existência de sindicatos livres, a estabilidade no emprego etc., como aquelas que resultaram em fracassos por terem redundado, a longo prazo, em aumento do controle capitalista sobre o trabalho e sobre as condições de vida e de pensamento — não podem resultar de "leis" econômicas e, em última instância, tudo quanto se passa na esfera das lutas de classe não pode ser derivado de leis econômicas porque, se assim fosse, o capitalismo seria efetivamente um sistema

---

12. Idem, ibidem.

racional e indestrutível. Os movimentos sociais, sejam eles diretamente vinculados à classe operária, sejam eles mais amplos e de cunho popular, sejam, enfim, movimentos de minorias oprimidas, podem não destruir o sistema capitalista, mas são momentos decisivos na história de seu desenvolvimento e de sua reprodução. Quando tais movimentos chegarem a adquirir uma fisionomia revolucionária, isto é, quando tornarem inviável a reposição do sistema, o socialismo se tornará possível.

Cumpre observar, no entanto, que o valor da crítica teórica e prática trazida pelos movimentos sociais não impede o surgimento de um problema que merece atenção: o estabelecimento de uma relação imediata entre sociedade civil e Estado, com esquecimento da peculiaridade da forma e do conteúdo deste último na sociedade capitalista. Em outras palavras, há o risco de se esquecer que a sociedade civil, *enquanto tal*, é o lugar por excelência da reprodução da exploração econômica e da dominação política. Tanto assim que vemos as democracias formais e a social-democracia se acomodarem perfeitamente no meio dos movimentos sociais, respondendo a alguns, reprimindo outros e controlando a maioria deles.[13]

Se trilharmos o caminho aberto pelas distinções gramscianas entre sociedade civil (como sistema das necessidades reguladas juridicamente e cimentadas ideologicamente) e sociedade política (como conjunto de instituições, lugares e procedimentos do debate político como debate partidário), veremos que a primeira se articula, para baixo, com os movimentos sociais, enquanto a segunda se articula, para cima, com o Estado. Este aparece relacionado com a sociedade civil pela mediação da sociedade política e, graças a essa mediação, pode fornecer coesão e coerência à sociedade civil. Nesta perspectiva, confundir sociedade política e governo é reduzir o campo de ação política e caminhar numa direção totalitária. Por outro lado, confundir sociedade política e sociedade civil implica cair nos dispositivos

---

13. "Quando a oposição pergunta o que fazer com o poder que visa conquistar, já a pergunta supõe a conservação daquilo que originalmente se queria abolir: a dominação. A liberdade aparece como conseqüência da conquista do poder. É que o movimento contestatório fala a linguagem da situação que o criou. Em duplo sentido, opõe-se ao capital, sem negá-lo (...) A atomização impede os indivíduos de perceber os objetivos comuns que se encontram implícitos nas suas práticas; não se cristaliza um interesse de classe que negue a dominação. Aí está o paradoxo: o que facilita a negação às vezes a dificulta. O imediatismo do poder e o imediatismo da rebeldia se complementam. A contestação das massas retém esse duplo movimento: oposição às classes dominantes e conservação da lógica burguesa." (Lechner, Norbert, "A crise do Estado na América Latina", *Revista de Cultura Contemporânea*, Rio de Janeiro, CEDEC/Paz e Terra (1): 29, 1978).

formais da democracia liberal ou, então, no corporativismo de tipo fascista. Enfim, confundir sociedade política e Estado seria decretar a desaparição do espaço de debate e de manifestação dos conflitos, necessários numa democracia real. Estas distinções, que se encontram explicitadas no eurocomunismo, explicam o papel assumido pelo conceito gramsciano de "guerra de posição" como conquista gradual da hegemonia ideológica pelas classes populares no interior da sociedade civil, como sua organização no interior da sociedade política e, finalmente, como sua possibilidade de tomar o poder do Estado através do jogo democrático.[14] Do ponto de vista político, a recusa do modelo leninista, a ênfase nos movimentos sociais ("guerra de posição" no interior da sociedade civil), o elogio das instituições políticas democráticas ("guerra de posição" no interior da sociedade política) e aposta na passagem ao socialismo sem repetir experiências anteriores podem, quando muito, levar a uma crítica coerente do Estado representativo, mas não conduzem a uma crítica do Estado como tal. Portanto, se a política, no modo de produção capitalista, exigiu formas determinadas do Estado e se os movimentos sociais podem levar à contestação de uma dessas formas (com seus respectivos conteúdos, evidentemente), um dos problemas reabertos por eles é o do modo de participação na sociedade política como meio de expressão globalizante. O que se tem visto, aqui e

---

14. "Ao contrário, o PCF insere a democracia política em seu campo ideológico e político não como uma necessidade que se concede ao realismo porque não se poderia fazer de outro jeito, mas como um elemento fundamental de sua política (...) Uma série de fatos demonstra claramente a vontade do PCF de colocar os problemas de uma via democrática para o socialismo (...) Em minha opinião, o comunismo no Ocidente — na França, na Itália, na Espanha — caminha sobre uma nova estrada. A única que permite a vitória do socialismo num país capitalista avançado (...) Passamos claramente da fase teológica para a fase política. Somos, de início, um partido operário (...) Estou convencido de que o socialismo foi benéfico para os países que o experimentaram, levando-se em conta as condições que eram as suas e as de sua época. Não são as nossas e não é a mesma época. Precisamos ir rumo a um modo de produção socialista melhorando, democratizando em todos os níveis, nosso sistema político." (Elleinstein, Jean, "Entrétien sur le phénomène stalinien, la démocratie e le socialisme". *Esprit*, Paris, Vrin (2): 260-262, 1976.) "O verdadeiro problema do socialismo contemporâneo torna-se, assim, aquele de construir nos países evoluídos um modelo de Estado no qual a passagem ao autogoverno integral dos trabalhadores se baseie na *expansão* da democracia política, isto é, na progressiva combinação da democracia representativa com a democracia direta (...) Naturalmente, esta ação de socialização do poder deve ser acompanhada de uma ação progressiva de socialização dos meios de produção (...) Seria profundamente injusto não considerar que foi dado um grande passo adiante na história do movimento socialista. É o próprio fato de que os problemas concernentes à relação democracia política-socialismo não são mais ignorados nem pelos estudiosos nem pelos políticos." (Cerroni, Umberto, "Existe uma ciência política marxista?", in *O marxismo e o Estado*, Rio de Janeiro, Ed. Graal, 1979, pp. 62 e 65, Biblioteca de Ciências Sociais).

alhures, é a manutenção da idéia de partido (seja qual for sua forma de organização interna) como instrumento dessa participação. Isto significa que os movimentos sociais, mesmo quando se efetuam sob a forma da democracia direta ou de base, permanecem referidos a um modelo de vida política cujo aparecimento foi determinado pelo capitalismo. Nada impede, pois se assim não fosse a ação histórica seria impossível, que os movimentos sociais e suas expressões político-partidárias introduzam práticas sociais que o sistema capitalista seja incapaz de incorporar e que, ao se desenvolverem sem que ele encontre dentro de si a possibilidade de repô-las, tais práticas revolucionem o real. Todavia, o contrário também é possível, pois não podemos dissimular os limites dos movimentos sociais.

Consideremos, por exemplo, o que ocorreu com os sindicatos nos chamados países avançados. Ali, o sindicato passou a ter como função essencial a manutenção da paz na empresa, em troca de concessões periódicas sobre salários e condições de produção. Para os capitalistas tornou-se um "mal necessário", que só combatem indiretamente (isto é, graças a arranjos políticos com partidos ditos dos trabalhadores) e, para os operários, tornou-se uma entidade de tipo corporativo que protege seus interesses profissionais e é útil na negociação de salários. Assim, os sindicatos, que foram uma conquista do movimento operário, tornam-se elementos que o sistema capitalista pode não apenas domar, mas repor. Em contrapartida, há uma outra prática dos trabalhadores que é freada pelos sindicatos e, no entanto, é justamente aquela que põe em questão as próprias relações de produção: a prática dos conselhos como democracia de base ou direta, visando ao controle ou gestão da produção, isto é, das decisões e da execução no plano do processo de trabalho, das finalidades da produção e do modo de apropriação. Assim, à medida que o sindicato deixa de possuir qualquer projeto de transformação social, os conselhos encarnam esse projeto. Todavia, basta considerarmos o abismo que separa o comportamento dos trabalhadores na produção e fora dela, para que o limite apareça. Na primeira, isto é, na atuação dentro da produção, as lutas contemporâneas revelam que o alvo é a *gestão* e que sua forma é a democracia direta ou de base. Em contrapartida, no plano da sociedade, pode-se falar em desaparição da atividade política no sentido forte do termo, na medida em que há, para usar a expressão de Castoriadis, uma "privatização dos indivíduos e da vida". Não se trata de despolitização ou de apatia, mas de uma forma de sociabilidade política que destrói a idéia de ação coletiva como determinante do curso da sociedade. A "coisa pública" não é vista apenas como estranha à ação dos homens, mas como escapando da ação deles, de tal modo que as esferas de ação possível não podem aparecer como sociais ou coletivas, mas apenas como privadas.

Evidentemente, os movimentos sociais aparecem como reposição do coletivo, como reabertura do espaço político retraído pela sociedade capitalista, que reduziu a participação a algo passivo, consumista e manipulado, tornando compreensível o sucesso dos partidos reformistas que solicitam apenas o voto periódico e restringem a atividade política à atividade eleitoral (pela qual, ao fim e ao cabo, as classes populares ajudam a gerir o capitalismo). No entanto, a reposição do coletivo pelos movimentos sociais encontra um limite intransponível na forma contemporânea do Estado, pois a partir do momento em que o Estado passa a funcionar na qualidade de acumulador e de sócio, privatiza o espaço político, não porque esteja a serviço de uma classe, mas porque, como "capitalista ideal" (como querem alguns de *Kapitalistate*) ou como "capitalista real" (como demonstram os economistas brasileiros),[15] integrou-se a uma das classes na qualidade de

---

15. "Há fortes evidências de que uma profunda ruptura se deu no Brasil pós-64, de tal forma que o recorte se daria tendo, por um lado, o conjunto Estado-empresas e, de outro, o resto da nação, ou mais especificamente, as classes trabalhadoras. Num contexto desse tipo, o que se aponta é, na verdade, para a impossibilidade da democracia burguesa em países como o Brasil, onde as classes trabalhadoras não são agentes políticos, senão mera força de trabalho no conjunto das forças produtivas. O Estado teria perdido sua ambigüidade, característica de sua constituição de regulador da sociedade capitalista, para tornar-se um ente não-ambíguo, cuja relação mais íntima é com o conjunto das empresas, inclusive as próprias estatais (...) o novo caráter do Estado se esclarece na medida em que o Estado é colocado como pressuposto geral da produção capitalista, uma espécie de 'capital financeiro geral' que é pressuposto de cada capital privado, incluindo-se aqui as próprias empresas estatais, elemento constituinte e regulador da distribuição da mais-valia entre as várias formas e propriedades do capital e que, portanto, opera fortemente na determinação da taxa média de lucro no conjunto oligopolístico. Mas enfatize-se: não opera *por fora* ou *por cima*, opera *por dentro*, isto é, os recursos do Estado seriam, neste caso, capital que busca se valorizar *também*. Uma teorização desse tipo recoloca os limites ou os recortes entre Estado e sociedade civil ou entre Estado e economia. E é esta *démarche* que se pede à teoria econômica, isto é, à Economia Política." (Oliveira, Francisco de, "Estado e ciência econômica: a contribuição da economia para uma teoria do Estado", in *Ensaios de opinião*, Rio de Janeiro, Ed. Inúbia, 1977, v. 5, p. 13.) "(...) as empresas estatais tiveram uma taxa de lucro maior do que as empresas privadas nacionais, não obstante, menor do que as empresas estrangeiras (...) A evolução comparativa da taxa de lucro das cem maiores empresas, separadas em estatais, nacionais e estrangeiras, mostra que a função das empresas estatais foi, de um lado, a de cobrir os setores para os quais o capital privado não se mostrava disponível, e, de outro, a de 'poupar lucro para o capital privado, isto é, repassar via preços parcela da mais-valia produzida. É desnecessário dizer que esse processo concreto não está inscrito na noção de 'capital geral', mas foi, isto sim, um resultado específico da luta interoligopólica da

membro. Nesta perspectiva, a questão dos movimentos sociais não se esgota nas distinções entre sociedade civil, sociedade política e Estado, mas ainda exige que averigüemos até que ponto esses movimentos realizam uma prática cujo suporte e alvo é a vida social como coisa pública. E isto, no presente, significa: antiestatal. Ora, quando examinamos os movimentos sociais populares, no Brasil e noutras partes, notamos que não agem no sentido de transformar a sociedade imprimindo-lhe um sentido novo, mas atuam como "grupos de pressão" cujo alvo é o Estado, do qual se espera resposta.

Esses problemas apontam para a terceira discussão que mencionávamos no início, isto é, a das relações entre democracia e socialismo. Aqueles que consideram não haver qualquer relação intrínseca entre ambos apóiam-se nos fatos históricos — a experiência dos países ditos socialistas — e numa análise conceitual que demonstra a independência entre os termos, tanto assim que a democracia surgiu numa sociedade escravista, sendo impossível imaginar veleidades socializantes entre os atenienses. Para os defensores dessa posição, a articulação entre democracia e socialismo decorre exclusivamente de práticas históricas nas quais demandas democráticas populares consigam surgir totalizadas numa demanda social e política global, que coloca a sociedade inteira contra as formas de dominação existentes, encaminhando-se, então, para uma alternativa socialista. Tal posição possui duas vantagens teóricas inegáveis. Em primeiro lugar, recusa uma visão essencialista dos fenômenos históricos, isto é, a suposição (às vezes explícita, às vezes implícita nos marxistas) de uma substância histórica dotada de leis imanentes de desenvolvimento, de modo que seja possível afirmar, por exemplo, que é da essência da democracia ser burguesa, ou, ao contrário, que é de sua essência ser socialista; e vice-versa, é da essência do socialismo ser democrático. As experiências históricas efetivas demonstram não ter sido este o caso. Em segundo lugar, essa posição tem a vantagem de permanecer sempre próxima dos acontecimentos, perceber a lógica que os comanda enquanto acontecimentos singulares e não enquanto encarnações do "espírito da história" nem como efetuações necessárias da "tendência a", justificando todo tipo de reformismo.

Todavia, a recusa de articulação interna entre democracia e socialismo pode trazer algumas desvantagens teóricas e práticas. A primeira delas

---

qual participou o Estado.' (Cippolla, Francisco Paula, "Proporções do capitalismo de Estado no Brasil pós-64", *Revista Estudos*, Petrópolis, Cebrap/Vozes (25): 41 e 44.)

consiste em deslizar, por medo do "essencialismo", para um puro nominalismo no qual os termos "democracia" e "socialismo", tratados como verbetes num dicionário ou como nomes simples numa lógica das proposições, afinal aparecem como desvinculados não porque efetivamente o sejam, mas porque são tomados abstratamente, de modo a permitir a separação conceitual. Em segundo lugar, porque ao separarmos os termos, ao considerarmos a democracia como exigência que se exprime inicialmente sob a forma de demandas populares (os movimentos sociais populares) e posteriormente como demanda global transformadora, e ao considerarmos o socialismo como uma possibilidade de unificação e realização das demandas democráticas, estamos incorrendo numa petição de princípio (pois se afirma a ausência de vínculo entre os termos e, ao mesmo tempo, se diz que apenas o socialismo pode responder às exigências de uma democratização global da sociedade). Além disso, estamos deixando de lado, no exame das demandas populares-democráticas, todas aquelas dificuldades que apontamos com respeito aos movimentos sociais, em particular, a forma do Estado contemporâneo. Não basta dizer que a sociedade burocrática contemporânea e o Estado administrativo/acumulador são incompatíveis com a democratização e que dessa incompatibilidade (mesmo que a chamemos de contradição) emergirá a percepção da necessidade de transpor os movimentos sociais parciais rumo à totalização socialista. Ou há na democracia um apelo interno ao socialismo, implicando a transformação das bases materiais do poder e a transformação da sociedade privatizada em coisa pública, ou não há como esperar que a força dos acontecimentos traga a relação.

Uma terceira observação merece ser feita. Se é verdade que as experiências históricas revelam que não há "em si" na democracia e no socialismo nada que os vincule, a referência histórica, porém, tem como marco a história passada (próxima ou remota) e não a história presente. Em outras palavras, as experiências de democracia burguesa e de socialismo sino-soviético não teriam posto como questão do presente a articulação entre democracia e socialismo? Em lugar de aparecerem como dados ou provas empíricas da desvinculação entre os termos, não seriam, ao contrário, referência obrigatória para pensarmos *de outra maneira* a relação entre democracia e socialismo? Não seria, por exemplo, a visão de Lênin da democracia como essencialmente burguesa ou como etapa para o socialismo um dos obstáculos para a compreensão da natureza da democracia burguesa e de sua diferença face à democracia socialista? E não seria a hegemonia da concepção burguesa de democracia — na qual a separação entre sociedade civil e Estado é "corrigida" pela idéia de representação política nem sempre concebida democraticamente — um elemento poderoso para confinar a discussão tanto à esfera partidária quanto à da "guerra de posição"?

Falamos de hegemonia com uma certa leveza, como se ela se reduzisse à capacidade de uma classe social para impor suas práticas e idéias aos demais membros da sociedade, obtendo o consenso de todos. Hegemonia é um pouco mais do que isto. Ela é aquilo que Pannekoek chamava de "poder espiritual da burguesia". Mas é, ainda, a possibilidade de transfigurar as bases materiais da dominação em marcos de pensamento e de ação inquestionáveis, mesmo e sobretudo quando se alteram as condições reais do pensamento e da ação. Nessa medida, podemos falar em hegemonia burguesa e em hegemonia leninista na discussão das relações entre democracia e socialismo. Embora a discussão pareça ampliar-se graças a novos dados empíricos, seu quadro de referência permanece sempre o mesmo: tanto na visão burguesa quanto na posição leninista encontra-se uma concepção instrumental da democracia, o que permite reduzi-la à condição de regime político.

Para aqueles que têm como referência os impasses da história presente, a suposição de um vínculo interno entre democracia e socialismo significa apenas que não estamos diante de um regime político (democracia) nem de um novo tipo de Estado (socialismo), mas face a uma alternativa histórica na qual a democracia social funda a democracia política e vice-versa. Isto não significa que haja anterioridade cronológica entre elas, isto é, que não se trata de primeiro conquistar o poder político para depois realizar a transformação social, nem de primeiro socializar a economia para depois socializar o poder. Se o socialismo significar algo concreto para nós, há de significar a impossibilidade de separar a questão da igualdade da questão da liberdade. E se o socialismo, como dizia Rosa Luxemburgo, é uma construção histórica e não um futuro assegurado, então democracia social e democracia política não podem relacionar-se numa sucessão cronológica, pois a construção do socialismo significa apenas (o que é muito) que em cada momento da prática social e política a pergunta socialista seja: qual a prática que, aqui e agora, tem como alvo a construção do socialismo? O presente é histórico porque é repositório do passado e percepção do possível. Não há "lições do passado", mas uma relação entre a prática presente e aquilo que, no passado, a tornou possível, transformando as condições reais dadas quando estas passaram a contar com algo até então inexistente e que veio a existir pela ação da luta de classes. Em cada presente, a síntese do passado e o prenúncio do possível transformam as condições da tomada de consciência e a empurram para uma prática mais abrangente. Esse movimento imanente à luta de classes não é magia nem harmonia preestabelecida, mas apenas a compreensão de que enquanto as "soluções" forem parciais, o problema permanece por inteiro e que o primeiro passo de uma ação nova consiste em descartar aquelas "soluções" no que tiverem de parcial. Se a pergunta pela construção do socialismo tem sentido, então cabe perceber quais as práticas que, explícita ou implicitamente, o tomam como alvo aqui e agora. Nesta perspectiva, a prática dos conselhos como gestão da produção e como democracia direta é uma dessas práticas grávidas de futuro. Ao considerar que democracia social e democracia política não podem ser separadas, sob pena de se tornarem "soluções" parciais, nosso horizonte é o presente e, nele, a compreensão de que a socialização dos meios de produção não traz por si mesma a democracia socialista. Não, como pensam alguns, porque a transformação econômica não gera transformação política, mas porque a expressão "socialização dos meios de produção" não carrega consigo, de modo imediato, a exigência de desfazer o abismo entre igualdade e liberdade, isto é, a separação entre dirigentes e executantes em todas as esferas da vida social, tornando real o controle não só do processo de trabalho e de seus produtos pelos produtores, mas também a gestão de todas as atividades sociais por seus sujeitos. A separação entre dirigentes e executantes, mola mestra da exploração e da dominação no capitalismo contemporâneo, faz com que as práticas que visam aboli-la sejam, aqui e agora, práticas que visam ao socialismo. É neste contexto que tanto a prática dos conselhos quanto a dos movimentos sociais e a de organização partidária imprimem um sentido novo nas relações sociais. A exigência da não separação entre dirigentes e dirigidos assinala a relação entre democracia e socialismo, ao mesmo tempo em que aponta a dificuldade para sua efetuação histórica. Isto significa, ainda, que faz parte da ação transformadora, como um de seus momentos constituintes, o trabalho teórico de compreensão e crítica das estruturas de poder (sua origem material, sua instalação imaginária, sua eficácia ideológica, seus limites) e das alienações por elas acarretadas em todos os níveis e campos da atividade social. O momento teórico está comprometido com a construção da democracia socialista porque descobre os verdadeiros antagonismos (que conservadores e reformistas se esforçam para encobrir), traduzindo em termos de relações concretas instituídas o significado e o funcionamento das regras que as mascaram. Porque o compromisso é com a construção de uma sociedade nova, o pensamento e a ação procuram, aqui e agora, na realidade das condições vigentes de exploração e de dominação, as formas de contestá-las.

Em um ensaio denominado "Quais as alternativas para a democracia representativa?",[16] Bobbio examina o que chama de "paradoxos da democracia". Se deixarmos de lado o fato de que o tema é tratado por Bobbio no contexto da política italiana recente, os paradoxos por ele apresentados têm alcance geral, na medida em que examina as condições sociais e políticas contemporâneas incompatíveis com a democracia.

O primeiro paradoxo se estabelece entre democracia e sociedade organizacional: "não há", escreve Bobbio, "nada mais difícil do que fazer respeitar as regras do jogo democrático nas grandes organizações, e as organizações, começando pela estatal, tornam-se cada vez maiores" e, prossegue, não serão grandes assembléias plebiscitárias de cunho carismático que poderão oferecer-se como alternativa à dificuldade presente. O segundo paradoxo encontra-se entre democracia e crescimento da burocracia estatal: o aumento do sufrágio, trazendo as massas para o interior das decisões políticas, aumenta as demandas na área dos serviços e bens públicos a que o Estado só pode atender aumentando seu aparelho administrativo e, portanto, ampliando a burocracia político-administrativa, contrária aos princípios democráticos, ou seja, a democratização traz em seu bojo a burocratização que a nega. O terceiro paradoxo aparece entre democracia e tecnologia: o crescimento das sociedades industriais aumenta o número de problemas que exigem soluções técnicas confiáveis apenas aos competentes, ao mesmo tempo em que cria em todas as esferas da vida social, em particular na esfera da produção, uma população incompetente que não pode exercer qualquer controle sobre as decisões e que, portanto, perde a base de sustentação de uma política democrática. O quarto paradoxo é oferecido pela incompatibilidade entre democracia e indústria cultural: a sociedade de massa, ao permitir o acesso das massas à cultura, passa a usar a informação como doutrinação e esta tende a reprimir e a suprimir o sentido da responsabilidade individual, fundamento de uma sociedade democrática. O quinto e último paradoxo se estabelece entre democracia e indústria política — assim como a indústria cultural nasce do acesso de um número sempre maior de indivíduos à posse dos instrumentos necessários para

---

16. Bobbio, Norberto, "Quais as alternativas para a democracia representativa? in *O marxismo e o Estado*, op. cit.

usufruir os produtos da cultura, assim também a indústria política nasce do alargamento das bases do poder, prosperando enquanto transforma o princípio abstrato da soberania popular de mito em realidade. Assim sendo, o hábito das manifestações, cartazes, *slogans* repetitivos e intimidadores, se exprimem um desejo de agir, não são, contudo, alternativas democráticas para a indústria política, seja porque se mantêm no mesmo nível que ela, isto é, no plano da opinião pública, seja porque se dirigem ao mesmo interlocutor que ela, isto é, ao homem-massa e não ao cidadão.

Seriam, então, o socialismo e a democracia direta alternativas reais para os problemas da democracia representativa? Bobbio tem sérias dúvidas a esse respeito, pois, escreve ele, "a democracia é subversiva" e os socialistas hoje (como outrora os liberais) não estão dispostos a correr o risco dessa subversão. Dois obstáculos maiores se apresentam para uma alternativa democrática real: de um lado, o socialismo marxista que acredita numa identidade entre democracia e socialização dos meios de produção através do Estado, sem ter jamais elaborado uma teoria clara do Estado socialista, contentando-se com a idéia de transição ou de uma ditadura, que, por não ser temporária, é puro despotismo; de outro lado, o "fetiche da democracia direta", tanto em sua versão marxista-leninista, baseada no princípio da revogação dos mandatos, quanto em sua versão assembleísta, que faz dos comícios e dos comitês de bairro o *seminarium democratiae*. A revogação dos mandatos, aliás, é a quintessência da arbitrariedade, seja porque a relação eleitores-deputados não permite a revogação dos mandatos, seja porque o "mandante" nunca foi, até o presente, uma assembléia popular.

De modo geral, é difícil discordar de Bobbio. No entanto, seu esforço para ser realista parece fazê-lo aceitar sem maiores discussões o colapso democrático presente e futuro. Assim, é rigorosamente verdadeiro que a sociedade industrial amplia as organizações empresariais e estatais, trazendo como conseqüência a burocracia e a tecnocracia. Mas já não é tão verdadeiro que esse crescimento de instituições antidemocráticas tenha sido causado pelo aumento da participação e representação democrática das massas — não são as pressões populares (seja pelo voto, seja pela opinião pública, seja pelos movimentos e associações de massa) que engendram a organização, a burocracia e a tecnocracia, mas duas outras razões bastante diversas. De um lado, o aumento da forma organizacional decorre daquilo que se convencionou designar como "racionalidade" capitalista, isto é, das exigências para a valorização do valor em escala mundial. De outro lado, e mais importante, a ampliação burocrática e tecnocrática, longe de ser conseqüência imprevista da ampliação democrática, é a resposta encontrada pelas classes dominantes para impedir a democratização. Nada há nos projetos populares-democráticos que explique, numa relação de causa e efeito, o surgimento do mundo da organização e da burocracia, senão como formas de controlar as exigências democráticas em nome de supostos princípios racionais do funcionamento de sociedades complexas. Afinal, se Bobbio crê em sua afirmação de que a democracia é subversiva e por isso difícil, há de concordar que as classes dominantes façam o possível e o impossível para controlar e desmantelar os efeitos de práticas democráticas.

Também é rigorosamente verdadeiro que o advento da indústria cultural gera irresponsabilidade e uma doutrinação contrária ao exercício real da democracia. No entanto, já não é tão verdadeiro admitir que tal indústria nasce para satisfazer à necessidade de acesso aos produtos da cultura por um número maior de indivíduos, pois a tarefa da indústria cultural é exatamente oposta a esta: sua função é a de impedir o acesso à cultura (seja no nível da produção cultural, seja no nível do consumo dos produtos culturais). Ela não só destrói formas populares de cultura (erroneamente designadas como "tradicionais"), mas ainda filtra a produção cultural oferecendo no mercado a banalização da cultura dominante e escamoteando o significado crítico das produções culturais que se erguem contra a cultura vigente. Se, como o próprio Bobbio afirma, essa indústria gera conformismo e apatia, não há como manter a afirmação de que nasce para atender à necessidade do acesso à cultura. A irresponsabilidade gerada não é individual, como diz Bobbio, mas social, na medida em que a imagem oferecida pela indústria cultural é a de uma sociedade que possui recursos ilimitados para resolver por si mesma (através de indivíduos competentes) os problemas que possam surgir. Bobbio também deixa de lado o fato de que se trata de uma indústria e de uma indústria capitalista, que, como tal, gera necessidades no plano do consumo a fim de que o próprio consumo se realize e se perpetue; e esse consumo é determinado por considerações alheias à cultura, pois é determinado pelas leis do mercado. É preciso também alargar um pouco a questão do acesso à cultura fazendo uma referência, inexistente no texto de Bobbio, ao sistema educacional não apenas como reprodutor de ideologia (coisa por demais sabida), mas como um espaço que foi ampliado para dar acesso às classes despossuídas da sociedade não só com o fim de prepará-las para a venda da força de trabalho numa sociedade industrial que exige escolarização mínima, mas também porque tal ampliação (em número de escolas e em tempo de escolarização) visa reter fora do mercado de trabalho contingentes da população que, se nele entrassem prematuramente, gerariam excesso de oferta e, portanto, desemprego, criando um "fator de desestabilização" no sistema econômico.[17] A exigência democrática de igual acesso à cultura, ao se defrontar com a indústria cultural e com o sistema escolar, não se defronta com um paradoxo da democracia, mas com uma vitória do capitalismo, isto é, com freios para reter a democratização.

É rigorosamente verdadeiro que a indústria política tem como referência a ampliação do espaço político e que é grave engano tomar o assembleísmo como alternativa real para a manipulação acarretada pela indústria política. Todavia, já não é tão verdadeiro afirmar que essa indústria nasce em decorrência do alargamento das bases do poder, estabelecendo regras que transformam em realidade o mito da soberania popular. Não se pode estabelecer uma relação causal imediata entre o suposto alargamento das bases sociais do poder e a indústria política; ao contrário, é preciso considerar que foi esta a forma assumida historicamente para responder àquele alargamento mantendo-o sob rígido controle. Nada indica que tal resposta seja a única possível, mas tudo indica que é a única resposta possível no capitalismo. Assim não fosse e o processo de "democratização" em curso no Brasil seria ininteligível. A indústria política é irmã gêmea da indústria cultural, bastando ler as análises de Miliband[18] sobre o funciona-

---

17. "As altas taxas de crescimento aumentaram a demanda por mão-de-obra qualificada cuja oferta era escassa. As forças de mercado, então, provocaram uma imensa elevação na renda relativa dos operários qualificados, técnicos e administradores. Isto significava que uma ampla proporção do incremento da renda real era captada por grupos com grande capital humano escasso. Segundo o ponto de vista destes defensores, a solução para o problema repousava num maior investimento em educação. Isto resultaria gradualmente numa melhoria na distribuição de renda do país, aumentando a oferta de trabalho qualificado em relação à procura e, assim, provocando um declínio na grande diferença entre remuneração de diferentes tipos de trabalho. Simonsen e Campos acreditam que o governo escolheu o caminho mais adequado para reconciliar o crescimento máximo com uma melhoria na redistribuição da renda. A última está sendo conseguida de maneira indireta 'através da extensão da rede educacional gratuita, da melhoria da pirâmide de escolarização, dos benefícios creditícios aos compradores de imóveis populares, da aposentadoria do trabalhador rural e da criação do Fundo de Garantia por Tempo de Serviço e do Programa de Integração Social'." (Baer, Werner, "O crescimento brasileiro e a experiência desenvolvimentista — 1964-1974", *Revista Estudos*, op. cit. (20): 17.) Como se vê, no Brasil não foi exatamente a democracia o "fator" responsável pelo acesso à cultura...

18. Miliband, Ralph. *O Estado na sociedade capitalista*. Rio de Janeiro, Zahar, 1972, caps. 4-8 (especialmente); Weil, Simone. *A condição operária e outros estudos sobre a opressão* (org. Ecléa Bosi), Rio de Janeiro, Paz e Terra, 1975 (especialmente "A vida e a greve dos metalúrgicos" e "A racionalização").

mento do sistema político em regime capitalista para confirmá-lo. Sem dúvida, a indústria política surge para responder ao alargamento das bases sociais do poder, graças aos partidos e ao sufrágio universal, mas justamente para impedir que tal alargamento tenha efeitos reais (e não ocasionais, como em 74 e 78 no Brasil) sobre a sociedade. A indústria política procura reduzir a participação ao voto periódico, visa criar imagens que permitam rotinizar os conflitos que, ao serem vistos como costumeiros, perdem sua força social, pretende mobilizar para mais facilmente despolitizar, lidando com uma abstração chamada "opinião pública", justamente porque o sistema social privatizou de tal modo a existência que o espaço público se reduz ao da opinião (manipulada).

O que procuramos enfatizar aqui, tomando como referência as análises de Bobbio, é o fato de que as práticas democráticas populares, quando existiram, não puderam enraizar-se em instituições democráticas que as conservassem e ampliassem, mas foram mediadas por aparelhos de controle produzidos e dirigidos pelas classes dominantes, de tal modo que os "paradoxos" não são da democracia, mas da democracia nas sociedades de classe e nas quais as classes dominantes, finalmente, descobriram que o consenso é mais eficaz do que a pura coerção. Nessa medida, as práticas democráticas populares têm funcionado apenas (o que é muito) como meios de pressão, mas não puderam chegar a novas formas de sociabilidade e de poder.

É preciso, também, focalizar por outro ângulo o problema dos incompetentes sociais. É rigorosamente verdadeiro que o desenvolvimento capitalista (e o das repúblicas socialistas) implica um desenvolvimento das forças produtivas no sentido do avanço tecnológico, criando com ele a figura do especialista ou do perito competente e confiável. Bobbio salienta, com razão, que tal desenvolvimento é antidemocrático sobretudo na esfera da produção, roubando dos trabalhadores aquilo que seria a condição de uma democracia social, isto é, a possibilidade de exercer o controle da produção. Se deixarmos de lado, por enquanto, experiências históricas como as da Hungria em 56, as de Lip, as da Itália entre 69 e 74, as dos vietnamitas durante a guerra contra os Estados Unidos, os movimentos da antipsiquiatria e da medicina preventiva, para citar alguns casos numa lista imensa, e ficarmos apenas com a criação dos incompetentes sociais na produção, o mínimo a fazer é lembrar que a incompetência foi sistematicamente produzida no correr da luta de classes. A introdução em grande escala da maquinaria, na primeira metade do século XIX, é percebida pelos operários como um ataque direto ao qual reagem quebrando as máquinas. São derrotados, mas imprimem uma forma de luta nas fábricas: a resistência à produção. O capitalismo responde generalizando o salário por peça e por rendimento. Ambos são novamente contestados através da contestação das normas. O taylorismo é a resposta capitalista: as normas serão determinadas "cientificamente" e "objetivamente". A resistência operária consiste em demonstrar dia a dia que essa "cientificidade" é uma piada,[19] pois, entre outras coisas, é possível impedi-la de funcionar justamente porque os trabalhadores conhecem as peças e as máquinas, seus problemas e sua eficácia muito melhor do que os técnicos dos "métodos". A resposta capitalista não se faz esperar: a psicologia e a sociologia industriais, o malsinado DRH, devem "integrar" os operários à empresa. Os operários burlam o "saber" dos cientistas sociais. O capitalismo dos países avançados encontra a resposta: superexploração da mais-valia na "periferia" e concessão de salários mais altos, menores jornadas de trabalho e, em alguns casos, co-gestão para os operários do "centro". A social-democracia é fruto da luta de classes com vitória burguesa.

No correr desse ataque/contra-ataque, o capitalismo foi submetendo o trabalho à sua lógica. A divisão das tarefas é levada ao absurdo não porque seja um meio necessário para aumentar a produtividade, mas por ser o único meio de submeter o trabalhador que resiste, tornando seu trabalho absolutamente quantificável, controlável e substituível. A mecanização passa a exigir, por ser mecanismo de dominação, a total submissão do trabalhador à máquina, o aumento indefinido da automação e a independência entre o curso da produção e o produtor. E em cada etapa desse processo, o avanço tecnológico não é uma necessidade inelutável senão como necessidade de manter a dominação e o controle sobre os trabalhadores, reduzindo-os (e forçando-os a interiorizar essa imagem) à condição de incompetentes. O mesmo podemos dizer de todas as outras esferas da atividade social no mundo capitalista, de sorte que a primeira questão a colocar não é a do "paradoxo" da tecnologia, mas a da definição da própria idéia de competência e de confiabilidade. Competência em quê? Competência para

---

19. A esse respeito veja-se Frederico, Celso, *A vanguarda operária*. São Paulo, Símbolo, 1979, caps. 1-5 (especialmente) (Col. Ensaio e Memória); Linhart, Robert, *Greve na fábrica*. Rio de Janeiro, Paz e Terra 1978 (Col. Literatura e Teoria Literária); Braverman, Harry, *Trabalho e capital monopolista*. Rio de Janeiro, Zahar, 1977 (especialmente Parte III — Ciência e Mecanização) (Biblioteca de Ciências Sociais) — Chauvey Daniel, *Autogestion*. Paris, Editions du Seuil, 1970 (especialmente Parte III, 4. Compétences et Hiérarchie).

quê? Se se trata da competência para fragmentar o trabalho, para destruir, através da urbanização, toda vida coletiva, justapondo indivíduos e famílias numa coexistência anônima, para reduzir sujeitos sociais à condição de objetos sócio-políticos manipulados pela "promoção", pelo consumo e pela propaganda, para disciplinar e normalizar o corpo e o espírito, para anestesiar os conflitos sociais através da existência administrada pela "organização racional" dos programas públicos ou privados de saúde, moradia, educação e lazer, então não há a menor dúvida quanto à competência engendrada e requerida pelo avanço tecnológico. Mas será isto competência, ou um processo global de intimidação social e de exploração econômica, cuja eficácia se encontra justamente em produzir a imagem da incompetência? Admitir que a incompetência foi produzida no curso da luta de classes como forma de exercer a dominação é bastante diverso de tomá-la como resultado inevitável do avanço tecnológico. Neste segundo caso, a democracia social é inviável. No primeiro, uma necessidade. Não se trata, evidentemente, de investir contra a tecnologia, mas simplesmente de apontar as condições históricas nas quais ela não é um "dado" e muito menos um dado "neutro" que dificulta o exercício democrático, mas um elemento poderoso para bloquear práticas democráticas perfeitamente compatíveis com o avanço tecnológico, desde que as relações de produção sejam transformadas.

No final de seu ensaio, Bobbio faz duas afirmações importantes para nosso debate: a primeira é a de que é difícil, na Itália, considerar a democracia representativa como ponto de partida para a discussão de uma nova alternativa política pelo simples fato de que jamais houve democracia representativa no país de Gramsci. A política italiana sempre foi marcada pelo "centrismo perpétuo" ou pela falta de rotação e pelas restrições do parlamento como poder político numa sociedade capitalista onde as decisões econômicas são tomadas por poderes privados e, freqüentemente, internacionais. A situação da Itália não pode ser comparada à da Inglaterra. A segunda afirmação é de que a democracia representativa plena nunca chegou a se realizar em parte alguma, pois o que chamamos de Estado representativo sempre teve que prestar contas ao Estado administrativo "que é um Estado que obedece a uma lógica de poder completamente diversa, descendente e não ascendente, secreta e não pública, hierarquizada e não autônoma, tendente à imobilidade e não à dinâmica, conservadora e não inovadora etc.". Dessas duas afirmações, Bobbio retira uma única conclusão: o defeito do sistema democrático não está em ser representativo, mas em não sê-lo o bastante. A questão democrática implica, pois, criar condições para que o cidadão seja soberano e interfira realmente nas decisões sociais e econômicas através dos órgãos de decisão política.

Para que essa idéia não se transforme em ponta de lança de um reformismo disfarçado, coisa que Bobbio critica com justeza, seria preciso, coisa que o autor não faz, recolocar o problema da representação numa sociedade de classes onde vigoram "pactos de dominação" variados que unem as classes dominantes no controle e domínio das classes dominadas, impondo-lhes a ideologia do "interesse geral".[20] Ou seja, é preciso colocar em discussão o Estado administrativo, espinha dorsal do Estado representativo. A idéia de "soberania dividida", usada por Bobbio para definir a situação da soberania dos cidadãos e do Estado na sociedade capitalista, é, no final das contas, apenas a constatação de que a propriedade jurídica não coincide com o poder de decisão, isto é, com o poder para determinar os investimentos, suas prioridades, sua repartição e ritmo, as condições e normas de trabalho e a renda das diferentes camadas da sociedade. O Estado administrativo, ou seja, as burocracias políticas, militares, empresariais, de planejamento, que são secretas e posse de um pequeno número, transformam o restante dos cidadãos em meros executantes, destruindo a idéia de soberania do povo e, com ela, a sua forma de manifestação, o Estado representativo. Se for este o raciocínio de Bobbio, algumas questões precisam ser colocadas.

Se o Estado representativo estiver circunscrito à esfera da legitimidade e da legalidade, portanto do consenso e do direito, enquanto o Estado administrativo se coloca no plano da eficácia no exercício do poder através do governo, e se isto implicar uma distância irreparável entre política e administração, em que o aumento da representação diminuiria essa distância e por intermédio de quais mecanismos a cidadania política interferiria na administração? Qual a natureza do aumento de representação para que possa interferir nas estruturas do sistema decisório de caráter público?

---

20. Cardoso, Fernando Henrique, "Desenvolvimento capitalista e Estado: bases e alternativas", in *Estado e capitalismo no Brasil*. São Paulo, Hucitec/Cebrap, 1977: "Resumindo, qualquer Estado expressa uma relação de dominação de classes (e, portanto, tem bases sociais), alicerça-se numa ideologia assumida como interesse comum, desenvolve-se em organizações burocráticas e produtivas e implementa políticas que, além de transcenderem o Pacto de Dominação fundamental, pretendem atender, variável e assimetricamente, às aspirações dos grupos dominados. Os funcionários do Estado (como marcadamente no setor judiciário) têm que assumir contraditoriamente uma ideologia de igualdade e generalidade ('todo cidadão é igual perante a lei') e uma prática na qual os interesses dominantes se impõem." (p. 214); Oliveira, Francisco de. *O terciário e a divisão social do trabalho*; Singer, Paul, "A economia dos serviços", *Revista Estudos*, op. cit., n° 24.

Embora a soberania política esteja dividida, diz Bobbio, nada impede que possa exercer-se através dos órgãos clássicos de representação e com o auxílio de alguns mecanismos de democracia direta como o *referendum* (que não pode ser constante, por razões práticas), e os comitês de bairro (que não têm alcance regional nem nacional). Todavia, como Bobbio não explica quais são os órgãos de representação, podemos indagar o que traria o aumento da representação: a ampliação do número de partidos com modificações em suas formas de organização de maneira a evitar o clientelismo e a burocracia? Ou o peso maior dos grupos de pressão, como sindicatos, associações de massa, movimentos de opinião pública? ou, ainda, a reestruturação jurídica do Estado com subseqüente reestruturação institucional fortalecendo, por exemplo, o parlamento? ou a necessidade do aumento de representação pressupõe a retomada da própria idéia de democracia?

Bobbio tem toda razão ao criticar o economicismo marxista por aceitar que a democracia política se realiza apenas pela democracia econômica, pois "o autogoverno dos cidadãos não é o autogoverno dos produtores", observação tanto mais pertinente quanto mais observamos os problemas colocados pela distinção entre trabalho produtivo e improdutivo no capitalismo contemporâneo.[21] Escapa-lhe, porém, aquilo que assinalávamos mais acima, isto é, o significado político da democracia no plano da produção, visto que tal democracia toca no ponto nevrálgico do sistema de dominação contemporâneo ao restaurar a idéia e a prática da gestão, perdida em *todas* as esferas da vida social. Essa democracia repõe no plano social e político o imperativo econômico da maximização dos lucros e minimização das perdas indagando: quais lucros? quais perdas? para quem?[22] Por esse motivo, ao descrever melancolicamente a Itália, Bobbio não chega a analisar o sentido das experiências de democracia de base e dos obstáculos enfrentados por ela, obstáculos que, ao afetarem o aumento da participação, impediram o aumento da representação.[23] Longe de ser a caricatura

---

21. A esse respeito, veja-se Castoriadis, Cornelius, *Capitalisme moderne et révolution*, op. cit. (especialmente pp. 205-223, sobre a taxa decrescente do lucro); Offe, Claus, "The Abolition of Market Control and the Problem of Legitimacy", in *Kapitalistate*, op. cit., n. 1 e 2; Braverman, Harry, *Trabalho e capital monopolista*, op. cit. (especialmente Parte V — A Classe Trabalhadora).

22. A esse respeito veja-se Lefort, Claude, "Sociologie de la démocratie", in *Eléments pour une critique de la bureaucratie*, Genebra, Ed. Droz, 1971.

23. Além do "centrismo perpétuo", a democracia de base deparou-se com o corporativismo difuso na Itália desde o fascismo, sobretudo no setor de serviços (públicos e privados), marcados pela organização burocrática hierarquizada. Também não foi menor o peso da burocracia sindical

que se tornou posteriormente (e que é a única descrita por Bobbio), ela pode ser o portador do aumento de representação almejado.

Sem uma perspectiva mais ampla de transformação social, a idéia de aumento de representação pode desembocar numa posição meramente jurídica da soberania que não põe em questão a natureza do Estado nas sociedades contemporâneas, ou pode, o que é mais triste, desembocar no prestígio conferido à opinião pública como forma real de representação e de participação, ou pode, enfim, o que é mais grave, esperar uma harmonia da legalidade e da legitimidade através de um consenso que articula "os mecanismos de mercado, que ressaltam a dimensão da eficácia do Estado na gestão sobre a sociedade e os mecanismos de articulação política",[24] vale dizer, de pluralismo partidário.

Bobbio tem ainda grande razão ao criticar o assembleísmo manipulador e autoritário ao apontar o risco de despotismo ou de arbitrariedade na idéia (herdada da Comuna de Paris) de mandato imperativo revogável. No entanto, seria preciso indagar, coisa que não faz, qual o sentido da prática de assembléia em momentos de grande mobilização social e política e o da revogação de mandato, não no contexto da democracia representativa existente, mas no de uma democracia direta na qual o mandato é imperativo e revogável porque o delegado eleito não representa este ou aquele mandante, mas exprime a posição política (que no caso é social e econômica) de

---

e da partidária, que, evidentemente, não poderiam "incorporar" essa experiência que as punha em perigo. Enfim, se é verdade que a "classe operária vai para o paraíso" não é menos verdade que os movimentos estudantis (com seus *slogans* intimidadores e suas assembléias carismáticas) tenderam a converter-se em legiões de arcanjos à porta dos Céus.

24. Faria, José Eduardo, *Poder e legitimidade*. São Paulo, Perspectiva, 1978, p. 111, Col. Debates. Ainda do mesmo autor, lemos na mesma obra: "No entanto, um processo decisório — que de um lado seja eficiente em termos de gestão e, de outro, possibilite a manutenção da crença de que as instituições político-jurídicas são as mais apropriadas à sociedade — não pode depender nem das decisões tecnocráticas (em termos qualitativos, aquelas consideradas as mais corretas), nem das decisões democráticas (aquelas resultantes de um consenso que supera múltiplos pontos de vista discordantes). As primeiras, porque o *the one best way* ou é uma perversão ideológica (uma vez que, como mostrou Duverger, 'não há imagem objetiva da política porque não há política totalmente objetiva') ou, caso fosse possível, seria demasiadamente lenta para as necessidades de um Estado em permanente transformação. E as segundas, porque as decisões unânimes e verdadeiramente democráticas não são fáceis de ser obtidas, dada a multiplicidade de interesses divergentes que caracteriza as democracias constitucionais (...) Daí, conseqüentemente, a necessidade de um processo decisório *satisfaciente* e não *otimizante*, isto é, um sistema de solução onde as decisões sejam apenas satisfatórias e resultantes de determinadas premissas existentes em toda e qualquer organização." (pp. 107-109.)

uma classe ou de uma fração dela. No entanto, seria minimizar a inovação da democracia direta reduzindo-a à questão das assembléias deliberativas e do mandato revogável, pois a novidade não está aí e sim no fato de ser uma experiência política que não se baseia nem se alimenta na separação entre economia, política e sociedade, mas na articulação diferenciada entre elas e na consciência disto. Se esta experiência pode ser responsável pelo aumento da representação é justamente porque nela se desfaz uma das ilusões necessárias ao mecanismo da representação nas democracias formais: o pressuposto de que o cidadão é o indivíduo geográfica, social e profissionalmente separado de todos os outros aos quais viria se reunir sob a bandeira partidária que é indiferente à realidade de sua existência social concreta. A indiferença ou abstração partidária faz com que, sob a aparência de se delegar poder, se renuncie a ele. Nesta medida, o mandato não pode ser imperativo nem revogado.

Na discussão sobre as "alternativas para a democracia representativa" talvez seja necessário enfrentar três questões: o colapso da democracia liberal (o que de modo algum deve ser tido como "colapso do capitalismo", pois, muito pelo contrário, é o sucesso do capitalismo que mina os alicerces da democracia liberal), os impasses do partido de massa como partido de classe (operária) e a idéia de democracia. Sob certos aspectos, parece descabido propor tais discussões neste país, ao qual, *mutatis mutandis*, se aplicariam algumas das observações de Bobbio sobre a Itália, com a agravante de que, em nosso caso, não se trata sequer das dificuldades da democracia representativa, mas da pura ausência de qualquer forma democrática. No entanto, se considerarmos que um compromisso com a construção do socialismo implica ter presente qual é a democracia que o suscita e se, por outro lado, tivermos em mente que a "democratização" em curso é obra da classe dominante, a discussão ora proposta não é, afinal, tão descabida. Mesmo que não se possa dizer que seja necessária já.

Examinando a situação atual de democracias representativas bem-sucedidas, como a norte-americana, a inglesa e a canadense, McPherson[25] assinala os pontos de estrangulamento desse regime político com o advento do capitalismo oligopólico: em primeiro lugar, o crescimento da consciência dos ônus sociais da expansão econômica, tais como a degradação da qualidade de vida e dos interesses públicos, os custos decorrentes da apatia política e, por parte dos trabalhadores, a consciência de sua marginalização nos processos decisórios, acarretando a concentração do poder empresarial sobre as comunidades, o trabalho e a privacidade, de sorte que começa a tornar-se claro que a participação dos trabalhadores não se refere apenas ao controle da distribuição da renda, mas dos processos e condições da produção; em segundo lugar, o crescimento da dúvida quanto à capacidade do capitalismo oligopólico, auxiliado e administrado pelo Estado, para satisfazer as expectativas dos consumidores pois a desigualdade econômica e social aumenta e a terapêutica keynesiana (que funcionou durante três décadas, a partir de 30) entrou em colapso como prova a existência simultânea de inflação e desemprego, duas coisas que sempre foram tidas como excludentes, em terceiro lugar, a percepção da existência de forças antagônicas à própria democracia representativa, tais como o grau de interferência ilimitada das multinacionais na política, a penetração dos serviços de informação que controlam todos os movimentos sociais de contestação, o terrorismo de esquerda e de direita, servindo de justificativa para a implantação de Estados policiais ou parapoliciais. O problema da democracia, neste contexto, não é o de "mais representação", mas o de modificações da própria idéia de representação, na medida em que passa a vincular-se à exigência de participação direta no plano social e político. Para ser representativa, afinal, descobre-se que a democracia precisa ser participativa. Essa consciência da falência democrática, como sabemos, esteve na base dos movimentos radicais da nova esquerda européia e sobretudo norte-americana durante os anos 60 e parte dos anos 70.

No entanto, não chegaremos à raiz das dificuldades enfrentadas pela democracia representativa se não formos à raiz de sua justificativa: às idéias de soberania, legitimidade e legalidade. "Afirmar que a soberania é o problema central do direito nas sociedades ocidentais, implica, no fundo, dizer que o discurso e a técnica do direito tiveram basicamente a função de dissolver o fato da dominação dentro do poder para, em seu lugar, fazer aparecer duas coisas: por um lado, os direitos legítimos da soberania e, por outro, a obrigação legal da obediência. O sistema do direito é inteiramente centrado no Estado e é, portanto, a eliminação da dominação e de suas conseqüências (...) Procurei fazer o inverso: fazer sobressair o fato da dominação no seu íntimo e em sua brutalidade e, a partir daí, mostrar não só como o direito é, de modo geral, o instrumento dessa dominação — o que é consenso — mas também como até que ponto e sob que forma o direito (e não penso apenas na lei, mas no conjunto de aparelhos, instituições e regu-

---

25. McPherson, C. B., *A democracia liberal*. Rio de Janeiro, Zahar, 1978 (Biblioteca de Ciências Sociais).

lamentos que aplicam o direito) põe em prática, veicula relações que não são relações de soberania, mas de dominação (...) Para mim, o fundamental é evitar a questão — central para o direito — da soberania e da obediência dos indivíduos que lhes são submetidos e fazer aparecer em seu lugar o problema da dominação e da sujeição (...) Captar o poder na extremidade cada vez menos jurídica de seu exercício (...) Captar a instância material da sujeição enquanto constituição dos sujeitos, precisamente o contrário do que fez Hobbes no *Leviatã* e do que, no fundo, fazem os juristas, para quem o problema é saber como, a partir da multiplicidade dos indivíduos e das vontades, é possível formar uma vontade única, ou melhor, um corpo único movido por uma alma que seria a soberania."[26]

Quanto aos impasses da organização de massa dos trabalhadores, a que já fizemos menção na referência ao novo papel atribuído aos movimentos sociais, basta lembrar, pelo menos, três de seus maiores problemas. Em primeiro lugar, a discussão sobre os limites e riscos da organização partidária de estilo leninista, como herança questionável daquilo que fora a grande inovação política imposta pelos trabalhadores ao sistema político burguês, isto é, a própria idéia de partido não como partido de notáveis, nem como partido de opinião, mas como partido de classe. O "centralismo democrático", além de manter a idéia de partido como vanguarda que traz "de fora" a consciência revolucionária à classe trabalhadora, fazendo com que a classe em si (espontaneamente economicista) se converta em classe para si (politicamente organizada), tende também a cristalizar uma concepção essencialista das classes sociais, tomando-as antes como coisas (o em si) e como idéias (o para si) do que como relações sociais e relações de poder. Dessa cristalização decorrem, de um lado, o privilégio dado à consciência — e que virá de "fora" — e, de outro, as dificuldades insolúveis para definir o estatuto da relação entre a teoria e a prática políticas, isto é, uma oscilação entre a teoria como saber *da* prática, ou como saber *para* a prática ou, enfim, como saber *sobre* a prática. Todavia, o grande perigo do estilo leninista encontra-se naquilo que aparece como seu resultado: o totalitarismo, no momento em que a hegemonia do partido sobre a vida social e política através do aparelho estatal realiza uma identificação sem mediações entre partido, sociedade e Estado. O partido se converte numa entidade inteiramente nova: torna-se o lugar no qual a sociedade se transmuta

---

26. Foucault, Michel, *Microfísica do poder*. Rio de Janeiro, Ed. Graal, 1979, pp. 181-183 (Biblioteca de Filosofia e História das Ciências).

em Estado e o Estado se encarna na sociedade. A imanência entre partido, sociedade e Estado, ao anular todas as diferenças sociais, econômicas, jurídicas, políticas e culturais, cria uma série de duplicações ideológicas e sociais: o trabalhador possui um "duplo" no "companheiro", que se duplica no "funcionário", que se duplica no "comissário" e assim indefinidamente. O totalitarismo, como a democracia, não é um regime político, mas uma forma de sociedade, porém absolutamente centrada e unificada, cuja única brecha encontra-se sempre "fora" dela.

Um segundo problema concernente à organização dos trabalhadores aparece com a formação das chamadas "aristocracias operárias" nos países ditos centrais, onde não somente os sindicatos perderam o papel de aglutinadores político-econômicos, mas, sobretudo, os partidos de classe tornaram-se parte rotineira da vida político-institucional e desembocaram no jogo parlamentar, descaracterizando-se como partidos que visavam à transformação da sociedade.

Em terceiro lugar, e como decorrência, houve uma "crise de identidade" do proletariado tanto nos países ditos socialistas, quanto nos países ditos centrais e nos ditos periféricos, seja por ação do totalitarismo, seja por ação do reformismo e, no nosso caso, por ação da repressão que dizimou sistematicamente as lideranças operárias. Essa "crise" parece ter sido um dos elementos responsáveis pelo papel assumido pelos movimentos sociais. Estes, porém, como já lembramos, por mais subversivos que possam ser, tendem a funcionar como meios de pressão, mais do que como criadores de alternativas democráticas capazes de se implantar e de visar à transformação global da sociedade. Mesmo quando chegam a se realizar sob a forma da democracia de base ou da democracia de massa, são absorvidos pelas organizações partidárias de cunho clientelístico ou de cunho burocrático.

Resta o exame da idéia de democracia, cuja longevidade não diminui, mas aumenta seu significado simbólico, quando não prático. Na origem, democracia significa "poder do *demos*", este sendo uma unidade territorial que se configura como unidade política quando definido como "comunidade de homens livres" (*Koinônia tôn eleutherôn*). Duas são, pois, as determinações básicas do conceito: a idéia de comunidade (*koinônia*) e de liberdade (*eleuthêria*). Seguindo a trilha de Platão, Aristóteles procura definir a origem do poder legítimo encontrando sua medida (*metron*), isto é, o valor a partir do qual todas as relações sociopolíticas possam ser medidas, em particular o valor a partir do qual se possa definir a justiça como "aquilo pelo que a cidade permanece unida e coesa". A justiça, cimento da sociabilidade porque encarregada de "igualar os desiguais através das leis", precisa de uma medida ou do valor dos valores pelo qual possa instaurar a igualdade, ou seja, um valor a partir do qual se estabeleça a equivalência dos desiguais. A igualdade é um valor necessário a toda e qualquer cidade, pois sem a igualação dos desiguais não há sociedade ou política, mas, ao mesmo tempo, é um valor derivado ou subordinado, isto é, sua definição depende da determinação do valor dos valores, pelo qual a natureza da sociedade e a da política se definem. Na democracia, o valor dos valores é a liberdade e é ela quem determinará a natureza da igualdade ou da realização da justiça. O que caracteriza a igualdade democrática e a diferencia das demais em outras sociedades (como as aristocráticas e as monárquicas) é a afirmação de que todos os membros do *demos* são *absolutamente* iguais porque todos são livres. É esta igualdade absoluta (que não é econômica, mas social e política) que permite a democracia, isto é, o poder do *demos*.[27]

Quais as transformações do conceito originário quando retomado pela sociedade capitalista? É preciso, aqui, não esquecer que a forma inicial da política burguesa pretende ser republicana ou, quando isto não for possí-

---

27. Aristóteles considera a democracia um "desvio" da aristocracia, isto é, uma constituição política na qual governam os pobres, e como o oposto da oligarquia, governo dos grandes proprietários — "há democracia quando a autoridade política pertence aos que estão desprovidos de riqueza". (*Política*, III, 8). "A verdadeira diferença que separa oligarquia e democracia é a riqueza e a pobreza, e necessariamente, num regime onde os dirigentes, sejam eles majoritários ou minoritários, exercem o poder graças à riqueza é uma oligarquia, enquanto aquele onde os pobres governam é uma democracia" (*Política*, III, 8). "O princípio da política democrática é a liberdade. Diz-se, em geral, que somente numa democracia há plena liberdade, pois a democracia, diz-se, tem a liberdade como seu alvo. Governar e ser governado por rodízio é um dos elementos da liberdade. A idéia democrática de justiça baseia-se na igualdade numérica e não na igualdade fundada no mérito. Quando essa idéia da justiça prevalece, o povo deve ser soberano e tudo quanto é decidido pela maioria é a decisão final e justa (...) Isto significa que na democracia os pobres têm mais poder soberano do que os ricos, porque são mais numerosos e a decisão da maioria prevalece (...) Viver segundo a autodeterminação é o outro princípio da democracia, pois seu oposto, viver sob a determinação de outrem, define a escravidão. Deste princípio vem a idéia de 'não ser governado' por ninguém, se possível, ou, pelo menos, por rodízio. Este é um elemento da liberdade baseado na igualdade" (*Política*, VI, 2). A edição da obra aristotélica consultada foi *Politique*, edição bilíngüe francês-grego, da Société Édition Les Belles Lettres, Paris, 1971. Para a democracia ateniense, veja-se: Finley, Moses, *Democracy ancient and modern*, New York, The Viking Press, 1968; Finley, Moses, *Economie antique*, Paris, Ed. de Minuit, 1978; Veyne, Paul, *Le pain et le cirque* (*sociologie historique d'un pluralisme politique*), Paris, Editions du Seuil, 1976; Mossé, Claude, *Les institutions grecques*, Paris, Armand Colin, 1967. Ainda sobre Aristóteles, veja-se, nesta coletânea, a democracia como questão filosófica, in "A questão democrática".

vel, monárquico-constitucional ou parlamentar. Essas duas possibilidades? ao se articularem com o liberalismo, ainda não indicam qualquer conteúdo democrático. Embora, na Europa (com exceção da Alemanha e da Rússia) e nos Estados Unidos, o ideal republicano ou constitucional tenha sido determinado ao mesmo tempo por revoluções nas quais a tendência democrática era marcante, a democracia liberal será, no entanto, uma realidade tardia. Ao usar a expressão "democracia liberal", pretendemos apenas assinalar o fato de que a forma e o conteúdo da democracia burguesa serão determinados por sua origem liberal, ou seja, para apreciarmos as transformações do conceito de democracia precisamos ter presente o conteúdo liberal.[28] Tomando como referência o final do século XIX, podemos dizer que as três determinações originárias do conceito (comunidade, liberdade e igualdade) sofrem as seguintes transformações: a comunidade deixa de ser definida pela medida comum — a liberdade — e passa a ser definida como comunidade nacional (uma vez que o movimento do capital social total se realiza particularizando-se em capitais locais cuja circunscrição se efetua reconhecendo o território como nação), a liberdade se define pela propriedade (o que permitirá, na primeira fase da democracia liberal, a qualificação do votante e do representante a partir da renda e a exclusão dos "dependentes" como as mulheres, os velhos, os menores e os trabalhadores), e a igualdade se define pela cidadania, determinada pela lei (o que permite,

---

28. "Os elementos-chave na ordem da sociedade liberal e burguesa são o direito de votar, a representação numa legislatura que faz as leis, e, portanto, é mais do que uma chancela para o executivo, um sistema de leis-objetivo que, pelo menos em teoria, não confere privilégios especiais em virtude do nascimento ou de uma situação herdada, segurança para os direitos de propriedade e eliminação das barreiras herdadas do passado no seu uso, tolerância religiosa, liberdade de palavra e direito a reuniões pacíficas. Mesmo que, na prática, falhem, são estes os marcos reconhecidos de uma sociedade liberal moderna" (Moore, Barrington, *As origens sociais da democracia e da ditadura*, Lisboa, Santos, Edições Cosmos/Livraria Martins Fontes, 1967, p. 494). "O fio lógico que atravessa o processo histórico de formação do Estado Moderno como Estado representativo-substitutivo fundado na soberania abstrata do povo e na atividade concreta de uns poucos, em última instância é o seguinte: a política é o braço secular da razão, é a razão aplicada à sociedade. Enquanto verdade da razão, pode ser buscada apenas por uma elite esclarecida ou 'capaz', enquanto se aplica à sociedade somente essa elite pode buscá-la porque, além de 'capaz', é também 'interessada'. Todavia, uma vez que a razão é uma esfera que transcende os interesses sociais (para unificá-los) só pode ser alcançada por quem, além de interessado, seja também 'independente'. A elite esclarecida é definitivamente identificada com a propriedade privada como posição de interesse social que se presume emancipada da dependência social." (Cerroni, Umberto, "Para una teoría del partido politico", in *Teoria marxista del partido politico, Cuadernos de Pasado y Presente*, México, Ediciones Pasado y Presente (1): 6, 1969.)

em decorrência da definição de liberdade, determinar os homens como "mais iguais" ou como "menos iguais", de sorte a fazer com que as discriminações econômicas, de raça e de sexo não sejam incompatíveis com a igualdade).

À primeira vista parece haver contradição entre comunidade (que é nacional) e liberdade (que, definida pela propriedade privada, é de classe) criando obstáculos para a realização da igualdade (ou da cidadania). Ou seja, parece faltar o elemento comum (*metron*) para medir o poder e efetuar a justiça. Entretanto, não há contradição alguma desde que nos lembremos de que a comunidade nacional tem como base material uma particularização do capital total e, portanto, o comum da comunidade já é o capital, o que não contradiz a definição de liberdade pela propriedade privada, mas, ao contrário, é compatível com ela. A igualdade de direitos, por seu turno, ao se exprimir no contrato de trabalho, pressupõe partes livres e iguais não só no plano "ideológico", mas ainda no plano material, na medida em que o trabalho, na qualidade de mercadoria, se define no interior de uma comunidade de equivalentes. Em outras palavras, há um sistema geral e abstrato de equivalências no qual cada um é o que vale a partir do valor comum, isto é, o capital. A equivalência se traduz como modo de participação na produção ou reprodução do valor, o que significa desigualdade econômica e igualdade jurídica (a do contrato). Assim, em lugar de caracterizarmos a democracia burguesa como falsa democracia, contribuiremos para superá-la encarando sem ilusões a maneira coerente pela qual ela redefine as determinações do conceito de democracia, desde que isto não nos faça abandonar a outra face da questão, isto é, as dificuldades acarretadas por essa redefinição. Assim, por exemplo, essa democracia será obrigada a subordinar o conceito de igualdade ao de segurança (extravasando o quadro inicial, dado apenas pelo contrato no mercado da compra e venda da força de trabalho) ou a subordinar o conceito de liberdade ao de liberdade de opinião e de voto (extravasando o quadro inicial, dado apenas pela propriedade). Em outras palavras, na sociedade burguesa, o conceito de democracia se transforma passando de modo de existência social ao estatuto de regime político no sentido restrito da palavra. *A condição para haver democracia no modo de produção capitalista é sua redução de forma global das relações sociais à de sistema político de governo.*

É a "politização" da democracia, ou sua instrumentalização, que a capacita para suportar as chamadas "franquias populares", isto é, o voto (por sufrágio universal) e a voz (pela opinião pública), na medida em que, graças à forma representativa do poder, tais franquias legitimam o Estado sem pôr em risco sua separação face à sociedade, nem sua apropriação privada pela classe dominante. É essa mesma "politização" que permite definir a comunidade pela comunidade nacional representada no e pelo Estado, e a política, pelo pluralismo de interesses e de opiniões. É, ainda, essa "politização" que permite colocar a questão do poder apenas em termos de legitimidade como consenso e em termos de legalidade, na medida em que consenso e lei estabelecem uma ponte entre a sociedade e o Estado sem exigir que a sociedade, enquanto tal, seja democrática.

A democracia liberal não é, pois, *a* democracia, nem *a* não-democracia, mas o trabalho histórico de uma sociedade de classes na qual a separação entre relações de produção e relações políticas permite a uma formação social, que Aristóteles tranqüilamente classificaria de oligárquica-plutocrática, apresentar-se perante si mesma como politicamente democrática. Parafraseando Barrington Moore, diríamos que se trata de uma solução eficaz para conciliar uma situação objetiva de injustiça com uma base racional e realista, carecendo aumentar a dose de logro e de força à medida que se afasta dessa base. Quando tomamos a democracia liberal como uma realização particular e histórica da democracia, torna-se menos difícil acompanhar seus impasses.

Seja o caso da comunidade, resolvida pela distinção entre a nação (sociedade comum) e o Estado (a nação politicamente representada). Numa perspectiva rigorosamente liberal, esses dois termos são inconfundíveis, na medida em que a Nação reenvia ao pólo da Natureza e dos costumes (moralidade), enquanto o Estado reenvia ao pólo da lei, regulador de conflitos no interior da sociedade nacional. Ora, o Estado, além de ser provedor de bens e de serviços públicos, ordenando politicamente o espaço social (nacional-natural), também é condição da acumulação. Neste caso, a perspectiva hegeliana se mostra muito mais adequada do que a liberal e aponta os limites desta última: agora, é possível dizer que a nação é a comunidade subjetiva enquanto o Estado é a comunidade objetiva. Todavia, a partir do momento em que o Estado se torna um interventor interno (e não externo) ao espaço sócio-econômico do mercado e se transforma de condição da acumulação em acumulador e em pressuposto participante da reprodução capitalista, a idéia de comunidade objetiva passa outra vez por uma inversão completa: agora, a nação aparece como comunidade objetiva oposta à "privatização" estatal. No entanto, a comunidade nacional, erguendo-se no interior de uma sociedade de classes e definida pela luta das classes, razão pela qual havia carecido da figura do Estado como comunidade objetiva, precisa, agora, encontrar um pólo que sintetize a divisão produzida e reproduzida pelo próprio movimento da sociedade. Quando esse pólo for encontrado, a nação poderá contrapor-se, enquanto totalidade comunitária, à privatização do Estado para obrigá-lo a recuperar aquele sentido que o liberalismo havia tentado lhe dar. Nos dias que correm, costuma-se dizer que o pólo da síntese nacional é o povo. Este, encarregado de encarnar a comunidade nacional soberana e de reconduzir o Estado à dimensão da comunidade objetiva, é um conceito antiliberal não só por ser democrático, mas porque seu conteúdo não é dado apenas pela cidadania, e sim pela condição e posição social de seus membros. No entanto, assim como o liberalismo foi capaz de redefinir categorias políticas que se lhe opunham integrando-as num ideário e em práticas coerentes, nada impede, pelo menos no nível dos princípios, que o mesmo ocorra com a idéia de povo. O problema não é tanto o de saber se isto será ou não possível, mas indagar se o liberalismo ainda possui bases materiais para fazê-lo, isto é, se o capitalismo ainda permite um novo liberalismo. Ou se a social-democracia está mais apta do que ele para ocupar o espaço político.

A situação da igualdade não é menos precária. Os homens, reza a democracia liberal, são iguais por Natureza (todos nascem com o direito à propriedade do corpo) e desiguais também por Natureza (nascem com talentos e capacidades desiguais). A vida social tende a fortalecer a desigualdade natural, de sorte que uma outra ou uma segunda igualdade precisa ser produzida: aquela trazida pela lei. Assim, a desigualdade é um fenômeno natural reproduzido pela sociedade, enquanto a igualdade é um fenômeno natural reconquistado pela política. Em outras palavras, a desigualdade é e sempre será um dado, enquanto a igualdade é uma conquista histórica. Uma vez estabelecida a polarização entre a Natureza e a Lei, o espaço social aparece como arranjo da desigualdade natural pela igualdade legal: o contrato (definindo a igualdade de condições e direitos entre as partes) e o voto (definindo a igualdade de direitos na escolha dos representantes). A "politização" da igualdade através do conceito de cidadania torna a idéia de representação seu suporte indispensável no contexto liberal, pois, neste, a desigualdade é posta como individual e não como social, fazendo com que a igualdade política seja possível através da redução da desigualdade à pluralidade de interesses conflitantes e de opiniões discordantes que serão igualmente representados no espaço político. A partir do momento em que se torna inviável manter a desigualdade como diferença entre indivíduos, e isto não porque se reconheça a existência da desigualdade de classe, mas simplesmente porque a sociedade se organiza em corporações do capital e em burocracias empresariais, militares, estatais e planejadoras, tornando absolutamente impossível manter a perspectiva do individualismo liberal, a idéia de representação como suporte da igualdade política encontra o limite de sua eficácia prática e ideológica. Partidos e parlamentos não representam interesses conflitantes igualmente representados; no máximo, sancionam um jogo sócio-econômico que lhes escapa. Compreende-se por que as tentativas de democracia direta (acusadas de nostalgia da *ecclesia* reunida na ágora, quando já não pode haver *ecclesia*, nem os homens podem reunir-se para deliberar e decidir em conjunto) sejam tomadas como um fantasma a ser exorcizado. Quando, hoje, se reafirma que a igualdade democrática é política e não social e econômica, ainda assim a noção de representação não pode mais satisfazer ao quesito da igualdade, pois para que a desigualdade social e econômica pudesse democraticamente manifestar-se como igualdade política, seria preciso que as diferenças de classe e de grupos interferissem diretamente nas decisões, o que supõe, pelo menos, igualdade de participação e não de representação. Neste contexto, a social-democracia é um remédio para a "patologia" da desigualdade.

Enfim, não menos difícil é a situação da liberdade. Ao contrário da igualdade, a liberdade (desde o idealismo alemão, pelo menos!) não se define pelo pólo da Natureza nem pelo pólo da Lei, mas circunscreve o espaço da humanidade do homem, isto é, sua definição como Sujeito, da qual deriva a existência da lei positiva. Porque há liberdade, pode haver lei. Na lógica da democracia liberal, a liberdade é um ato subjetivo da vontade e por isso se exprime como capacidade para escolher. Por outro lado, no conjunto das liberdades civis, asseguradas, portanto, pelo direito positivo, a liberdade determina o espaço social como espaço público das idéias e das opiniões. Liberdade de escolha, de pensamento e de expressão configuram o campo do exercício liberal da liberdade. Ora, essas liberdades, como sabemos, são efeitos ou resultados da liberdade e não sua definição. A liberdade é autonomia (é isto a *eleuthêria*), ou seja, a ação que se realiza sem ser determinada por um constrangimento externo. É a autodeterminação. Isto significa que, numa democracia, a liberdade deveria ser o poder de um indivíduo, um grupo ou uma classe para se autodeterminar. Se é verdade que a democracia liberal tentou aproximar-se desse conceito, fazendo do direito de voz e voto um exercício da liberdade civil, não é menos verdade que a sociedade burocrática e de organização é incompatível com a liberdade, como já assinalara Bobbio. Se considerarmos que, numa sociedade de classes, a classe dominada o é porque as relações sociais (da produção à ideologia) impedem sua autodeterminação, diremos que a liberdade é impossível numa democracia liberal (argumento clássico no marxismo) e que, não sem razão, na democracia burguesa ela foi deslocada para um pólo onde se descaracteriza a questão das classes: a autodeterminação nacional, pela qual se atribui ao todo (a nação) aquilo que é recusado a uma das partes (a classe explorada-dominada). Se o argumento da sociedade burocrática e de organização já torna problemática a liberdade liberal, afetando a ação da própria classe dominante no plano político, um outro argumento, agora visando à suposta autodeterminação nacional, também pode ser levantado para constatar o beco sem saída da liberdade nacional: como manter a idéia de autodeterminação nacional da fase do capitalismo oligopólico, ou seja, na fase do imperialismo como política do capital financeiro? Os regimes autoritários, para os quais a questão da liberdade é irrelevante (como liberdade da classe dominante) e perigosa (como liberdade da classe dominada), são mais coerentes do que o liberalismo quando cunham a expressão "nacionalismo responsável", isto é, entrada definitiva no concerto das nações, vale dizer, "sócio-dependente" do capitalismo internacional. Querer entrar na liça política defendendo a liberdade nacional é, nos dias que correm, entrar em combate portando lança e armadura para enfrentar um "inimigo" que usa armas atômicas.

Retomemos a discussão, localizando o problema da liberdade ali onde não se esgota, mas onde efetivamente pode começar: na autogestão no plano da produção. Em geral, o que leva, pelo menos no plano teórico, a considerar a liberdade autogestionária como utopia é a suposição de que ela, circunscrita apenas ao campo da produção, implicaria o fim dos conflitos sociais, uma sociedade enfim reconciliada consigo mesma, idêntica, homogênea, transparente. Em outras palavras, realizando o ideal do totalitarismo ou de uma harmonia preestabelecida entre os relógios de Leibniz depois que Deus lhes desse corda infinita. Nesse caso, a participação nas decisões, em lugar de ser o modo de realização da democracia, seria simplesmente sua supressão. E isto por três motivos, pelo menos: em primeiro lugar, porque a existência dos conflitos passaria a ser ignorada ou recusada; em segundo lugar, porque a dimensão pública ou aberta da vida coletiva seria confundida com a plena (e suposta) identidade da sociedade consigo mesma a partir das relações de produção; e, enfim, em terceiro lugar, porque o direito igual de todos a participar das decisões seria reduzido ao direito de administrar uma sociedade que funcionaria em total consonância consigo mesma.

Ora, são determinações constitutivas do conceito de democracia as idéias de conflito, abertura e rotatividade. Quando o conflito perde sua dimensão real, qual seja, a da contradição, para converter-se em oposição, a democracia se reduz à capacidade para rotinizar conflitos, em lugar de trabalhá-los ou de pôr-se em movimento para superá-los e, assim, efetuar-se como sociedade histórica. A democracia é difícil, subversiva, como dizia Bobbio, quando não cessa de pôr em questão suas instituições. Esse questionamento permanente do instituído, pelo qual a sociedade democrática é plenamente histórica (e não o fim da história), é o que se entende por admissão da realidade dos conflitos. Dizer que o conflito é contradição e não oposição, significa dizer que ele instaura uma forma de sociabilidade sempre questionável e questionada; significa, também, reconhecer que as divisões sociais não serão abolidas numa sociedade futura, mas que, por existirem, nem por isso serão legitimadas e legalizadas por mecanismos que as dissimulem. Não se trata de supor que a sociedade se tornará transparente, mas sim que não poderá dissimular seus conflitos. Precisará trabalhá-los e recriar-se. É isto que a faz livre ou autodeterminada.

O caráter aberto da democracia não se confunde com a utopia de uma igualdade indiferenciada que é, antes, sinônimo de coletivização do que o de socialização. A abertura democrática não significa a existência de uma sociedade transparente que se comunica consigo mesma de ponta a ponta, sem opacidade e sem ruído, uma sociedade onde todos se comunicam com todos numa circulação imediata das informações. É uma sociedade na qual a informação circula livremente, percorre todos os níveis da atividade social, enriquecendo-se ao circular, isto é, numa circulação que não é consumo, mas produção da própria informação. No entanto, não é a liberdade da informação que define a abertura democrática, mas uma outra idéia do espaço público que não se confunde com o da mera opinião pública. É a elevação de toda a cultura à condição de coisa pública. Isto não significa que a ciência, a filosofia, as artes e as técnicas se tornem transparentes e imediatamente acessíveis (isto é o ideal da televisão e da gratificação imediata do consumidor); não significa que deixem de ser, em suas expressões mais rigorosas, impenetráveis para os não-iniciados. Significa, apenas, que é bastante diverso considerá-las como de direito acessíveis a todos que desejem dedicar-se a elas, do que considerá-las privilégio de uns poucos. Uma coisa é *usar* a impenetrabilidade imediata de certos produtos da cultura para justificá-los como coisas privadas; outra, bastante diversa, é afirmá-los como coisas públicas pelo igual direito de acesso não apenas ao seu consumo, mas sobretudo à possibilidade de produzi-los. Há duas maneiras igualmente antidemocráticas de lidar com a cultura e com a informação: fazê-las privilégio de uns poucos, em nome da divisão "natural" das aptidões, ou vulgarizá-las, escamoteando tanto a divisão social do trabalho quanto a realidade do privilégio para produzi-las.

Enfim, no que respeita à rotatividade, é preciso recuperar o significado real e simbólico daquilo que aparece na utopia da cozinheira-ministra de Estado de Lênin. Uma sociedade democrática (é tão óbvio!) supõe que as funções de decisão e direção não são propriedade exclusiva de um grupo nem de uma classe. Enquanto a idéia de representação estiver vinculada à de propriedade privada do poder, a democracia não é um logro por ser representativa, pois em tal contexto ela não é nem pode ser representativa. Somente numa democracia real é possível compreender o significado prático-simbólico das eleições: nestas não se exprime tanto o direito legítimo de manifestação da pluralidade de interesses e de opiniões, mas a própria idéia de soberania popular (o *Krathós* do *demos*), pois durante o período eleitoral, por um breve lapso de tempo, o poder aparece como desocupado, como não identificado com seus ocupantes porque a vacância revela sua origem, a sociedade soberana.[29] Nesta perspectiva, a idéia de representação pode adquirir senti-

---

29. "(...) a originalidade da *pesquisa* que mobilizava a revolução húngara. Com efeito, não é suficiente sublinhar, face à burocracia, que o proletariado reencontrou espontaneamente métodos de combate — a greve geral — e formas de organização — os conselhos — forjados outrora em circunstâncias revolucionárias na luta contra o Capital e o Estado burguês. Também não seria suficiente afirmar a legitimidade de reivindicações nacionais e democrático-liberais num país que sofre em sua economia e em sua cultura uma opressão de tipo imperialista, e onde a supressão das liberdades de organização, de expressão, de informação, de circulação de idéias e de homens está a serviço da onipotência do Estado. *Manter essa linguagem é deixar escapar a parte do novo.* Os revolucionários húngaros, e em primeiro lugar os operários organizados em conselhos, tiveram não apenas noção, como um pequeno número de seus predecessores em 1917 tivera, mas a *representação* do perigo que envolvia um poder que concentrasse todas as decisões afetando a sorte da sociedade. Mais do que isto. No período de sua criatividade mais intensa, isto é, após a segunda invasão soviética, deram provas de uma reflexão nova sobre *o perigo que emanava de seu próprio poder ao se desenvolver* (...) Não é apenas no presente, como defesa, que os delegados aceitam assumir uma responsabilidade política. Já enfrentam a contradição fecunda do futuro ao desejarem, simultaneamente, aceitar essa responsabilidade e que ela fosse limitada. O que esboçam é uma nova divisão do poder — desconhecida nas democracias burguesas e que só seria possível graças ao socialismo — entre os órgãos, se se pode falar assim, político-políticos, e os órgãos político-econômicos: divi-

do concreto. Assim, a idéia e a prática da democracia direta, longe de ser uma alternativa para a democracia representativa, é sua condição. Quando se vai além da democracia liberal e quando se tem presente o significado da indiferenciação ou identificação totalitária entre poder, sociedade e Estado é que se pode avaliar em que um projeto democrático pode ou não ser um projeto de transformação social e em que pode ou não apelar internamente para o socialismo.

Num país onde as liberdades civis não estão garantidas, encontrando-se na dependência de "leis de segurança"; onde o direito de greve é ilegal; onde os sindicatos se encontram atrelados ao Estado; onde a política social é arma de controle econômico-político;[30] onde as desigualdades sócio-econômicas não são apenas de classe, mas ainda regionais; onde o sistema federativo nunca chegou a concretizar-se; onde o "centrismo perpétuo" foi sempre a regra da vida política e os partidos, de notáveis, foram sempre clientelísticos, enquanto os de massa sempre foram burocráticos;

---

são juridicamente instituída (...) Marx dissera que a Comuna havia sido, enfim, a forma encontrada pelo socialismo. Não cairemos no erro de dizer que a revolução húngara nos trazia uma 'solução': ela dava sentido à questão do socialismo não só graças à existência dos conselhos, mas graças à descoberta do limite do poder — não somente graças à mobilização e quase fusão das energias coletivas, mas graças a uma experiência e a um desejo novos da diferença." (Lefort, Claude, "Une autre revolution", *Libre*, Paris, Payot (1): 102 e 107, 1977.)

30. A esse respeito veja-se a análise da poupança compulsória (via PIS-PASEP, FGTS etc.) feita por Francisco Paulo Cippolla na *Revista Estudos*, op. cit., nº 25. Ainda no mesmo número da mesma revista, veja-se James Malloy, "Previdência social e distribuição da renda", especialmente pp. 128 e segs., sobre o conceito de "segurança social". "Assim, a questão da segurança social vai ao centro de um dos problemas-chave da economia política: a capacidade de uma sociedade como um todo gerar poupança para financiar os programas sociais, sem romper os programas de desenvolvimento econômico. Basicamente, envolve a questão, política e ideologicamente delicada, da privação de consumo imediato, em nome de um excedente que possa ser investido, e, obviamente, a questão de quais grupos 'pagarão o preço', ou seja, terão sua capacidade de consumo reduzida a curto prazo. A segurança social é fundamentalmente um problema político diretamente relacionado à questão da distribuição da renda, da responsabilidade individual e do papel do Estado (...) Em outras palavras, o problema é quando, como e por quem um trabalhador é pago por seu trabalho? Uma análise da penetração da segurança social no Brasil indica claramente que os programas de assistência social serão pagos em grande parte por aqueles que se beneficiam desses programas. Pagarão por eles abrindo mão de parte de seus ganhos correntes a fim de serem beneficiados no futuro pelos programas governamentais que lhes são impingidos. Assim um conceito-chave, derivado da doutrina de segurança social, é o do 'salário social' (...) O salário social não é determinado pelo mercado de negociações entre um trabalhador e um empregador ou por um agente de um grupo de trabalhadores em barganha com o empregador, mas pelo Estado agindo em nome da coletividade" (pp. 120-230).

onde grande parte das esquerdas (sobretudo no plano das lideranças) saíram da classe média urbana e, de modo geral, das burocracias estatal e militar (determinando lutas políticas sempre voltadas para o Estado como organizador por excelência do espaço social, econômico e político); onde o autoritarismo não é apenas a tônica dos governos, mas marca distintiva das relações sociais, permeando todas as atividades e a maneira de pensar; onde a afirmação da autonomia nacional só conseguiu precariamente afirmar-se durante governos de estilo fascista ou populista; onde o fantasma da "revolução burguesa" como etapa histórica "ainda" a ser cumprida não conseguiu desaparecer, malgrado a eficácia real da dominação capitalista, vindo a impedir uma percepção mais clara do uso do Estado feito pela burguesia nacional; onde os liberais nunca desprezaram a necessidade periódica da intervenção militar para fortalecer o Executivo a fim de regular o mercado e onde as esquerdas nunca renunciaram à confusão entre prática revolucionária e programa de governo; onde, portanto, a política sempre teve estilo conspiratório e golpista sem conseguir realizar-se sequer com a ajuda rotineira de mecanismos institucionais estáveis; onde a crença na vocação demiúrgica do Estado, de cuja ação se espera a criação da sociedade e o movimento da história, obscurece o fato de que se trata de um Estado burguês, não porque serve à burguesia nacional, mas porque é usado por ela para participar do capitalismo; onde essa mesma visão demiúrgica da ação estatal encontra-se paradoxalmente mesclada a uma visão de que as leis, porque o são, podem ser permanentemente burladas, o que significa, na prática, jamais contestá-las enquanto leis; onde essa visão das leis, como a serem transgredidas, em vez de contestadas, é tida como prova da ausência de hegemonia burguesa enquanto capacidade para cimentar o consenso e para dar direção moral e política ao processo social, quando, na verdade, é essa "fraqueza" das leis um dos aspectos da hegemonia burguesa no país, pois não ser democrata não significa não ser burguês; onde a aposta periódica nos movimentos sociais populares só os toma como meios de mobilização e não como formas capazes de instaurar práticas que pudessem enraizar-se em instituições democráticas, reduzindo, com isto, a democracia à dimensão instrumental de uma prática política ocasional, pois, ao contrário do que sucedeu na Europa, neste país a democracia é sempre resultado conjuntural de uma correlação de forças e não o resultado de uma práxis social comum;[31] onde vigora o sentimento de "não possuir uma

---

31. Thereborn, Göran, "The Travail of Latin American Democracy", *New Left Review*. Oxford, nºs 113-114, jan./abr. 1979.

posição reconhecida na comunidade cívica ou de não ter comunidade cívica de que participar";[32] onde impera o corporativismo na definição da cidadania determinada por profissão, fazendo com que as associações profissionais e os sindicatos sejam engolidos pela fragmentação que reforça a unificação imposta por via estatal; onde a situação sócio-econômica do campo permitiu um capitalismo por "via prussiana" que nem a direita liberal nem a esquerda jamais contestaram em profundidade; onde a memória das lutas trabalhadoras se perde não só porque a história (oficial e de esquerda) é história do vencedor, contínua, linear, progressiva e "feita sem sangue", mas sobretudo porque a repressão sistemática sempre dizimou as lideranças trabalhadoras, a questão social nunca tendo deixado de ser uma questão de polícia, culminando na transformação das regiões operárias em "zonas de segurança nacional"; onde a posse da terra se resolve à bala; onde as minorias indígenas são forçadas à "emancipação legal" que as expõe à pilhagem capitalista; onde ainda é preciso reivindicar escolas públicas e saneamento básico;[33] onde ainda é preciso lutar por eleições diretas e pelo sufrágio universal — num país destes, isto é, no Brasil, a democracia liberal parece ser algo a conquistar e a discussão precedente soa como não-senso. Talvez não seja.

É possível que as questões levantadas anteriormente sobre a natureza do Estado capitalista contemporâneo, assim como a discussão sobre a natureza e limites da democracia liberal permitam vislumbrar os enganos de uma idealização dessa democracia, compreender alguns aspectos da democratização em curso, as possibilidades de surgimento de uma oposição de estilo social-democrata e a novidade dos movimentos dos trabalhadores.

Quanto à idealização da democracia liberal, alguns argumentos podem facilmente torná-la problemática. Em primeiro lugar (mesmo incorrendo aqui em pecado de economicismo), a modificação da base material do poder, isto é, o avanço do capitalismo monopolista e oligopólico não permite "recuperar" a democracia liberal clássica. Permite, quando muito,

---

32. Weffort, Francisco, *Sindicalismo e democracia*, comunicação no Seminário sobre Direito, Cidadania e Participação, São Paulo, OAB/CEDEC/Cebrap, 1979, mimeografado, p. 4.

33. "Mas o governo bem que tentou, daí os subsídios brutais para o capital privado. O Brasil tem o privilégio de ser o único país do mundo que dá subsídios no valor de 5% do PIB ao grande capital e apenas 3 a 4% aos serviços de utilidade pública, como saúde e educação." (Tavares, Maria Conceição, "Conta é alta demais para o povão", entrevista à *Folha de S. Paulo*, 21-9-1979, Caderno de Economia, p. 50.)

pensar numa democracia de tipo schumpeteriano,[34] ligada à idéia, explicitamente formulada por Geisel na Mensagem ao Congresso de 1975, de diálogo entre situação e oposição e de "maior participação das elites responsáveis e do povo em geral".[35] Em outras palavras, trata-se de uma democracia que restaure o Estado de Direito para alcançar um "capitalismo civilizado",[36] capaz de tolerar o pluripartidarismo e os movimentos populares de pressão e contestação, até mesmo algumas greves (desde que também sejam "civilizadas").

Em segundo lugar, não precisamos recorrer a análises marxistas para minimizar a idealização: basta lembrarmos as análises lúcidas de liberais como Bobbio (que enfatiza a presença da legitimidade negativa ou da legalidade pelo exercício de fato do poder como perda da legitimidade positiva nas democracias contemporâneas), McPherson (que analisa o colapso das democracias representativas, o antidemocratismo das elites dirigentes e propõe uma democracia participativa na base e representativa no topo como alternativa para o impasse atual), Hanna Arendt (para quem a "crise da

---

34. Resumidamente, o modelo apresenta os seguintes traços: a) a democracia é um mecanismo para escolher e autorizar governos, a partir de grupos e partidos em competição; b) a função dos votantes não é a de resolver problemas políticos, mas a de escolher homens que irão decidir quais são os problemas políticos e como resolvê-los; c) a função do rodízio eleitoral é a de evitar o risco de tirania pela alternância dos governantes; d) o modelo político está baseado no modelo do mercado econômico, fundado no pressuposto da soberania do consumidor e da demanda que, na qualidade de maximizador racional dos ganhos, faz com que o sistema político produza distribuição ótima de bens políticos; e) a natureza instável e consumidora dos sujeitos políticos obriga a existência de um aparato governamental capaz de estabilizar as demandas da vontade política, estabilizando a "vontade geral" através do aparelho do Estado. O curioso no modelo schumpeteriano é o fato de que, ao contrário dos liberais clássicos, que procuravam distinguir entre economia e política (ou entre sociedade civil e Estado), estabelecendo, por exemplo, a diferença entre interesse e razão ou entre conflitos e consenso, mostra como o atual liberalismo pensa *diretamente* a política pelos padrões da economia de mercado. Por outro lado, ao contrário do marxismo, para quem interessa justamente compreender a separação entre economia e política num sistema que as faz esferas reciprocamente constituídas, o modelo schumpeteriano deixa a nu o papel da política como administração da economia, de tal modo que, por exemplo, uma questão como a da legitimidade se esgota na eleição dos dirigentes.

35. Geisel, Ernesto. "Mensagem ao Congresso". *Folha de S. Paulo*, abr. 1975.

36. Macedo, Murilo. "Murilo propõe queda do conservadorismo", entrevista à *Folha de S. Paulo*, 16-3-80, Caderno de Economia, p. 39. Também: "Enfim desejam um capitalismo civilizado", como concordou Severo Gomes. Entretanto, observou José Ermírio de Moraes, "sem a bagunça italiana". Suplicy, Eduardo Matarazzo, "Um exemplo a ser seguido". *Folha de S. Paulo*, 27-6-78, Caderno de Economia, p. 20.

república" é o sinal de alarme para uma reconstrução democrática que não seja "uma farsa cruel"), Dahal (ao propor a poliarquia como alternativa democrática para as sociedades complexas e divididas por conflitos que a democracia liberal representativa não pode resolver, mas aguçar) ou, enfim, Robert Paul Wolff (ao afirmar que a "pobreza do liberalismo" se manifesta não apenas nas dificuldades da prática de uma democracia liberal, mas no nível dos próprios princípios)[37] para que os limites sociais e políticos da democracia liberal, pelo menos em sua versão clássica, apareçam com toda clareza.

Em terceiro lugar, como lembra Göran Thereborn, não nos deve surpreender a existência de regimes antidemocráticos no capitalismo, pois o surpreendente é a existência das democracias formais.[38] Com efeito, em seus estudos sobre a implantação das democracias liberais na Europa Ocidental e nos Estados Unidos, Thereborn demonstra quão tardia foi essa implantação, datando da Segunda Guerra Mundial e, nos Estados Unidos, apenas de 1970, com eliminação das restrições políticas de caráter racista. A democracia liberal não se instalou sem a proteção de "salvaguardas", isto é, de um sistema rigoroso de exclusões sociopolíticas (qualificação do voto e da elegibilidade, exclusão dos trabalhadores, das mulheres, velhos, menores, analfabetos, negros, índios, pela ilegalidade de partidos políticos de esquerda, quando não pela fraude ou pela violência física) que só muito lentamente foi sendo quebrado em razão de dois fatores imprevisíveis para a burguesia, pois nascidos da contradição do sistema. Em outros termos, o

---

37. Wolff, Robert Paul, *The Poverty of Liberalism*. Boston, Beacon Press, 1968. "A América não é governada por uma elite no poder. Mas isto não é o ponto principal. O mais significativo na distribuição de poder na América não é quem decide do modo como é decidido, mas sim quantos assuntos e problemas de maior importância social não são objeto da decisão de ninguém. Por exemplo, é universalmente aceito que o bem-estar da nação depende de uma taxa estável do crescimento econômico e, virtualmente, todo mundo se contenta em restringir o governo aos mais frágeis controles indiretos da economia. Os americanos parecem desejar permitir que suas cidades decaiam tornando-se favelas, apesar do entendimento intelectual que possuem dos problemas e que possibilitaria soluções racionais e deliberadas. Mas não há um pensamento socialista significativo na América, de modo que todos, intelectuais e não-intelectuais, isto é, os contribuintes-eleitores, aceitam uma condição irracional de existência social que é desnecessária e inescusável. A responsabilidade por essa lamentável situação cabe, em parte, à ideologia liberal e aos seus pensadores, aos filósofos sociais que escreveram de modo desdenhoso e omisso quando tentaram fazer crítica social" (pp. 118-119).

38. Thereborn, Göran, "The Rule of Capital and the Rise of Democracy". *New Left Review*, Oxford, n. 103, maio/jun. 1977.

fortalecimento da classe operária (em virtude da emancipação legal do trabalho, da criação do mercado de trabalho livre, da industrialização e da concentração do capital) e a necessidade de unificações nacionais (seja por ameaças externas, seja por guerras de libertação nacional) forçaram a classe dominante a alargar as franquias democráticas, ainda que sob controle.

Assim, o que distingue a democratização forçada, na Europa e nos Estados Unidos, da dificuldade de democratização no Brasil, não é a visão progressista das burguesias "adiantadas" contraposta à visão conservadora da burguesia "atrasada", mas o fato de que a questão democrática se insere em histórias políticas diferentes. Em nosso caso, a questão democrática nunca esteve voltada para o problema do alargamento das franquias democráticas (negros alforriados e imigrantes, de *jure et facto*, não têm direito a voz e voto), mas, em geral, democratizar sempre significou, de um lado, impedir por vias legais a emergência de forças populares democráticas, e, de outro lado, eliminar fraudes eleitorais e regular conflitos entre partidos burgueses. Com isto, os momentos de democratização tenderam a ser de dois tipos: os populares ou não institucionalizados (como os movimentos anarquistas e anarco-sindicalistas), dizimados na fonte, e os da classe dominante com "revoluções feitas sem sangue". No entanto, nos dois casos há um traço comum, qual seja, os momentos de democratização sempre foram conjunturais e determinados fundamentalmente por necessidades da política burguesa à qual, geralmente, sempre esteve atrelada a classe média urbana, favorável à "moralização" dos hábitos políticos. Em que pesem os custos sociais do eclipse periódico do Estado de Direito entre nós, não há entre a política brasileira e as democracias formais uma diferença relevante no que concerne às decisões econômicas e sociais necessárias à política capitalista, pois "a forma típica de tomada de decisão burguesa raramente se realiza através do voto. Pelo contrário, se faz predominantemente de modo mais ou menos secreto por acordos barganhados e por direções (supostamente baseadas na superioridade da competência técnica) com parâmetros claramente predefinidos".[39]

Enfim, não é demais recordar que, além de o reconhecimento dos partidos políticos como instituições do Direito Público datar apenas dos anos 1950 e da conquista do sufrágio universal ter sido bastante tardia, as democracias liberais convivem com práticas das quais o mínimo a dizer é que

---

39. Thereborn, Göran, *The Travail of Latin American Democracy*, op. cit., p. 105.

ferem os "princípios democráticos": o colonialismo, a permitir fora das fronteiras democratizadas o que se torna impossível perpetrar internamente; a ilegalidade e perseguição dos partidos de esquerda e das pessoas físicas de esquerda (afinal, o macarthismo foi ontem); a tortura e morte de presos políticos (a guerra da Argélia não está distante); a repressão sistemática de minorias raciais e nacionais (dificilmente índios, negros, chicanos ou chineses, escoceses, galeses, irlandeses ou paquistanenses considerariam os Estados Unidos ou a Grã-Bretanha como plenas realizações da democracia); a superexploração da mais-valia não apenas na "periferia", mas no "centro" do sistema através do regime de trabalho, política salarial e social a que estão submetidos os imigrantes e migrantes; as pressões e intimidações físicas a que estão sujeitos os grevistas; os "suicidados" na Alemanha Federal; os serviços internacionais de informação; o papel disciplinador e normalizador dos hospitais psiquiátricos e das prisões; a discriminação das mulheres no trabalho e na política; o sistema escolar discriminatório; a destruição do meio ambiente; a manipulação sistemática da informação a fazer da "liberdade de opinião pública uma farsa cruel";[40] a violência policial contra movimentos sociais etc.

Dir-se-á, com razão, que a violência faz parte da política? Que a Declaração dos Direitos do Homem e do Cidadão é uma idéia reguladora de tipo kantiano (um "age como se")? Evidentemente, nada nos impede de considerar a democracia liberal como um ideal transcendental (o que a humanidade atingiria se pudesse realizar sua humanidade) perpassado de acidentes sociais meramente empíricos (afinal, desejar ser bela-alma e fazer política é cair no filistinismo!). A enumeração lacunar anterior não pretende, obviamente, "desmoralizar" a democracia liberal, mas visa simplesmente assinalar que a diferença entre a política brasileira e as democracias formais é apenas de *timing* ou de quantidade, isto é, que, nelas, os fatos mencionados se distribuem no tempo e ocorrem de modo disperso enquanto, aqui, acontecem de uma só vez e de modo compacto. Entre nós, aparecem como regra; noutras partes, como (se fossem) exceção. Digamos que, nas democracias formais, o ideal transcendental tropeça na empiria e, no Brasil, se esborracha por inteiro.

Se a democracia liberal não fornece motivos reais para ser idealizada, por que, de fato, o é? Quais as razões que a fazem surgir periodicamente na cena política brasileira como solução necessária? "Não há qualquer razão

---

40. Arendt, Hanna, *As crises da República*. São Paulo, Perspectiva, 1973, p. 47 (Col. Debates).

intrínseca para que a burguesia desenvolva a democracia parlamentar, mesmo para si mesma, a não ser quando começa a tornar-se arriscada a manutenção dos padrões informais e o autoritarismo".[41] A implantação do Estado de Direito vem à baila quando a representação indireta da burguesia pelos dirigentes entra em conflito com aspirações e expectativas que começam a exigir a representação direta dessa mesma burguesia. Esse conflito não é uma contradição, mas um problema que, como todo problema, pode ser resolvido sem grandes alterações, isto é, sem tocar na forma da economia e da sociedade, bastando mudar o "modelo" político e, por vezes, o econômico. Neste contexto, o atual processo de democratização ganha contornos mais nítidos, do ponto de vista político.

Escrevendo sobre o sistema político implantado no Brasil a partir de 1964, Celso Lafer[42] demonstra que o modelo adotado se baseia numa transferência dos *loci* de negociação ou de barganha, que passam da esfera do parlamento para a esfera econômica sob controle direto do Executivo. Até o governo Geisel, escreve Lafer, os *loci* eram o Conselho Interministerial de Preços e o Conselho Monetário Nacional; no governo Geisel, transferem-se para o Ministério do Planejamento. A legitimidade é negativa e não positiva, ou seja, é obtida através do exercício de fato do poder (via política econômica) e não através do consentimento e consenso sociais. Se, por um lado, essa política é bem sucedida do ponto administrativo ou de melhoria efetiva da máquina governamental, graças ao predomínio do Estado sobre a sociedade civil, não apenas através da legitimidade econômica, mas ainda pelo acionamento dos dispositivos de segurança (outra face da legitimidade negativa), a eficácia operacional do sistema, lembra o autor, não se fez sem custos. Houve "custos políticos em termos de supressão de liberdades públicas; custos sociais em termos de acentuação das desigualdades na distribuição de renda, para a qual certamente deve ter contribuído a forte contenção dos reajustes salariais; custos culturais em termos de um amortecimento da criatividade, produto inevitável do controle coercitivo da criação, transmissão e divulgação da cultura e da informação, para mencionar apenas três itens dos muitos que podem ser arrolados no exame da situação"[43] e entre os quais, acrescentamos nós, os custos humanos dos que foram presos, mortos, torturados ou exilados. O autor indaga, então, quais

---

41. Thereborn, Göran. *The Travail of Latin American Democracy*, op. cit., p. 105.
42. Lafer, Celso. *O sistema político brasileiro*. São Paulo, Perspectiva, 1975 (Col. Debates).
43. Idem, ibidem, p. 101.

seriam as alternativas para uma transformação do sistema e, dado o peso que a legitimidade negativa teve em suas análises, encaminha-se para a necessidade da legitimidade positiva, que é social e política e que exclui os mecanismos de coerção organizada (ou da segurança). Conclui afirmando que "enquanto o sistema político brasileiro pós-64 circular, com predominância estrutural, a moeda da coerção organizada (poder militar), calcada na auto-referibilidade de sua legitimidade, não haverá democratização. De fato, o 'gradual, mas seguro, aperfeiçoamento democrático' pressupõe um mecanismo impessoal de submissão dos governantes à vontade dos governados, e do qual o voto é um dos elementos, sobretudo no episódio culminante de qualquer pacto de dominação que é o da transferência de poder".[44]

Às conclusões de Lafer podemos acrescentar um complemento: o Manifesto dos Empresários Paulistas de junho de 1978, onde se lê que "o almejado equilíbrio entre os três protagonistas principais do processo de industrialização ainda está longe de ser alcançado. A empresa privada nacional padece de fragilidade preocupante, a empresa pública escapou dos controles da sociedade e a empresa estrangeira não está disciplinada por normas mais adequadas e claras de atuação (...) A efetivação de uma política industrial, nos moldes em que estamos preconizando, supõe uma participação efetiva do empresariado em sua elaboração. Os órgãos encarregados de sua formulação deverão abrigar representação dos industriais, que poderão assim emprestar sua experiência e conhecimento no desenho das grandes linhas daquela política, ainda que não interferindo nas decisões administrativas (...) Já é hora de incorporar os autênticos representantes do meio rural na formulação de uma política agrícola capaz de garantir não só a expansão do abastecimento interno, como também de evitar políticas inadequadas na comercialização externa das safras".[45] Depois de afirmar, portanto, que os protagonistas principais são o capital nacional privado e estatal e o capital internacional, e que há necessidade de participação e de representação direta dos empresários (indústria, agricultura e comércio) na política econômica, o manifesto pode passar a incluir a figura dos trabalhadores (através da questão social como política salarial e de distribuição de renda) e a do povo em geral (através dos serviços públicos: saneamento

---

44. Idem, ibidem, p. 127.

45. "Só democracia absorve tensões sociais". Manifesto de oito empresários paulistas (Cláudio Bardella, Severo Gomes, José Mindlin, Antonio Ermírio de Moraes, Paulo Villares, Paulo Vellinho, Laerte Setúbal e Jorge Gerdau), publicado na *Folha de S. Paulo*, 27-6-78, Caderno de Economia, p. 20.

básico, escolas, transportes coletivos, defesa do meio ambiente). Todavia, essas figuras entram em cena de modo bastante preciso: na qualidade de protagonistas "menores", aparecem pela mão do Estado, isto é, da política social. Aqui não há menção da necessidade de participação e de representação direta, mas de uma ação estatal para corrigir a situação crítica das desigualdades sociais cujas "causas são remotas e diversas". Uma vez desenhado o quadro das exigências, os empresários podem declarar que só serão satisfeitas num regime democrático. "Acreditamos que o desenvolvimento econômico e social, tal como o concebemos, somente será possível dentro de um marco político que permita a participação ampla de todos. E só há um regime capaz de promover a plena explicitação dos interesses e opiniões dotados ao mesmo tempo de flexibilidade suficiente para absorver tensões sem transformá-las num indesejável conflito — o regime democrático. Mais que isto, estamos convencidos de que o sistema da livre-iniciativa e a economia de mercado são viáveis e podem ser duradouros, se formos capazes de construir instituições que protejam o direito dos cidadãos e garantam a liberdade".[46]

O Manifesto é democrático (participação política de todos, instituições que garantam os direitos do cidadão e a liberdade) e liberal (a livre-iniciativa e a economia de mercado podem ser mantidas e duradouras). Todavia, possui um elemento novo que o afasta de um projeto liberal de tipo clássico: o modo pelo qual determina o lugar do Estado no espaço social. O Estado não comparece na qualidade de árbitro, mas na de protagonista da política econômica enquanto sócio ou como capital estatal, o que permite o estabelecimento da paridade (participação e representação direta) entre ele e os outros dois protagonistas. Sem perder a função de ordenador do espaço social através da política social, o Estado, no entanto, só poderá definir essa política a partir daquela definida por sua associação com os empresários privados nacionais e internacionais. Neste contexto, torna-se claro por que o liberalismo é proposto: trata-se, por um lado, de não confundir defesa da empresa privada nacional com nacionalização e, por outro lado, de não confundir o papel associado da empresa estatal com estatização da economia. Esse liberalismo também esclarece a defesa das negociações diretas entre patrões e empregados, ou entre sindicatos patronais e sindicatos operários, na medida em que já não é possível manter a imagem liberal do Estado neutro e árbitro imparcial de conflitos na esfera

---

46. Idem, ibidem.

econômica. Da parte do Estado pode haver intervenção — como foi sempre o caso — mas não pode haver a conservação da imagem do "guarda-noturno". Em outras palavras, o Manifesto deixa claro que o Estado comparece como *parte* na política econômica e como *todo* na política social — da primeira, os empresários participam diretamente; da segunda, todo o povo participa indiretamente através de seus representantes eleitos por sufrágio universal. O problema, porém, é que a relação entre o Estado-"parte" e o Estado-"todo", na prática, encontra-se invertida, isto é, a política social não determina a política econômica, mas é determinada por ela.

Portanto, é significativo que, quando as questões relativas à política social interferem no curso da política econômica (como ocorre com certos movimentos sociais ou com certas greves), o empresariado recue da posição democrática para a liberal (e alguns, evidentemente, não abandonam sequer a perspectiva autoritária). É assim que Einar Kok, defensor da abertura política, se exprime numa entrevista: "(...) antigamente acontecia o seguinte: quando aparecia uma reivindicação operária, nós simplesmente dizíamos que o governo tinha que decidir. Uma coisa eu acho importante dizer: negociação direta não é rendição. É discussão séria, dura (...) Um grupo mais lúcido está achando que a abertura política é necessária para se aliviarem as pressões. Mas há uma outra ala que está assustada com o deflagrar do processo, com medo de abrir as comportas e depois não encontrar a palavra mágica para segurar. Eu acho que a democracia oferece um sistema de controle, de autodefesa (...) Mas há os que passaram aquela crise de 64 e estes são os mais duros (...) Basta ter uma greve, uma manifestação estudantil qualquer e é a mesma história. Todo mundo hoje anda colocando na moldura de 79 o quadro de 64. Mas a história não se repete, as situações nunca voltam."[47]

O que é curioso nas declarações do empresário é a corte inicial entre aqueles que compreendem a importância da democratização e a defendem e aqueles que a temem e condenam, corte que no final se desfaz com o estranho aparecimento de um "todo mundo", cuja aparição é determinada pela ocorrência das greves operárias e de manifestações estudantis. Esse "todo mundo" torna muito significativa a entrevista, dada ao mesmo periódico no mesmo número, pelo líder sindical Luís Inácio da Silva: "A nossa impressão é que quando eles falavam de democracia falavam apenas da boca para fora. Se pudessem, todos eles jogariam os trabalhadores para fora

---

47. "O medo da liberdade", entrevista do empresário Einar Kok à revista *Isto É*, 21-2-80, p. 65.

do mundo, mandariam prendê-los, fazer qualquer coisa com eles. Ninguém queria dar aumento, ninguém queria negociar (...) Depois das greves os empresários têm sido mais cautelosos, ficou realmente mais fácil conversar com eles. Eles já não têm aquela confiança de antes, já não confiam tanto na Lei nº 4.330, já aceitam conversar mais com os trabalhadores, já atendem reivindicações mais rapidamente."[48]

Por um lado, evidentemente, deve-se levar em conta o fato óbvio de que o golpe de 64 (como deixa entrever o próprio Einar Kok) foi dado para favorecer o empresariado e melhorar a máquina administrativa e governamental em seu benefício, de sorte que os "custos", de que falava Celso Lafer, só se tornaram onerosos à medida que os empresários se sentiam alijados das decisões. Todavia, por outro lado, a máquina instalada, e da qual fora retirada a engrenagem da negociação direta, não foi acionada para afastar os empresários da política, mas para fazê-la para eles e por eles, ainda que a contragosto e com previsíveis atritos. Assim, quando Luís Inácio da Silva afirma que a democracia propalada por muitos dos patrões era "da boca para fora", comete um engano justificado. Ou seja, para o líder sindical, a democracia começa como democracia social e, nessa perspectiva, esbarra com a democratização defendida efetivamente pelos patrões, que é apenas política. Em outras palavras, o "todo mundo" de Kok e o "da boca para fora" de Lula apontam para a questão mencionada acima: o da contradição entre o Estado-"parte" (que os empresários querem democratizar) e o Estado-"todo" (que os empresários querem apenas liberalizar). É essa contradição que muitos procuram dissimular ou minimizar na discussão da democratização, como podemos notar na proposta de Wanderley Guilherme dos Santos de uma política "incrementalista", ou seja, aquilo que no jargão oficial foi batizado com o nome de "gradualismo".

Em conferência realizada no Senado,[49] Wanderley Guilherme dos Santos não indaga, como indagava Celso Lafer, o que fazer para criar uma alternativa à política oficial, mas indica como a política oficial deve encaminhar a liberalização do regime. O interesse de seu discurso, enquanto

---

48. "O avanço sindical", entrevista do líder sindical Luís Inácio da Silva à revista *Isto É*, 21-2-80, p. 72. Para uma discussão sobre a "vocação democrática" dos empresários paulistas e do silêncio imposto por ela às lutas operárias, veja-se Decca, Edgar de. "Classe operária e democracia", *Plural*. São Paulo, n. 2, out.-nov., 1978.

49. Santos, Wanderley Guilherme dos. *Poder e política — crônica do autoritarismo brasileiro*. Rio de Janeiro, Forense Universitária, 1978.

discurso do intelectual, está em apresentar de modo sucinto e claro os passos que, em marcha e contramarcha, os governantes realmente estão dando.

Combatendo o que designa de "naturalismo" da ideologia liberal (isto é, a confiança no *laissez-faire* econômico e político, ambos falidos, para a ordenação espontânea dos conflitos sociais, graças ao correr do tempo como fator de normalização), dos Santos afirma a necessidade da "intervenção deliberada com esse objetivo (uma sociedade mais democrática), pois ao que parece o funcionamento social automático segrega pressões autoritárias antes que a harmonia democrática".[50] Descartando o naturalismo economicista, que espera da otimização do modelo econômico uma redistribuição da riqueza conduzente à democracia, e o naturalismo político, que espera dos atritos entre as facções da elite dirigente a busca de apoios externos que ampliem a participação trazendo a democracia, o autor propõe uma "estratégia não naturalista no sentido da institucionalização da estabilidade política".[51] Essa estratégia é uma política de descompressão ou uma política incrementalista, que se inicia operando modificações marginais no atual estado de coisas, avançando moderadamente, introduzindo uma única modificação de cada vez enquanto vai mantendo o restante do sistema sob controle. A estratégia impõe: evitar a simultaneidade das pressões (a transformação não deve operar por modelos globais), evitar cumulatividade de desafios (nenhuma área deve ser liberada sem que antes o poder tenha sido provido de meios para exercer coação específica sobre possíveis abusos) e garantir processos compensatórios (visto que toda ordem política decorre, por um lado, da disseminação da lealdade pela persuasão e, por outro lado, da imobilidade pela coação, trata-se de diminuir a necessidade da coação generalizada por uso da coação específica e de obter a mobilização da lealdade ao sistema "pelo que o sistema faz e pelo que impede que outros façam, mobilização que é obtida por decisões, discussões e escolhas feitas por atores relevantes). Tal estratégia supõe uma agenda de prioridade cuja hierarquia deve ser: garantia das liberdades civis através do judiciário e organização-manifestação das opiniões políticas através da opinião pública. Somente depois dessa institucionalização, a agenda poderá conter a discussão da organização partidária das vontades políticas. Nesse processo, anterior à organização partidária, diz o autor, os go-

---

50. Idem, ibidem, p. 151.
51. Idem, ibidem, p. 153.

vernantes podem "contar com a participação da *intelligentsia* nacional". Como foi seu caso.

Aparentemente, são incompreensíveis as razões que levam dos Santos a imaginar esse caminho como democratizante, pois não se vê imediatamente por que a recusa do "naturalismo" liberal deva implicar um tecnicismo manipulador como substituto da práxis política. No entanto, esse tecnicismo é a outra face da moeda na perspectiva liberal — quando não se pode obter espontaneamente a estabilidade e a harmonia, trata-se de obtê-las por uma "intervenção deliberada" (afinal, não se pode imaginar que Lord Keynes tivesse deixado de ser um liberal por ter abandonado o *laissez-faire*!). Em outras palavras, é porque o *propósito* é de tipo liberal (ordem e harmonia numa sociedade de classes sob a orientação de "atores relevantes") que os *métodos* liberais devem ser substituídos por outros. Nem Weber teria pensado com tanto rigor a adequação racional entre meios e fins. Apenas, cumpre observar, o liberalismo de W. G. dos Santos é moderno: uma vez constatado que o "funcionamento espontâneo" da sociedade "segrega pressões autoritárias" e não a *pax democratica*, e desde que não se investigue a origem desse fenômeno (isto é, a sociedade de classes), o pensador pode adotar uma posição liberal modernizante na qual a ordem se chama estabilidade institucional, a autoridade se chama manutenção do controle, a manipulação é batizada de mobilização das lealdades, a dominação passa a ser designada como lealdade ao sistema pelo que o sistema faz e pelo que impede aos outros de fazer, e os cidadãos responsáveis são apelidados de atores relevantes.

A idéia de democratização como "estabilidade institucional", anterior à prática democrática (jogo partidário-parlamentar) ou ao novo pacto de dominação, pretende que a instauração do Estado de Direito se faça pela outorga da lei e não pela discussão e decisão coletiva (como seria o caso, por exemplo, de uma assembléia nacional constituinte, livremente eleita por sufrágio universal com representantes de todas as classes e de todas as regiões do país). Não basta aqui observar o óbvio, isto é, que se trata de uma liberalização pelo alto, feita e controlada pelo Estado, e não de uma democratização. As declarações do finado ministro Portella deixam patente que os governantes sabem disto e não ocultam que o sabem (apenas ocultam o cronograma das prioridades): "(...) o processo inicial de abertura foi marcado por concessões do presidente Geisel. Ora, isto leva necessariamente ao controle por quem concede. Com as reformas, o controle passa a ser o da lei. É a dinâmica própria, cabendo a cada partido, na esfera de suas atribuições, e somente nesses limites, agir e reivindicar."[52] Mais interessante do que a constatação do óbvio é perceber o significado global desse processo, preconizado por dos Santos e realizado pelos governantes, à luz do problema anteriormente assinalado da contradição entre o Estado como "parte" e o Estado como "todo", ou entre política econômica e política social.

Na linguagem de Bobbio, diríamos que os governantes procuram restaurar a legitimidade positiva através da legalidade e da esfera parlamentar, ou seja, por intermédio do Estado representativo. Esse procedimento implica transferir para a área partidária e parlamentar os conflitos sociais, retirando-os de seus lugares de origem (os locais de trabalho, as associações de classe), numa "politização" imediata dos antagonismos para que não se convertam, segundo o atual jargão, em confrontos. Todavia, a rotinização dos conflitos pelo Estado representativo não desfaz a realidade do Estado "administrativo", o que não seria grave (afinal, esse é o legado de toda democracia liberal), se a parte "administrativa" não fosse justamente o Estado *enquanto* capital e não o Estado *para* o capital (como o é em sua face representativa). Assim, se é verdade que a "estabilidade institucional" deve tornar possível o jogo político enquanto jogo partidário, não é esta, todavia, sua função primordial. Se, por um lado, é preciso um quadro legal que se antecipe ao jogo das práticas políticas legalizadas (permitindo a paridade intercapitalista), por outro, é preciso que a política social seja definida anteriormente a esse jogo, delimitando o espaço legal de sua realização. Assim, quando Geisel afirmava a necessidade de dirigir e controlar as reivindicações, pois o país seria incapaz de se autogovernar enquanto não fossem atingidos índices mais altos de condições sanitárias, educacionais, habitacionais e econômicas, ou quando, em sua Mensagem ao Congresso, Figueiredo afirmava o avanço da política salarial que faz "comparecer à mesa das negociações a produtividade e não a inflação", deixam claro que o cronograma governamental, ao procurar "evitar a simultaneidade das pressões" e a "cumulatividade dos desafios", visa, por intermédio da política social, diminuir aquilo que se convencionou designar como "a distância entre o Estado e a Nação". Em poucas palavras, a democratização em curso passa pela luta de classes antes de passar pelo arranjo interclasse.

---

52. "De reforma em reforma", entrevista do finado ministro Petrônio Portella à revista *Isto É*, 21-2-80, p. 38.

Sob esse prisma, um outro membro da *intelligentsia* nacional, Miguel Reale,[53] tem toda razão quando demonstra a precedência daquilo que denomina "democracia social" sobre a "democracia política" nos projetos governamentais. "A interferência do Estado", escreve Reale combatendo os liberais, "no plano da vida social e econômica é um imperativo indeclinável da cultura contemporânea". Isto posto, segue-se que o projeto de uma democracia social data do governo Castelo Branco ou da retomada "sem propósitos demagógicos" das chamadas "reformas de base", tendo como ponto de partida uma "compreensão racional e técnica dos problemas brasileiros, aceitando a política de planejamento como uma dimensão irrenunciável do Estado contemporâneo". Se o projeto castelista atrasou-se, foi porque condições reais do país lhe foram um tanto adversas, mas, hoje, "o certo é que, não obstante a crescente estatização, a nova dimensão alcançada pela sociedade brasileira, em termos de racionalização administrativa, rendimento bruto e *per capita* não poderia deixar de alimentar a tendência capaz de estabelecer as bases de um Estado de Direito que fosse também da cultura e justiça social. É nessa linha de desenvolvimento que se situa o modelo da democracia social que os líderes governamentais, em boa hora, resolveram consagrar como doutrina a ser seguida".

A função primordial da "distenção lenta e gradual", colocando prioritariamente a definição legal dos modelos de política econômica e social, para somente a seguir entrar na fase da democracia político-partidária, é a de estabelecer um sistema de articulações entre o Estado e a sociedade (a aproximação entre Estado e Nação), de tal modo que as exigências e reivindicações desta última continuem a ter no Executivo seu interlocutor direto e privilegiado, minimizando, assim, a mediação parlamentar. É na defesa do parlamento, através do fortalecimento dos partidos como canais legítimos de expressão e de organização dos movimentos sociais, que se empenham, portanto, as oposições.

Muito (e muitos) se tem perguntado por que as oposições não puderam ou não souberam adiantar-se às propostas governamentais. Ou melhor, por que palavras de ordem emanadas da sociedade civil (anistia ampla, geral e irrestrita, assembléia nacional constituinte, liberdade de imprensa e fim da censura etc.) não puderam ser conduzidas e controladas inteiramente pelas oposições, antes que o governo delas se apropriasse. Por

---

53. Reale, Miguel. "As razões da democracia social". *Folha de S. Paulo*, 2-3-80, p. 3.

que a reforma partidária não foi conduzida pelos parlamentos, seus maiores interessados? Talvez seja mais interessante modificar um pouco o teor das perguntas, indagando, por exemplo, por que foi possível aos governantes se apropriarem de reivindicações sociais e políticas anteriores à ação governamental (mesmo que tal apropriação tenha sido feita à moda dos mandantes e segundo seus cronogramas), ou então, por que, tendo tomado a dianteira no plano social, as reivindicações ficaram na rabeira política, visto que ao serem apropriadas pelos donos do poder sofreram alterações profundas.

À primeira vista, a resposta parece óbvia. Tolhidas pelas regras de um jogo político restritivo, que lhes dava pouca margem de manobra, as oposições ficaram de mãos atadas, sendo-lhes impossível conduzir o processo e até mesmo cercear os movimentos da estratégia governamental. Foram obrigadas a dançar no compasso alheio. Também parece óbvio que a natureza da "crise" atual do regime, isto é, as lutas entre a facção industrial-privada nacional e a facção do "pragmatismo responsável" ligada à aristocracia financeira nacional e internacional, não é de cunho próprio a criar uma polarização entre uma oposição "vinda de baixo" e uma situação "instalada no alto" e internamente enfraquecida, de modo a permitir um avanço político das reivindicações sociais. Em suma, a fraqueza político-institucional das oposições e a ausência de uma "crise de hegemonia", deixaram a oposição a reboque do processo de democratização. Como escreve Fernando Henrique Cardoso: "(...) o sufoco acabou, mas quem mandava continua mandando e as regras essenciais do poder aí estão ao sabor do 'lento e seguro' ditado pelo Palácio do Planalto."[54]

---

54. Cardoso, Fernando Henrique. "Sem ilusões", *Folha de S. Paulo*, 4-4-80, p. 3. "Terá nossa oposição — fragmentada hoje em mil questiúnculas e uns poucos e frágeis partidos — a sensibilidade para responder à proposta de hegemonia burguesa com uma resposta à altura e, ali onde a porca torce o rabo, na questão social e nas dificuldades econômicas? (...) Ataquemos de rijo o ponto fraco: se ontem a ditadura era visível e sua crítica constituía o ímã para unificar a luta, hoje é o desvendamento do regime como roupagem dourada da 'aristocracia financeira' que dará ao povo o sentimento da oposição e a força para refazer caminhos de luta e reconstituir os canais políticos válidos para a nova realidade." (Idem, ibidem.) O que tentaremos sugerir nas linhas a seguir é que o "problema" das oposições não está na discussão de questiúnculas, nem na fragilidade dos poucos partidos, mas na natureza das propostas políticas das quais o mínimo a dizer é que não "atacam de rijo" coisa alguma. Nem mesmo isso que parece ser fundamental para Cardoso, isto é, a famosa "aristocracia da finança". Para que esse ataque fosse feito e para que fosse rijo, seria preciso que as oposições de esquerda abandonassem o ponto de vista da economia nacional e reconsiderassem as análises de Hilferding, Rosa e Bukharin sobre o imperialismo como *política* do capital financeiro. Veja-se Galvão, Luís Alfredo, "Marxismo, imperialismo e nacionalismo", *Debate e Crítica*, São Paulo, Hucitec, n. 6, jul. 1975.

Embora contenham boa dose de verdade, as explicações fornecidas para o atraso das oposições em relação ao processo político e social pecam por excesso de "objetivismo". Ao que tudo indica, as oposições não ficaram a reboque da situação porque lhes faltassem propostas, nem porque as "condições objetivas" lhes eram adversas ou pouco maduras para uma transformação efetiva. Antes, é preciso meditar sobre a qualidade das propostas e indagar se não foi o conteúdo delas o que permitiu sua apropriação arrevesada, e por vezes caricata, pelos mandantes. Eram elas uma alternativa real ao regime que aí está? Ou pretendiam corrigir os abusos do sistema? Por exemplo, a partir do momento em que se considera o pluripartidarismo constitucional como arma contra um liberalismo morto e contra um autoritarismo vivo, defendendo-se a idéia do "partido moderno" como partido de massa organizado democraticamente e visando a uma mobilização permanente da sociedade civil face ao Estado, evidentemente as oposições apresentam uma alternativa indesejável para o regime (que pretende a restauração do velho pluripartidarismo de notáveis, com partidos eleitorais elitistas e circunscritos ao parlamento). Mas isto significa também que essa alternativa, pretendendo burlar o jogo dos mandantes, não se destina a carregar consigo um projeto de transformação histórica em sentido pleno, mas apenas aproveitar as "condições objetivas" dadas pelo regime, na medida em que estas contêm a "possibilidade objetiva" de remanejar o espaço social e político com rotatividade dos mandantes. Assim, o conteúdo reformista das propostas de oposição têm permitido, a curto prazo, sua apropriação pelos governantes. Tanto isto é plausível que propostas mais avançadas (abolição do imposto sindical, delegado sindical, estabilidade no emprego, comissões de fábrica, volta imediata aos quartéis, intervenção, e não mera denúncia, na política econômica das multinacionais, pressão contra a instalação de usinas atômicas etc.) não tiveram, a curto prazo, o mesmo destino, embora nada impeça que, a longo prazo, sejam encampadas por setores das classes dirigentes. Talvez valesse a pena perceber a diferença entre o momento em que estar na oposição era resistir — o que significava reagir ao poder — e o momento em que fazer oposição é apresentar propostas de transformação cujo grau de avanço torne impossível sua apropriação pelos dirigentes.

Para que estas observações não pareçam irrealistas ou voluntaristas, desprezando as "condições objetivas", pensemos numa proposta que tivesse como horizonte a diferença entre a política econômica Simonsen-Macedo (como política do estado de bem-estar ligado ao mais alto índice possível de emprego) e a política econômica Delfim-Galvêas (que se interessa muito mais pela automação, pela política de crescimento mínimo de emprego industrial, na medida em que a pressão dos desempregados retém as reivindicações salariais, que se supõem atuarem contra o controle da inflação). Optar pela primeira, acrescentando-lhe a questão da redistribuição mais justa da renda e do controle sobre a aristocracia das finanças, seria permanecer no quadro dado pelo regime. Ocorre, entretanto, que se tal política fosse levada a cabo, a burguesia tentaria, por instrumentos monetaristas, manter a taxa de lucro, agravando a inflação. Nesta hora, intervém a idéia de que os salários não podem crescer senão a partir dos índices de produtividade para impedir a inflação e evitar a recessão, mantendo a taxa de inversão. Isto implica dar razão à política econômica oposta, no caso, aquela defendida pelo grupo Delfim-Galvêas. Ora, coisa bastante diversa, mas que pode ser feita tendo como pano de fundo o "dilema" anterior, sem querer resolvê-lo nem para um lado nem para outro, é discutir a estrutura da própria economia, quando as pessoas se dão conta de que, do ponto de vista do PNB, é o mesmo fabricar 100 automóveis ou uma escola, mas que ambos são bastante diversos e que determinar qual deles deve ser produzido não é apenas uma questão de ingresso, mas também de poder político. Ora, como foi mantido o quadro de referência oferecido pelo regime (ou se se quiser, pelo modo de produção capitalista), a luta de classes, em virtude da ação sindical e das dificuldades enfrentadas pelas ideologias econômicas, pode perfeitamente desembocar num novo tipo de oposição: a de estilo social-democrata.

Não basta, porém, uma afirmação tão genérica. É preciso encontrar no real alguns indícios dessa possibilidade. Digamos, de modo aproximativo, que há pelo menos quatro sinais concretos para o possível surgimento de uma oposição de estilo social-democrata: os vínculos de certos setores das oposições com a democracia cristã, os vínculos de alguns setores da oposição com a Internacional Socialista, a ênfase dada por certos setores da oposição à idéia de uma política nacional-popular e, enfim, o despontar da linha "euro" nas fileiras do partido comunista. Aqui é necessário fazer uma observação: evidentemente, esses diferentes setores oposicionistas se recusam a admitir que possuam projetos de tipo social-democrata (e, com ironia, muitos atribuem esse propósito aos governantes). Assim, ao falar aqui numa oposição de estilo social-democrata, não estaremos tomando como referência regimes social-democratas existentes (como o alemão e o nórdico), nem partidos políticos social-democratas. Nossa referência é uma determinada concepção (teórica e prática) da atividade política cujo teor coincide com o de uma visão social-democrata.⁵⁵

Caracterizemos a prática política de tipo social-democrata como aquela que tenta uma "síntese do socialismo e da democracia, esta última entendida como um regime sob o império da lei, numa política sustentada por grupos que apóiam a democracia baseada na liberdade e na lei, que estão prontos para uma cooperação pacífica e para uma coalizão com partidos burgueses e que sustentam, ao mesmo tempo, um programa de reformas não-violentas ao longo da linha temporal evolutiva".⁵⁶ Dada sua antiga origem como política de esquerda, a política social-democrata precisa, para ser aceita constitucionalmente, enfatizar seu caráter não-beligerante e legal, assim como a idéia de evolução, excluindo, portanto, "ações prematuras" ou de tipo radical-esquerdista.⁵⁷ Na qualidade de política de massa, a social-democracia enfatiza também o nacionalismo e o caráter pedagógico

---

55. Alguns setores de oposição, temendo que a "aristocracia operária" (este é um país de aristocratas, afinal, finança e operariado!), por sua própria natureza, não possa criar o Moderno Príncipe, preferem evitar a simples idéia de um partido dos trabalhadores, que seria "inevitavelmente" social-democrata. Enquanto o Moderno Príncipe não vem, pensam esses oposicionistas, é mais oportuno permanecer em partidos já dotados de sólida e ampla base popular, até que amadureçam as condições objetivas para que se "parta para outra". O curioso desse argumento, que oscila entre o oportuno e oportunismo, é seu pressuposto: a idéia de etapa, traço característico do pensamento social-democrata. Alguns até aconselham os trabalhadores a uma clara percepção da realidade nacional, pois "São Bernardo não é o Brasil". (Vian, Ana Luíza, *Cadernos Trabalhistas*, São Paulo, Ed. Global, s/d.)

56. Bracher, Dietrch, *Staatslexikon*, Friburgo, 1962, p. 202. "E se você considera que em uma sociedade de classes, a burguesia sendo a classe dominante, ela efetivamente tem a hegemonia da vida econômica, social e política, então qualquer partido, que seja um partido nacional, que vai funcionar efetivamente como partido constitucional de grande envergadura, ele fatalmente terá que fazer algum tipo de arranjo entre os vários interesses de classe. Todos os partidos fazem isto (...) Você não pode ter uma linha 'pura' partidária, a menos que você seja um partido revolucionário, o que é outra coisa diferente (...) mas os partidos constitucionais, esses não têm escapatória, de um modo ou de outro, porque precisam de quadros ou porque precisam crescer em número de membros, vão ser obrigados a representar alternativas viáveis em cada conjuntura. E a alternativa viável em cada conjuntura é sempre o resultado de arranjo onde se acomodam interesses de classe (...) se você amanhã organizar um partido socialista que tiver esse caráter de partido constitucional, nacional, disputando eleições, ele também vai ser um partido no qual, em menor ou maior grau, vai haver conciliação de classe dentro dele." Martins, Carlos Estevam, entrevista publicada nos *Cadernos Trabalhistas*, op. cit., n. 2, p. 35.

57. Em outras palavras, greves políticas, por exemplo, tenderão a ser evitadas e a ser impedidas, vindo a ser caracterizadas como espontaneístas ou voluntaristas, na medida em que somente as reivindicações econômicas podem ser objeto de negociação, sem envolver os partidos políticos num confronto real.

do partido tanto no plano da ação social quanto no plano da ação parlamentar. Como política moderna, a social-democracia defende o intervencionismo estatal sob o controle do parlamento o qual, como representante legítimo da nação, planeja para que a sociedade possa existir como um todo harmonioso que evolui no tempo. Como política sustentada em análises econômicas sobre o desenvolvimento do capitalismo, a social-democracia enfatiza o fenômeno cíclico das crises capitalistas, razão pela qual defende as idéias de planejamento e de intervenção estatal. O programa de reformas, dependente da cooperação pacífica ou até da coalizão com partidos de outras orientações e representantes dos mais diversos setores sociais, define a política social-democrata como política de frente ou de aliança.[58] Enfim, contrariamente aos clássicos (do liberalismo e do marxismo), a social-democracia não toma a sociedade civil como luta de classes (o "estado de guerra" liberal), mas como lugar do exercício da liberdade.

Tendo uma concepção evolutiva do processo histórico, a social-democracia não pretende surgir e impor-se de modo "espontaneísta" ou "voluntarista", mas apenas quando as condições objetivas para sua implantação no cenário político estiverem maduras. Por esta razão, no plano político, definido por alianças, ela precisa que "os partidos políticos sejam a forma principal de representação política das forças sociais existentes e que assegurem, assim, a representação real da sociedade no conjunto das instituições do Estado".[59] Também é sua precondição, no plano político, "que a

---

58. A linha eurocomunista italiana prefere empregar a expressão "compromisso histórico" para determinar com quem se faz aliança (setores não-reacionários da burguesia e da classe média) e, sobretudo, para delimitar o "tempo" da aliança, de sorte que esta não seja vista como regra definitiva e objetivo final da prática política, mas apenas como uma etapa historicamente determinada da luta de classes. Com a idéia de "compromisso histórico", a linha euro de tipo italiano pretende distinguir-se da social-democracia.

59. Borja, Jordi, "La crisis del Estado autoritario — Sistema de partidos en Espana", *Papers*, Revista de Sociología de la Universidad Autónoma de Barcelona, Barcelona (8): 156, 1978. Por esta razão, no Brasil, as principais denúncias da oposição ao regime se referem ao papel mínimo deixado aos partidos. "É assim o regime: ele reserva aos partidos papel menor. Não refaz o arcabouço institucional na direção da democracia. Nega de plano a legitimidade do protesto." (Cardoso, Fernando Henrique, art. cit., *Folha de S. Paulo*, 4-5-80.) "Só tem uma coisa que pode se defrontar com o Estado: um sistema partidário de tipo moderno, porque o sistema partidário surge como negação do liberalismo, ele surge junto com esse Estado. Ele é tão negação do liberalismo quanto é esse tipo de Estado. Ele é inimigo mortal desse Estado, esse Estado é inimigo mortal dele porque ambos surgem como manifestação do fim da era liberal. Só foi possível criar partidos políticos destruindo as instituições liberais (...) o Estado liberal é uma essência contraditória com a essência do partido político." (Martins, Carlos Estevam, entrev. cit., op. cit., p. 32.)

distância social entre as classes seja relativa, isto é, que haja uma base mínima de interesses comuns (por exemplo, desenvolvimento econômico, instituições democráticas, mínimo de ordem pública etc.), assim como margens suficientes — tanto sócio-económicas quanto ideológicas — para os compromissos".[60] Do ponto de vista político, a socialdemocracia pressupõe, portanto, certas condições como devendo estar *já dadas* para que possa intervir no processo. Isto significa que uma política de estilo social-democrata pode auxiliar na obtenção dessas condições sem, contudo, ser ela própria o motor que as produza. São seus pressupostos e, enquanto tais, não podem ser postos por ela, que apenas pode repô-los. Sob este aspecto, a discussão anterior sobre o "atraso" das oposições no processo político e social conduzido pelos governantes talvez possa, agora, tornar-se um tanto inteligível: os mandantes devem criar as condições objetivas para que uma atuação social-democrata seja possível. Nesse nível (da criação das condições), as oposições não podem ser mais do que auxiliares que pressionam o Estado, respaldadas pelas reivindicações sociais e populares.

Não bastam, porém, precondições políticas. São necessárias ainda precondições "mais básicas: nível de desenvolvimento sócio-econômico que possibilite o diálogo entre as classes sociais, apesar de seus antagonismos; instituições com verdadeira capacidade de representação e suficiente auto-organização dos grupos sociais para poderem estar representados; inexistência de fatores de ruptura da comunidade sócio-política e cultural".[61] Em outras palavras, a redistribuição da renda deve poder tornar-se um tópico de discussão e diálogo entre as partes, isto é, os sindicatos (de trabalhadores e de patrões) e as associações de categoria, bem como os movimentos comunitários devem estar prontos para serem ouvidos ou representados e,

---

60. Borja, Jordi, art. cit., op. cit., p. 156. "Em primeiro lugar, lógica e cronologicamente, trata-se de conquistar e depois consolidar um regime de liberdades fundamentais, para o que se torna necessária a unidade com todas as forças interessadas na conquista e permanência das 'regras do jogo' a serem implantadas por uma Assembléia Constituinte dotada de legitimidade. E, em segundo, trata-se de construir alianças necessárias para aprofundar a democracia no sentido de uma democracia organizada de massas, com crescente participação popular; e a busca da unidade, nesse nível, terá como meta a conquista do consenso necessário para empreender medidas de caráter antimonopolistas e antiimperialistas e, numa etapa posterior, para a construção em nosso País de uma sociedade socialista fundada na democracia política." (Coutinho, Carlos Nelson, "A democracia como valor universal", *Encontros com a Civilização Brasileira*. Rio de Janeiro, Civilização Brasileira (9): 45-46, mar. 1979.)

61. Borja, Jordi, art. cit., loc. cit.

sobretudo, não deve pairar no ar "crise de hegemonia" nem, muito menos, "clima pré-revolucionário".

Há, no Brasil, tais condições objetivas? Alguns, levando em consideração a legislação trabalhista, as desigualdades regionais e os "pacotes" despachados pelo Executivo, afirmam que não. Outros, menos pessimistas, afirmam que tais condições existem pelo menos no centro-sul do país. Outros, enfim, mais otimistas, afirmam que há um processo de institucionalização em curso que, bem ou mal, caminha na promoção de condições favoráveis para uma oposição moderna e eficaz. Em primeiro lugar, o atual desenvolvimento econômico não é incompatível, mas, pelo contrário, favorece uma política de redistribuição da renda visando ao próprio progresso do capitalismo no país (mercado interno, bens de consumo básicos), o que, além de diminuir a escandalosa concentração do capital, também diminui a excessiva distância entre as classes sociais. Essa possibilidade tenderá a efetivar-se desde que a oposição saiba encontrar meios eficientes para fazer frente ao poderio da aristocracia financeira. Em segundo lugar, os movimentos dos trabalhadores têm revelado a necessidade constante de acordos e negociações entre o capital e o trabalho, o que significa um campo de atuação para a oposição, no sentido de melhorar as condições desses acordos e negociações, implementando a representação e representatividade dos interessados das duas classes. Em terceiro lugar, a oposição conta com um poderoso aliado, nascido do desenvolvimento do país: as classes médias urbanas assalariadas que não foram diretamente beneficiadas pelo "milagre econômico" e que (sobretudo os setores vinculados aos serviços públicos) estão prontas para conscientizar-se do significado social dos serviços públicos e da necessidade de democratizar o Estado.[62] Em quarto lugar, a diminuição do poder das velhas oligarquias agrárias (especialmente no Nordeste), substituídas pelos capitais financeiro e industrial de origem

---

62. "O país presencia uma ascensão das lutas dos trabalhadores nas quais a reivindicação específica de recomposição do poder aquisitivo do salário vai-se entrelaçando com as exigências de liberdades sindicais e democráticas defendidas pela maioria do nosso povo (...) As greves reforçam a posição já alcançada pelo movimento sindical e pela classe operária. Elas revelaram um elemento novo de grande significação para a luta antiditatorial: as camadas médias urbanas começam também a recorrer a essa forma de luta. Este que interessa ao proletariado como um elemento importante para a sua política de alianças e para a formação de um núcleo de forças mais conseqüente no interior da ampla frente política e de massas que combate o regime militar-fascista." ("Resolução política do Comitê Central do Partido Comunista Brasileiro de maio de 1979", in *PCB: vinte anos de política, 1958/1979*, São Paulo, Livraria Editora Ciências Humanas, 1980, p. 316.)

privada ou estatal (nacional ou internacional), dão lugar a novas relações entre capital e trabalho, porquanto tais capitais são dotados de maior capacidade e interesse para compromissos. No caso desses capitais se mostrarem relutantes a acordos, caberá à oposição erguer a bandeira da reforma agrária, pois esta não é apenas uma exigência da classe trabalhadora do campo, mas também uma necessidade para o desenvolvimento do capitalismo.[63] Em quinto lugar, a generalização da ideologia democrática em seus aspectos básicos, pelo menos a partir das eleições de 1974 (direitos humanos e civis, liberdades públicas, igualdade perante a lei, controle comunitário dos bens e serviços públicos), torna a população capacitada para uma luta por maior participação política. Em sexto lugar, os movimentos sociais de base ou de caráter comunitário-democrático (desde os comitês de bairro nos centros urbanos até as lutas dos posseiros e dos índios), convertendo o povo em classe madura para o exercício político sem riscos de ser manipulada por demagogos, viabiliza o projeto de uma oposição moderna, isto é, que não pretenda apenas a mobilização popular esporádica com fins eleitorais, mas que tenha como alvo uma participação social e política permanente. Em sétimo lugar, embora ainda possa haver momentos esparsos de violência política e policial, o aprendizado dos sindicatos, das associações de classe, dos comitês de bairro, das comunidades de base durante os anos de resistência à ditadura tornam possível sua passagem a um nível mais

---

63. "Uma série de indícios sugerem que a formação social brasileira está amadurecendo para algum processo de reforma agrária. A reestruturação fundiária do país deixa de ser uma proposta utópica das esquerdas para se transformar numa imposição social e numa necessidade econômica (...) Mas para compreendermos essa nova situação, é essencial que identifiquemos os fatos novos que, de um lado, agravaram a pressão social dos camponeses e, de outro, afrouxaram as resistências ou mesmo criaram condições econômicas favoráveis à reestruturação fundiária no Brasil. Estes fatos novos são três: 1) o fechamento da fronteira agrícola e o conseqüente aumento dos conflitos pela posse da terra; 2) a decadência política do latifúndio, principal obstáculo à reforma agrária, mas sob cuja égide foi inicialmente realizada a industrialização; 3) a perda de funcionalidade do minifúndio e do latifúndio, duas faces pré-capitalistas da mesma moeda, para a acumulação capitalista, na medida em que ocupam terras, mas são cada vez menos capazes de suprir de alimentos o setor urbano a baixo preço (...) Afinal, o capitalismo brasileiro, para continuar a se expandir, precisa também patrocinar a sua reforma agrária. A Igreja quer uma reforma que transforme a terra em terra de trabalho e não em terra de exploração, de negócio, de lucro e de especulação. Não creio que isto seja possível a curto prazo no Brasil, mas não há dúvida de que será preciso distribuir muita terra dos latifúndios pré-capitalistas do Nordeste e dos latifúndios especulativos do Centro-Norte às famílias que trabalham a terra. Esta é uma reivindicação dos trabalhadores brasileiros e uma necessidade do capitalismo local." (Pereira, Luís C. Bresser, "Reforma agrária inadiável". *Folha de S. Paulo*, 26-2-80, p. 3.)

alto de organização que não lhes retira a autonomia, mas lhes dá uma expressão política inteiramente nova: o partido moderno de massa. Isto não significa que as bases organizarão os partidos políticos, mesmo porque a legislação imposta pelos governantes torna isto impraticável, mas significa que os encarregados de organizar o povo partidariamente podem fazê-lo por consulta às bases já amadurecidas pela experiência dos movimentos sociais. A organização partidária deve ser feita fora dos parlamentos, mas não pode nem deve ser feita sem a direção daqueles que acumularam experiência político-partidária. Em oitavo lugar, as lutas operárias pelas negociações diretas, pelo delegado sindical, pelas comissões de fábrica, pela extensão dos direitos trabalhistas ao campo e pelas formas de trabalho cooperativo na lavoura preparam a classe trabalhadora para reivindicar, no momento oportuno, seu ponto mais alto de participação sócio-econômica: a co-gestão. Em nono lugar, a possibilidade de desenvolver duas formas de organização do trabalho no campo — a sindicalização dos assalariados e o sistema de cooperativas entre os pequenos produtores — faz com que esse setor da classe trabalhadora, sistematicamente marginalizado da vida política, possa integrar-se nos processos políticos e sociais de cunho nacional, participando das decisões no plano sócio-econômico. Enfim, em décimo e último lugar (embora essencial), a quase unanimidade das Forças Armadas em torno da idéia de volta imediata aos quartéis, reduzindo sua atividade à defesa da nação e da ordem constitucional, sem intervir diretamente nos processos decisórios de caráter social e político (a menos que envolvam a segurança nacional), reata os antigos laços dessas Forças com o espírito democrático, liberando o espaço político para uma nova etapa histórica.[64]

Nesta perspectiva, já existem, ou estão em vias de existir, condições objetivas para uma sociedade pluralista, moderna, integrada, baseada na

---

64. "A luta pelas liberdades democráticas não é, por parte dos comunistas, uma luta dirigida contra os militares, que vise à neutralidade da corporação armada em face do processo político e tenha como objetivo dividir os militares. Os comunistas lutam para que os militares participem democraticamente da vida do país. Pensam que as Forças Armadas devem ocupar seu justo lugar não só como defensores da soberania nacional, mas também no processo de desenvolvimento econômico, social, científico, tecnológico e cultural independente e democrático do país. O exercício dessas funções, com inspiração democrática e nacional, pressupõe a reformulação da atual doutrina de segurança nacional que inculca nos militares a idéia de que devem ser os carrascos do povo e força de repressão à luta contra outros povos. É nessa perspectiva que os comunistas desempenharão intensa atividade junto a todos os setores políticos e sociais da Nação, visando influir sobre as Forças Armadas para que venham ocupar as posições que, segundo os interesses do povo, lhes cabem." (Corrêa, Hércules, *A classe operária e seu partido*, Rio de Janeiro, Civilização Brasileira, 1980, p. 197.)

representação e participação legítima e legal dos cidadãos e das classes sociais. Caberá à oposição dar vitalidade ao que já existe e força ao que quer vir à existência. Mais do que isto, Estão esboçadas as grandes linhas não apenas para um "capitalismo civilizado", como querem os governantes, mas para um "capitalismo justo", como deseja a democracia cristã.

Em discurso proferido no Senado, Franco Montoro[65] defende a idéia da "democracia participativa, comunitária ou federalista" como solução para a crise democrática que atravessa o Brasil. Essa nova democracia possui vários fundamentos que a tornam viável e necessária: um fundamento sociológico, dado "pelas estruturas societárias complexas e ampliação das relações sociais, o que significa fundamentalmente maior participação na vida coletiva";[66] um fundamento histórico, dado pela consciência do homem contemporâneo, que não pretende continuar como espectador da sociedade, mas deseja ser um agente dela; um fundamento dado por uma "filosofia da pessoa humana", como aquela defendida por João XXIII ao afirmar que é da natureza humana aperfeiçoar sua atividade produtiva graças à "possibilidade de atuar como responsabilidade pessoal e aperfeiçoar o próprio ser",[67] através da "participação consciente e responsável das pessoas e grupos que integram a comunidade".[68] Há também um fundamento político: o artigo 21 da Declaração Universal dos Direitos do Homem, ao determinar que "a vontade do povo será a autoridade do governo" e o povo, escreve Montoro, é a "pluralidade de situações concretas" (pais e filhos, empregados e empregadores, estudantes e professores, comerciantes e consumidores, profissionais liberais, esportistas, partidários, telespectadores). O povo é a comunidade nacional feita da integração de todas as comunidades menores, sendo o Estado apenas uma instituição entre outras, enquanto a representação política é apenas uma entre outras. A democracia participativa possui, ainda, um fundamento psicológico, na medida em que o sentimento de participação é um fator poderoso para propulsionar a atividade humana, e a participação organizada é um fator indispensável para a educação e o desenvolvimento. "Desde o grau mais elevado da participa-

---

65. Montoro, Franco. *Da "democracia" que temos para a democracia que queremos*. Rio de Janeiro, Paz e Terra, 1974. Está sendo focalizado aqui o discurso proferido em sessão do Senado Federal em 5 de outubro de 1972 com o título de "Democracia participativa, seus fundamentos e instrumentos".

66. Idem, ibidem, p. 43.
67. Idem, ibidem, p. 43.
68. Idem, ibidem, p. 43.

ção — que é a da co-decisão — até o menor, que é o da informação, podemos imaginar", como lembra Roberto Papini, "uma imensa variedade de formas de participação como a 'consulta', a 'fiscalização', o 'controle' posterior ou prévio, a realização de 'serviços' ou de 'tarefas' etc."[69] A democracia participativa possui, enfim, um fundamento de ordem técnica, qual seja, a viabilidade, adequação e harmonia de um planejamento possíveis somente quando os interessados participaram da discussão do plano. Sob esse ângulo, é um meio privilegiado para combater o conformismo e a massificação que bloqueiam as democracias contemporâneas.

São instrumentos da democracia participativa: no plano local, as comunidades de vizinhança; no plano do trabalho, os sindicatos e associações de empregados e empregadores; no plano da juventude e da educação, os movimentos de jovens e os órgãos colegiados nas escolas; no plano político, os partidos democraticamente organizados, com direito assegurado às bases de participar na elaboração dos programas e na escolha dos candidatos. No que respeita à participação no plano de trabalho, visando eliminar tanto o paternalismo estatal quanto o patronal, Montoro considera indispensável a manutenção da liberdade sindical (art. 23, n° 4, da Declaração Universal dos Direitos do Homem) para que a participação "como pessoa consciente e responsável da vida da empresa"[70] possa ser defendida por todos, visto que o trabalhador não é apenas um fator de produção, mas uma pessoa humana "que se realiza como tal no trabalho e pelo trabalho".[71] Os trabalhadores, assim como os empregadores, estão "associados e devem participar, tanto quanto os fornecedores do capital, na vida e desenvolvimento da empresa".[72] A empresa é uma comunidade, na qual todos

---

69. Idem, ibidem, p. 45.
70. Idem, ibidem, p. 49.
71. Idem, ibidem, p. 49.
72. Idem, ibidem, p. 49. "Para os corporativistas católicos, uma estruturação social e política cujo principal elemento seja o pertencimento a uma classe social é vista como uma estruturação lamentável. Para eles, é mais importante a idéia de função social do que a de exploração, a idéia de concórdia de classes do que a de conflito (...) Dir-se-á que atualmente a Igreja defende teses muito avançadas. Porém, o pensamento social católico continua muito afastado do liberalismo e do marxismo: do primeiro, por sua insistência em que a economia deve subordinar-se à sociedade, à política, à moral; do segundo, porque carece de uma teoria econômica do capital e do salário e carece de uma crítica da teoria econômica liberal do capital e do salário, enquanto essa crítica é o ponto de partida do marxismo. Ou seja, o pensamento social católico continua muito mais próximo da doutrina corporativista do que do liberalismo econômico e do marxismo. Seria necessária uma ruptura com essas posições para que a doutrina social católica, dentro de suas próprias premissas, fizesse

devem participar das decisões que se "refiram ao interesse comum", desde que cada membro cumpra com responsabilidade a função que lhe foi atribuída. Considerando que os maiores interessados no desenvolvimento econômico são os trabalhadores, deve-se assegurar à "família trabalhadora, consciente e responsável", o direito à participação, à qual, em plano nacional e internacional, devem juntar-se os fornecedores do capital, os profissionais liberais e os jovens. No que concerne à participação partidária, Montoro afirma que o próprio partido precisa organizar-se democraticamente, assegurando às bases o direito de opinar quanto a programas e candidatos, pois a "função de um partido democrático é a de conduzir, das bases para os órgãos de direção da sociedade, o pensamento e as aspirações de todo o povo".[73]

Se passarmos da linha democrata-cristã à Internacional Socialista, vários pontos programáticos se alteram, sem contudo abolir o traço comum,

---

maior finca-pé na igualdade dos homens. Quer dizer, em vez de sustentar que as diferentes classes têm direito a remunerações diferentes em virtude de seu diferente *status* social e 'decoro' respectivo, poderia sustentar que a 'justiça' exige remunerações igualitárias e que as classes devem desaparecer (...) No campo da economia creio ser possível afirmar que a Igreja tem sido aristotélica e corporativista: contra a lógica do mercado, porém a favor da desigualdade na distribuição e, pelo menos, negando que a desigualdade implique necessariamente exploração e luta de classes." (Alier, Juan Martinez, "Notas sobre el franquismo", *Papers*, op. cit. (8): 40, 41 e 43.) Para uma análise da interpretação eclesiástica do desenvolvimento econômico brasileiro e do papel das comunidades de base, veja-se Silva, Roberto Romano da, *Brasil: Igreja contra Estado*, São Paulo, Ed. Kairós, 1979.

73. Montoro, Franco, op. cit., p. 55. "Nas diretrizes básicas de seu programa, ainda em fase de discussão, o PMDB declara-se um partido de massas. Admitida a hipótese de que o propósito venha a converter-se em realidade, estaremos diante de um fato novo na história partidária brasileira. Pois o máximo alcançado, ao longo dos tempos, foi a constituição de partidos de 'quadros', cuja abertura às massas terminava sendo, na prática, uma forma de legitimar lideranças políticas em função das quais o partido se articulava. O limite à liberdade partidária explica, em grande parte, essa realidade (...) O projeto dos estatutos do PMDB, além de abrir seus órgãos de direção à representação dos movimentos sociais, estabelece que as Comissões Executivas 'se organizarão de modo a praticar uma efetiva administração colegiada'. A opção democrática é, mais uma vez, clara." (Affonso, Almino, "Um partido de massas", *Folha de S. Paulo*, 2-3-80, p. 3.) "O PMDB, por querer assumir esse papel histórico (de partido moderno de massas), propõe em seu programa um 'estilo de crescimento econômico que gere recursos para atender às demandas sociais'. Porém, ao mesmo tempo (compreendendo que o Estado não é neutro diante dos conflitos sociais), proclama que os objetivos que ele persegue só poderão ser 'alcançados com a pressão popular organizada e com a participação dos interessados na definição da política social e na gestão dos fundos a ela destinados'. Eis a função política da pressão social que se pode dar no rebojo dos movimentos sociais populares ou, de maneira orgânica e programada, através de um partido de massas." (Affonso, Almino, "Um partido moderno", *Folha de S. Paulo*, 20-3-80, p. 3.)

aqui designado como estilo social-democrata. A Internacional Socialista procura distinguir entre partidos social-democratas e partidos de socialismo democrático: "(...) os primeiros aceitam o Estado do Bem-Estar como seu objetivo, enquanto os últimos vêem a social-democracia como um estágio na direção do estabelecimento do socialismo democrático."[74] Quais as chances de começar pela etapa social-democrata em lugar de partir diretamente de uma proposta de socialismo democrático? A resposta é difícil, uma vez que não se sabe exatamente o que seria tal socialismo. Em todo caso, a levarmos em conta as declarações de Pedro Cavalcanti durante o Encontro da Internacional Socialista, em outubro de 78 em Lisboa, a única diferença entre a social-democracia e o socialismo democrático, a curto prazo, se reduz ao fato de que a linha de tipo Bernstein (isto é, aquela que afirma o "direito de os povos de civilização superior exercerem seu domínio sobre povos de civilização inferior") foi afastada, mesmo porque, a conservá-la, a Internacional Socialista não teria a menor possibilidade de implantar-se na América Latina. O que pretende o socialismo democrático? Apoiar o desenvolvimento econômico autônomo dos países latino-americanos que lutam contra o imperialismo, fazendo com que participem dos debates econômicos não apenas os Estados, mas também outras forças sociais, como os sindicatos democráticos. Por que o socialismo democrático apóia a autonomia dos países latino-americanos? Curiosamente, para dar ao capitalismo japonês e europeu-ocidental força para vencer o capitalismo norte-americano: "A Internacional Socialista entra em cena representando os interesses dos japoneses e da Europa Ocidental. Assim, não é uma luta entre inimigos, mas uma competição entre aliados políticos — ainda que essa competição esteja se tornando cada vez mais áspera (...) ao lado dos ideais há, obviamente, muitos interesses envolvidos na expansão da Internacional Socialista no Terceiro Mundo. Isso representa melhores oportunidades para a expansão das economias da Europa Ocidental e garantias mais seguras para seus investimentos. Um exemplo do quanto está em risco é o 'contrato do século', isto é, o contrato de 10 bilhões de dólares entre a Alemanha Ocidental e os militares brasileiros para o fornecimento da energia nuclear para o maior e mais poderoso país da América Latina (...) Num contexto internacional cada vez mais definido pela irrelevância da alternativa marxista-leninista, a Internacional Socialista entra em cena como o

---

74. Cavalcanti, Pedro. "A Internacional Socialista vai à América Latina". *Encontros com a Civilização Brasileira*, op. cit. (9): 118.

braço política e ideologicamente eficiente de um capitalismo europeu ressurgente que procura paralisar seu primo americano, numa situação em que o capitalismo europeu continua economicamente inferior. Seu sucesso, contudo, pode abrir caminho para alternativas democráticas e socialistas emancipatórias".[75]

Embora pareça incompreensível que tal proposta nomeie a si mesma de socialista (designação que só faz sentido quando posta no interior da história política européia), é interessante notar que o tom "bernsteiniano" não desapareceu, isto é, há interesse em que "a Internacional Socialista venha à América Latina" na medida em que passe a fortalecer o capitalismo dos países de "civilização superior". Todavia, não é este o aspecto enigmático da proposta, visto ser coerente com os propósitos social-democratas, mas sim o fato de que pretende apoiar capitalismos antiimperialistas desde que imperialismo seja apenas sinônimo de capitalismo norte-americano, pondo-se de parte todo o restante do mundo capitalista. Uma questão interessante, portanto, para a ala brasileira filiada à Internacional Socialista, ala que historicamente defendia a chamada "luta contra o entreguismo", será a de demarcar sua política de autonomia econômica sem ofender os interesses de aliados, tais como a Volkswagen, a Mercedes Benz, a Philips, a Fiat, a Olivetti etc. Esta questão não é de pouca monta, pois aqueles que optaram pela Internacional Socialista pretendem encaminhar uma oposição política de tipo trabalhista.

Participando do Encontro da Internacional, políticos brasileiros redigiram a *Carta de Lisboa*, defendendo quatro pontos programáticos: em primeiro lugar, a opção socialista (cujo caminho, no Brasil, será o trabalhismo auxiliado por um instrumento preciso, "o partido de massa que tenha como sua espinha dorsal a classe trabalhadora e que não exclua a cooperação com os demais setores progressistas da sociedade");[76] em segundo lugar, a

---

75. Idem, ibidem, pp. 114 e 119.

76. Barreira, Francisco. "Lisboa: um compromisso com a democracia". *Cadernos Trabalhistas*, op. cit. (2): 15. "O PTB, tal qual atualmente proposto, não será um partido operário ou partido de classe. Isto não impede que dentro dele se desenvolva um núcleo que constituirá um partido de classe no futuro. No entanto, um partido de classe não deve ser confundido com um partido corporativo, 'só de trabalhadores', como alguns propõem. Um partido, para ser de classe, deve propor um projeto nacional hegemônico, para a sociedade como um todo, atendendo aos interesses fundamentais da classe que representa. Não creio que um partido desse tipo possa desenvolver-se de uma agremiação isolada, purista e de 'gheto', tal qual parece propor a corrente hoje dita socialista." (Bodea, Miguel, "Uma defesa do PTB", *Cadernos Trabalhistas*, São Paulo, Ed. Global (1): 19, s/d.)

democracia interna (que deve ser: "(...) o espelho do modelo proposto para a sociedade como um todo. E o governador Leonel Brizola foi muito claro ao definir o projeto trabalhista como pluralista, não pretendendo absorver ou manipular sindicatos ou as organizações populares das mais diversas origens.");[77] em terceiro lugar, o enlace histórico (isto é, estabelecer claros vínculos entre o projeto trabalhista atual e aquele que foi destruído pelo golpe de 1964); em quarto e último lugar, o povo organizado ("não pretendemos, portanto, ser um partido de atuação sazonal, meramente eleitoral e tampouco, simplesmente, parlamentar. Nossa atuação terá que ser constante e, provavelmente, será mais importante e mais decisiva nas fases que medeiam as eleições do que nas eleições propriamente ditas").[78]

O ponto de partida da *Carta de Lisboa* é a constatação de um fato novo no Brasil: a emergência do povo trabalhador na vida política.[79] "Partidos e Povo organizado constituem, por conseguinte, as duas condições fundamentais para a construção de uma sociedade democrática".[80] Os trabalhistas pretendem voltar à política pelas mãos das massas trabalhadoras, mas num espírito de fraternidade e de tolerância; para tanto, procurarão "alianças com outras forças também democráticas e progressistas",[81] militando "ativamente em todas as frentes, porque nosso projeto é pluralista".[82] Além da necessidade de restaurar as liberdades privadas e civis, o projeto trabalhista visa a uma reforma agrária que "dê a terra a quem nela trabalha"[83] e pretende lutar "pela regulamentação do capital estrangeiro, para pôr fim à apropriação das riquezas nacionais e ao domínio das próprias empresas brasileiras pelas organizações internacionais".[84] Assumem três compromis-

---

77. Barreira, Francisco, art. cit., op. cit., p. 15. "(...) um movimento que se calque em cima da memória de luta das camadas populares e de nossa tradição nacional-popular" (Bodea, Miguel, art. cit., op. cit., p. 18).

78. Barreira, Francisco, art. cit., op. cit., p. 16.

79. É muito curioso nesse texto, elaborado em 1979, a ausência de referência às greves operárias de 1978, no momento em que se fala na "emergência do povo trabalhador". Mais curiosa, ainda, é a referência, para provar tal surgimento popular, ao renascimento da UNE! Talvez a ausência de menção às greves e a preferência pelos estudantes esteja determinada por aquela afirmação, feita por Bodea, de que se deve evitar um partido político "purista", isto é, "só de trabalhadores". Mas também não era preciso exagerar! Afinal, a sigla do PTB contém a palavra "trabalhista"...

80. "Carta de Lisboa". *Cadernos Trabalhistas*, op. cit. (2): 18.

81. Ibidem, p. 19.

82. Ibidem, p. 19.

83. Ibidem, p. 19.

84. Ibidem, p. 19.

sos: a luta pelas eleições diretas, contra o golpismo e o despotismo; a luta pela liberdade sindical e pelo direito de greve (não só porque são instrumentos de quem vive de salário, mas também porque permitem diminuir a enorme concentração da riqueza); e, enfim, a luta para "reverter as diretrizes da política econômica", procurando dar ênfase à política social de serviços públicos ligados ao saneamento básico, à moradia, à alimentação, à educação e aos problemas da marginalidade econômica e social, especialmente no campo, enfatizando a necessidade de acabar com o "colonialismo interno" pelo qual os capitalistas do Sul exploram os trabalhadores do Norte e do Nordeste. "A nossa proposta tem um sentido claro de opção pelos oprimidos e marginalizados (...) Porque damos importância central ao nosso povo como sujeito e criador de seu próprio futuro, sublinhamos o caráter coletivo, comunitário e não-individualista da visão trabalhista".[85] A *Carta de Lisboa* termina estabelecendo sua continuidade histórica com a *Carta-testamento* de Vargas.

Se, na perspectiva da democracia cristã, a ênfase recai sobre a idéia de comunidade participativa (de tal modo que família, empresa, partido, nação e Estado são todos definidos como formas de vida comunitária) e na idéia de um pluralismo político que vise à harmonia capitalista, na perspectiva trabalhista, a ênfase recai sobre a idéia de povo organizado articulado ao seu partido e aliado a forças democráticas e progressistas capazes de encampar lutas como as da liberdade sindical, reforma agrária e defesa do capital nacional. Embora a linha trabalhista pareça conter um embrião socializante pouco visível na linha democrata-cristã, um aspecto é comum a ambas: a ausência de uma análise do papel do Estado na sociedade contemporânea, em geral, e na brasileira, em particular. É essa ausência o que as aproxima ao aproximá-las da visão social-democrata, na qual o intervencionismo estatal é um dado irreversível. O fato de que o Estado seja uma "comunidade" para a democracia cristã e o fato de que a *Carta de Lisboa* pretenda realizar as promessas da *Carta-testamento* falam por si mesmos.

Avaliando quais as possibilidades de implantação e de sucesso dessa tendência no Brasil, Pedro Cavalcanti a coloca no contexto mais amplo do continente latino-americano no qual as tentativas de democratização são vistas pela Comissão Trilateral como "um perigo para o capitalismo". Assim, a coligação de forças internas e externas reacionárias torna viável (e necessária) uma contrapartida interna e externa de forte acento democrático-nacionalista, sobretudo quando aparecem na roupagem socialista.

---

85. Ibidem, p. 21.

Com efeito, escreve Cavalcanti, embora as forças conservadoras e reacionárias tenham-se aproveitado do viés stalinista dos partidos comunistas para difundir uma imagem desfavorável do socialismo, basta, entretanto, que este último surja como verdadeiramente democrático para logo conseguir apoio das grandes massas urbanas e alfabetizadas do continente, pois aparece como recusa da ditadura.

Apesar das dificuldades que deverá enfrentar, o socialismo democrático, prossegue Cavalcanti, terá grandes chances de implantação em virtude de, pelo menos, quatro fatores: o nacionalismo latino-americano, definido sempre em função do imperialismo norte-americano; em segundo lugar, o apelo popular da proposta trabalhista, visando incorporar todos os oprimidos, o qual encontra eco na Igreja do continente, pois ao lado da democracia-cristã (diversa da européia), a Igreja latino-americana define-se pela teologia da libertação, pelas pastorais operárias e camponesas, pela linha profética e pela opção de combater ao lado dos oprimidos da terra. Assim sendo, toda proposta política que se dirija aos oprimidos terá grande possibilidade de obter o apoio católico e de receber grande contingente de militantes do campo e da cidade. Em terceiro lugar, o socialismo democrático poderá preencher o vazio político deixado pelos partidos comunistas cuja linha stalinista os privou de enraizamento nas massas do continente, para as quais não resta outra opção de esquerda senão aquela defendida pela Internacional Socialista. Enfim, em quarto lugar, o socialismo democrático será bastante atraente para as camadas médias e letradas de esquerda na medida em que a Internacional Socialista é "hoje uma organização muito flexível, sendo primariamente um fórum onde partidos que compartilham objetivos comuns reúnem-se para preservar *valores liberais democráticos* em política".[86]

O conhecimento das propostas da oposição comunista é dificultado não só porque a ilegalidade e clandestinidade do partido criam obstáculos para sua expressão pública, mas ainda porque parece ser uma diretriz partidária a participação, no momento, em outras organizações legalizadas como meio de atuação política. Enquanto aguarda, o partido luta pela legalização, a fim de que possa vir a integrar-se numa frente democrática nacional.[87] Além disso, há fortes indícios de uma discussão interna, e inevitá-

---

86. Cavalcanti, Pedro, art. cit., op. cit., p. 118.

87. "Nas eleições de 1978, o MDB recebeu um mandato popular cuja importância não pode ser subestimada. Abandoná-lo antes da conquista efetiva da liberdade de organização partidária significa abrir mão de uma tribuna e de uma trincheira na luta comum contra o regime. Compreen-

vel, entre a linha stalinista tradicional e uma outra, mais propensa às diretrizes do "eurocomunismo", com forte apelo democrático, nacionalista e aliancista. Supondo-se que venha a prevalecer esta segunda linha, quais seriam as posições do partido comunista brasileiro face ao regime?

Niels Larsen[88] define o eurocomunismo segundo "sete preceitos": a via pacífica e democrática para o socialismo (na medida em que as reformas que conduzem ao socialismo não serão aplicadas se não resultarem de decisões livres tomadas pelo povo inteiro, numa ação conjugada de eleições e lutas populares); o socialismo definido pela democracia e liberdade integrais (de sorte que haverá conservação de todas as conquistas obtidas pelas revoluções burguesas democráticas e populares, entre as quais o pluripartidarismo), as grandes alianças (pois as reformas exigem uma colaboração ampla de todas as classes e de todas as forças sociais ameaçadas pelos grandes monopólios); a plena autonomia de cada partido (não há modelo exterior ditando as estratégias aos partidos comunistas, entre os quais deve reinar total igualdade de direitos, condição para a solidariedade internacional); o dever de crítica recíproca (desde que a política encaminhada por um dos partidos comunistas possa pôr em risco aquelas realizadas por outros); a dimensão européia e ocidental (na medida em que a integração econômica e a democratização são indispensáveis para o socialismo); a crise dos países capitalistas como crise profunda e global, e não conjuntural e apenas econômica (e uma crise que ameaça todos os direitos econômicos, sociais e políticos democráticos conquistados durante o capitalismo, e que por isso precisam ser defendidos). O papel conferido à crise é de grande importância na medida em que, tendo sido causada pela hegemonia

---

demos a atitude das lideranças sindicais que se manifestam pela criação de um partido dos trabalhadores. Trata-se de um sintoma do nível político já alcançado pelo movimento sindical, de uma manifestação de justa compreensão já existente de que a luta econômica não basta para resolver os problemas dos trabalhadores. Entretanto, queremos fazer ainda uma ressalva, sobre a qual é nosso dever não silenciar: a criação do projetado Partido dos Trabalhadores não deve envolver os sindicatos como tais; eles devem permanecer organizações classistas unitárias de todos os trabalhadores e, por isso mesmo, apartidárias (...) A luta pela democracia está intimamente ligada à intensificação da luta pela legalidade do PCB. Não é possível um regime democrático sem a participação de todas as correntes políticas e, entre elas, o Partido Comunista, que sempre lutou e luta pelas liberdades democráticas, pela completa independência nacional e pelo progresso social e que jamais deixou de participar de todas as lutas dos trabalhadores manuais e intelectuais." ("Resolução política do Comitê Central do PCB de maio de 1979", in *PCB: vinte anos de política*, op. cit. p. 325.)

88. Larsen Niels, "Os sete preceitos do eurocomunismo", *Encontros com a Civilização Brasileira*, op. cit. (4): 242, 1978.

burguesa, a burguesia não tem condições para vencê-la, de sorte que somente uma força social nova poderá resolvê-la. Por outro lado, como a crise ameaça todos os valores democráticos, "somente reformas democráticas profundas, dando à nação a direção de seu desenvolvimento econômico e social, assegurando a participação dos trabalhadores na direção dos negócios do país em todos os níveis, inclusive o do governo, podem oferecer uma saída positiva".[89] Isto faz com que a luta pela democracia seja o principal terreno para a transformação histórica, porque se trata de uma luta pela democracia econômica (gestão social dos grandes meios econômicos, através da nacionalização, da propriedade regional ou municipal, das cooperativas) e pela democracia política (enquanto conquista de direitos novos e manutenção das liberdades já conquistadas, como o sufrágio universal, a liberdade de informação e de circulação das pessoas, de reunião e associação, direito de greve, liberdade religiosa, pluripartidarismo, liberdade sindical etc.). Uma vez que tais lutas não se farão sem resposta e contra-ofensiva burguesa, trata-se de obter a hegemonia na sociedade civil e na sociedade política, numa "guerra de posições" que culminará na tomada definitiva do poder. Por outro lado, como salienta Kanapa, essas lutas ou a "guerra de posição" devem respeitar as especificidades de cada país, especialmente no que tange às alianças, desde que estas respeitem o princípio básico da luta das massas oprimidas contra o grande capital. Enfim, como não poderia deixar de ser, os eurocomunistas, como os socialistas internacionais, marcam sua distância com relação aos regimes social-democratas existentes. Estes, conduzidos por políticas de "austeridade e de autoritarismo", comprometidas com o grande capital, levam o proletariado a um impasse. O eurocomunismo, porque visa à passagem do capitalismo para o socialismo, não pode ser confundido com o reformismo dos países social-democratas. Isto, porém, não impede alianças com tais países ou com partidos que, em cada país, representem a linha social-democrata, não só por haver interesses comuns, tais como "a luta contra a ação das multinacionais ou pelo fim da corrida armamentista",[90] mas também por ser a social-demo-

---

89. Kanapa, Jean, "As características do eurocomunismo", *Encontros com a Civilização Brasileira*, op. cit. (4): 248.

90. Kardelj, Edvard, "A crise do capitalismo e o eurocomunismo", *Encontros com a Civilização Brasileira*, op. cit. (4): 257. Para outras análises do fenômeno eurocomunista, além, evidentemente, das obras de Carrillo e de Berlinguer, veja-se Kriegel, Annie, *Um comunismo diferente?*, op. cit., e Mendel, Ernest, "A Critique of Eurocomunism", *Marxist Perspectives*, New York, Cliomar Corporation, n. 8, inverno de 1979-80, v. 2, n. 4. Para a "antiguidade" de uma linha eurocomunista

cracia uma etapa essencial da passagem ao socialismo, preparando a intervenção democrática das massas na economia, na sociedade e na política. Em outras palavras, a social-democracia é "fator político fortalecendo as posições democráticas nos países capitalistas".[91] Do lado eurocomunista encontramos, portanto, a ênfase na questão democrática (o que, como havíamos observado no início de nossa exposição, é uma questão urgente para os marxistas após o advento do totalitarismo), a ênfase na questão nacional (seja como autonomia dos partidos comunistas para fazerem as alianças necessárias, seja como luta antiimperialista) e a ênfase numa etapa nova, que já não é a da democracia *tout court*, pois esta se tornou um "valor universal", mas a da social-democracia, com a qual os comunistas evidentemente não se identificam, sem, contudo, recusarem uma aliança, visto representar um avanço importante para o proletariado nas condições atuais do capitalismo.

Tomando como referência a Resolução Política do Comitê Central do Partido Comunista Brasileiro de maio de 1979, a oposição comunista propõe a formação de uma frente democrática para "mobilizar, unir e organizar a classe operária e demais forças patrióticas e democráticas para a luta contra o regime ditatorial, pela sua derrota e conquista das liberdades democráticas".[92] Quem são as forças democráticas e patrióticas, além, obviamente, da classe operária? A resposta é fornecida por Hércules Corrêa: "(...) os demais trabalhadores assalariados, os camponeses, as camadas médias urbanas, a pequena burguesia e o setor não monopolista da burguesia, através dos partidos políticos, entidades sindicais, associações e instituições que apresentam suas reivindicações e representem seus interesses fora e dentro do Estado".[93] Sendo a classe operária o grande motor e aglutinador do movimento pela derrubada da ditadura, sua atenção deve encaminhar-se para "um amplo sistema de alianças de classe, em primeiro lugar com as classes e camadas que são suas aliadas fundamentais: os demais trabalhadores assalariados, os camponeses, as camadas médias urbanas e a intelectualidade progressista. O proletariado deve lutar para conseguir a hegemo-

---

no Brasil, veja-se Konder, Leandro, "PCB e eurocomunismo", *Oitenta*. Porto Alegre, Ed. LPM, n. 2, jan. 1980.

91. Idem, ibidem.
92. "Resolução política...", op. cit., p. 321.
93. Corrêa, Hércules, op. cit., p. 186.

nia do processo revolucionário. Isto exige a organização de um forte e numeroso Partido Comunista, solidamente enraizado na classe operária.[94]

A formação de uma frente democrática e patriótica, ao forçar o caminho da democratização, força também o recuo de tentativas para um retrocesso autoritário. O sistema de alianças entre os setores progressistas é a única tática possível no estado "atual das correlações de forças", pois este se mostra pouco favorável a qualquer proposta que não vise à institucionalização democrática dos conflitos sociais, evitando os focos de tensão e os momentos de confronto, nos quais as forças democráticas, em geral, e a classe operária, em particular, sairiam perdedoras.

A institucionalização democrática passa não só pela sociedade política (partidos e parlamentos), mas ainda e primordialmente pela discussão da política econômica e social implantada no país com o golpe de 64. Em suas linhas gerais, o modelo implantado se baseia no crescente endividamento externo do país, em sua crescente dependência dos capitais monopolistas internacionais e nacionais, na superexploração dos trabalhadores e na excessiva concentração da renda. É um modelo que exclui a grande massa dos brasileiros dos benefícios da industrialização e que aumenta a dependência do país frente às grandes potências imperialistas e aos centros financeiros internacionais. Leva à poupança compulsória (PIS-Pasep, FGTS) por parte dos trabalhadores, canalizada para investimentos que desconhecem as necessidades materiais e culturais dos próprios trabalhadores. Leva, ainda, a um tipo de investimento subsidiado, favorecendo apenas às grandes indústrias nacionais e multinacionais, em detrimento das médias e pequenas empresas. Negligencia o desenvolvimento de uma tecnologia autônoma nacional, que teria poupado ao país dívidas externas e dependência científica, assim como equipamentos, além de estar desadaptado às necessidades regionais e nacionais, fazendo com que inúmeros planos econômicos fracassassem. Aliena as riquezas nacionais, destrói o meio ambiente, gera tensões e violências nos centros urbanos, marginaliza econômica, social e politicamente os homens do campo. Nessa medida, a alternativa democrática deve exigir a transformação do sistema de propriedade da terra, mediante reforma agrária democrática que liquide o latifúndio, medidas para acabar com a subordinação do Estado aos interesses dos monopólios nacionais e estrangeiros, destinadas, portanto, a assegurar o de-

---

94. Idem, ibidem, p. 187.

senvolvimento independente da economia nacional, e medidas de caráter social, tornadas cada vez mais urgentes pela deterioração das condições de vida da população".[95] A crítica do modelo baseado no endividamento externo é prioritária, pois é ele o maior obstáculo para a democratização.

Onde se farão essas discussões? Nos sindicatos e nas associações de classe, mas sobretudo e primordialmente nos partidos, na medida em que a organização partidária, por ser superestrutural, é um reflexo ou uma expressão das relações de produção. Para que haja um novo pacto social, coerente e maduro, é preciso que a institucionalização democrática comece reivindicando como sua condição a diminuição das distancias econômicas e sociais entre as classes. Existe, porém, outra razão para que a arena privilegiada dessas discussões seja a sociedade política como mediadora entre a sociedade civil e o Estado. Com efeito, as práticas sociais, em particular os movimentos sindicais, ao deixarem patente a inadequação da CLT e o autoritarismo da organização vertical dos sindicatos, criam um elemento de grande tensão social que precisa ser canalizado para a esfera política porque, no estado atual das "correlações de forças", qualquer avanço isolado do movimento sindical conduzirá ao seu esvaziamento e a um recrudescimento da repressão, atrasando o processo de democratização. O papel atribuído à sociedade política vincula-se à idéia de representação, isto é, a sociedade civil deve estar apresentada na e pela sociedade política, ou seja, as classes sociais devem estar representadas nos e pelos partidos políticos dos quais participam ativamente, sem que nenhum desses partidos possa arvorar-se em encarnação de uma das classes em presença. Toda idéia de encarnação que minimize a de representação é prejudicial à democracia: do lado da burguesia, conduz ao autocratismo, do lado do proletariado, ao obreirismo. A mediação representativa ou representadora alarga o espaço político, garante as liberdades civis e encontra caminhos institucionais para a conciliação dos interesses representados, evitando confrontos indesejáveis e prematuros. A idéia, portanto, é a de que a via democrática amadure-

---

95. Idem, ibidem, p. 186. "Concretamente, em nossos dias, a democratização da economia requer a aplicação de um programa antimonopolista, antilatifundiário e antiimperialista; um programa que interessaria a amplas parcelas da população, desde a classe operária e os camponeses até as camadas médias assalariadas e pequena e média burguesia nacional (...) só assim se obterá consenso majoritário à sua aplicação conseqüente e, mais que isso, contribuirá — ao transformar as camadas trabalhadoras em sujeitos ativos do governo da economia — para o processo geral de renovação democrática do país." (Coutinho, Carlos Nelson, "A democracia como valor universal", art. cit., op. cit., p. 43.)

ce as classes sociais, fortalece os trabalhadores, prepara sua hegemonia ideológica e os conduz, de modo lento e gradual, à tomada do poder. Eis por que uma das resoluções do Partido Comunista Brasileiro é da "unidade das forças de oposição" como um requisito essencial, pois "para os comunistas a unidade não é uma questão abstrata. É o resultado de longo e tenaz esforço, e se constrói no cotidiano das massas populares, a partir de suas reivindicações específicas, transformando todos esses aspectos numa só e única luta pela liberdade. E é também o resultado de uma convergência, não espontânea, mas consciente, de diferentes setores da sociedade brasileira com vistas ao objetivo comum do estabelecimento da democracia (...) o êxito nessa luta exigirá das diversas forças oposicionistas, a cada momento, uma avaliação serena e realista do quadro político em que exista a flexibilidade tática necessária para passar da resistência à ofensiva, ou vice-versa e, por vezes, combiná-las no mesmo contexto".[96]

Há, na ênfase dada à sociedade política, a admissão do caráter pedagógico da prática partidária e parlamentar, na medida em que, através dela, o proletariado não se isola, pois os sindicatos devem ser apartidários embora não apolíticos, assim como ela ensinará aos mandantes que seus planos, organogramas e cronogramas devem ser "conferidos" com o real, pois a política não se reduz ao cálculo de variáveis tecnicamente controláveis.

Enfim, a ênfase dada à sociedade política repousa numa análise do papel do Estado na sociedade brasileira pós-64. Dada a ingerência absoluta do Estado em todas as esferas da vida social e 'econômica, incluindo, agora, a intervenção que faltava — isto é, na agropecuária — o Estado se tornou uma força econômica onipresente. Não há, portanto, chance de sucesso social sem a mediação da sociedade política como elemento de ligação com o Estado. Essa mediação tem uma finalidade precisa: sendo impossível eliminar a intervenção e associação econômica do Estado, trata-se de modificar o sentido dessa intervenção. "A questão que se coloca em face desse fortalecimento do Estado na economia é saber se ele pode, em associação com o capital privado nacional, resolver o problema da produção de bens de capital e insumos básicos sem o concurso do capital e da técnica estrangeiros. A resposta é afirmativa, desde que sob a égide de um regime democrático e nacional".[97]

---

96. "Resolução política...", op. cit., p. 322.
97. Corrêa, Hércules, op. cit., p. 209.

A democracia participativa de fonte democrata-cristã, a democracia trabalhista vinculada à Internacional Socialista, o Estado nacional e democrático proposto, nesta etapa, pelo PCB, se articulam quando as propostas oposicionistas anunciam o tema do nacional-popular sob a égide de um Estado nacional ou, pelo menos, de um Estado que, associado ao movimento internacional do capital (pois é preciso ser realista), dê prioridade ao mercado interno, aos insumos básicos, às necessidades reais da população urbana e rural, não apenas na área dos bens e serviços públicos, mas também na elaboração de um modelo econômico que estimule a autonomia tecnológica, a inversão das relações entre empresas privadas e estatais e a política fiscal, de sorte a livrar-se das imposições da aristocracia financeira. Com o tema do nacional-popular, encontramos o quarto indício de uma oposição de estilo social-democrata.

Em 1971, Fernando Henrique Cardoso escrevia: "O golpe de 64 deslocou o setor burguês-nacional e o grupo estatista desenvolvimentista da posição hegemônica que mantinham, em proveito do setor mais internacionalizado da burguesia, mais dinâmico e mais 'moderno', porque parte integrante do sistema produtivo do capitalismo internacional. A política econômica, e tanto quanto ela, a reforma da administração e dos aparelhos de Estado potenciaram as forças produtivas do 'capitalismo contemporâneo' (...) Que sentido tem, diante desse quadro, reviver o ideal da Nação baseado no pressuposto econômico de um setor empresarial local ativo e de um Estado ligado a ela, que faça uma ponte com a massa popular? Não será um anacronismo continuar pensando a Empresa Pública como germe daquele modelo? Como poderão atuar os referidos setores nacionalistas da classe média? Se não quiserem limitar-se a sustentar uma ideologia que não aponta caminhos práticos para sua implementação, eles serão obrigados a redefinir radicalmente o conteúdo do nacionalismo, a ponto de não ser possível compreender, à luz do vocabulário político anterior a 64, o que se entende por nacionalismo (...) Foi essa revolução limitada de uma economia dependente que o golpe de 64 veio facilitar, na medida em que reprimiu as classes trabalhadoras, conteve os salários, ampliou os canais de acumulação e, ao mesmo tempo, pôs de lado os empecilhos ideológicos e organizacionais que dificultavam a definição de políticas de associação entre o Estado, as empresas nacionais e os trustes internacionais (...) O desenvolvimento econômico mobilizou socialmente a 'massa', mas não preencheu o vazio histórico de uma sociedade e de uma cultura que jamais lograram organizar esta massa, educá-la, torná-la capaz de reivindicar tanto pão, como liberdade".[98]

A estas questões levantadas em 71, Cardoso começa a responder num texto de 77: "Saber que rumos tomará o processo que chamamos de 'democratização substantiva' para permitir que o primado do nacional e do popular se afirmem e que o modelo de uma ordem socialista alternativa se esboce livre dos ranços do burocratismo e do autoritarismo e inquirir quais os limites entre a necessidade de organização e a vitalidade do comportamento espontâneo das massas são as questões práticas que permitirão definir um tipo alternativo de Estado (...) a pugna efetiva não é entre o corporativismo e a tradição democrática, mas entre o elitismo tecnocrático e uma visão do processo de formação da sociedade industrial de massas que seja capaz de propor *o que é popular como sendo o especificamente nacional* e que consiga transformar as reivindicações de uma economia mais desenvolvida e de uma sociedade democrática na expressão de dimensões que articulem no Estado como expressão de vitalidade de forças realmente populares, capazes de buscar formas socialistas para a organização social do futuro".[99]

Em regime autoritário, o Estado, vinculando-se preferencialmente às forças do capital monopolista e oligopólico internacional e associado ao nacional, se descola da Nação, distancia-se dela para melhor servir ao desenvolvimento do capitalismo. Ora, tendo-o feito para servir, à sua moda e a seu gosto, amplos setores da burguesia nacional, a nova política torna impossível recuperar, nesta etapa histórica, a ideologia anterior a 64, na qual povo e burguesia nacional unidos realizariam o desenvolvimento planejado da nação. A morte desse nacionalismo foi simultânea à inovação da atividade estatal. Se outros benefícios não trouxe, o golpe de 64 talvez tenha, pelo menos, ajudado a erradicar o mito da fraqueza da burguesia nacional, fraqueza que a fazia ora depender do Estado para acumular capital, ora depender do proletariado para defender-se dos lobos internacionais. Fragmentada politicamente, nossa burguesia sempre foi um bloco econômico capaz de impor e sustentar a dominação capitalista tanto na qualidade de "elite industrial" quanto na qualidade de filha predileta do Estado montado por ela mesma. Nessa perspectiva, a mudança do foco nacional para o

---

98. Cardoso, Fernando Henrique. *O modelo político brasileiro*. São Paulo, Difusão Européia do Livro, 1973, pp. 69-70 e 82 (Col. Corpo e Alma do Brasil).

99. Cardoso, Fernando Henrique. "Desenvolvimento capitalista e Estado: bases e alternativas", in *Estado e capitalismo no Brasil*, op. cit., pp. 218 e 220.

popular implicaria admitir com realismo (até mesmo propondo alianças táticas e provisórias com setores burgueses) que "o sonho acabou". Acabou?

Assinalemos pelo menos duas dificuldades do nacional-popular, sem entrar no seu mérito político: as diferenças entre o Sul e o Norte-Nordeste, levando a repor a velha questão do "quem é povo no Brasil?" e, em segundo lugar, a natureza empresarial do Estado, de sorte que, se nada impede de torná-lo nacional, muito difícil será fazê-lo popular.

Algumas discussões entre os setores de oposição têm considerado problemática a constituição da frente democrática (unanimemente proposta pelas oposições), tomando como critério as diferenças regionais. Alguns chegam a aventar a hipótese de uma "via sulista" para a democracia que teria pouco em comum com uma "via nordestina". Dado o desenvolvimento desigual do capitalismo brasileiro, haveria no Sul do país a possibilidade de uma oposição democrática de cunho popular com forte viés social-democrata (no sentido empírico do termo), isto é, de uma democracia liderada pela "aristocracia operária", incapaz de perceber que seu avanço tem como preço o colonialismo interno a que se encontram submetidos Norte e Nordeste. Haveria, no Sul, a possibilidade de uma via democrática fundada nas lutas sindicais e na exigência da redistribuição da renda, visto que o grau de desenvolvimento econômico atingido e as relações com as multinacionais tornam o "bolo" apto a ser melhor repartido, mesmo porque a capacidade de negociação das multinacionais é bastante grande e pode realizar-se, desde que o Estado não se sinta prejudicado globalmente em seus planos econômicos. Ao contrário, a situação do Norte e do Nordeste é de total subdesenvolvimento, de superexploração e de interferência estatal direta, visto que a economia não passa pela mediação das empresas nacionais privadas, mas realiza-se diretamente pelo setor empresarial estatal. O inimigo, segundo a "via nordestina", não é a empresa nacional e a internacional privada (a burguesia clássica), mas o Estado empresário e o capital financeiro sulista e internacional, que aliás atua na região através do Estado. O inimigo direto e imediato é o próprio Estado. Assim, enquanto a "via sulista" poderia enfatizar o popular para atingir o nacional, a "via nordestina" enfatizaria o Estado nacional, como mediação para atingir o popular. Trata-se, no Norte-Nordeste, de realizar o desenvolvimento capitalista nacional contra ou sem a burguesia, tomando o aparelho do Estado e dando-lhe a feição popular. Com isto, longe da idéia do nacional-popular ser o elemento de união das oposições na luta pela democratização, ele seria um fator de divisão interna.

A segunda dificuldade encontra-se na natureza do próprio Estado, enquanto capitalista. Analisando o modo de funcionamento das empresas estatais, Luiz Belluzzo[100] assinala duas linhas de problemas, uma delas concernente à ambigüidade das empresas estatais e outra concernente às dificuldades do próprio Estado enquanto constituidor das formas superiores do capitalismo. No primeiro caso, como as empresas estatais se organizam segundo os padrões da eficiência e da rentabilidade próprios da empresa privada, oscilam entre a tentativa de tornar a empresa pública autônoma, liderando a acumulação, e a dependência do apoio do Estado, sobretudo para financiamento interno e externo. Por um lado, sua "legitimidade pública fica cada vez mais dependente e ameaçada frente às dificuldades em articular os demais interesses privados"[101] e, por outro lado, "para o setor privado ela passa a representar a estatização; para seus gerentes, o Estado passa a se mostrar incapaz de se representar nela. Para os empresários, a empresa pública é estranha ao Estado; para a empresa pública, o Estado é estranho a ela".[102] Ora, se a proposta das oposições de uma frente democrática popular que congregue setores progressistas da burguesia for levada adiante, como serão conciliados os interesses da empresa privada e da empresa estatal, no interior de um Estado nacional liderado pelas forças populares? À primeira vista, a resposta seria a de articular os interesses de ambas e de garantir-lhes igualmente independência face à intervenção estrangeira. Para que isto fosse possível, seria preciso garantir um outro tipo de autonomia: a tecnológica. Como as empresas privadas a garantirão, não se sabe ao certo, mas do lado das empresas estatais, não há como contar com essa possibilidade, pois "cabe indagar como o Estado, tendo avançado tanto na constituição de formas superiores do capital, não é também capaz de romper as limitações à autonomia tecnológica (...) não se trata apenas de resolver os enormes problemas relativos à montagem de uma base produtiva integrada de bens de capital fixo, o que implicaria, desde logo, um tremendo esforço de superação do hiato tecnológico. Mais que isto, seria necessário promover a instalação e integração técnica dessa base, não só no interior do Departamento de Bens de Produção, como também em relação ao restante do sistema industrial. Essa tarefa requereria do Estado um grau de autonomia inteiramente inconcebível no capitalismo (...) Tudo isso seria

---

100. Belluzzo, Luiz Gonzaga de Mello, "A intervenção do Estado no período recente", *Ensaios de Opinião*, op. cit., v. 5, n. 23.

101. Idem, ibidem, p. 27.

102. Idem, ibidem.

supor um grau de 'socialização' do trabalho que transcende os limites do capitalismo. Pedir isso seria propor ao Estado capitalista que se transforme em seu contrário".[103] E as aspas postas por Belluzzo na "socialização" do trabalho deixam entrever que o pedido também não seria por uma sociedade socialista e democrática...

A que vêm essas considerações? Ao assinalar algumas das dificuldades para a constituição de uma frente democrática com propósitos socializantes a longo prazo, e ao denominar essa proposta como de tipo social-democrata (etapista, legalista, parlamentarista, estatista, nacionalista, aliancista), parecia haver uma certa dose de incorreção, sobretudo porque, além de não estabelecer diferenças substanciais entre as várias linhas oposicionistas (sendo injusta com todas), também parecia haver minimização do papel atribuído ao popular nessas oposições. As considerações acima visaram apenas apontar o fato de que as propostas de cunho popular visualizam o Estado como lugar por excelência da realização de seu projeto político, e o Estado brasileiro não parece ajustar-se a essa possibilidade. Poder-se-ia argumentar, como muitos o fazem, que a realização do projeto nacional-popular começa pela modificação da própria natureza do Estado, uma vez que o Estado que aí está justamente não é nacional nem popular. O problema desse argumento (que poderia ser aceito) é o fato de que as análises da política econômica e social que criticam o atual modelo brasileiro, ao introduzirem o nacional e o popular, não introduzem simultaneamente uma crítica do Estado capitalista *como tal*. Em outras palavras, critica-se *este* Estado que aí está, o modelo que aí está, mas não se questiona a idéia do próprio Estado. Foi isto que aqui designamos como estilo social-democrata.

Em resumo, a proposta democrática nacional-popular costuma fundar-se numa análise da *realização* da mais-valia e não de sua *produção*. "O que importa reter, aqui, dessas análises é que ao se fundarem basicamente sobre a redução das relações de produção a simples relações de propriedade — deduzindo, num caso, do isolamento e autonomia dos proprietários dos meios de produção a anarquia da atividade econômica, noutro caso, da concentração da propriedade sob formas monopólicas o agravamento da concentração da renda e das dificuldades de realização — elas conduzem naturalmente à idéia de que uma intervenção crescente do Estado na esfera

---

103. Belluzzo, Luiz Gonzaga de Mello e Coutinho, Luciano, "O desenvolvimento do capitalismo avançado e a reorganização da economia mundial no pós-guerra", *Revista Estudos*, op. cit. (23): 22.

produtiva, ao reduzir quantitativa e qualitativamente a importância do setor privado da economia, alteraria progressivamente a estrutura da propriedade, suprimindo o fator originário das crises, permitindo harmonizar o conjunto da atividade econômica através de uma efetiva ação planificadora".[104] Ampliando, modificando e planejando a ação do Estado poder-se-ia passar, com a ajuda da mediação da sociedade política participativa, a uma democracia pluralista e socialista. Pensa-se numa realocação do capital, mas jamais em sua supressão. Por esta razão, a idéia mesma de nação jamais é interrogada — é sempre um "dado" cujo sentido se altera conforme as necessidades estratégicas.

Restaria apontar alguns traços do que designamos em páginas anteriores como novidade dos movimentos dos trabalhadores. Todavia, não o faremos aqui. Falar em novidade pressupõe uma visão mais totalizante da história do movimento operário, das lutas sindicais, urbanas e camponesas no Brasil neste século, de tal modo que fosse possível vislumbrar na fala e na prática atual dos trabalhadores qual passado estão resgatando e qual futuro estão escolhendo. Estas reflexões pedem um outro trabalho.

Há, porém, um ponto que gostaríamos de deixar aberto nesta conclusão, pois nos parece enigmático e cheio de interrogação: a atitude das esquerdas diante dos movimentos dos trabalhadores (especialmente os do ABCD paulista, aos quais se procura lembrar que "São Bernardo não é o Brasil"), quando parecem dispostos a criar um partido da classe trabalhadora — não apenas no sentido clássico de "partido para a classe trabalhadora", mas ainda no sentido sociológico de "partido dos trabalhadores". Com efeito, seria de esperar que, além do apoio material e político e da

---

104. Mathias, Gilberto. "Estado e capital: um debate recente". *Contraponto*, revista de Ciências Sociais do Centro de Estudos Noel Nutels, Niterói (2): 67, nov. 1977. "As formas do conflito social são, portanto, novas. As classes populares, soldadas pela dialética da reprodução ampliada do capital, já não se dirigem ao Estado, peticionando no sentido de que aquele consiga ou imponha concessões de parte da burguesia internacional associada; dirigem-se contra o Estado" (Oliveira, Francisco de, "Acumulação capitalista, Estado e urbanização: a nova qualidade do conflito de classes", *Contraponto*, op. cit., n. 1, nov. 1976). Na análise de Chico de Oliveira, a contradição de classe encontra na luta contra este Estado-associado seu ponto novo (ligado ao fenômeno da urbanização, isto é, do desenvolvimento capitalista no Brasil a partir dos anos 50 com o Plano de Metas). Nesta análise, o conceito de popular é muito mais claro do que nas declarações esparsas de políticos e intelectuais, mas a determinação do popular encontra-se na dependência da idéia do nacional como reação ao Estado associado ao capitalismo estrangeiro, de sorte que o problema anterior, concernente à natureza do próprio nacional, ainda fica por ser melhor esclarecido. Para esta questão, veja-se Galvão, Luís Alfredo, "Marxismo, imperialismo e nacionalismo", art. cit., op. cit.

solidariedade aos movimentos sindicais, as oposições de esquerda vissem com entusiasmo o surgimento de tal partido, não só por ser algo novo, mas também porque, afinal, crêem as esquerdas, a transformação histórica é obra da classe universal quando esta decide ser sujeito de sua própria ação. Ou já não se crê nisto? Por que tanta resistência à organização dos trabalhadores pelos próprios trabalhadores? Como conciliar a defesa da luta contra a tutela estatal com a reticência face a uma organização partidária que se deseja sem tutela? Por que levantar o fantasma da "aristocracia operária" numa região onde o salário mínimo não atinge Cr$ 5.000,00? Por que o espantalho e a grita de "obreirismo isolacionista" quando os trabalhadores estão a falar num partido dos assalariados, dos que vivem do trabalho e não exploram o trabalho de ninguém, num partido "sem patrões"? Onde o isolamento? Por que acenar com o risco do voluntarismo e do espontaneísmo, se a idéia de organização partidária faz parte de uma história mais longa, penosa e trabalhosa, no interior do movimento sindical? Por que invocar a eterna "imaturidade" dos trabalhadores para se organizar sem tutela? Qual a diferença entre esse argumento e o dos governantes, para os quais, por definição, o povo é sempre imaturo para se autogovernar? Por que temer nesse novo partido a destruição da pluralidade de tendências dos sindicalistas?

Que a classe dominante tema o movimento sindical e, sobretudo, tema o advento de um partido dos trabalhadores está inscrito na ordem das coisas. Mas que as oposições de esquerda temam a organização autônoma dos trabalhadores, já merece reflexão. Esperamos ter dado alguma contribuição neste sentido com as observações feitas ao longo destas páginas — o que não significa que tenhamos capacidade para responder às questões que levantamos, mesmo que algumas "respostas" estejam quase na ponta da língua.

Quando nos aproximamos das críticas endereçadas aos trabalhadores (às suas greves, ao seu futuro partido), podemos perceber, da parte de vários setores de esquerda, o temor da luta de classes, pois neste momento os oposicionistas se batem pelas alianças de classes como ponto fundamental da democratização. As críticas manifestam o receio de que os trabalhadores se "antecipem" e caminhem na luta de classes antes que "amadureçam as condições objetivas" ou antes que "as correlações de forças sejam favoráveis". Embora essas expressões permaneçam vagas, quase metafísicas, contudo vale a pena mantê-las para que possamos indagar por que, segundo tudo indica, as esquerdas esperam tais modificações como devendo ocorrer preferencialmente com a ausência da classe trabalhadora enquanto tal. Isto é, como relação social e como relação de poder e não apenas como classe em si à procura da consciência-de-si-para-si. Aliás, se nos lembrarmos de que essa consciência se constitui no movimento da luta de classes, não vemos como a imobilidade (ainda que "tática" ou provisória) dos trabalhadores há de contribuir para o desenvolvimento da consciência de classe enquanto consciência política. Por outro lado, se tiver algum sentido a idéia de que o trabalhador manual é também um intelectual, haveremos de reconhecer que essa intelectualidade não depende tanto de que o trabalhador possa consumir uma reflexão feita para ele e em seu nome, mas porque é capaz de refletir sobre o significado de sua própria prática, adquirindo plena consciência dela, pois pensar é um momento da práxis social tanto quanto agir.

Na verdade, porém, as oposições de esquerda não pretendem anular a luta de classes, nem temem a organização da classe trabalhadora, mesmo porque dela precisam para propor a política de alianças. O que temem, entretanto, é uma "inversão" no sistema de alianças, ou seja, que a liderança do processo político oposicionista possa ficar a cargo dos trabalhadores. Assim, quando esperávamos que a avaliação dos riscos de identificação entre sociedade civil, sociedade política e Estado, bem como a importância dada aos movimentos sociais se destinavam a desenvolver o campo da luta de classes, nos enganávamos. Os conceitos (problemáticos) de sociedade civil e de sociedade política são usados para minimizar o trabalho da luta de classes. Despautério? Talvez não seja. Freqüentemente, as esquerdas ficam fascinadas pelo lugar do poder, de tal modo que a luta contra ele é transfigurada, sem mediações, em luta pelo poder, substituição dos mandantes. Dessa maneira, quando surge na cena política uma "variável nova" (por incrível que pareça: os trabalhadores!), reina perplexidade e apreensão.

Não se trata de idealizar os movimentos dos trabalhadores nem a criação de seu partido atribuindo-lhes idéias, palavras, intenções e gestos que não formularam explicitamente. Tal atitude, além de dissimular a realidade, seria uma estúpida tentativa para "salvá-los" do reformismo onde se alojaram, até o momento, as oposições. Se é verdade que os trabalhadores têm afirmado que "patrão pode ser brasileiro, mas é sempre patrão" e que os patrões falam de democracia "da boca para fora" (questionando, portanto, a possibilidade da política de alianças), ou têm dito que "as lideranças das greves muitas vezes são obrigadas a se escorar no apoio, freqüentemente duvidoso, de aliados ocasionais saídos das classes médias e até da burguesia" (questionando, portanto, a idéia de aliados "naturais"), ou têm considerado as lutas sindicais como preparatórias para as lutas políticas (não porque os sindicatos sejam "correias de transmissão" dos partidos mas porque são uma escola de prática política e social na qual são forçados a trabalhar conflitos, divergências e antagonismos internos), não o menos verdade que inúmeras propostas do futuro partido dos trabalhadores se aproximam daquelas encontradas nas oposições — lutas pelas liberdades civis, luta contra o latifúndio, luta antiimperialista, exigência de nacionalização e estatização das riquezas naturais e das fontes de energia, exigências de ampliação dos serviços públicos por via estatal etc. Além disso, o próprio fato da criação de um partido, com aceitação das regras do jogo impostas pela elasse dominante, coloca os trabalhadores no mesmo contexto em que está o restante das oposições. No entanto, por ser esta uma das raríssimas vezes em que os trabalhadores deste país pretendem criar por si mesmos seu partido e exigir por si mesmos a entrada na cena política, o significado da emergência desse partido se altera. Para os trabalhadores, ele é a possibilidade do novo. E não podemos saber de antemão o que ocorrerá com aqueles pontos de seu programa partidário comuns aos de outros partidos oposicionistas, porque sendo conduzidos por uma das classes fundamentais da sociedade, seu curso e sentido dependerão do caminho da própria luta de classes.

Convém, no entanto, apreciar alguns pontos que o partido dos trabalhadores apresenta e defende. Assim, por exemplo, já na fase preparatória de discussão e elaboração de um programa, os trabalhadores recusam a cogestão por considerá-la um instrumento que auxilia a administração do capitalismo. Em contrapartida, falam nas comissões de fábrica, não como forma de participação por voto no interior das indústrias, mas como instrumento de fiscalização da economia pela sociedade. Defendem, entretanto, a autogestão nos movimentos sociais e sindicais como demonstração de que, no futuro, o aparelho do Estado não mais será necessário. Enfatizam a questão pedagógica, porém não como prática partidária e sim como atividade operária voltada para fora das fábricas, dos campos e dos partidos, criando, por exemplo, escolas dos e para os trabalhadores e seus familiares, livrando-os da "educação" imposta pela classe dominante. Exigem e defendem os direitos das minorias raciais, como os índios, e a democracia racial concreta. Que significam essas propostas, entre outras? Antes de mais nada, o reconhecimento da organização coletiva das instituições como esferas articuladas de diferenciação social — o econômico, político, jurídico, cultural, não são idênticos, nem são graus sucessivos numa hierarquia de determinações, mas também não são fragmentos da superfície social a serem unificados numa única instância identificadora. Em segundo lugar, a clara distinção de três redes de sociabilidade ou de socialização: o trabalhador como produtor, o trabalhador como sindicalista e o trabalhador como cidadão. Em terceiro lugar, e sobretudo, a nítida compreensão da diferença entre a articulação capitalista dessas esferas e dessas redes e uma outra articulação, diferente da existente.

A percepção dos três aspectos mencionados — diferenciação das esferas de organização da vida coletiva, diferenciação das redes de sociabilidade ou de socialização e distinção entre a articulação capitalista dessas esferas e redes e uma outra articulação, não-capitalista — transparece de forma indireta naquilo que podemos designar como a consciência de classe, tal como se manifesta atualmente, ou seja, na afirmação da dignidade do trabalhador.

Quais os conteúdos dessa dignidade? Inicialmente, ela é a dignidade do trabalhador enquanto ser humano (que por isso exige salários, condições de emprego e de trabalho dignos de uma existência humana e não para a mera sobrevivência biológica). Ela é, também, a dignidade daqueles que se sabem produtores da riqueza apropriada por um punhado de exploradores organizados (e por isso a greve surge como demonstração desse conhecimento). Ela é, ainda, a dignidade daquele que conhece seu ofício e contra quem o patronato lançou o poder dos "métodos" e do DRH (por isso, a exigência de participação na produção aparece como correção, a curto prazo, da alienação a que o trabalho se encontra submetido). Mas ela é, sobretudo, o reconhecimento do direito de agir e pensar sem tutela, seja esta qual for e venha ela de onde vier, pois os trabalhadores não são apenas "mãos", porém cabeças pensantes (e por isso a posição de sindicatos liberados do Estado como interlocutores da prática econômica e a posição de um partido como interferência e intervenção de uma classe na política social, econômica e cultural surgem como exigências mínimas da cidadania operária). Entre os trabalhadores, a dignidade se exprime preferencialmente pela confiança na solidariedade recíproca, não como um dado, mas como uma conquista. Ruptura com a fragmentação alienadora, criação e desenvolvimento de uma realidade comunitária para a liberdade — a *koinônia tôn eleuthêron*.

O que os trabalhadores farão com e de seu partido, de seus sindicatos, de suas comissões, de suas cooperativas, de suas associações de vizinhança, não sabemos (e certamente eles também ainda não sabem), mas é possível que a afirmação da dignidade do trabalhador contribua, pelo menos, para desfazer a confusão trazida pelas oposições no tocante à idéia de "participação dos trabalhadores". Com efeito, até o momento, essa idéia tem sido dissolvida na idéia de participação na sociedade política (partidos e parlamentos) e na sociedade civil (movimentos sociais), como um elemento capaz de alterar a atual "correlação de forças". Ora, qual o resultado dessa idéia de participação ao ser transferida para o plano da produção? "O conceito de uma democracia na fábrica baseada simplesmente na imposição de uma estrutura formal de parlamentarismo — eleições de diretores, votação sobre decisões referentes à produção etc. — de acordo com a organização existente."[105] Todavia, não é isto a democracia na esfera da produção. Se a organização taylorista do processo de trabalho é a forma contemporânea de dominação, graças à absoluta separação entre decisão e execução, é porque a esfera da decisão (que é também a do controle) encontra-se circunscrita à área dos técnicos e dos gerentes, cujo saber e poder determinam sua participação na apropriação do excedente. Assim sendo, o primeiro e indispensável passo de uma democracia na produção consiste em desfazer a separação entre o manual e o intelectual no processo de trabalho. "Sem o retorno do requisito do conhecimento técnico pela massa dos trabalhadores e reformulação da organização do trabalho, a votação nas fábricas e escritórios não altera o fato de os trabalhadores continuarem dependentes, tanto quanto antes, dos 'peritos' e só podendo escolher entre eles ou votar nas alternativas apresentadas por eles. Assim, um verdadeiro controle pelo trabalhador tem como requisito a desmistificação da tecnologia e a reorganização do modo de produção. Isto não significa, é claro, que a posse do poder no seio da indústria mediante as demandas de controle pelo trabalhador não seja um ato revolucionário. Significa, isto sim, que uma verdadeira democracia dos trabalhadores não pode subsistir com base num esquema puramente parlamentar formal."[106] Em contrapartida, qual o significado do retorno dessa idéia de democracia sobre a sociedade política? Em

---

105. Braverman, Harry. *Trabalho e capital monopolista*, op. cit., p. 376.

106. Idem, ibidem, pp. 376 e 377. Veja-se Decca, Edgar de, art. cit., op. cit. O tema do referido ensaio é "uma análise de dois momentos históricos brasileiros (1928 e 1950) onde a aliança burguesia-proletariado, em nome da democracia, significou uma derrota para a classe trabalhadora". Pelas considerações de Braverman podemos notar em que e por que a democracia dos trabalhadores dificilmente poderia harmonizar-se com a democracia da burguesia, nos dias de hoje (tanto quanto ontem, como demonstra Decca).

primeiro lugar, o deslocamento da discussão da política econômica do eixo grande empresa-Estado, enquanto forma da realização da mais-valia, para o da relação capital-trabalho e, portanto, para o da produção da mais-valia. Em segundo lugar, e como conseqüência, a percepção da sociedade civil não como espaço do exercício das liberdades, mas como aquilo que é efetivamente: campo da luta de classes.

Examinando as práticas e propostas dos trabalhadores não podemos afirmar que sejam prematuras ou voluntaristas (isto é, esquerdistas), nem que sejam reformistas (isto é, social-democratas), nem que sejam revolucionárias (o projeto de um governo dos trabalhadores e da autogestão social, expostos nos programas como demonstração de que, no futuro, não haverá necessidade dos aparelhos do Estado). Por que tais classificações não teriam cabimento? Por que não classificar os trabalhadores como o fizemos com o restante das oposições? Por um lado, porque, no caso destas últimas, o que designamos como estilo social-democrata é explícito. Mas, por outro lado, porque, no caso dos trabalhadores, a indeterminação das propostas é, justamente, sua grande novidade e etiquetá-las seria eliminar aquilo que, por serem indeterminadas, as põe no movimento da história: seu sentido como seu por vir. A política não é ciência, mas ação que se inventa.

Se considerarmos que as relações de produção, ao determinar a forma das relações sociais, da propriedade e do processo de produção constituem o poder como um de seus momentos essenciais, engendrando formas de dominação encarregadas de garantir, pela ordenação do espaço social, a reposição do modo de produção; se considerarmos que a peculiaridade do modo de produção capitalista encontra-se no fato de ter estabelecido a separação entre autoridade (dominação pessoal imediata) e poder (dominação impessoal mediatizada pelo Estado), graças à separação entre exploração econômica e legalidade política; se considerarmos, para usar a expressão de Claude Lefort,[107] a sociedade capitalista como uma sociedade de alienação porque, produzindo a separação de todas as esferas da atividade social e fragmentando também cada uma delas, torna impossível a identificação consigo mesma, de sorte que nela o universal não se realiza através do particular, mas contra ele, então podemos entrever o sentido do Estado nessa sociedade, e suas contradições atuais.

---

107. Lefort, Claude. *As formas da História*. São Paulo, Brasiliense, 1979.

Destinado a figurar o universal (mas sendo realmente particular), destinado a ordenar e regular o espaço social para homogeneizá-lo (mas sendo realmente um pólo a mais de heterogeneidade), destinado a oferecer-se como lugar da identificação social (mas sendo realmente a realização política da divisão social), destinado a ser o ponto de confluência da legalidade e da legitimidade (mas sendo realmente o substituto da soberania), destinado a representar objetivamente os interesses subjetivos da comunidade nacional (mas sendo realmente um momento necessário para as diversas formas da acumulação do capital e exploração da mais-valia), o Estado é a forma superior da alienação na sociedade capitalista. Como autoridade separada, não pode efetuar a universalidade do poder, senão fixando-se na particularidade (de classe), e como pólo da identificação social, não pode efetuar a generalidade da vida coletiva, senão oferecendo-se como potência estranha de dominação a forçar submissão generalizada.

O capital, dissera Marx, não é coisa nem idéia, mas um sistema social de produção que aparece dotado da capacidade fantástica de produzir-se a si mesmo, especialmente quando atinge o ponto mais alto da forma alienada, isto é, como capital produtivo do lucro. Essa inversão fantástica reaparece na inversão do trabalho, quando o morto submete o vivo, ou na inversão da terra, quando esta parece bombear riqueza "natural" num processo que aniquilou a natureza. Porém, essa inversão aparece de modo fulgurante na dimensão da política, onde os acontecimentos se sucedem sem que nada aconteça: aqui, a atividade se consome para produzir apenas a repetição (cada vez diversificada) da mesma dominação. Por isso, a história burguesa só pode ser tematizada como história do progresso, isto é, como infindável explicitação ou desdobramento de um fundo larval idêntico que, por fases ou etapas sucessivas, busca o amadurecimento. Por essa razão, a democracia liberal pode acreditar no progresso das forças produtivas como um vírus que, ao trazer o estado-do-bem-estar, vacina a sociedade contra o risco da ruptura socialista. Mas, pela mesma confiança depositada no progresso dessas forças, a social-democracia pode nele apostar como portador pacífico do socialismo. A idéia de progresso é o elemento ideológico fundamental para a conservação de todas as inversões mencionadas, pois torna possível deixar na sombra o fato de que o sistema capitalista se funda numa divisão social reposta por ele como luta de classes. Em outras palavras, a anulação da historicidade (real) pelo progresso (imaginário) tem como pré-requisito o abandono do motor da história — a luta de classes — por um motor imóvel e, como tal, metafísico-teológico.

A história, reduzida ao tempo empírico, homogêneo, linear e sucessivo, é uma história espacializada. Nela, a dimensão do que é outro tende a ser figurada de duas maneiras diversas, porém complementares: o outro é tanto o que veio antes ou o que virá depois, quanto o que está "fora", seja na qualidade de modelo ou fim a ser realizado, seja na qualidade do que deve ser evitado. A espacialização (como linha temporal ou como exterioridade) leva a uma identificação entre o real e o dado, atual (o presente) ou o virtual (o passado ou o futuro), de sorte que a realidade é sempre o positivo determinado. Abolem-se, portanto, a temporalidade como negação e a dimensão do possível. Com tais abolições, desaparece a história como movimento reflexivo que constitui o próprio tempo.

Marx dissera que o novo nasce dos escombros do velho e que uma sociedade só coloca as questões que pode resolver. Pensadas sob a forma espacializada do progresso, essas duas afirmações se transformam em axiomas de um marxismo positivista no qual os termos novo, velho, nascer, escombros, questões postas e resolvidas se dissolvem nas idéias de "condições objetivas amadurecidas" e de "possibilidade objetiva", que, pressupondo o tempo como maturação evolutiva, destroem o materialismo histórico-dialético. Regressam ao materialismo naturalista do século XVIII.

Se é verdade que o novo nasce dos escombros do velho, é porque há um duplo e simultâneo movimento de ruptura e de continuidade determinando a temporalidade: algo ainda indeterminado (o novo) emerge (nasce) no interior de relações sociais como algo posto por elas e que, no entanto, elas não têm força interna (o velho) para repor. Não se trata, portanto, do surgimento automático de uma nova determinação (pelo desenvolvimento das forças produtivas), nem do amadurecimento das condições existentes (os ciclos repetitivos e progressivos do modo de produção capitalista) — o novo é perecimento do velho, algo posto no interior do velho por uma prática nova que, ao colocar obstáculos para a reposição do sistema, encaminha-se para uma transformação qualitativa das relações sociais existentes. Essa transformação, por ser qualitativa (e não quantitativa como nas idéias de progresso e de amadurecimento), não fornece forças ao sistema presente para que ele próprio possa repô-la. A continuidade temporal (o novo nascendo dos escombros do velho) é ruptura ou posição da diferença temporal — a prática nova cria suas próprias condições de reposição, realizando, portanto, a negação do velho, que é incapaz de suportar essa reposição. Aqui não é possível falar em amadurecimento: há nascimento e perecimento. Também não se pode falar em etapas, a menos que se admitisse ser o velho capaz de criar condições para o florescimento do novo, o que suporia um compromisso entre ambos, como no reformismo.

Por seu turno, a idéia de possibilidade objetiva, permanecendo inscrita numa história espacial do progresso, na qual o presente se confunde com o real e com todo o real, leva à suposição de que o possível precisa ser demarcado no interior do presente para possuir alguma realidade (isto é, ser "objetivo"). Ora, o possível faz parte do real como um de seus momentos, justamente porque o presente não é todo o real, a menos que confundamos realidade e conjunto de dados empíricos. O possível é real não como possibilidade objetiva, não como um dado positivo colocado no futuro a partir dos dados presentes, mas como negação. E dupla negação: é a percepção de uma privação (aquilo que falta no presente) e de uma negação (aquilo que uma prática nova nega ao se efetuar como realização do que falta ao presente). O possível não é um dado virtual, nem um acidente, não é o previsível nem o inesperado, mas a negatividade. A interpretação do possível como possibilidade objetiva arrasta o futuro para o interior do presente objetivado para lhe dar os contornos do próprio presente, apenas modificado. Essa interpretação é um dos casos exemplares da hegemonia burguesa, do "poder espiritual da burguesia", pois a possibilidade objetiva é o tempo concebido pela e para a burguesia: tempo vazio do cálculo e da previsão, tempo da circulação do capital, tempo do crédito e dos juros. O possível não é uma variável calculável — é o outro da sociedade existente, seu outro próprio, sua negação determinada. É um outro que não está "fora", mas está prefigurado num outro determinado que a sociedade capitalista não cessa de pôr e de repor, o outro de classe e seu possível próprio. Mas, por não ser o necessário, o possível exige muito mais do que o movimento social imanente de reposição das divisões sociais: exige uma reflexão dessa divisão, isto é, uma prática que explicite essa divisão para questioná-la e destruí-la. Negar não é trazer o oposto (a sociedade socialista não é o oposto da capitalista, um "bom espelho"), nem é trazer o contrário (a sociedade socialista não é o contrário da capitalista, uma "boa-sociedade"), mas é pôr a contradição em movimento.

Podemos, agora, compreender um pouco mais o que sejam o real e o novo. O real não são os fatos nem as idéias, os dados e as representações. Estes são aquilo que aparece em virtude do real, que é o trabalho que uma sociedade efetua sobre si mesma para produzir-se e instituir-se, para mascarar-se e fixar-se em suas máscaras, como se graças a elas pudesse fixar o tempo e deixar de produzir-se. Porque o real é o trabalho de instituição do próprio social e de seu mascaramento como instituição permanente, ou, em outras palavras, porque o real é reflexão que deseja ocultar-se na imobilidade das representações, o novo é uma de suas dimensões — aquela que mantém o movimento da reflexão e impede a cristalização no e do instituído. O novo, por não ser uma inovação qualquer, mas aquela que impede o retorno do idêntico, porque impede a repetição do trabalho de reposição das condições sociais, é o movimento pelo qual a sociedade cria dentro de si sua diferença consigo mesma, sua alteridade negadora; a diferença temporal.

Se pensarmos a questão da democracia neste contexto, talvez possamos esclarecer por que em nossa exposição não a tomamos como valor universal, nem como regime político, nem como instrumento tático para o socialismo, nem, enfim, como um conceito que, na história presente, possa ser desvinculado da construção de uma sociedade socialista.

As idéias de liberdade e de igualdade entram na cena capitalista sob duas formas: como práticas determinadas e como representações, e, sobretudo, como negação recíproca das práticas pelas representações. No plano da prática social, as exigências determinadas pelo mercado da compra e venda da força de trabalho pressupõem a existência dos homens "livres" (para que haja contrato de trabalho) e de homens "iguais" (os proprietários da fórmula trinitária). Por outro lado, o processo de dominação real do trabalho, e o da valorização do valor realizam um movimento pelo qual os pressupostos (os três proprietários) serão repostos de modo diferente daquele em que apareciam no início do processo, isto é, os proprietários desaparecem como tais e em seus lugares restam três "coisas" fantásticas: o lucro, o salário e a renda. Nesse momento, intervém como uma necessidade imprescindível a representação da liberdade e da igualdade, através da idéia de cidadania. Em outras palavras, no movimento inicial, a prática social põe uma liberdade e uma igualdade cujo sentido (abstrato) e determinado pelas relações de produção; no momento seguinte, a alienação ou reificação, ao produzir os fetiches, anula o suporte material daquelas idéias que passam, então, a uma nova forma de existência social como representações na esfera jurídica e política. Assim, as relações de produção não se espelham, nem se refletem, nem se exprimem nas relações jurídico-políticas. Ao contrário, farão seu próprio percurso negando as abstrações iniciais pela posição real da ausência de liberdade e de igualdade, e somente após essa negação, as relações jurídico-políticas poderão repor, de maneira formal, a liberdade e a igualdade. A gênese lógica (e não cronológica) dessas representações demonstra o engano de tomar a superestrutura como reflexo ou expressão da infra-estrutura, pois ela é um momento determinado do processo social global emergindo para repor noutro plano (jurídico e político) o que foi desfeito no nível anterior (econômico). As representações não espelham nem refletem o real, mas põem uma determinada realidade sob a forma de um ocultamento do processo real de sua supressão. Nesta medida, a ideologia, além de possuir base material (negada por ela enquanto construção), diz simultaneamente uma "verdade" e uma "falsidade" — é verdadeiro que o sistema capitalista põe a igualdade e a liberdade, mas é falso que as realize, pois nele as condições de realização delas não estão dadas, e por isso elas são apenas idéias.

No entanto, se o sistema capitalista precisou, na prática econômica, da posição da igualdade e da liberdade abstratas e se continua precisando delas na representação jurídico-política, enquanto igualdade e liberdade formais (isto é, desprovidas de conteúdos porque separadas das condições efetivas de sua realização), ambas são algo posto por este sistema de maneira determinada, que lhe permita repô-las sem se destruir. Quando, portanto, a reivindicação democrática de uma igualdade e de uma liberdade concretas emerge na cena social, traz consigo uma exigência nova ou qualitativamente diferente, visto que a concreticidade exigida tem como condição a exigência da não-separação entre elas e suas condições de efetuação real ou, em outros termos, implicam uma negação das condições atuais ou das relações de produção capitalistas (igualdade e liberdade inexistentes) e das relações jurídico-políticas dadas (igualdade e liberdade formais). Isto significa, portanto, que o sistema capitalista põe certas determinações que só podem ser repostas por ele de maneira abstrata e que a exigência de concreticidade para essas determinações (o novo) implica recolher no sistema dado (o velho) algo que fora posto por ele, mas agindo de tal modo que em lugar da reposição haja criação de uma realidade qualitativamente nova. Foi isto que, em páginas anteriores, havíamos designado como apelo interno da democracia ao socialismo.

Talvez não seja demais lembrar que o socialismo é a retomada de antigas questões e aspirações políticas como a justiça, a liberdade, a fraternidade, questões que foram soterradas depois que a política se transformou numa ciência positiva dedicada à descrição e à interpretação das instituições referentes ao governo. Porque a ciência política esposou o ponto de vista dos que governam, deixou na neblina dos tempos exigências que somente os dominados poderiam resgatar. Coube aos socialistas utópicos algo que uma sociologia positivista e idealista (como as de Durkheim, Sombart ou Polany) não poderia compreender. Com efeito, essa sociologia interpretou o socialismo utópico como tentativa para solucionar o problema da miséria e como recusa insensata da proletarização, compreendendo de maneira puramente reativa e miserabilista uma utopia de conteúdo positivo e ativo: a vontade de felicidade, "uma energia, uma vontade de afirmação fundamental (...) a posição da questão de uma mutação unitária da civilização, uma afirmação ofensiva de uma nova filosofia de vida".[108] Coube aos anarquistas e libertários, por seu turno, recolocar juntamente com a questão da felicidade, a da justiça e a da liberdade, excluindo a carga religiosa que as envolvia, transformando o desejo de liberdade numa fonte positiva para a construção de uma sociedade justa porque criada e conservada pela força dos homens quando movidos pela esperança do autogoverno. Coube a Marx e a Engels dar à afirmação utópica do desejo de felicidade e à afirmação anarquista do desejo de liberdade um conteúdo rigoroso fundado na análise e interpretação da forma presente da exploração e da dominação, visando a uma universalidade real e a uma realização total que não seja alienação generalizada. O movimento socialista-comunista, cujo ponto de partida é a compreensão da gênese e da reprodução do capital pela exploração do trabalho, é um movimento social para a reapropriação positiva e transformação global das riquezas como patrimônio da humanidade.[109] Que a história tenha sistematicamente silenciado os utopistas,

---

108. Abensour, Miguel, "L'histoire de l'utopie et le destin de sa critique", *Textures*, Paris, Librairie Le Sillage (8 e 9): 57-58, 1974.

109. A crítica da utopia socialista (o comunismo ou socialismo utópico) por Marx e Engels não pode (senão por viés stalinista) ser confundida com a crítica de Augusto Comte à utopia. Neste último, a crítica é feita a partir do "real", em cujo nome se dissolve a utopia como "sonho metafísico ou irracional". Ao contrário, a crítica de Marx e de Engels não se enuncia a partir de um suposto "real" ou de uma "adaptação à racionalidade do real". O termo crítica, no marxismo, tem um sentido preciso e não pode ser reduzido à idéia burguesa de conhecimento científico. A crítica da utopia se faz "do ponto de vista da subversão do real existente, do ponto de vista da revolução que deve transtornar a totalidade das esferas da vida social". (Abensour, Miguel, ibidem, p. 19.) Confundir a crítica marxista e engelsiana com a positivista burguesa "seria tão aberrante quanto confundir a crítica que ambos fizeram da filosofia com a crítica positivista, para a qual não se tratava de reivindicar a 'ciência' senão para consolidar a ordem existente, quando inversamente, para Marx e Engels tratava-se de ultrapassar a filosofia pela emergência de uma teoria revolucionária que ultrapassaria a filosofia ao realizá-la, isto é, operando o ultrapassamento e a transformação do conjunto da realidade social existente. Assim, a crítica da utopia feita pela teoria revolucionária, se comparada com o discurso da classe dominante, consistiu em operar uma retomada do conceito de utopia para transformá-lo, pelo papel inteiramente novo que passa a ter numa problemática nova, qual seja, a da revolução (...) Quando Marx e Engels criticam a utopia, operam uma verdadeira

aniquilado os anarquistas e desmentido os marxistas, não significa que a história tenha tido razão e que o socialismo seja um arcaico projeto de libertação, um remanescente do século XIX. Pelo contrário, significa que as razões das derrotas precisam ser compreendidas para que não façamos da "história do vencedor" a única história possível, porque a única narrada. E, sobretudo, para não fazermos dos que foram vencidos, vítimas culpadas da derrota. Seria preciso, quem sabe, (re)ler Rosa Luxemburgo, única dentre os marxistas a não ter uma visão triunfalista da história, única dotada de lucidez para enfrentar teórica e praticamente o significado da derrota.

Aquilo que se convencionou, depois de Colletti e Perry Anderson, designar como o "marxismo ocidental", para opô-lo ao marxismo revolucionário "austro-húngaro", ou como aquele marxismo desenvolvido num período de refluxo das lutas operárias, um marxismo filosofante e não mais uma ciência da e para a prática política, talvez seja uma designação equivocada. O que houve não foi a conversão do marxismo em filosofia, mas, ao contrário, uma "degradação ideológica do marxismo",[110] quando os marxistas substituíram o pensamento de Marx — isto é, a compreensão global da história da humanidade como luta de classes que se exprime, hoje, na prática política proletária como negação do presente — por uma linguagem moralista e por uma ciência positivista. O moralismo se demora na denúncia da perversidade do presente e na exigência de uma revolução, sem considerar a idéia fundamental revolucionária, qual seja a da abolição das classes, graças ao controle econômico, político, jurídico e cultural da sociedade pelos sujeitos sociais. O positivismo, deixando na sombra a luta de classes como práxis social, se demora na análise dos dados econômicos e técnicos, esperando que permitam definir o socialismo pelo planejamento estatal nacional. Moralistas e positivistas desembocam nas idéias abstra-

---

inversão da crítica conservadora: sua tarefa é a de dar um conteúdo positivo ao comunismo e não à 'realidade' (...) A crítica marxista se volta contra a vontade utópica de transformação que se detém apenas nos aspectos fenomenais do capitalismo, deixando intacta a essência do capital (...) por isso essa crítica é capaz de retomar e ultrapassar a utopia inventiva, criativa e revolucionária, distinguindo-se radicalmente das utopias burguesas, que são repetitivas e reprodutivas". (Idem, ibidem, pp. 20-22.) Deste ponto de vista, podemos compreender pelo menos três fenômenos: a perda do conteúdo utópico-revolucionário do marxismo pela "ciência" marxista, os marxismos reformistas, isto é, aqueles que atacam o capital apenas em seus aspectos fenomênicos (no que as esquerdas brasileiras parecem exemplares); e a moderna utopia burguesa, isto é, a ficção científica.

110. Lefort, Claude, "La dégradation idéologique du marxisme", in *Éléments pour une critique de la bureaucratie*, op. cit.

tas de sociedade industrial e de massificação (como "deformação da comunicação"!), abandonando o fato econômico da exploração e o fato político da dominação.

Não se trata, evidentemente, de "recuperar" o Marx "autêntico" — não estamos diante de Bonifácio VIII proclamando a bula *Unam Sanctam*, uma só fé, um só senhor e um só batismo. Também não se trata de "recuperar" Marx preenchendo o que "falta" em seu pensamento — se o fizéssemos, perderíamos o essencial, isto é, Marx pensando, abrindo para nós um campo para pensarmos a partir dele e mesmo contra ele.

Trata-se, apenas, de retomar esse pensamento, não como uma teoria, mas como possibilidade aberta para compreendermos, aqui e agora, a experiência da luta de classes. Acompanhar os movimentos de um pensar que ia se realizando no contato com o mundo e com suas representações, alterando-os e alterando-se, perdendo algumas esperanças para logo criar outras, fabricando algumas ilusões para, em seguida, aceitar perdê-las e fabricar outras, que nós aceitaremos perder. Por outras ilusões, outros preconceitos, outras esperanças, desde de que a exigência do fim da opressão e do início da emancipação não nos poupe do rigor das análises e dos percalços da prática, a "álgebra da história" sendo a única estrela de quem navega sem mapas.

Representação ou participação?*

à memória de Eder Sader

I

Sabemos que uma das indagações decisivas de Marx para a compreensão da nova forma assumida pela dominação com o advento da sociedade capitalista encontra-se na pergunta: como se dá a passagem da relação pessoal de dominação entre os homens à relação impessoal de dominação, figurada na lei e no direito? Como e por que a exploração econômica vem exprimir-se ocultando-se como exploração (de classe) ao aparecer como poder (anônimo) do Estado?

Uma das determinações constitutivas da sociedade nascida com o modo de produção capitalista é a divisão interna operada entre a esfera econômica das relações de produção e a esfera política do poder, separação que, ao mesmo tempo, torna legível na essência e invisível na aparência a determinação econômica das relações sociais e a peculiaridade da domina-

---

* Este texto foi um seminário realizado em 1982 e publicado em novembro do mesmo ano no primeiro número da revista *Desvios*, da qual Eder Sader foi um dos fundadores e diretores. Aquele primeiro número dedicou-se ao debate à volta de um texto, redigido por dois anos e de que Eder foi um dos autores, conhecido como "Onze Teses sobre a Autonomia". Teses polêmicas, designadas por alguns como "nova heresia" da esquerda, encontraram na reflexão paciente e apaixonada de Eder não uma nova "doutrina" e muito menos uma nova "estratégia", mas, como dizia *Desvios* n. 1, um campo de pensamento e de ações políticas "na elaboração de alternativas políticas na luta de classes". No intuito de contribuir para que não esmoreça a discussão desejada por Eder Sader, republico meu texto de 1982, ao qual acrescentei algumas notas de rodapé.

ção política como algo distinto da mera autoridade que, nas formações sociais pré-capitalistas, dissimulava-se na figura da comunidade encarnada no monarca ou no déspota. O poder moderno — que não por acaso Weber considerará racional e legal — nasce quando se torna impossível manter a antiga identificação entre a lei e a vontade pessoal do governante, isto é, quando perde vigência a fórmula medieval "o que apraz ao rei tem força de lei" e é *imperator* aquele que possui a plenitude do poder não podendo ser julgado por ninguém (*a nemine judicator*). A ruptura histórica, no plano da política, torna-se manifesta quando a origem do poder já não é encontrada numa força externa transcendente à sociedade, isto é, na vontade de Deus ou nas causas produzidas pela Natureza. A dessacralização e desnaturalização do poder, ainda que repostas pela ideologia, desvendam sua origem social e sua inscrição temporal. O processo de constituição da nova ordem histórica é um processo de divisão interna *do* social (e não *no* social) separando as práticas sociais que tendem, doravante, a aparecer como desprovidas de centro e como independentes, cada qual buscando oferecer sua própria origem, seus fundamentos e princípios e sua legitimidade. Assim, a sociedade separa-se da política, esta separa-se do jurídico que, por seu turno, separa-se do saber que, finalmente, separa-se em conhecimentos independentes. Aparecendo como despojada de centro e de um pólo unificador de onde partiriam todas as práticas sociais, a nova formação social aparece como fragmentação de seu espaço e de seu tempo, fragmentação que, no entanto, é sustentada por um processo real de generalização e de unificação, qual seja o mercado ou o movimento posto pelo capital. Todavia, porque o econômico não cessa de pôr a generalidade social pela reposição das divisões sociais, não pode aparecer como centro e cede ao político a tarefa de produzi-lo.

Separando da unidade anterior, que vinculava imediatamente dominação-exploração econômica e dominação-opressão política, a nova formação social permite perceber o surgimento do poder como pólo destacado da sociedade, mas engendrado por ela mesma, encarregado de oferecer-lhe unidade e identidade para anular o efeito das divisões internas postas por ela mesma e que a impedem de ver-se como una e idêntica a si mesma. Embora encarregado da universalidade e da generalidade sociais, entretanto, o poder não consegue efetuar-se nessa distância em que o colocou a prática social. De fato, ao localizar-se como poder *do* Estado, o poder, que se iniciara à distância das classes sociais pretendendo oferecer-lhes a universalidade da lei e do direito efetua-se realmente pela particularidade de classe. A contradição entre o significado do poder — posto pelo social como pólo de identificação social a partir das relações jurídicas da sociedade civil — e sua realização através do Estado — sua "queda" na particularização como poderio da classe dominante, repondo as divisões que deveria anular — cria um conjunto de questões que percorrem a prática e o pensamento políticos até nossos dias.[1]

Historicamente, a primeira tentativa para enfrentar o fenômeno da separação entre sociedade e política, isto é, para enfrentar o fim da comunidade e o surgimento da sociedade propriamente dita, situa-se num contexto preciso: o da reflexão sobre o sentido da perda de referenciais transcendentes (Deus, Natureza, Razão) capazes de justificar a separação tal como antes justificavam a indivisão comunitária. Essa reflexão, que se realiza pela primeira vez com Maquiavel,[2] exige que o poder seja pensado como resultado da ação social e como obra da própria sociedade no esforço para

---

1. Para a discussão do Estado em Marx veja-se R. Fausto "Sobre o Estado" in *Marx — lógica e política II*. São Paulo, Brasiliense, 1987. Para avaliarmos as inovações trazidas pelo autor basta a seguinte colocação: "Embora as categorias de *O Capital* não constituam a *posição* de uma teoria do Estado, o conjunto da apresentação de *O Capital* exige um desenvolvimento — sempre negativo — dessa apresentação, que constitui a teoria do Estado (...). Pretendeu-se [os teóricos marxistas] analisar o Estado não através de uma análise das formas mas a partir do conteúdo representado sobretudo pelas oposições de classe, oposições concebidas como oposições de *interesses*. E isto, mesmo quando a análise pretendia ser "estrutural" (...). Acreditamos que se poderiam fazer três desenvolvimentos das categorias da sociedade civil em categorias do Estado. O primeiro deles é o que se situa no final do livro I de *O Capital*, ou mais exatamente o que se articula sobre o conjunto do livro I. O segundo é o desenvolvimento a partir do final do livro III e que se articula sobre o conjunto dos três livros. O terceiro desenvolvimento é paralelo à apresentação das leis do desenvolvimento do modo de produção capitalista, em particular da lei tendencial da queda da taxa de lucro. Tratar-se-ia de determinar também leis tendenciais do desenvolvimento do Estado capitalista antes de integrar o Estado nessas leis de desenvolvimento", p. 288 e 290.

2. Veja-se C. Lefort *Machiavel — le Travail de l'Oeuvre*. Paris, Gallimard 1972. Lefort mostra que a inovação e o escândalo trazidos por Maquiavel encontram-se na afirmação, feita em *O Príncipe*, de que toda cidade é originariamente constituída pela divisão interna entre o desejo dos Grandes de comandar e oprimir e o desejo do Povo de não ser oprimido nem comandado, de sorte que o político é o trabalho efetuado pelo próprio social para responder à sua divisão constitutiva e insuperável. O poder não possui suporte transcendente: sua origem, sua forma, seu conteúdo, seu exercício são sociais e históricos. A dessacralização do governante, a diferença entre o poder e o governo, a prática política à distância das qualidades morais do governante virtuoso, a política como mutação da lógica das forças sociais em lógica política sem fundamentos extra-sociais, tudo isto contribui para que o príncipe maquiaveliano seja encarado como senhor maquiavélico, como ação malévola destinada a produzir a ruína dos demais pelo logro e pelo segredo. A descoberta da política aparece, assim, como obra de senhores perversos.

anular os efeitos de suas divisões internas. Ao mesmo tempo, no entanto, surge a tentativa conservadora para evitar ou impedir o novo pensamento político. Na formulação conservadora, as divisões sociais serão tomadas como acidentes empíricos que podem ser reparados de direito, os acidentes sendo atribuídos a alguns sujeitos sociais cuja ação demoníaca e perversa e cuja ânsia desmedida pelo poder destruíram a ordem, a paz e a unidade comunitárias. Nessa perspectiva, o poder moderno aparece como obra satânica do Príncipe maquiavélico, arte do logro e da mentira. Os protagonistas da modernidade nascente tendem, portanto, no primeiro momento, a reagir à nova formação sócio-política distinguindo entre o Bom Poder ou o Bom Governo do magistrado virtuoso (que protegeria, graças às suas virtudes pessoais, a boa comunidade) e o Mau Poder (acidente perverso que provocaria a cisão da comunidade, a separação entre ela e a política).

Num segundo momento, porém, ultrapassada a teoria do direito divino dos reis (que, pela via jurídica, restaurava a teologia política, isto é, a idéia de garantia transcendente do poder e da comunidade) e ultrapassada a teoria moderna do direito natural (que buscava oferecer uma medida jurídica não teológica para o poder, supondo, portanto, a existência de uma garantia pré-social e pré-política para o poder), o desenvolvimento da teoria política liberal impulsiona a idéia de contrato social como social (ainda que sua fonte possam ser os direitos naturais), desligando-o tanto da idéia de pacto com o soberano quanto da idéia de pacto natural entre os indivíduos para tomá-lo como sistema sócio-jurídico de relações fundadas naquilo que, com o marxismo, conhecemos com a expressão *fórmula trinitária* (capital-lucro, terra-renda, trabalho-salário). Em outras palavras, são postos como sujeitos sociais contratantes os proprietários do capital, da terra e do trabalho, a propriedade pondo a igualdade como social e indispensável ao contrato. A posição de relações jurídicas como relações sociais anteriores ao surgimento do direito positivo, que será posto pelo Estado, oferece o fundamento para uma teoria que pode, agora, assumir a separação entre sociedade e poder, graças à distinção entre sociedade civil e Estado.

A sociedade civil é concebida como campo das lutas dos interesses particulares ou individuais (as paixões, o desejo de autoconservação e o medo da morte, como diziam os filósofos clássicos), como espaço de desigualdades naturais superadas ou reiteradas pelas desigualdades sociais (aqui, a ética protestante do trabalho será decisiva para justificar as desigualdades, figuradas como diferença entre ricos-laboriosos e pobres-preguiçosos). Por ser campo de lutas e de desigualdades, a sociedade civil é o lugar da manifestação dos conflitos econômicos e dos conflitos de opinião entre os particulares, numa forma belicosa de coexistência ditada pelos *interesses*. Em contrapartida, o Estado restaura a comunidade como realidade jurídica, territorial e cultural, numa unidade colocada fora e acima dos interesses particulares e dos conflitos entre indivíduos, grupos e classes sociais. O Estado se põe como legislador e como árbitro (por meio do direito positivo), encarregado de estabelecer juridicamente a igualdade e a liberdade dos cidadãos, graças à ordenação legal da sociedade civil. O Estado é a passagem do interesse particular para o interesse geral, das vontades individuais para a vontade geral, dos bens particulares para o bem comum. Detentor do poder público e do espaço público, o Estado, enquanto ordenação legal e política da sociedade civil, prescreve leis, normas, valores, idéias e práticas fundadas na legalidade e na racionalidade institucional. É nessa qualidade que Weber irá defini-lo como "instituto político de atividade contínua" e como detentor do "monopólio legítimo da coação física", uma "associação de dominação" garantida pela "ameaça e aplicação da força física por parte de seu quadro administrativo". O Estado — que mesmo ao ser identificado com a vontade pessoal do governante era Estado — ressurge, assim, com os dois poderes com os quais fora definido desde o início da modernidade (que se ocupara em definir o conceito de soberania), isto é, o poder de legislar como um direito exclusivo seu — *jus legislandi* — e o único poder legítimo no exercício da violência e da vingança sociais — *jus gladii*.

Na ideologia liberal, o Estado não é o único a ocupar o espaço público. É poder público, mas não é a totalidade do público. A sociedade civil, espaço privado do mercado, também vem a público e ocupa o espaço público através da opinião pública. Como os estudos de Habermas[3] demons-

---

3. J. Habermas, *Mudança estrutural da esfera pública*. Rio de Janeiro, Tempo Brasileiro, 1984. "Chamamos 'públicos' certos eventos quando eles, em contraposição às sociedades fechadas são acessíveis a qualquer um (...). Mas falar de 'edifícios públicos' não significa apenas que todos têm acesso a eles (...) simplesmente abrigam instituições do Estado e, como tais, são públicos. O Estado é o 'poder público'. Deve o atributo de ser público à sua tarefa de promover o bem público, o bem comum a todos os cidadãos (...). Apesar de tudo isso, ainda não tocamos no emprego mais freqüente dessa categoria, no sentido de opinião pública, de uma esfera pública revoltada, indignada ou informada, significados estes correlatos a público, publicidade, publicar. O sujeito dessa esfera pública é o público enquanto portador da opinião pública; à sua função crítica é que se refere a 'publicidade' (*Publizität*) como, por exemplo, o caráter público dos debates judiciais. No âmbito dos meios de comunicação, a publicidade certamente mudou de significado. De uma função da opinião pública tornou-se também um atributo de quem desperta a opinião pública (...). A própria

tram, na formação social capitalista ou na sociedade burguesa a opinião pública passa por um processo que se inicia com a ampliação da presença da sociedade civil no espaço público e termina com o contrário, isto é, com a ampliação da presença do Estado e retraimento do social. Numa primeira época, chamava-se opinião pública o direito de qualquer cidadão (leia-se: de qualquer *proprietário privado*) de emitir suas idéias em público para defender seus interesses particulares sempre que se considerasse prejudicado pelos interesses de outro particular ou mesmo pelo Estado. Posteriormente, chama-se opinião pública o direito de alguns cidadãos para emitirem em público idéias que não são suas enquanto meros particulares, mas que exprimem interesses gerais conhecidos pela razão. A opinião pública consiste, agora, no direito de alguns cidadãos ao "uso público da razão" para exprimir a verdade, que é universal e comum a todos os indivíduos (ainda que nem todos a conheçam e precisem, por isso mesmo, das luzes racionais de outros), e sobretudo para exprimir a vontade geral, superior à vontade singular de cada um e à mera soma de vontade singulares ou vontade de todos. Os cidadãos dotados desse direito eram os homens maduros do ponto de vista da razão, encarregados de instruir publicamente os demais, racionalmente imaturos, para seu bem e o da sociedade e em nome da verdade. Estavam, pois, excluídos do "uso público da razão" os portadores do signo da imaturalidade, isto é, o estar na dependência de outrem — crianças, mulheres, velhos e trabalhadores manuais. A função primordial da opinião pública era pedagógica e cívica. Numa terceira época, enfim, a opinião pública passa a ter duas faces complementares: numa delas, é o conjunto das idéias, regras, valores e práticas definidos pelo poder público, isto é, pelo Estado que atua através do espaço público (escolas, por exemplo) e, numa outra, é o conjunto conflitante das opiniões dos especialistas sobre as questões públicas, bem como as opiniões dos cidadãos que exprimem interesses individuais, grupais ou de classe. A opinião do Estado assume um papel normativo, prescritivo e educativo — é a opinião elevada à condição de norma e coerção legais; a opinião dos especialistas assume o papel informativo — é a opinião como informação acerca das coisas públicas de interesse geral; e a opinião dos cidadãos assume o papel de exprimir a liberdade de pensamento e de palavra — é a opinião pública como direito civil e, portanto, manifestação democrática. O vínculo entre opinião e razão signi-

---

'esfera pública' se apresenta como uma esfera: o âmbito do que é setor público contrapõe-se ao privado", p. 14.

fica que emitir uma opinião (pelo Estado, pelo especialista ou pelo cidadão comum) é exprimir, pelo discurso, o resultado de uma reflexão sobre alguma questão controvertida que pertence à esfera pública e, como tal, pode ou deve ser comunicada a todos os membros da sociedade.

Observa-se, pois, que por intermédio da distinção entre sociedade civil e Estado, entre conflitos de interesses e generalidade dos contratos juridicamente fundados e garantidos, entre a opinião pública e o poder público, as teorias liberais descrevem a separação entre a sociedade e o poder, mas não oferecem a gênese dessa separação. O que será tentado por Hegel e, posteriormente, será efetuado por Marx. Na exposição hegeliana, o movimento necessário da constituição imanente do Estado pela sociedade civil se efetua pela dialética da passagem do individual (como membro da família) ao singular (como pessoa jurídica e sujeito moral ou o proprietário) e deste para a universalidade que resolve a contradição entre o individual e o singular, isto é, o Estado. A separação entre poder político e sociedade resulta do movimento interno pelo qual a substancialidade natural (a família) se cinde na pluralidade das singularidades morais-jurídicas que constituem a sociedade civil como esfera da particularidade conflituosa (a esfera econômica das carências e dos interesses) que é negada enquanto particularidade pela universalidade objetiva do Estado, pondo a razão e a verdade na história. Na versão hegeliana, o Estado não é mero regulador dos conflitos da sociedade civil (como o é na versão liberal), mas supressor objetivo e racional dos conflitos por sua finalidade interna que efetua a negação-superação das particularidades conflitantes na universalidade do bem comum.

A exposição de Marx também segue o movimento imanente, embora, evidentemente, o pressuposto do processo não seja a dissolução da família na sociedade civil, mas é a própria sociedade civil que aparece como esfera das individualidades contratantes no mercado e carecendo da posição da lei positiva para repor-se nessa aparência. O Estado está encarregado de repor política e juridicamente as duas condições necessárias da sociedade civil e que esta, por si mesma, não é capaz de repor: a igualdade e a liberdade, pressupostos dos contratos sociais (de trabalho). Sem igualdade e sem liberdade das partes não há contrato possível, porém a sociedade civil, ao mesmo tempo que precisa dessas pré-condições, não pode efetuá-las como práticas, uma vez que sua prática real se efetua pela exploração, desigualdade e opressão. Caberá ao Estado repor o que a sociedade civil pressupõe e nega. Pela via jurídica e legal, o Estado põe (sob a forma da lei ou do direito positivo) a igualdade e a liberdade dos cidadãos para que a sociedade civil possa repor-se como divisão social. Definido como superestrutura jurídico-política da estrutura sócio-econômica, o Estado localiza o poder e vem a determiná-lo pelo que nega sua aparência, isto é, como poder da classe dominante. Assim, o Estado é posto por relações sociais determinadas cujo pressuposto deve ser reposto pelo Estado sob a aparência de superá-los.[4]

As profundas diferenças entre a teoria liberal, a filosofia do direito hegeliana e a crítica da economia política de Marx não nos devem, porém, fazer esquecer que lidam com o Estado no momento do capitalismo concorrencial e que o fato desse Estado não participar diretamente das relações de produção tornava possível determinar com clareza sua diferença com respeito à sociedade civil. Essa distância perdeu nitidez na medida em que o Estado que conhecemos participa diretamente da acumulação do capital e de sua reprodução ampliada. Se continua como poder político enquanto reposição jurídica das condições de existência da sociedade civil, todavia não se reduz a essa determinação. Se, anteriormente, penetrava em toda a sociedade através das instituições públicas e da ideologia, se se espalhava pela sociedade através da verticalização das decisões e da hori-

---

4. Escreve Ruy Fausto: "Tradicionalmente se afirma que o Estado deve ser apresentado a partir da contradição 'de classe' entre a burguesia e o proletariado. Esta fórmula não está errada, mas ela não tem rigor. (...) O ponto de partida do desenvolvimento do Estado é, como vimos, a contradição entre a aparência e a essência do modo de produção capitalista. Ora, na aparência, não há contradição de classe. Não há nem mesmo classe. Há identidade entre indivíduos. É na segunda que se encontra uma relação de exploração que constitui as classes como opostos. Se se caracterizar essa oposição como uma contradição é preciso dizer: o Estado capitalista (considerado a partir das formas) não deriva da contradição entre as classes, ele deriva da contradição (interversão) entre a identidade e a contradição (...). De fato, ele deriva da contradição (interversão) entre a identidade das classes (portanto a identidade das não-classes pois se elas são idênticas elas não são classes) e a contradição de classes (...). O Estado põe o direito — que até aí era uma relação jurídica interior à sociedade civil — enquanto direito que emana do Estado. A lei enquanto lei é posta pelo Estado. O direito se torna direito *positivo* (...). A posição da relação jurídica enquanto lei do Estado 'nega' o segundo momento e só faz aparecer o primeiro, exatamente para que de maneira contraditória, a interversão do primeiro momento no segundo possa se operar na 'base material'. O Estado guarda apenas o momento da igualdade dos contratantes negando a desigualdade das classes para que, contraditoriamente, a igualdade dos contratantes seja negada e a desigualdade das classes seja posta (...). A posição da lei se impõe porque a igualdade dos contratantes se interverte no seu contrário, porque a lei (o primeiro momento) contém em si o princípio de seu contrário. Mais precisamente: se a relação jurídica obedecesse à lógica da identidade, se ela fosse (somente) idêntica a si mesma, ela não precisaria ser posta enquanto lei". R. Fausto, op. cit., p. 295, 297, 299, 300.

zontalização das práticas de controle institucional, hoje sua presença ampliou-se porque penetrou também na esfera da produção econômica. Embora não caiba aqui examinarmos a forma do Estado capitalista contemporâneo, convém lembrar o conjunto de problemas políticos que com ela se abrem. Destinado a figurar o universal, mas sendo cada vez mais particular; destinado a ordenar e regular o espaço social para torná-lo homogêneo, mas sendo realmente um pólo a mais da divisão social; destinado a oferecer-se como lugar da identificação social (seja como vontade geral, seja como razão objetiva), mas sendo realmente a efetuação da divisão social como divisão política; destinado a ser o ponto de confluência da legalidade e da legitimidade, mas sendo realmente o substituto imaginário da soberania; destinado a representar objetivamente os interesses subjetivos da comunidade nacional, mas sendo realmente um momento necessário da acumulação do capital e da exploração da mais-valia; destinado a ser o ancoradouro da autodeterminação face aos poderes estrangeiros, mas sendo realmente um momento necessário e contraditório do imperialismo (na medida em que a internacionalização do capital exige a particularização por meio do Estado nacional); destinado a oferecer à sociedade dividida um poder novo engendrado pelo trabalho da própria divisão social e distanciado da identificação com a figura empírica da autoridade do governante, mas sendo realmente o poderio de uma classe particular, podemos dizer que o Estado tornou-se a forma superior da alienação na sociedade contemporânea. Como autoridade impessoal separada não consegue efetuar a universalidade própria do poder senão fixando-se na particularidade material de uma classe; como pólo de identificação social para além das divisões sociais não consegue efetuar a generalidade da vida coletiva senão oferecendo-se como potência estranha que realiza a dominação por meio da submissão generalizada. Porque a alienação percorre o modo de ser da sociedade e da política, podemos dizer que a determinação mais marcante da existência social contemporânea é a *heteronomia*.

A nova realidade, ao impedir que o Estado cumpra o poder e atue segundo a perspectiva liberal clássica, obriga-o à busca de novos procedimentos de legitimação. Estes não se pautam pela idéia de justiça que, anteriormente, era o critério para medir o legal (a lei se oferecia como direito e este como arte do justo e do bom), mas pela idéia da eficácia racional segundo o lema "maximizar os ganhos e minimizar as perdas", sem determinar a qualidade dos ganhos e das perdas em termos sociais e políticos. Assim, embora pareça paradoxal mas não o seja, a ideologia que comanda a busca da legitimação é economicista uma vez que o lema dos ganhos e perdas define a esfera do mercado como paradigma de todas as práticas sociais.

Entre os vários procedimentos para obter legitimidade, podemos mencionar:

- a política social de serviços públicos que, por um lado, garante o aspecto assistencial-tutelar do Estado e, por outro, garante sua presença onipresente no interior da sociedade que passa a depender dele para sua conservação cotidiana. A onipresença do Estado torna-se tão natural e necessária que a idéia da gestão da coisa pública *sem* o Estado passou a ser inimaginável para o pensamento e a prática políticos contemporâneos;

- o planejamento e a administração, isto é, a afirmação de que, em sociedades complexas, a racionalidade e a objetividade exigem a passagem da política como governo dos homens mediado pela gestão das coisas à política como administração técnica de homens e coisas. A tecnicização administrativa da política é o fenômeno da *despolitização* da política e constitui, por isso mesmo, o elemento mais poderoso de legitimação do Estado, uma vez que as ações, aparecendo como inteiramente dependentes de decisões técnicas, impossibilitam a intervenção direta ou indireta dos cidadãos no Estado. Este se apresenta cada vez mais como instância auto-suficiente, auto-regulada, em suma, como "máquina estatal" sem sujeito cujos imperativos racionais determinam por si mesmos o que deve ser feito e como deve ser feito. Vemos surgir, ao lado da velha razão de Estado, um Estado da razão (técnico-administrativa);

- a crescente privatização de toda a existência social, seja como efeito da despolitização administrativa, seja pela tutela estatal, seja pelo controle "objetivo" (taylorista, fordista) do processo de trabalho, seja pela manipulação do consumo pelos meios de comunicação de massa. A separação das esferas sociais (que vimos ser determinação constitutiva do modo de produção capitalista) prossegue como fragmentação das práticas sociais em compartimentos estanques, tecnicamente planejados e administrados, comandados pelos imperativos corporativos (no caso profissional) e pelo estímulo ao isolamento gregário (no caso da vida cotidiana). As diferenças sociais são engolidas pela diversidade dos fragmentos que passam a ser reordenados e unificados por sua dependência com relação ao Estado e ao mercado, de sorte que a unidade obtida é funcional e não intrínseca;

- a legitimação via planejamento, administração, serviços públicos e unificação funcional das esferas sociais pelo imperativo da maximização do ganho e minimização da perda significa que os serviços públicos (escolas, hospitais, transportes) e as atividades sociais em geral (empresa, esportes, cultura, associações de moradores, sindicatos) não têm seu "ganho" e sua "perda" definidos por sua qualidade, necessidade e sentido sociais, mas são determinados pela decisão técnica emanada do Estado que consegue, assim, aparecer como o que ele não é efetivamente: o *centro* da sociedade dispersa;
- a política cultural que lança mão de outros procedimentos além do tradicional controle ideológico realizado pela escola e pela família, incluindo poderosamente os meios de comunicação de massa ou a indústria cultural e a indústria política. Não é casual que a cultura seja posta como indústria: isto indica não só a presença dos imperativos de mercado, mas também a subsunção do cultural à racionalidade do universo industrial, fundada na separação entre dirigentes (os que sabem) e executantes (os que não sabem).

O encolhimento do espaço público — perpassado pelos imperativos do mercado — e a despolitização dos sujeitos sociais — transformados em objetos sociais das organizações estatais — não são, todavia, os dados finais. Justamente porque o Estado se oferece como pólo separado da sociedade e visivelmente percebido como estando acima dela, mas só podendo realizar-se por meio dela, ainda que a absorva e seja absorvido pela sociedade civil (o mercado), sua *imagem* continua a operar sobre os sujeitos sociais, como vemos com o surgimento dos movimentos sociais. Por um lado, estes se dirigem ao poder público para que este atue como público, atendendo reivindicações sociais; por outro lado, movimentos sociais que se iniciam fora da órbita do Estado terminam absorvidos pelos dispositivos invisíveis da presença estatal. No primeiro caso, os movimentos funcionam como grupos de pressão; no segundo, como manifestações espontâneas captadas pelo Estado. Os primeiros costumam durar o tempo que dura a reivindicação e os segundos parecem conservar-se porque seus sujeitos não chegam a perceber a absorção operada pelo Estado.

De todo modo, é um acontecimento importante — sobretudo no Brasil — que o contraponto ao Estado não se faça apenas por meio da opinião pública, mais ainda pelos movimentos sociais que, periodicamente e incessantemente, criam sujeitos sociais novos que buscam expressão política relacionando-se com o poder executivo e com o poder legislativo (e, no caso das reivindicações sindicais, também com o poder judiciário). Na medida em que os movimentos sociais são capazes de criar sujeitos sociais em busca de expressão política, vemos surgir do interior da sociedade civil e à distância do Estado algo que, numa linguagem gramsciana, chamaríamos de sociedade política e para a qual o poder volta a ser posto como questão. Não só isto. Como a sociedade civil precisa das idéias de igualdade e liberdade jurídicas para efetuar contratos e como o Estado precisa pôr, sob a forma da lei, essa igualdade e liberdade, ambos põem em movimento um processo constitutivo do que chamamos sociedade política, isto é, o aparecimento de movimentos sociais que não reivindicam interesses ao Estado nem o pressionam para que atue como coisa pública e sim se apresentam em nome da concreção da igualdade e da liberdade pela criação de novos direitos. Nessa perspectiva são movimentos políticos ou práticas da sociedade política porque atuam *contra* o Estado tal como este se oferece. São o cerne das práticas democráticas enquanto ações populares que visam ao reconhecimento de direitos civis e políticos.

Esses movimentos sociais-políticos manifestam alguns traços que vale a pena reter: em primeiro lugar, não pretendem falar em nome da sociedade como um todo, mas em nome das diferenças que desejam ver reconhecidas e respeitadas como tais; em segundo lugar, não pretendem estabelecer prioridades quanto ao reconhecimento de sua existência face a outros movimentos, mas cada qual coexiste com os demais, seja de modo conflituoso, seja de maneira convergente; em terceiro lugar, não pretendem que o reconhecimento de sua existência e de seus direitos tenha como condição a tomada do Estado, mas passam pela reelaboração prática da idéia e do exercício do poder que não é identificado exclusivamente com o do Estado. Surgem, pois, como um *contra-poder social*, na expressão de Lefort,[5] que contrapõe ao poder estatal instituído (vertical, burocrático, hierárquico, administrativo, centralizador) uma outra prática, fundada na participação e na busca de algo que podemos, desde já, designar como *autonomia* frente à heteronomia que determina a existência sócio-política instituída.

Ora, os movimentos sociais que acabamos de descrever não se encontram sozinhos no interior da sociedade política. Nesta encontram-se os par-

---

5. A expressão é de Claude Lefort in *A invenção democrática*. São Paulo, Brasiliense, 1982.

tidos políticos que monopolizam o fazer político e as relações com o poder e o Estado. É nesse contexto que a questão da representação se coloca e, com ela, a da participação política institucional.

II

Juntamente com a opinião pública, os partidos políticos se desenvolvem a partir do fenômeno moderno da posição propriamente política do poder, isto é, do surgimento do poder como obra das divisões sociais e da admissão dos indivíduos como unidades sócio-políticas que se fazem sujeitos políticos pela intervenção no espaço público por intermédio do conflito das opiniões e dos interesses consignados em associações partidárias. Tendemos a supor que a prática política da representação é contemporânea ao surgimento dos partidos políticos e da idéia de república democrática representativa. Não é exatamente o caso.

Em termos teóricos, o conceito de representação pressupõe duas determinações: a de isomorfismo e a de equivalência, isto é, que o representante deve possuir a mesma forma que o representado, ainda que não seja materialmente idêntico a ele (como a escultura figurativa que representa uma outra coisa por meio de sua forma e não de sua matéria), ou que o representante deve possuir o mesmo valor que o representado, desde que se possa estabelecer um padrão ou uma medida comum que permita relacioná-los. No primeiro caso, costuma-se dizer que a representação é descritiva e, no segundo, que é simbólica.[6] Evidentemente, uma representação descritiva pode conter elementos simbólicos (quando, por exemplo, o escultor procura representar o espírito de alguém pela forma impressa na matéria), assim como a representação simbólica comporta elementos descritivos (quando, por exemplo, se diz que o parlamento representa a nação supõe-se que ele seja uma espécie de microcosmo de todas as classes e grupos sociais existentes na sociedade).

Em sua origem, o conceito de representação não pertence ao contexto político: refere-se ao ato de apresentar-se em pessoa perante um tribunal ou apresentar-se através de um procurador — esse primeiro sentido é jurídico e definido no contexto da prática do direito em Roma (é bom lembrar

---

6. Essa distinção é feita por Hanna Fenichel Pitkin in *The Concept of Representation*. Berkeley, Los Angeles, University of California Press, 1972.

que os gregos não possuem a palavra "representação"); refere-se também à presentificação mental do que está ausente, uma presença-em-imagem ou uma re-presentificação; refere-se ainda à presentificação intelectual das coisas exteriores pelo entendimento, através da idéia da coisa externa, sendo uma presença-em-idéia ou a ideação como re-presentificação do dado exterior no intelecto, graças a operações realizadas pelo próprio intelecto; refere-se, finalmente, à atuação dos atores na apresentação de uma peça teatral, a ação dos atores tornando presentes personagens inexistentes. A não ser no caso da apresentação em pessoa ao tribunal, em todos os outros casos representação significa *estar no lugar de*. Justamente essa passagem da coisa-em-pessoa à sua presença em imagem ou em idéia tornou-se um dos pontos intermináveis da discussão filosófica moderna (a partir do século XVII) acerca do valor objetivo das representações, da adequação da representação ao real representado, dos critérios para garantir a verdade da representação, uma vez que a exterioridade da coisa e a interioridade do ato de conhecer são heterogêneos, cabendo determinar o que permite passar de uma à outra. Aliás, essa heterogeneidade levará à crítica da representação como forma de conhecimento, pois, sendo extrínseca ao conhecido, tende a apanhá-lo abstratamente ou a construí-lo exclusivamente por meio das operações do sujeito do conhecimento que se torna, assim, sob a aparência de apenas presentificar o já existente, o autor da própria coisa-em-idéia. No primeiro caso — o da abstração — critica-se a imobilidade das representações, incapazes de alcançar o movimento de produção do real e de si mesmas; no segundo caso — o do sujeito como produtor da idéia ou da significação conceitual — critica-se o subjetivismo que faz do sujeito aquele que põe o real enquanto sentido verdadeiro. De todo modo, criticada ou não, a representação pressupõe sempre a existência prévia de algo que será reposto em imagem ou idéia por uma atividade do sujeito, seja este a imaginação, o intelecto ou a atuação teatral. Há um realismo e, muitas vezes, um substancialismo subjacentes à representação, na medida em que pressupõe a existência de algo determinado (*res*, coisa; *aliquid*, algo) em si e por si e que não pode dar-se "em pessoa" no pensamento, o qual deve, por suas operações, re-presentar internamente o ente externo. A crítica hegeliana da representação visa não só ao seu realismo metafísico, mas também ao seu caráter abstrato e imóvel, próprio das operações do entendimento que permanece no plano das identidades e não alcança o movimento interno pelo qual a "coisa" se põe a si mesma como conceito pela negação interna de sua "coisidade". Na crítica de Marx, a representação é apanhada como prática social que se dissimula a si mesma como prática, onde o "estar no lugar de" é o aparecer social que encobre o ser social e o fazer social — as análises da mercadoria Dinheiro e do Estado são exemplares dessa crítica.[7]

Não tendo origem no campo político, resta indagar como a representação aí aparece e por que, afinal, depois que a filosofia e as ciências criticaram seu uso no conhecimento, permanece como bastião inarredável de políticas que se definem como democráticas.

Estamos acostumados a considerar que o tema da representação entra para o campo político a partir de Hobbes — o que não é casual, uma vez que os historiadores das idéias datam do século XVII a entrada desse conceito no conhecimento filosófico e científico. O costume de atribuir a Hobbes a introdução do conceito em política vem do célebre capítulo XVI do livro II do *Leviatã* e não custa citar algumas passagens desse capítulo para acompanharmos o sentido novo que lhe empresta Hobbes. Escreve ele:

"Uma pessoa é aquele cujas palavras ou ações são consideradas quer como suas próprias quer como representando as palavras e as ações de outro homem, ou qualquer outra coisa a que sejam atribuídas, seja com verdade ou por ficção. Quando são consideradas como suas próprias, ele se chama pessoa natural. Quando são consideradas como representando as palavras e ações de outro, chama-se-lhe uma pessoa fictícia ou artificial. A palavra pessoa é de origem latina (...) em latim *persona* significa o disfarce ou a aparência exterior de um homem, imitada no palco (...). E do palco a palavra foi transferida para qualquer representante da palavra ou da ação, tanto nos tribunais como nos teatros. De modo que uma pessoa é o mesmo

---

7. A primeira crítica da representação como marca distintiva das idéias foi feita, ainda no século XVII, por Espinosa, ao introduzir a categoria de *idéia adequada* contraposta à *idéia (imagem) inadequada*, a primeira trazendo em si mesma sua própria gênese e a de seu objeto, a segunda sendo abstrata por ignorar a gênese. A crítica prossegue com a distinção entre *Vorstellung* e *Darstellung* na filosofia do idealismo alemão e é mantida por Marx (a esse respeito cf. G. Lebrun *La patience du concept*. Paris, Gallimard, 1970; J. A. Giannotti *Origens da dialética do trabalho*. São Paulo, Difel, 1966 e *Trabalho e reflexão*. São Paulo, Brasiliense, 1983; P. E. Arantes. *Hegel — a ordem do tempo*. São Paulo, Pólis, 1981; R. Fausto. *Marx — lógica e política I*. São Paulo, Brasiliense, 1983; R. R. Torres Filho. *Ensaios de filosofia ilustrada*. São Paulo, Brasiliense, 1987). A crítica da filosofia moderna como filosofia da representação ou da "época da imagem do mundo" é feita por Heidegger e retomada por Merleau-Ponty na crítica às filosofias da reflexão ou da consciência: em ambos, critica-se a pretensão da subjetividade representadora que pretende outorgar sentido ao mundo e dele apropriar-se intelectualmente por meio das representações. A representação seria o "projeto de posse intelectual do mundo" e extremo subjetivismo cuja contrapartida, do lado da ciência, será o extremo objetivismo.

que um *ator* (...) e *personificar é representar*, seja a si mesmo ou a outro; e daquele que representa outro diz-se que é o portador de sua pessoa ou que age em seu nome (sentido usado por Cícero quando diz: 'unus sustineo tres personas; mei, adversarii, et judicis' — Sou portador de três pessoas; eu mesmo, meu adversário e o juiz). Recebe designações diversas conforme as ocasiões: representante, mandatário, lugar-tenente, vigário, advogado, procurador, ator, e outras semelhantes. Quanto às pessoas artificiais, em certos casos algumas de suas palavras e ações pertencem àqueles a quem representam. Nesses casos, a pessoa (artificial) é *ator* e aquele a quem pertencem suas palavras e ações é o *autor*, casos estes em que o ator age por autoridade (...). De modo que *por autoridade* se entende sempre o direito de praticar alguma ação e *feito por autoridade* significa sempre feito por comissão ou licença daquele a quem pertence o direito (...). Uma multidão de homens é transformada em *uma* pessoa quando é representada por um só homem ou pessoa, de tal maneira que seja feito com o consentimento de cada um dos que constituem essa multidão. Porque é a *unidade* do representante e não a *unidade* do representado que faz com que a pessoa seja *una*. E é o representante o portador da pessoa e só de uma pessoa. Esta é a única maneira como é possível entender a *unidade* de uma multidão".[8]

Assim, representar é estar no lugar de, falar por e agir por. E também o que confere autoridade à pessoa do representante que se torna portador da multiplicidade dos representados, desde que estes tenham formado uma unidade por consentimento, unidade figurada pelo representante. O ponto mais importante na teoria hobbesiana da representação é, sem dúvida, a teoria da autorização (de que não falaremos aqui), pois é ela que lhe permite elaborar a concepção do Estado como Pessoa Artificial, representante das pessoas naturais, isto é, dos indivíduos como cidadãos-súditos que autorizam o representante a falar e agir em seu nome. O essencial para Hobbes é que a autorização parte do consentimento dos indivíduos de alienar para a Pessoa Artificial, isto é, para o Estado o direito de fazer e promulgar leis, praticar a vingança ou usar a força, governar, declarar a guerra e a paz, direito que, uma vez cedido ou alienado, não pode retornar aos representados. A autorização cria o soberano como representante da multidão por consentimento voluntário e, a não ser quando ameaça o direito à vida dos súditos, essa autoridade é irrevogável.

---

8. Hobbes *Leviathan*, ed. C. B. MacPherson, Harmondsworth, Penguin Books, 1968, II, cap. 16, p. 217 a 222; *Leviatã*, Coleção Os Pensadores, São Paulo, Abril Cultural, II, cap. 16, p. 100 a 103.

Ora, ao definir a Pessoa Artificial como Pessoa Pública e como soberano representante autorizado, Hobbes não está introduzindo o conceito de representação em política, mas o está reformulando face ao seu uso anterior pela teologia política medieval. Assim, se acompanharmos a história política, observaremos que, além da concepção hobbesiana, existem outras que a antecederam e outras que a sucederam, como é o caso da concepção liberal que opera uma fusão entre a perspectiva medieval, a hobbesiana e aquela própria do liberalismo.

Simplificadamente, diremos que a elaboração política da idéia de representação passa pela seguinte trajetória histórica:

1) A concepção teológico-política medieval da representação, dotada de duas faces complementares. Representar significa, antes de mais nada, ser autorizado a *ter* poder recebendo-o da fonte originária de todo poder, isto é, de Deus. A teologia cristã, particularmente em sua versão agostiniana, considera que, em decorrência do pecado original, homem algum tem direito ao poder, pois a queda separou o homem de Deus e o tornou perverso e despojado de direitos. Ao mesmo tempo, afirma, com São Paulo e São Pedro, que "todo poder vem do Alto" e com *Provérbios*: "por mim reinam os reis e os príncipes fazem leis justas". Em outras palavras, somente Deus *tem* e *é* poder, de sorte que se algum homem tiver poder o terá porque foi nele investido por Deus por uma graça ou um favor.[9] Representar é receber o poder de Deus para ser seu representante entre os homens. Mas não só. Além do investimento no poder vir do Alto (e não de "baixo", como exigirão os críticos medievais fundados na *Lex Regia* romana, segundo a qual o imperador é investido no poder por decisão do povo e por eleição por seus pares), o representante *encarna* o poder recebido, de tal maneira que *representa quem governa* (ao contrário da concepção hobbesiana e liberal, onde governa quem representa) porque o ato mesmo de governar engendra a representação. O governante não age em nome dos governados, nem fala em nome deles, pois não são seus representados, visto que não o investiram no poder, mas age e fala em nome do Poder, isto é, de Deus. O representante, na verdade, está no lugar de Deus na qualidade de seu vigário (donde as lutas intermináveis entre imperadores e papas para decidir quem, afinal, é o vigário divino). Ora, como a representação exige o isomorfismo e a equivalência entre representante e representado, será preciso dotar o

---

9. Cf. W. Ullmann, *Medieval Political Thought*. Harmondsworth, Penguin Books, 1975.

ocupante do poder de um conjunto de sinais, emblemas e símbolos que lhe confiram a mesma forma e o mesmo valor que o poder por ele representado. Sendo o detentor do poder um ser humano dotado de corpo mortal e de todas as imperfeições da carne, a única via para torná-lo representante do divino imortal, eterno, perfeito, incorporal será a duplicação do corpo do rei.[10] Há o corpo natural do rei, semelhante aos demais homens, sujeito ao nascimento e à morte, às doenças físicas e psíquicas, à decrepitude e à senilidade, e há o *corpo político do rei*, seu corpo místico, invisível, imortal, incorruptível, imperecível. Esse corpo místico é constituído pela coroa (a cabeça), pelo parlamento (os membros superiores) e pelo fisco (os membros inferiores, por vezes identificados com o povo). A representação é a encarnação do poder divino no corpo político do rei. Este será dito, na versão cristocêntrica inicial, *Persona Mixta ou Geminata* como a pessoa do Cristo, isto é, dupla, humana e divina, mortal e imortal. Na versão teocêntrica subseqüente será identificado à majestade de Deus e dito *Imago Dei*. Finalmente, na versão jurídica, sera dito Filho da Justiça e Pai da Lei, além de ser o Esposo do Reino como Cristo é Esposo da Igreja: como filho, encarna a justiça e, como pai, gera a lei. Sua figura é a do Bom Governo cuja defesa desesperada, vimos, será feita contra o Príncipe maquiaveliano que, compreende-se, só pode ser a encarnação ou a representação do Mau Poder, isto é, de Satã. Percebe-se também por que a concepção medieval não pode elaborar a política e o poder como separação entre o social e o político, pois a Pessoa Mística ou o corpo político do rei está casado em matrimônio com o reino, isto é, sua pessoa corporifica a indivisão da comunidade. Finalmente, compreende-se por que Hobbes fala em Pessoa Artificial (e jamais mística) e define a representação pela autorização consentida, feita pelos súditos. Com efeito, no capítulo XVIII do segundo livro do *Leviatã*, Hobbes escreve:

"Diz-se que um Estado foi instituído quando uma multidão de homens concordam e pactuam, cada um com cada um dos outros, que a qualquer homem ou assembléia de homens a quem seja atribuído pela maioria o *direito de representar a pessoa* de todos eles (ou seja, ser seu *representante*), todos sem exceção, tanto os que votaram a favor dele como os que votaram contra ele, deverão *autorizar* todos os atos e decisões desse homem ou assembléia de homens, tal como se fossem seus próprios atos e decisões, a fim de viverem em paz uns com os outros e serem protegidos dos restantes

---

10. Cf. E. Kantorowicz, *The King's Two Bodies*. Princeton, Princeton University Press, 1966.

homens. É desta instituição do Estado que derivam todos os direitos e faculdades daquele ou daqueles a quem o poder soberano é conferido mediante o consentimento do povo reunido (...). Portanto, aqueles que estão submetidos a um monarca não podem sem licença deste renunciar à monarquia, voltando à confusão da multidão desunida, nem transferir sua pessoa daquele que é dela portador para outro homem ou outra assembléia de homens (...). Assim, a dissensão de alguém levaria todos os restantes a romper o pacto feito com esse alguém, o que constituiria injustiça. Por outro lado, cada homem conferiu soberania àquele que é portador de sua pessoa; portanto, se o depuserem estarão tirando-lhe o que é seu, o que também constitui injustiça".[11]

A representação nasce do pacto e do ato de autorização pelo qual o soberano se torna representante das pessoas dos súditos, portador delas, não podendo ser destituído: a representação hobbesiana, embora tenha origem social, inclui uma cláusula que garante a separação entre o político e o social, pois o poder do representante é irrevogável. O pacto é *alienação* de direitos e não pode ser desfeito sem configurar guerra civil. É a maneira encontrada por Hobbes para garantir, em termos políticos, a imortalidade que outrora a teologia garantia ao corpo místico do rei. Tanto assim, que escreve no capítulo XXI do segundo livro do *Leviatã*:

"Embora a soberania seja imortal, na intenção daqueles que a criaram, não apenas ela se encontra, por sua própria natureza, sujeita à morte violenta através da guerra exterior, mas encerra também em si mesma, devido à ignorância e às paixões dos homens, e a partir da própria instituição, grande número de sementes de mortalidade natural, através da discórdia intestina".[12]

Como se sabe, o pensamento antidemocrático moderno sempre esteve obcecado com a discórdia interna e os conflitos, a teoria da representação oferecendo-se como paliativo e remédio contra o perigo popular-democrático. Dissemos que a representação medieval possui duas faces. A segunda, cuja origem é econômica e social, encontra-se nas assembléias dos barões, que disputam o poder com o rei, e nos parlamentos e cortes para onde os burgueses das corporações enviam seus representantes, a fim de que defendam seus interesses e afirmem seus direitos. Os barões não

---

11. Hobbes, op. cit., ed. MacPherson, p. 228-29; Abril, p. 111.
12. Ibidem, ed. MacPherson, p. 272; Abril, p. 139.

são representantes propriamente ditos, pois estão no parlamento e nas assembléias "em pessoa", mas justificam essa presença com uma teoria da representação inspirada na política romana, isto é, no senado romano como representante do *populus romanus*.

Com as devidas reservas, podemos dizer que essas modalidades de representação correspondem à classificação weberiana: o rei tem a "representação apropriada", os barões, a "representação estamental por direito próprio" ou privilégio, e os delegados das corporações e dos burgos, a "representação vinculada".

2) A concepção liberal da representação que combina elementos das duas representações medievais e da representação soberana hobbesiana para produzir o conceito de governo representativo, correspondendo, grosso modo, ao que Weber designa com a expressão "representação livre", na qual o representante não está obrigado por instrução alguma senão as de sua consciência, embora tenha sido eleito para o cargo. De fato, na concepção liberal clássica, o representante não representa eleitores ou mandatários, mas representa a razão universal, a vontade geral, a verdade e o bem comum, de sorte que sua prática não diz respeito aos particulares governados, mas à realização do racional, do verdadeiro e do comum para a sociedade. Por outro lado, porém, para efetuar essa tarefa, deve ser eleito representante por aqueles que o julgam capaz dessa façanha. Eis por que, defendendo o governo representativo, John Stuart Mill[13] pode definir uma diferença entre o "corpo representativo" e o "corpo executivo" — os representantes têm a "função de Muitos" e sua tarefa é de controle, discussão, crítica, divulgação e aprovação ou desaprovação do que faz o "corpo executivo". Este é encarregado de legislar e de administrar e sua função é "função de Poucos". Os "Muitos" são o povo (entendido, evidentemente, pelo critério censitário e não pelo sufrágio universal) e sua função é *falar por*. Os "Poucos" são os especialistas (administradores e juristas) e sua função é *agir por*. Mill tem consciência de que o principal problema do governo representativo é o crescimento das burocracias e imagina que a função controladora, opinativa e deliberativa dos representantes dos "Muitos" deva corrigir esse risco. A realidade mostrou que os representantes dos "Muitos" são os burocratas dos partidos ou da política tanto quanto os representantes dos "Poucos" são os burocratas da administração. De todo modo, é

---

13. John Stuart Mill, *Consideration on Representative Government*. Londres, The Liberal Arts Press, 1958.

importante distinguir a representação liberal da medieval, na medida em que, agora, representar não é encarnar um poder, mas exprimir uma vontade geral racional e governa quem representa e não o contrário.

Convém lembrar também a diferença entre liberais progressistas, como Mill (que acredita que o desenvolvimento social irá eliminar o voto censitário e que a educação política das massas irá permitir o sufrágio universal), e conservadores, como Benjamin Constant, que, em *1848*, escreve: "Os cidadãos possuem direitos individuais independentes de toda autoridade social ou política, e toda autoridade que viole esses direitos torna-se ilegítima. Os direitos dos cidadãos são a liberdade individual, a liberdade religiosa, a liberdade de opinião, o usufruto da propriedade, a garantia contra toda arbitrariedade (...). Em nossas sociedades atuais, o nascimento no país, e a maturidade da idade não são suficientes para conferir a todos os homens as qualidades próprias ao exercício da cidadania. Aqueles que a pobreza retém numa eterna dependência e que condena a trabalhos cotidianos, não são pessoas esclarecidas, conhecem os negócios públicos tanto quanto uma criança. Não sabem pensar. E têm tanto interesse na prosperidade nacional quanto os estrangeiros, pois não conhecem os elementos fundamentais da economia nacional e só indiretamente participam de suas vantagens. Não quero ser injusto com as classes trabalhadoras. Não são menos patriotas do que as outras. São capazes de atos de heroísmo e de devotamento tanto mais extraordinários quanto mais se sabe que não são recompensadas nem pela fortuna nem pela glória. Mas o patriotismo que dá coragem para morrer pelo seu país é uma coisa, e coisa diferente é ser capaz de conhecer seus próprios interesses. Assim, a condição para ser um cidadão politicamente reconhecido é o lazer, indispensável para a aquisição das luzes e a retidão do julgamento. Somente a propriedade assegura o lazer e, portanto, somente a propriedade torna os homens capazes de direitos políticos" (*Princípios Políticos Aplicáveis ao Governo Representativo*).[14]

Como se vê, a idéia de representação não possui qualquer vínculo substantivo com a idéia de democracia. Aliás, para muitos liberais, a representação tem a finalidade expressa de impedir um regime de democracia política, como é o caso de Burke,[15] para quem a representação se resume na capacidade de uma elite para captar os "sentimentos populares" como indícios de *interesses objetivos* perfeitamente determináveis e cujo atendimen-

---

14. Cit. por Pierre François Moreau, *Les Racines du Libéralisme*. Paris, Seuil, 1978.

15. Edmund Burke, *Selected Writings and Speeches*. Garden City, Doubleday, 1963.

to é feito pelos especialistas encarregados da administração, a partir da obtenção do consenso dos representantes nos parlamentos. No limite, Burke exclui a idéia de representação na medida em que a suposição de que há interesses sociais objetivos e determináveis em si e por si mesmos torna inútil a figura dos representados (já que os interesses são objetivamente determinados) e a dos representantes (já que os administradores, instruídos pela elite que conhece os interesses objetivos, podem atendê-los).

Independentemente do fato de a idéia liberal da representação não conduzir necessariamente à democracia, é importante observar a modificação operada no conceito, pois passa-se da idéia de que o governante representa porque governa para a idéia de que o governante governa porque representa, ou seja, passa-se da idéia de que o governante encarna e simboliza a comunidade para a de que o governante age em nome das exigências da sociedade (ainda que sob a forma da razão, da verdade, do interesse e objetivo comum etc.). O que se desloca é *a fonte do poder que*, de Deus ou da Natureza, se transfere para a sociedade.

Os avatares da idéia liberal da representação são interessantes: começará com a teoria do contrato e terminará na teoria dos partidos políticos, esta começando, por seu turno, com a afirmação de que o partido é um mal necessário para concluir que ele é indispensável para a vida democrática, modificação que, evidentemente, supõe duas outras: em primeiro lugar, que o representante não representa a razão, a verdade e o interesse geral, mas grupos e classes; em segundo, que representar não é estar no lugar de, mas é agir em nome de. Esta última modificação não foi feita pelo pensamento e pela prática liberais — nasceu com a prática da representação nos movimentos operários e populares do século XIX e com a organização partidária da classe trabalhadora. O liberalismo se apropriará dessa experiência para fazer dela o que sabemos que fez,[16] enquanto os partidos operários absorverão práticas da organização capitalista da sociedade (centralização, hierarquia, verticalização, separação dirigentes executantes) e regimes nascidos de revoluções proletárias rumarão para a idéia medieval da representação, o proletariado (imaginário e realmente excluído) ocupando o antigo lugar de Deus, encarnando-se no grande chefe.

3) A concepção socialista da representação, isto é, a concepção desenvolvida sobretudo após a experiência da Comuna de Paris. Embora as dife-

---

16. Veja-se Robert Paul Wolff. *The Poverty of Liberalism*. Boston, Beacon Press, 1969; Alain Bouc, *Le Libéralisme contre la Démocratie*. Paris, Le Sycomore, 1981.

rentes correntes socialistas do século XIX considerem a democracia um logro burguês e a critiquem de formas variadas, pode-se perceber que para todos eles a experiência da Comuna introduz uma inovação da prática representativa que, dissimulada pelo formalismo da democracia burguesa (isto é, pela idéia de governo representativo), no entanto aponta para uma democracia concreta. Trata-se da idéia da representação como delegação e mandato imperativo, rotativa e revogável, de tal modo que o representante não representa um poder em geral nem uma vontade em geral nem uma razão em geral, mas reivindica *direitos concretos* de classes e de grupos. Descendo *ao particular*, a representação agora significa expressão política *universalizada* como direito de decidir e controlar a coisa pública em nome de direitos coletivos dos excluídos. Os conselhos populares, cuja vida foi tão breve durante a revolução de 17, exprimem essa mesma inovação no tocante à representação.

4) A concepção partidária da representação, isto é, a idéia de que a representação deve exprimir o específico e o particular por meio de canais institucionais reconhecidos, de tal modo que os parlamentos sejam os representantes da nação em dois sentidos: por um lado, porque se supõe que todos os interesses particulares aí possam se manifestar, e, por outro lado, porque se supõe que esse conjunto de representantes é a imagem miniaturizada do todo. Em outras palavras, os partidos e os parlamentos articulam a representação como símbolo e como descrição. A representação torna-se, necessariamente, indireta, os partidos sendo mediadores entre a sociedade e o poder do Estado, e único canal político da representação.[17] O curioso será perceber, no interior de cada partido, a retomada das diferentes idéias de representação. Assim, haverá partidos "medievais", partidos liberais conservadores e progressistas e partidos participativos.

Esse grosseiro percurso pelas aventuras da idéia e da prática da representação pretendeu apenas encaminhar a discussão desse problema no Brasil. Não é demais lembrar que, durante sua vigência, o regime autoritário se afirma e se considera um regime representativo. Unanimemente as oposições têm contestado essa pretensão, pois encaram a representação seja pelo ângulo do liberalismo progressista, seja pelo ângulo do socialismo de-

---

17. Para as dificuldades do conceito de "autoridade representativa" (como representante da "Verdade da razão" ou da "Vontade da nação" ou da "Vontade popular") veja-se Umberto Cerroni "Per una teoria del partido politico", *Crítica Marxista*, anno 1, n°s 5-6, 1963.

mocrático. Ora, o regime autoritário é representativo, desde que o consideremos baseado na concepção medieval da representação ou na concepção burkeana da representação.

No Brasil, os debates sobre a representação têm-se vinculado à discussão mais ampla sobre a cidadania, o que tem aparecido em três níveis principais:

1) como exigência do estabelecimento de uma ordem legal de tipo democrático na qual os cidadãos participam da vida política através dos partidos e do voto, implicando uma diminuição do poder executivo em benefício do legislativo — aqui, a cidadania está referida ao direito de representação política;

2) como exigência do estabelecimento das garantias individuais, sociais e econômicas, políticas e culturais, cujas linhas gerais definem o Estado de Direito como Estado no qual vigoram pactos a serem conservados e vigora o direito à oposição de direito — neste nível, além da defesa do fortalecimento dos legislativos, coloca-se sobretudo a defesa da autonomia do poder judiciário, estando a cidadania referida à questão dos direitos e das liberdades civis;

3) como exigência do estabelecimento de um novo modelo econômico destinado à redistribuição mais justa da renda nacional, de tal modo que não só diminua a excessiva concentração da riqueza e o Estado desenvolva uma política social que beneficie prioritariamente as classes populares, mas ainda implica o direito dessas classes de defenderem seus interesses tanto através de movimentos sociais, sindicais e de opinião pública, quanto pela participação direta nas decisões concernentes às condições de vida e de trabalho — nesse nível, a questão da cidadania é de justiça social e econômica.

Representação, liberdade e participação têm sido a tônica das reivindicações democráticas que ampliam a questão liberal da cidadania passando do plano político institucional para o da sociedade como um todo. Quando se examina o largo espectro de lutas populares nos últimos anos pode-se observar que a novidade dessas lutas se localiza em dois planos principais: a) no plano político, a luta não é pela tomada do poder, mas pelo direito de se organizar politicamente e pelo direito de participar das decisões, rompendo a verticalidade do poder autoritário; b) no plano social, mais amplo, nota-se que as lutas não se concentram na defesa de certos direitos ou em sua conservação, mas na luta para conquistar o próprio direito à cidadania, pelo reconhecimento de novos direitos e, portanto, de novos sujeitos sociais.

Considerando-se a peculiaridade da política brasileira e sobretudo a de nossos partidos políticos, a discussão da cidadania, da representação e da participação está articulada à dos partidos e convém indagar se os partidos estão preparados para receber, estimular e ampliar as reivindicações da cidadania, tal como as colocamos aqui. Centraremos nossa discussão apenas sob um aspecto, isto é, o da representação.

Podemos dizer, grosso modo, que não há no Brasil uma história de partidos políticos propriamente ditos, isto é, formações institucionais dotadas de programas definidos para a sociedade brasileira como um todo, de forte tradição no plano da prática e no plano da arregimentação de militantes. Há agremiações ou agrupamentos esporádicos cuja vida dura o tempo de uma campanha eleitoral ou o tempo de uma emenda constitucional que os cria ou os desfaz.

Todavia, se não podemos caracterizar os partidos no Brasil à maneira como são tratados em outras partes, nem por isso deixam de existir aqui certas marcas que definem formas de fazer a política por meio de partidos, formas que permanecem apesar das mudanças ininterruptas de siglas e de dirigentes partidários. Diremos que tem havido no Brasil três tipos principais de formações partidárias: o partido clientelista, o populista e o vanguardista. Essa "tipologia" (precária) está sendo feita tomando como critério exclusivamente a questão da representação, ou seja, a relação entre o partido e seus membros ou simpatizantes, de um lado, e seus eleitores, de outro.

No partido clientelista prevalece a representação de estilo medieval e conservador — isto é, a representação é praticada sob a forma do *favor* e com exclusão dos representados nas decisões partidárias e nas decisões políticas globais. Nos partidos populistas encontramos a mescla do estilo conservador e do iluminista, onde os representados são considerados imaturos, e vigora a idéia de que o partido representa a razão, a vontade geral e a verdade, ao mesmo tempo que sua relação com os representados só pode ser a da *tutela*. Nos partidos vanguardistas ocorrem dois fenômenos curiosos: por um lado, são partidos com programas definidos e sobretudo com definição de seu sujeito ou de seu agente, isto é, o partido designa seus representados como agentes da transformação; porém, por outro lado, e contraditoriamente, tais partidos definem seus representados e seus sujeitos como incapazes de realizar a tarefa histórica a que estão destinados e substituem o sujeito histórico por uma vanguarda que o representa, age em seu lugar e o educa. Nesses partidos, a relação com os representados é de *tutela* como no partido populista; *pedagógica*, como no partido liberal progressista; *de favor*, como no partido liberal conservador clientelista, mas é sobretudo a concepção medieval da representação que prevalece: o partido é o representante de seus militantes porque encarna e simboliza o poder que, um dia, tais militantes irão conquistar.

Nos três casos, é possível observar que os partidos são capazes de grandes mobilizações esporádicas, sobretudo nos períodos eleitorais, mas essa mobilização decorre de um fenômeno muito mais profundo que permanece dissimulado sob a agitação mobilizadora: a despolitização, que os partidos estão encarregados de produzir. Sob este aspecto, há plena adequação entre os partidos políticos e as formas contemporâneas de legitimação do Estado, baseadas na fragmentação e na privatização das atividades sociais e políticas. O vínculo interno entre partidos e indústria política talvez seja um dos melhores sinais dessa adequação.

Tomando a atividade política como se fosse homogênea ou mesmo idêntica às práticas de mercado, a indústria política fala em *marketing* político para referir-se a programas e plataformas partidário-eleitorais que responderiam à *demanda* do mercado político, entendido como *negociação* e *barganha* entre grupos que concorrem junto às *massas* na *competição* pelos postos de governo ou no interior do Estado. Assim, o simples exame do vocabulário da indústria política é suficiente para sugerir os resultados da privatização crescente do espaço social e sua crescente despolitização quando submetido aos critérios da racionalidade técnico-administrativa e aos padrões dos espetáculos dos meios de comunicação de massa. No "mercado político" deve haver o mecanismo da oferta e da procura-demanda. O que é oferecido? A solução dos problemas que a massa apresenta sob a forma de demandas sociais, econômicas, políticas e culturais. Não há cidadãos ativos, mas a "massa" passiva dos demandantes de soluções. Onde localizar essa demanda? Na opinião pública tal como a define a comunicação de massa. Vimos que, na concepção liberal, a opinião pública era a manifestação em público, através do discurso, de reflexões e ponderações que indivíduos, grupos, especialistas, classes sociais haviam feito acerca de alguma questão controvertida. Nesse contexto, a opinião pública era debate público de idéias conflitantes que poderiam tender à expressão política no plano institucional, se retomadas por aqueles que os mecanismos institucionais e ideológicos faziam aparecer como representantes, falando e agindo em nome de outros ou em nome da razão e da vontade geral. Ora, como aponta um autor contemporâneo,[18] sob os imperativos da comunicação de massa, a opinião pública mudou inteiramente de sentido: passou a integrar-se ao contexto instrumental do que se chama "sondagem de opinião" ou "pesquisa de opinião" destinadas ao mercado em geral e ao mercado político em particular. Todavia, a "sondagem" ou a "pesquisa" não captam opiniões públicas — o fato mesmo de ser preciso "sondar" os cidadãos ou "pesquisar" os indivíduos sugere que o que se procura está silencioso, escondido no espaço privado, emudecido e inarticulado. Outrora, a opinião, — e, sob este aspecto, ela era fundamental na antiga democracia grega — era o momento em que uma reflexão ou uma ponderação sobre algo controvertido e dizendo respeito à sociedade vinha a público pelo discurso e pelo debate. Agora, entende-se por opinião o fundo emocional silencioso que é atraído à superfície pela fala do "sondador" suscitando a aparição em público de perplexidades, angústias, medos, cólera, impotência, ressentimento dos cidadãos privatizados e despolitizados. De reflexão e ponderação em público tornou-se o grito inarticulado que se dirige ao e contra o público — desabafo dos sem-poder captado pelo mercado político para ser convertido em "demanda social" e para ser trabalhado pelas "elites" a fim de convertê-lo em mercadoria oferecida pelos partidos aos cidadãos.

A indústria política provoca alterações importantes na idéia de representação (liberal). Por um lado, passando a depender de sofisticados procedimentos estatísticos para "captar opiniões", a indústria política lida com sentimentos, emoções e um mínimo de reflexão e, por isso mesmo, a "oferta" para cobrir essa "demanda" pode, sobretudo no Brasil, restaurar uma concepção antiqüíssima da representação, aquela que Weber chama de dominação carismática e que, na perspectiva liberal clássica, era tida como irracional. Por outro lado, a "sondagem", nascida no contexto do consumo, não visa apenas a captar desejos e temores, mas visa sobretudo, por meio dessa captação, a *produzir* opiniões. Em outras palavras, a "demanda" é emocional e a "oferta" pretende ser a expressão racionalizada das emoções, o que significa que a opinião propriamente dita é produzida pelos vendedores da mercadoria política. Donde o segundo resultado que, agora, apanha tanto a idéia de representação quanto a de participação. No tocante à primeira, a indústria política propõe a representação no sentido conservador que lhe dava um Burke, bloqueando qualquer possibilidade de articulá-la às práticas democráticas. No tocante à segunda, produz a

---

18. P. Pachet. "La Justice et le conflit des Opinions", in *Passé Présent*, n. 2, 1983.

ilusão da participação, os cidadãos isolados, privatizados e despolitizados imaginando que a expressão, em público, de suas angústias, de seus medos, de seus desejos os converteriam em sujeitos políticos ativos. Como se o desabafo pudesse elidir a impotência sócio-politica no exato momento em que a deixa aparecer em público.

No entanto, porque o processo da despolitização só será eficaz se também produzir o sentimento da participação (ainda que ilusória), podemos indagar se as contradições entre a ilusão de participar e a percepção efetiva da heteronomia crescente das práticas sociais e das idéias políticas não provocaria um movimento que fizesse aparecer na superfície do social os limites da ilusão e da heteronomia e que pudesse introduzir o tema da autonomia, a articulação entre a representação e a participação. Poderíamos indagar se movimentos sociais e populares que agem como contra-poderes sociais não seriam uma pista desse movimento e dessa articulação.

Indagação que julgamos procedente quando captamos os vínculos entre indústria política, pesquisa de opinião e idéias desenvolvidas pela ciência política, sobretudo a partir da "guerra fria" e da identificação entre socialismo e totalitarismo. Como observou Moses Finley em *Democracy Ancient and Modern**, a ciência política tem afirmado sistematicamente que o sucesso das democracias ocidentais modernas decorre do fenômeno da *apatia* política dos cidadãos que preservaria a sociedade contra o "descontentamento e extremismo populares" (com humor, Finley mostra que os golpes dados contra democracias, historicamente, nunca vieram do "extremismo" popular e sim de oligarquias descontentes que não puderam obter seus fins por meios democráticos e, no caso do Brasil, não é preciso esforçar-se para demonstrar o mesmo fato). O corolário da apatia, bastante defendido pelos cientistas políticos, é a entrega das decisões políticas aos representantes enquanto técnicos ou profissionais da política que, no dizer de Finley, reduzem a democracia a "acordos e ajustes para obtenção de consenso", este último visto como a mola da política, paralisando o coração da democracia, isto é, o conflito. Esvaziando a democracia de seu sentido fundamental, cientistas políticos tendem a ver com desconfiança os movimentos sociais e populares, julgando-os "pré-políticos" ou facciosos (a dissensão intestina, de que falava Hobbes, e a presença da "multidão porca", de que falava Burke), obstáculos para a formação do chamado "partido moderno de massa" que "entende da política". Donde a insistência

---

* Acaba de ser publicado pela Editora Paz e Terra com o título *Democracia antiga e moderna*.

das teorias políticas para que partidos absorvam e controlem os movimentos sociais ou para que, graças à cooptação, o Estado os neutralize.

III

Fomos habituados por uma longa tradição a considerar a liberdade o ato voluntário de escolha entre várias alternativas possíveis. Essa concepção da liberdade como escolha voluntária enfrentou dificuldades desde seu surgimento, como transparece, por exemplo, na discussão teológica do conflito misterioso entre o livre-arbítrio das criaturas e a onisciência-onipotência de seu Criador, ou nas discussões metafísicas sobre a oposição entre necessidade (das leis naturais, das leis sociais, das leis históricas) e contingência (da vontade humana, dos acontecimentos dela dependentes), ou nas discussões científicas sobre o determinismo e o acaso. Via de regra, a necessidade (identificada, na versão teológica, com os desígnios providenciais de Deus; na versão metafísico-científica com as leis da Natureza e da História) lança a liberdade para a região da contingência e do acaso, disso resultando algumas conseqüências não negligenciáveis: ora a liberdade é vista como perturbação da ordem natural e da ordem histórica, prejudicial a ambas, ora é vista como poder ilimitado para alterar o curso necessário das coisas e dos acontecimentos, ora, enfim, é tida por ilusão, uma vez que a necessidade determina toda a realidade sem deixar qualquer brecha por onde pudessem passar contingência ou acaso. É nesse contexto da necessidade definida como inexorabilidade racional de leis universais que podemos compreender o surgimento das infindáveis discussões das esquerdas sobre o voluntarismo e o espontaneísmo, discussões graves porque decidem quanto à concepção das políticas revolucionárias.

Talvez convenha indagar se a liberdade seria idêntica aos atos empíricos de escolha voluntária, esta definida classicamente como ato realizado sem constrangimentos externos. Ora, o simples fato de que a liberdade seja encarada como *escolha* torna difícil manter a suposição de que não há constrangimentos externos, pois o que vai ser *escolhido* (atos, idéias, valores, normas) preexiste, pelo menos idealmente, como paradigma ou modelo *externo* ao ato de escolha e capaz de determiná-lo nesta ou naquela direção. Assim, podemos supor que a identificação imediata entre a liberdade e os atos empíricos de escolha voluntária acabe por nos conduzir ao oposto da liberdade, isto é, à heteronomia, uma vez que o objeto da escolha comanda de fora a decisão do sujeito. Se, em contrapartida, tomarmos a liberdade pelo prisma da autonomia, talvez possamos evitar os problemas criados por sua identificação com a escolha voluntária. Autonomia, do grego *autós* (si mesmo) e *nomós* (lei, regra, norma), é a capacidade interna para dar-se a si mesmo sua própria lei ou regra e, nessa posição da lei-regra, pôr-se a si mesmo como *sujeito*. A autonomia é posição de sujeitos (sociais, éticos, políticos) pela ação efetuada pelos próprios sujeitos enquanto criadores das leis e regras da existência social e política. Nessa perspectiva, quando objetos sociais — em linguagem de Marx, os homens divididos em classes sociais como predicados do sujeito "o capital" — são capazes de, em condições determinadas, interpretá-las, conhecê-las em sua necessidade e determinar os requisitos para transformá-las, sua atividade de conhecimento e de posição de novas leis e normas os constitui como sujeitos. Esse movimento é a liberdade. Se a liberdade é a consciência da necessidade, segundo a expressão célebre, isto significa que liberdade e necessidade não são opostas senão quando a necessidade é concebida como a pura exterioridade e a liberdade como a pura interioridade. Ao contrário, a articulação entre ambas pode ser concebida a partir do momento em que se compreende que a necessidade histórica é produzida pela prática dos próprios homens em condições *que não escolheram* (donde a ilusão voluntarista de que a liberdade seria a escolha de condições não determinadas), mas cuja gênese e cujos resultados os homens também são capazes de conhecer para, partindo deles, mudar a relação com a própria história, isto é, em lugar da submissão cega à exterioridade nua e em lugar da ilusão do poderio da vontade como interioridade nua, intervir na própria necessidade dando-lhe novo curso, nova lei, nova regra. A autonomia não consiste, então, no poder para dominar o curso da história e sim na capacidade para, compreendendo esse curso, transformar-lhe o percurso.

Em outras palavras, a autonomia pressupõe, e sua prática visa a repor, a diferença social entre o poder, o direito e o saber, de sorte que a compreensão da pluralidade de fontes das práticas sociais permita que cada uma delas atue sobre as outras esferas para modificá-las. Essa diferenciação interna entre a política, o jurídico e os conhecimentos, que é ruptura face às identidades míticas e às teológicas, foi instituída pela democracia antiga e, a duras penas, pelas instituições da democracia moderna. A duras penas porque, nesta última, o modo de produção capitalista opera como obstáculo, seja porque, com a generalização do mercado e a absorção econômica do Estado, as diferenças apareçam como fragmentações a serem reduzidas à identidade, seja porque, sob os imperativos da racionalidade administrativa, as diferentes esferas institucionais tendam a aglutinar-se no poderio da classe dirigente e no saber de seus técnicos. Em suma, a autonomia, no presente é luta política e não o modo de ser da sociedade e da política.

Politicamente, autonomia significa, simplesmente, autogoverno. Não é um acaso, mas uma necessidade, que o conceito de autonomia surgisse no interior de uma formação política precisa, qual seja a democracia (*krathós* = poder; *demos* = povo). Nessa perspectiva, podemos compreender por que nos partidos políticos onde a representação é praticada como relação de favor, tutela ou substituição não pode haver autonomia, a qual se vê excluída de fato e de direito. Exclusão facilitada pela invocação de dois argumentos que repõem a velha oposição entre necessidade e liberdade. Um dos argumentos invoca a complexidade da sociedade contemporânea, regida por imperativos racionais que escapam da vontade dos indivíduos, enquanto o outro argumento (à esquerda) invoca a necessidade da marcha da história que cumprirá por si mesma a passagem de um dos predicados do sujeito "o capital" (o predicado "proletariado") à condição de sujeito, "o homem universal". Os dois argumentos permitem aos partidos políticos limitar a liberdade de seus membros ao ato de escolha daqueles que devem ou gerir o complexo social ou conduzir a história. Feita essa escolha ou exercida essa "liberdade" recomeça a lei de bronze da necessidade gerida pela "elite" ou dirigida pela "vanguarda", agora sustentadas pela idéia de representação.

Além disso, nos partidos políticos que reduzem a representação ao favor, à tutela e à pedagogia iluminada há impossibilidade da prática da participação, uma vez que neles os membros são reduzidos à condição de objetos das organizações partidárias, o que é bastante visível, por exemplo, quando tais partidos incorporam movimentos sociais na qualidade de "departamentos" do partido. Essa modalidade de incorporação, bem como a estrutura hierárquica, burocrática e centralizada das "organizações", longe de estimularem a participação e a autonomia, a diversificação das práticas e a reflexão contínua sobre as diferenças, operam em sentido inverso, visando a eliminá-las da cena política como um risco, pois são imponderáveis.

Se considerarmos que uma das marcas características da ideologia consiste em substituir o discurso e a prática *de* sujeitos determinados por discursos e práticas *para* tais sujeitos, uma das marcas da ideologia é a produção incessante da heteronomia. Se nossas considerações tiverem algum fundamento, podemos dizer que as práticas dos partidos políticos no Brasil (e alhures) são ideológicas, no sentido acima mencionado. A questão consiste em saber se é possível um partido político fundado na autonomia e que, em lugar de ser ideológico (no sentido acima), seja capaz de trabalhar as diferenças internas e alterar o sentido que possuíam antes desse trabalho. Essa questão nos parece relevante porque não basta afirmar a importância da liberdade e da participação, a preservação e o estímulo de discursos e de práticas de sujeitos sem tutela para que a autonomia se efetue. Em outras palavras, a autonomia não exclui a representação nem a participação, mas redefine o sentido de ambas.

As dificuldades, que não são poucas, começam já na simples tentativa de delimitar o sentido dessa idéia. A pluralidade de sentidos que a autonomia veio recebendo nas últimas décadas[19] sugere não apenas os embaraços para produzir uma definição abrangente, mas ainda a possibilidade de tomá-la num sentido tal que seja incorporada (imperceptivelmente) às práticas heterônomas que ela visaria a combater. De modo sumário, podemos resumir as várias concepções de autonomia em disputa nas seguintes:

1) a concepção tecnocrata, que define a autonomia como autogestão na produção e como modelo de gestão descentralizada para vencer a crise da centralização burocrática — é a "democratização" dos dirigentes (gerentes e administradores) e o planejamento da participação dos executantes (trabalhadores);

2) a concepção anarquista, que toma a autonomia como recusa do Estado (com o qual o poder é identificado), e como recusa de toda forma de autoridade, graças à espontaneidade das massas. Seu sujeito é o indivíduo ou o pequeno grupo, cada qual capaz de realizar o ideal da sociedade harmoniosa e transparente de ponta a ponta, sem conflitos;

3) a concepção comunista, para a qual a autonomia ou autogestão é colocada como uma finalidade futura, depois de construída a boa sociedade reconciliada consigo mesma e sem conflitos, fundindo os interesses particulares e os interesses gerais, suprimindo a alienação e funcionando por si mesma;

4) a concepção do conselhismo proletário, que pretende organizar a sociedade como uma pirâmide institucional de conselhos proletários que se opõem à centralização burocrática do Estado; a autonomia é entendida como autogestão enquanto meio para a unificação do proletariado, expres-

---

19. Seguimos aqui algumas sugestões feitas por P. Rosavallon em *L'Âge de l'autogestion*, Paris, Seuil, 1976.

são de seus interesses de classe no plano da produção e assimila o poder social ao poder dos produtores associados;

5) a concepção humanista, para a qual a autonomia e a autogestão são uma questão de mentalidade e de comportamento, uma "maneira de ser" mais do que uma forma de poder; é um retorno à "pessoa humana" e a relações sociais fraternas no interior da vida comunitária;

6) a concepção científica, sobretudo saída da sociobiologia, que projeta sobre a sociedade as leis de auto-regulação dos organismos vivos e encara a autonomia como autogestão funcional — há mais a perspectiva do autômato do que da autonomia.

Nessas versões de autonomia, há uma despolitização do problema, na medida em que (exceção feita ao anarquismo) a discussão da natureza do poder é elidida, seja porque identificado com o Estado, seja porque as questões concernentes à sociedade como um todo são deixadas de lado. Sem dúvida, a pluralidade de definições da autonomia indica menos a necessidade de optar por uma delas e muito mais a de recomeçar a reflexão sobre o assunto. Como sugestão para nosso debate, gostaria de fazer dois grupos de observações. Num primeiro, expor alguns pressupostos da idéia de autonomia; num segundo, deixar algumas perguntas que contribuam para manter a discussão.

Não seria demais afirmar que a defesa da autonomia pressupõe:

Em primeiro lugar, a compreensão de que a forma contemporânea da dominação e da exploração cristaliza-se na separação radical, em todas as esferas da vida social, entre dirigentes e executantes. Os primeiros detêm a decisão, a direção, o controle e as finalidades de uma prática, enquanto os segundos simplesmente devem adotar comportamentos prescritos para a realização de algo cujo modo de realização, cujo sentido e cujos fins lhes escapam inteiramente. Essa heteronomia, iniciada desde a divisão do processo de trabalho e se espalhando por toda a sociedade que depende das decisões secretas dos centros estatais e administrativos, é reforçada e naturalizada porque encontra suporte na ideologia da competência, isto é, na crença de que o saber dos especialistas *enquanto saber* legitima o exercício de autoridade, sem que se leve em conta, por um lado, que a criação dos competentes só pode ser feita pela criação simultânea dos incompetentes, e, por outro lado, que o vínculo entre saber e poder, tal como o conhecemos, é resultado das instituições sociais criadas pelo capitalismo.

Em segundo lugar, a modificação do conceito e da imagem da cidadania tais como foram elaboradas pelo pensamento liberal que a circunscreveu ao direito de voz e voto e à representação na legislatura num Estado representativo-substitutivo fundado na soberania abstrata do povo e na atividade real de uns poucos, de sorte que "a política é o braço secular da razão, razão aplicada à sociedade" (Cerroni). Se repensarmos a cidadania como afirmação de direitos e como criação de direitos, isto é, como criação dos sujeitos sócio-políticos por sua própria ação, podemos não só presentificar a autonomia, mas ainda ultrapassar o sentido restrito da cidadania como voz e voto.

Em terceiro lugar, a modificação do conceito e da imagem do popular, sobretudo tais como foram elaboradas pelo populismo e pelo modelo explicativo fundado no conceito de falsa consciência. No primeiro caso, o povo aparecia sob duas faces: havia o "povo fenomênico", atrasado e alienado, e o "povo revolucionário", isto é, a vanguarda dos "amigos do povo". No segundo caso, a consciência verdadeira deveria vir do exterior, de tal modo que a alienação seria suprimida pela ação educadora das vanguardas. Ora, nos dois casos, percebe-se não só o uso da alienação popular para reforçar a heteronomia, visto que a transformação se reduzia à mudança dos dirigentes de consciência, como também a dificuldade para captar nas ações e nos discursos populares a presença de um saber real sobre a exploração e a dominação, saber simultaneamente afirmado e negado pelas classes populares sob o peso da ideologia dominante.

Em quarto lugar, a compreensão de que a autonomia, baseada na prática da participação direta nas decisões e na representação imperativa e revogável (numa delegação circunscrita a assuntos precisos que, uma vez resolvidos, dissolvem a delegação), altera substancialmente a concepção do partido político, pois não basta a este declarar-se "partido moderno de massas" e prover-se de um programa para receber imediata a irrestrita aceitação dos movimentos sociais. Estes desconfiam de tudo quanto possa unificá-los de fora, uniformizá-los, em vez de articulá-los e de disseminar suas experiências.

Em quinto lugar, a percepção da vida social em dimensões diferenciadas (trabalho, cidadania, vida privada) e descentralizadas, mas comunicantes, sem identificação (comumente desejada pelas esquerdas) e sem pulverização-privatização (produzida nas democracias liberais). Este talvez seja o ponto mais dificultoso da autonomia. Em primeiro lugar, porque estamos habituados à visão unificadora como remédio para a diversificação (hábito duplamente compreensível, pois a diversificação é, na verdade, fragmentação que dificulta ações sócio-políticas coletivas; e, por outro lado, a única resposta que conhecemos até o presente é a dos modelos capitalista e stalinista de organização). Em segundo lugar, porque estamos habituados a temer a heterogeneidade como perigo de conflitos dissolventes (temor compreensível, visto ser fundamental à classe dominante aguçar as divisões sociais para melhor exercer a dominação).

A respeito dessas dificuldades, gostaria de fazer algumas considerações. Temos a tendência a encarar a unidade ou como algo extrínseco (a imagem do feixe de lenha inquebrantável por causa do cordão que junta os ramos), ou como algo orgânico (o melhor exemplo sendo o do centralismo democrático). Ora, no primeiro caso, as diferenças não são trabalhadas como tais, o fato de os diferentes estarem ajuntados num só feixe (numa só frente) não propicia um processo no qual as partes ajuntadas pudessem se transformar, pois o laço que as enfeixa é extrínseco a elas, de tal modo que, desatado o cordão que as unia, não só se dispersam, mas sobretudo retornam ao que eram antes da unificação. No segundo caso, a unificação vai no sentido oposto da primeira, isto é, trabalha no intuito de anular toda diferença, de sorte que cada vez que esta reaparece recebe nomes sugestivos tais como "traição", "desvio da linha justa", "inimigo" etc. Neste caso, a diferença é sempre o que está e deve permanecer *fora*.

Uma outra consideração se refere à natureza da própria diferença dos movimentos autônomos. Essa diferença não é extrínseca (isto é, não é fruto da dispersão a que estamos submetidos), mas intrínseca porque diz respeito à diferença dos *direitos* pelos quais luta cada movimento social. Porém, à diferença intrínseca dos direitos, que torna a autonomia incompatível com a unificação, contrapõe-se a identidade dos *interesses* dos vários movimentos sociais e que pedem uma articulação. Talvez, se pudermos guardar a diferença dos direitos (que definem a singularidade e a particularidade dos movimentos sociais) e a identidade dos interesses que, em cada conjuntura, colocam juntos os diferentes movimentos, então nossa questão dirá respeito menos à de saber se a autonomia é ou não possível num partido político, e mais à de distinguir quando estamos diante de diferenças que precisam ser mantidas como tais e quando estamos diante de interesses comuns que precisam ser articulados.

Com isto, passo às perguntas que gostaria de deixar para discussões futuras. Essas perguntas exprimem não só minha própria perplexidade e dificuldade para refletir sobre a autonomia, mas também a de muitos que a defendem. As perguntas são colocadas na esperança de que o debate ampliado do problema nos ajude a melhor clarificá-lo:

1) a autonomia pode ser considerada uma discussão e uma prática das condições reais da democracia como forma de existência social e não apenas como regime político?

2) a autonomia pode ser considerada uma forma de exercício de poder e de autogoverno que não se reduz à apropriação coletiva dos meios de produção?

3) a autonomia pode ser considerada uma discussão e uma prática nas quais as relações entre a produção econômica e as demais esferas da vida social sejam permanentemente questionadas e transformadas?

4) a autonomia, fundada nas práticas da liberdade e da igualdade, pode ser considerada a criação de espaços sociais e políticos de direitos novos, para além do Estado de Direito (isto é, para além da mera conservação de direitos e de pactos estabelecidos)?

5) a autonomia pode ser considerada um processo de ampliação dos campos de ação política e cultural diferenciados sem exigência de unificação global, mas tendo em vista a sociedade como um todo?

6) a autonomia pode ser considerada um processo concreto de quebra da divisão entre dirigentes e executantes como divisão entre cultos e incultos, competentes e incompetentes, pela redefinição da cultura, da democracia cultural (como direito de produzir cultura) e da desmontagem do laço que une competência técnico-científica e direito ao poder?

7) a autonomia mantém alguma relação com a prática do planejamento? exige apreensão global das práticas, necessidades, interesses e direitos sociais ou é fator de sua maior fragmentação?

8) a pluralidade é intrínseca ou extrínseca à autonomia? qual a natureza da pluralidade autônoma?

9) a autonomia pode ser considerada uma alternativa histórica capaz de separar governo e administração, poder e organização, decisões coletivas e execuções particularizadas?

10) qual a relação entre autonomia e representação? qual a idéia de representação compatível com a autonomia? ou autonomia e representação são incompatíveis?

11) autonomia e partido político são compatíveis? ou implicam duas práticas diferentes (quando não antagônicas) pelo tipo de relação que mantêm com o Estado?

Sob o signo do neoliberalismo

I

O que conhecemos com o nome de neoliberalismo é a economia política proposta por um grupo de economistas, cientistas políticos e filósofos, que, em 1947, reuniu-se em Mont Saint Pélérin, na Suíça, em torno do austríaco Hayek e do norte-americano Milton Friedman. Ao término da Segunda Guerra, esse grupo opunha-se encarniçadamente à instalação da social-democracia em países como Grã-Bretanha, Suécia, Dinamarca e Alemanha, sendo portanto, contrário ao surgimento do Estado de Bem-Estar de estilo keynesiano, bem como à política norte-americana do New Deal[1].

A economia política que sustentava o Estado de Bem-Estar Social tinha, *grosso modo*, três características principais: 1) fordismo na produção, isto é, grandes plantas industriais realizavam a atividade econômica, desde a produção de matérias-primas até sua distribuição no mercado de meios de consumo, controlando por meio do planejamento e da chamada "gerência científica" a organização do trabalho, a produção de grandes estoques e a formação dos preços; 2) inclusão crescente dos indivíduos no mercado de trabalho, orientando-se pela idéia de pleno emprego; 3) monopólios e oligopólios que, embora transnacionais ou multinacionais, tinham como referência reguladora o Estado nacional.

---

1. Veja-se Perry Anderson, "Balanço do neoliberalismo", in Pablo Gentili e Emir Sader (orgs.), *Pós-liberalismo. As políticas sociais e o Estado democrático*. Rio de Janeiro, Paz e Terra, 1995.

O núcleo duro do pensamento social-democrata afirma que o socialismo, entendido como a propriedade coletiva dos meios de produção, pode e deve ser alcançado por reformas progressivas impostas ao capitalismo ou à propriedade privada dos meios de produção, e não por uma revolução. Entre o capitalismo e a revolução intercala-se um terceiro caminho, o da reforma, que humaniza o sistema capitalista e acumula forças para passar pacificamente ao socialismo. Historicamente, os partidos socialistas e a social-democracia começaram afirmando que o socialismo é a propriedade coletiva dos meios de produção e dos meios de distribuição. Opuseram-se não só à idéia de revolução, mas também aos Estados totalitários e fizeram resistência ao capitalismo no interior do próprio sistema. Essa resistência aparece na luta pela jornada de trabalho de 8 horas, na legislação de proteção aos idosos, doentes e desempregados, e na luta pelo sufrágio universal. Ela prossegue após a Segunda Guerra com a defesa da justiça social e da democracia representativa como o máximo que a classe trabalhadora pode conseguir e exigir no interior do capitalismo. Essa posição concretizou-se plenamente quando, após a Segunda Guerra, a social-democracia passou a operar com as idéias econômicas e políticas de Keynes e estabeleceu a distinção entre economia liberal de mercado e economia planejada sob a direção do Estado. Com essa idéia, a social-democracia demarcou sua diferença em relação ao nazifascismo e ao comunismo soviético.

De fato, o nazifascismo imaginara o planejamento econômico como obra de um Estado policial-militar que propunha a política de colaboração das classes por meio da organização corporativa da sociedade, isto é, da distribuição das classes em corporações — da agricultura, da indústria, do comércio, do trabalho etc. —, cujas organizações eram definidas e mediadas pelo Estado. Por seu turno, o comunismo soviético propunha o planejamento econômico também como obra de um Estado forte, que se tornou, ao fim e ao cabo, um Estado totalitário, na medida em que se fazia presente em todas as esferas da sociedade por meio da burocracia comunista e do serviço secreto, apresentava-se como representante da classe trabalhadora, identificava a idéia da propriedade coletiva da produção com a idéia de propriedade estatal dos meios de produção e impusera a coletivização do trabalho, mas não a da riqueza social.

Assim, diferenciando-se do modelo nazifascista e do modelo stalinista, a social-democracia, fortemente sustentada por uma base sindical poderosa e ativa, propôs o que viria a ser o Estado de Bem-Estar Social. Nele, o planejamento da economia estabelecia o Estado como parceiro econômico, na qualidade de definidor das políticas econômicas e sociais, e de mediador e regulador das forças do mercado, de maneira a conduzi-las progressiva e pacificamente rumo ao socialismo.

Opondo-se à social-democracia, no correr das décadas de 1950 e 1960, o grupo do Mont Saint Pélérin elaborou um detalhado projeto econômico e político no qual atacava o chamado Estado Providência com seus encargos sociais e com sua função de regulador das atividades do mercado, afirmando que esse tipo de Estado destruía a liberdade dos cidadãos e a competição, sem as quais não há prosperidade.

As idéias do grupo permaneceram letra morta até a crise capitalista do início dos anos 1970, quando o capitalismo conheceu, pela primeira vez, um tipo de situação imprevisível, isto é, baixas taxas de crescimento econômico e altas taxas de inflação: a famosa estagflação. O grupo de Hayek e Friedman passou, então, a ser ouvido com respeito porque oferecia a suposta explicação para a crise, fruto, segundo eles, do poder excessivo dos sindicatos e dos movimentos operários, que haviam pressionado por aumentos salariais e exigido maiores encargos sociais do Estado. Teriam, dessa maneira, destruído os níveis de lucro requeridos pelas empresas e desencadeado processos inflacionários incontroláveis.

Feito o diagnóstico, sugeriu-se o remédio: 1) um Estado forte para quebrar o poder dos sindicatos e dos movimentos operários, para controlar os dinheiros públicos e cortar drasticamente os encargos sociais e os investimentos na economia; 2) um Estado cuja meta principal deveria ser a estabilidade monetária, contendo os gastos sociais e restaurando a taxa de desemprego necessária para formar um exército industrial de reserva que quebrasse o poderio dos sindicatos; 3) um Estado que realizasse uma reforma fiscal para incentivar os investimentos privados e reduzir os impostos sobre o capital e as fortunas, aumentando os impostos sobre a renda individual e, portanto, sobre o trabalho, o consumo e o comércio; 4) um Estado que se afastasse da regulação da economia, deixando que o próprio mercado, com sua racionalidade própria, operasse a desregulação. Em outras palavras, abolição dos investimentos estatais na produção, abolição do controle estatal sobre o fluxo financeiro, drástica legislação antigreve e vasto programa de privatização. O modelo foi aplicado primeiramente no Chile de Pinochet, depois na Grã-Bretanha de Tatcher e nos Estados Unidos de Reagan, expandindo-se para todo o mundo capitalista (com exceção dos países asiáticos) e, depois da "queda do muro de Berlim", para o Leste europeu.

Esse modelo político-econômico acarretou a mudança da forma da acumulação do capital, hoje conhecida como "acumulação flexível", não prevista pelo grupo neoliberal. De fato, este propusera seu pacote de medidas na certeza de que reduziria a taxa de inflação e aumentaria a taxa do crescimento econômico. A inflação foi reduzida, mas a taxa de crescimento não aumentou porque o modelo incentivou a especulação financeira e não os investimentos na produção; o monetarismo superou a indústria. Por esse motivo fala-se em "capitalismo pós-industrial".

Francisco de Oliveira[2] analisa a economia política neoliberal partindo dos problemas enfrentados pela política social-democrata ou do que chama de "colapso da modernização", ocorrida a partir das transformações econômicas e políticas introduzidas pelo próprio Estado de Bem-Estar com a criação do fundo público. Para que essa economia realizasse o bem-estar, o Estado precisou intervir nela como regulador e como parceiro, o que foi feito com a criação do fundo público. As contradições geradas pelo fundo público, segundo Francisco de Oliveira, levaram ao que veio a se chamar de crise fiscal do Estado ou colapso da modernização.

O fundo público caracteriza-se pelo financiamento simultâneo da acumulação do capital e da reprodução da força de trabalho. O financiamento da acumulação do capital se fazia por meio dos gastos públicos com a produção, fornecendo-se subsídios para a agricultura, a indústria e o comércio, bem como para a ciência e a tecnologia. Desse modo formaram-se amplos setores produtivos estatais que desaguaram no célebre complexo militar-industrial e promoveu-se a valorização financeira do capital por meio da dívida pública. Por sua vez, o financiamento da reprodução da força de trabalho, alcançando toda a população, se fazia por meio dos gastos sociais (educação gratuita, medicina socializada, previdência social, seguro-desemprego, subsídios para transporte, alimentação e habitação, subsídios para cultura e lazer, salário-família, salário-desemprego etc.). Em suma, o Estado do Bem-Estar introduziu a república entendida estruturalmente como gestão dos fundos públicos, os quais se tornaram precondição da acumulação e da reprodução do capital (e da formação da taxa de lucro), bem como da reprodução da força de trabalho por meio das despesas sociais. Numa palavra, socializaram-se os custos da produção e manteve-se a apropriação privada dos lucros ou da renda (isto é, a riqueza não foi socializada).

---

2. Francisco de Oliveira, "O surgimento do antivalor. Capital, força de trabalho e fundo público", in Os direitos do antivalor. A economia política da hegemonia imperfeita, Petrópolis, Vozes, 1998.

A ação de duplo financiamento, explica Oliveira, gerou um segundo salário, o salário indireto, ao lado do salário direto, isto é, o salário pago privadamente ao trabalho foi acrescido de um outro, pago publicamente aos cidadãos para a reprodução de sua força de trabalho. O resultado foi o aumento da capacidade de consumo das classes sociais, particularmente da classe média e da classe trabalhadora; ou seja, o consumo de massa.

Nesse processo de garantia pública da acumulação do capital e reprodução da força de trabalho, o Estado endividou-se e entrou num processo conhecido como *déficit* fiscal ou "crise fiscal do Estado". Deve-se acrescentar a isso o momento crucial dessa crise, isto é, o da internacionalização oligopólica da produção e da finança, pois os oligopólios multinacionais não enviam a seus países de origem os ganhos obtidos fora de suas fronteiras e, portanto, não alimentam o fundo público nacional, que deve continuar financiando o capital e a força de trabalho.

Ora, o que significa exatamente o fundo público (ou a maneira como opera a esfera pública no Estado de Bem-Estar)? Como explica Francisco de Oliveira, o fundo público é o antivalor (não é o capital) e é a antimercadoria (não é a força de trabalho) e, como tal, é a condição ou o pressuposto da acumulação e da reprodução do capital e da força de trabalho. É nele que se manifesta a contradição atual do capitalismo, uma vez que fundo público é o pressuposto necessário do capital e, como pressuposto, é a negação do próprio capital, visto que é o antivalor pressuposto para a produção de valor. Por outro lado, o lugar ocupado pelo fundo público com o salário indireto não permite avaliar a força de trabalho apenas pela relação capital-trabalho (pois na composição do salário entra também o salário indireto pago pelo fundo público). Ora, no capitalismo clássico, o trabalho era a mercadoria padrão que media o valor das outras mercadorias e da mercadoria principal, o dinheiro. Quando o trabalho perde a condição de mercadoria padrão, o mesmo ocorre com o dinheiro, que deixa de ser mercadoria e se torna simplesmente moeda ou expressão monetária da relação entre credores e devedores, provocando, assim, a transformação da economia em *monetarismo*.

Além disso, com sua presença sob a forma do salário indireto, o fundo público desatou o laço que prendia o capital à força de trabalho (ou o salário direto). Esse laço fazia com que, no passado, a inovação técnica pelo capital fosse uma reação ao aumento real de salário. Desfeito o laço, o impulso à inovação tecnológica tornou-se praticamente ilimitado, provocando expansão dos investimentos e agigantamento das forças produtivas. Desse modo, há uma enorme liquidez, mas o lucro não é suficiente para levar a termo todas as possibilidades tecnológicas, obrigando o capital a utilizar parcelas da riqueza pública, isto é, do fundo público, para financiá-las.

Esse quadro indica que o fundo público define a esfera pública da economia de mercado socialmente regulada e que as democracias representativas agem num campo de lutas polarizado pela direção dada ao fundo público.

Na medida em que a social-democracia procurou equilibrar o financiamento do capital e o da força de trabalho, podemos dizer que o *Welfare State* garantiu alguma prosperidade material e alguns direitos aos trabalhadores, mas em nenhum momento se encaminhou para o controle do sistema econômico pela classe trabalhadora. Se, formalmente, a política se oferecia como democracia ou como o controle dos poucos por muitos, a economia se mantivera perfeitamente capitalista, com o controle de muitos por poucos. Jean Ziegler afirma que, durante a Guerra Fria,

> As oligarquias capitalistas do Ocidente sentiam-se obrigadas a salvaguardar um mínimo de proteção social, de liberdade sindical, de negociação salarial e controle democrático da economia. Era preciso evitar o voto comunista no Ocidente. Em outras palavras: os partidos social-democratas ocidentais agiram como alquimistas medievais tentando extrair ouro de chumbo. Esses partidos (e as centrais sindicais) transformaram o medo dos capitalistas ante a expansão comunista em vantagens sociais para seus clientes.[3]

Com a social-democracia, o impulso ilimitado do capitalismo enfrentava quatro obstáculos, três dos quais eram políticos: as forças populares organizadas, que impunham a regulação do capital; os partidos de esquerda, que pareciam ameaçar a ordem burguesa nacional; e a Guerra Fria. O quarto obstáculo era econômico, ou seja, a relação entre o capital e o trabalho, na qual o trabalho limitava, por meio do salário direto, a expansão tecnológica do capital e impunha uma inclusão crescente de pessoas no mercado de trabalho.

O neoliberalismo foi a solução capitalista para esses quatro obstáculos e sobretudo a maneira pela qual, na luta de classes, o capital conseguiu neutralizar a contradição do modo de produção, ou o fundo público como

---

3. Jean Ziegler, *Senhores do crime. As novas máfias contra a democracia*, Rio de Janeiro, Record, 2003, p. 34.

antivalor, destruindo a relação entre o fundo público e a reprodução da força de trabalho (ou o salário indireto), dirigindo a totalidade dos recursos públicos para a acumulação do capital. É esse o sentido das privatizações e do encolhimento do Estado no pólo dos direitos econômicos e sociais. Por conseguinte, visto sob a perspectiva da luta política, o neoliberalismo não é de modo algum a crença na racionalidade do mercado, o enxugamento do Estado e o desaparecimento do fundo público. Ele é a posição política, vitoriosa no momento, que decide cortar o fundo público no pólo do financiamento dos bens e dos serviços públicos, cortar o financiamento público do salário indireto e maximizar o uso da riqueza pública nos investimentos exigidos pelo capital, cujos lucros não são suficientes para cobrir todas as possibilidades tecnológicas que ele mesmo abriu.

Na social-democracia, tanto as lutas populares quanto o capital indicavam a impossibilidade de manter o Estado tal como concebido no liberalismo, isto é, como árbitro dos conflitos da sociedade civil. O Estado se tornou, de um lado, parceiro econômico do capital (investindo em empresas estatais, planejando e regulamentando a economia, ou assegurando o consumo de massa, graças ao salário indireto) e, de outro lado, provedor do bem público ou dos direitos econômicos e sociais, ampliando, assim, a esfera pública. A crise do Estado de Bem-Estar leva à diminuição da esfera pública ou ao gradual desaparecimento da identidade entre bem público e direitos. Essa diminuição, na medida em que é determinada pela destinação do fundo público ao capital, significa a ampliação da esfera privada. Sob essa perspectiva, *podemos definir politicamente o neoliberalismo como encolhimento da esfera pública e ampliação da esfera privada.*

A crise econômica dos anos 1970 não afetou apenas a política do Estado de Bem-Estar, mas também atingiu profundamente a União Soviética. Em primeiro lugar, porque, ao final da Segunda Guerra, ela ficara com a reconstrução da parte mais devastada da Europa; em segundo, porque, sob os efeitos da Guerra Fria, fora levada a enfatizar a indústria bélica e a corrida armamentista; em terceiro, porque praticara uma economia extensiva com pouca ênfase na produtividade, na inovação tecnológica e nos bens de consumo; em quarto lugar, porque a Alemanha Oriental, a Tchecoslováquia, a Polônia, a Hungria e a Iugoslávia endividaram-se com empréstimos europeus, mas toda a produção era transferida para a União Soviética e os empréstimos não podiam ser pagos. Diante da crise do petróleo e da implantação da economia neoliberal nos Estados Unidos e na Europa Ocidental, que acarretou a arrancada tecnológica dos países capitalistas, a União Soviética tentou aumentar o ritmo da produção, mas manteve a idéia de economia planejada de estilo fordista e taylorista, sucumbindo economicamente.

Com a queda do Muro de Berlim, a desintegração da URSS e a criminalização parcial do aparelho burocrático da China, a globalização da economia foi de vento em popa. E com ela a precarização do trabalho, o desmantelamento da proteção social. Muitos partidos social-democratas — como o Partido Socialista Italiano — liquifizeram-se. Outros enfraqueceram-se terrivelmente, perdendo toda credibilidade. A Internacional Socialista implodiu. Os sindicatos defrontaram-se com a perda dramática de seu poder. O modo de produção capitalista disseminou-se por todo o planeta, sem agora deparar-se com contrapoderes dignos deste nome.[4]

Examinando a nova forma do modo de produção capitalista, David Harvey[5] aponta a diferença entre as fases industrial e pós-industrial do capitalismo e sublinha o fato de que, na fase industrial, o capital induzira o aparecimento das grandes fábricas (nas quais se evidenciavam as divisões sociais, a organização das classes e a luta de classes) e se ancorara na prática de controle de todas as etapas da produção (da produção ou extração da matéria-prima à distribuição do produto no mercado de consumo), bem como nas idéias de qualidade e durabilidade dos produtos do trabalho (levando, por exemplo, à formação de grandes estoques para a travessia dos anos). Em contrapartida, na fase denominada pós-industrial ou da acumulação flexível do capital, imperam a fragmentação e a dispersão da produção econômica (incidindo diretamente sobre a classe trabalhadora, que perde seus referenciais de identidade, de organização e de luta), a hegemonia do capital financeiro, a rotatividade extrema da mão-de-obra, os produtos descartáveis (com o fim das idéias de durabilidade, qualidade e estocagem), a obsolescência vertiginosa das qualificações para o trabalho em decorrência do surgimento incessante de novas tecnologias e o desemprego estrutural, fruto da automação e da alta rotatividade da mão-de-obra, causando exclusão social, econômica, política e cultural. A desigualdade econômica e social atinge níveis jamais vistos e cava um abismo entre países centrais ricos e países periféricos pobres.

Podemos destacar como principais traços da forma atual do modo de produção capitalista:

---

4. Id., ibid.

5. David Harvey, *A condição pós-moderna*. São Paulo, Loyola, 1992.

1. O desemprego passa a ser estrutural, isto é, deixa de ser acidental ou expressão de uma crise conjuntural, porque a forma contemporânea do capitalismo, ao contrário de sua forma clássica, não opera por inclusão de toda a sociedade no mercado de trabalho e de consumo, mas por exclusão. Essa exclusão se faz não só pela introdução da automação, mas também pela velocidade da rotatividade da mão-de-obra. Esta se torna desqualificada e obsoleta muito rapidamente em decorrência da velocidade das mudanças tecnológicas[6]. Como conseqüência, tende a desaparecer a solidariedade entre os trabalhadores, os sindicatos se desmobilizam, perdem poder e ocorre um aumento da pobreza absoluta.

2. O monetarismo e o capital financeiro tornam-se o coração e o centro nervoso do capitalismo, ampliando a desvalorização do trabalho produtivo e privilegiando a mais abstrata e fetichizada das mercadorias, o dinheiro. As bolsas de valores passam a determinar o destino de sociedades inteiras (num só dia a bolsa de valores de Nova York ou de Londres conseguem negociar montantes de dinheiros equivalentes ao PIB anual do Brasil ou da Argentina). O poderio do capital financeiro determina, diariamente, as políticas dos vários Estados porque estes, sobretudo os do Terceiro Mundo, dependem da vontade dos bancos e das financeiras de transferir periodicamente os recursos para um determinado país, abandonando outro. O monetarismo significa ausência de relação concreta entre a economia real e a economia virtual, de maneira que somas astronômicas circulam sem corresponder à produtividade e a um aumento real das riquezas, "flutuam" como bolhas especulativas que se deslocam de um país para outro, acarretando a ilusão de prosperidade ao chegar e a realidade da miséria ao partir.

3. A terceirização, isto é, o aumento do setor de serviços torna-se estrutural, deixando de ser um suplemento à produção, uma vez que esta não mais se realiza sob a antiga forma fordista das grandes plantas industriais que concentravam todas as etapas da produção, mas opera por fragmentação e dispersão de todas as esferas e etapas da produção, com a compra de serviços no mundo inteiro. Como conseqüência, a classe trabalhadora perde todos os referenciais materiais que lhe permitiam perceber-se

---

6. "Qualquer que tenha sido a história da barbárie ao longo dos séculos, até agora o conjunto dos seres humanos sempre se beneficiou de uma garantia: ele era essencial ao funcionamento do planeta, à produção e à exploração dos instrumentos do lucro [...]. Pela primeira vez, a massa humana não é mais necessária materialmente, e menos ainda economicamente, para o pequeno número que detém os poderes" (Viviane Forrester *O horror econômico*, São Paulo, Edunesp, 1997, p. 150).

como classe social e lutar como tal, enfraquecendo-se ao se dispersar nas pequenas unidades terceirizadas espalhadas pelo planeta.

4. A ciência e a tecnologia tornam-se forças produtivas, deixando de ser mero suporte do capital para se converter em agentes de sua acumulação. Conseqüentemente, o modo de inserção dos cientistas e técnicos na sociedade se altera e estes passam a ser agentes econômicos diretos. A força e o poder capitalistas encontram-se agora no monopólio do conhecimento e da informação. Surge a expressão "sociedade do conhecimento" para indicar que a economia contemporânea não se funda mais sobre o trabalho produtivo e sim sobre o trabalho intelectual, ou seja, sobre a ciência e a informação, pelo uso competitivo do conhecimento, da inovação tecnológica e da informação nos processos produtivos. Chega-se mesmo a falar em "capital intelectual", considerado por muitos o princípio ativo fundamental das empresas[7]. Visto que o poder econômico se baseia na propriedade privada do conhecimento e da informação, estes se tornam secretos e constituem um campo de competição econômica e militar sem precedentes. Afirma-se que, hoje, o conhecimento não se define por disciplinas específicas e sim por problemas e por sua aplicação nos setores empresariais. A pesquisa é pensada como uma estratégia de intervenção e de controle de meios ou instrumentos para a consecução de um objetivo delimitado. Em outras palavras, é um *survey* de problemas, dificuldades e obstáculos para a realização do objetivo, e um cálculo de meios para soluções parciais e locais para problemas e obstáculos locais. Emprega intensamente redes eletrônicas para se produzir e se transformar em tecnologia e submete-se a controles de qualidade para mostrar sua pertinência social e sua eficácia econômica. Fala-se em "explosão do conhecimento"[8] para indicar o aumento

---

7. "A riqueza não reside mais no capital físico e sim na imaginação e criatividade humana" (J. Rifkin, *La era del acceso*, Buenos Aires, Paidós, 2000). Estima-se que mais de 50% do PIB das maiores economias da OCDE está fundado no conhecimento.

8. De acordo com dados de J. Appleberry, citado por José Joaquín Brunner, o conhecimento de base disciplinar e registrado internacionalmente demorou 1.750 anos para se duplicar pela primeira vez, contando desde o início da era cristã; a seguir, duplicou seu volume a cada 150 anos e depois a cada 50 anos. Atualmente o faz a cada 5 anos e estima-se que no ano 2020 se duplicará a cada 73 dias. Estima-se que a cada quatro anos duplica-se a informação disponível no mundo; todavia, assinalam os analistas, somos capazes de prestar atenção a apenas entre 5% a 10% dessa informação (cf. José Joaquín Brunner, "Peligro y promesa: la Educación Superior en América Latina", in F. López Segrera e Alma Maldonado (orgs.), *Educáción Superior latinoamericana y organismos internacionales — Un análisis crítico*, Cali, Unesco/Boston College/Universidad de San Buenaventura,

vertiginoso dos saberes quando, na realidade, isso indica o modo da determinação econômica do conhecimento, pois, no jogo estratégico da competição no mercado, uma organização de pesquisa se mantém e se firma se consegue propor áreas sempre novas de problemas, dificuldades e obstáculos. O conhecimento contemporâneo caracteriza-se pelo crescimento acelerado e pela tendência a uma rápida obsolescência.

5. Diferentemente da forma keynesiana e social-democrata, que definira o Estado como agente econômico para regulação do mercado e agente fiscal que emprega a tributação para promover investimentos nas políticas de direitos sociais, agora o capitalismo dispensa e rejeita a presença estatal não só no mercado, mas também nas políticas sociais, de sorte que a privatização tanto de empresas quanto de serviços públicos também se torna estrutural. Em decorrência disso, a idéia de direitos sociais como pressuposto e garantia dos direitos civis ou políticos tende a desaparecer porque o que era um direito se converte num serviço privado regulado pelo mercado e, portanto, torna-se uma mercadoria a que têm acesso apenas os dotados de poder aquisitivo para adquiri-la.

6. A transnacionalização da economia torna desnecessária a figura do Estado nacional como enclave territorial para o capital e dispensa as formas clássicas do imperialismo (colonialismo político-militar, geopolítica de áreas de influência etc.). O centro econômico, jurídico e político planetário encontra-se agora no FMI e no Banco Mundial, os quais operam com um único dogma, proposto pelo grupo fundador do neoliberalismo: estabilidade econômica e corte do *déficit* público. As decisões são tomadas, portanto, em organismos supranacionais (verdadeiros detentores do poder mundial), com os quais os Estados contraem dívidas *públicas*, isto é, os cidadãos devem pagar para que seus governos cumpram as exigências desses organismos (a maioria deles, privados), os quais operam com base no segredo e interferem nas decisões de governos eleitos, que deixam de representar os cidadãos e passam a gerir a vontade secreta desses organismos.

7. Os Estados do Terceiro Mundo disputam entre si pelos investimentos estrangeiros, não hesitando em reduzir ainda mais os poucos direitos sociais, a liberdade sindical e o poder de negociação dos trabalhadores. Como conseqüência, nos países do Primeiro Mundo cada vez mais as empresas transferem para fora de suas fronteiras instalações de produção e

---

2000, apud Carlos Tunnemann e Marilena Chaui, *Desafios de la universidad en la sociedad del conocimiento*, texto preparatório para a Conferência Mundial sobre a Educação, Unesco, 2004.

centros de pesquisa. Para tentar evitar essa evasão, os Estados cedem às exigências do capital, aceitando cortar direitos sociais e precarizar o mercado de trabalho. Desse ponto de vista, a distinção entre países de Primeiro e Terceiro Mundo tende a ser substituída pela existência, em cada país, de uma divisão entre bolsões de riqueza absoluta e de miséria absoluta, isto é, a polarização de classes aparece como polarização entre a opulência absoluta e a indigência absoluta. Há, em cada país, um "primeiro mundo" e um "terceiro mundo", a diferença estando apenas no número de pessoas que, em cada um deles, pertence a um dos "mundos", em função dos dispositivos sociais e legais de distribuição da renda, da garantia de direitos sociais consolidados e da política tributária (o grosso dos impostos não vem do capital, mas do trabalho e do consumo)[9]. Em suma, a nova forma do capital opera por exclusão, tanto no mercado da força de trabalho, no qual o trabalhador é tão descartável quanto o produto, quanto no de consumo propriamente dito, cujo acesso é negado à maioria das populações do planeta. Em outras palavras, o capital opera por exclusão econômica e social.

Dessa maneira, vê-se reforçada a ideologia da competência, agora acrescida de uma nova justificativa por meio da imagem da "sociedade do conhecimento", isto é, do ocultamento de que a ciência se tornou força produtiva. De fato, a ideologia da competência afirma que os que possuem determinados conhecimentos têm o direito natural de mandar e comandar os demais em todas as esferas da vida social, de sorte que a divisão social das classes é sobredeterminada pela divisão entre os especialistas competentes, que mandam, e os demais, incompetentes, que executam ordens ou aceitam os efeitos das ações dos especialistas. Visto que o saber dos especialistas, na "sociedade do conhecimento", é o "capital intelectual" das empresas e que o jogo estratégico da competição econômica e militar impõe, de um lado, o segredo e, de outro, a aceleração e obsolescência vertiginosas dos conhecimentos, tanto a produção quanto a circulação das infor-

---

9. Dados da OCDE indicam que, em 1990, havia nos Estados industriais 25 milhões de desempregados de longa duração, número que subiu para 37 milhões em 1997, com aumento do número de sem-teto, sem seguro saúde e de crianças sem escolarização. O índice de pobreza humana apresentado pelo PNUD (incluindo expectativa de vida inferior a 60 anos, analfabetismo, desemprego de mais de um ano) mostra que, em 1997, a população vivendo na pobreza chegava a 100 milhões de pessoas (16,5% nos Estados Unidos, 15,1% na Grã-Bretanha, 11,9% na França, 10,4% na Alemanha e 7% na Suécia). No caso dos países do Terceiro Mundo, o relatório do PNUD revela que 1,3 bilhão de pessoas dispõe de menos de 1 dólar por dia para sobreviver; 500 milhões morrerão antes dos 40 anos.

mações estão submetidas a imperativos que escapam ao controle social e político. Em contrapartida, o social e o político são controlados por um saber ou uma competência cujo sentido lhes escapa inteiramente. Isso significa que não só a economia, mas também a política é considerada assunto de especialistas e que as decisões parecem ser de natureza técnica, via de regra secretas ou publicadas em linguagem incompreensível para a maioria dos cidadãos. Assim, as decisões escapam inteiramente dos cidadãos, e essa exclusão consolida o fenômeno do encolhimento do espaço público e a despolitização da sociedade.

O encolhimento do espaço público e a ampliação do espaço privado, a recusa de marcos regulatórios estatais ou da instância da lei e dos direitos, a idéia de soberania do mercado e da competição sem peias e sem tréguas, a percepção dos seres humanos como instrumentos descartáveis, a obtenção da maximização dos lucros a qualquer preço e os recursos tecnológicos "desregulados" e "flexíveis" criam as condições para o exercício ilimitado da violência, transformando-se em terreno fértil para o crescimento do crime organizado transnacional, que opera numa clandestinidade perfeita, com capacidade para aterrorizar, paralisar e corromper o aparelho judiciário e político, infiltrando-se nos governos, nos parlamentos, nas administrações públicas e desfrutando de total impunidade.

> Os cartéis do crime constituem o estágio supremo e a própria essência do modo de produção capitalista. [...] A globalização dos mercados financeiros debilita o Estado de Direito, sua soberania, sua capacidade de reagir. A ideologia neoliberal, que legitima — pior: "naturaliza" — os mercados unificados, difama a lei, enfraquece a vontade coletiva e priva os homens da livre disposição de seu destino. [...] O crime organizado acumula sua mais-valia a uma velocidade vertiginosa. Opera a cartelização ideal de suas atividades: nos territórios que dividem, os cartéis realizam em benefício próprio uma dominação monopolística. Melhor ainda, criam oligopólios. [...] Suas riquezas fabulosas escapam aos impostos. Não temem sanções judiciárias nem as comissões de controle das Bolsas. [...] Agem no imediato e numa liberdade quase total. Seus capitais atravessam as fronteiras cibernéticas do planeta sem qualquer obstáculo.
>
> Qual capitalista, em seu foro íntimo, não sonha com semelhante liberdade, uma tal rapidez de acumulação, semelhante ausência de transparência e lucros dessa ordem?[10]

---

10. Jean Ziegler. *Senhores do crime. As novas máfias contra a democracia*, op. cit., pp. 15 e 52.

II

Em sua forma contemporânea, a sociedade capitalista caracteriza-se pela fragmentação de todas as esferas da vida social, desde a produção, com a dispersão espacial e temporal do trabalho, até a destruição dos referenciais que balizavam a identidade de classe e as formas da luta de classes. A sociedade *aparece* como uma rede móvel, instável, efêmera de organizações particulares definidas por estratégias particulares e programas particulares, competindo entre si. Sociedade e Natureza são reabsorvidas uma na outra e uma pela outra porque ambas deixaram de ser um princípio interno de estruturação e diferenciação das ações naturais e humanas para se tornar, abstratamente, "meio ambiente" instável, fluido, permeado por um espaço e um tempo virtuais que nos afastam de qualquer densidade material; "meio ambiente" perigoso, ameaçador e ameaçado, que deve ser gerido, programado, planejado e controlado por estratégias de intervenção tecnológica e jogos de poder[11].

A materialidade econômica e social da nova forma do capital é inseparável de uma transformação sem precedentes na experiência do espaço e do tempo, designada por Harvey como a "compressão espaço-temporal", ou seja, a fragmentação e a globalização da produção econômica engendram dois fenômenos contrários e simultâneos: de um lado, a fragmentação e dispersão espacial e temporal e, de outro, sob os efeitos das tecnologias eletrônicas e de informação, a compressão do espaço — tudo se passa *aqui*, sem distâncias, diferenças nem fronteiras — e a compressão do tempo — tudo se passa *agora*, sem passado e sem futuro. Na verdade, fragmentação e dispersão do espaço e do tempo condicionam sua reunificação sob um espaço indiferenciado e um tempo efêmero, ou sob um espaço que se reduz a uma superfície plana de imagens e sob um tempo que perdeu a profundidade e se reduz ao movimento de imagens velozes e fugazes.

A naturalização e a valorização positiva da fragmentação e dispersão socioeconômica estimulam o individualismo agressivo e a busca do sucesso a qualquer preço, ao mesmo tempo em que dão lugar a uma forma de vida determinada pela insegurança e pela violência, institucionalizadas pela volatilidade do mercado. Essa imersão no contingente e no efêmero dá origem a sentimentos e atitudes que buscam algum controle imaginário sobre

---

11. Veja-se Michel Freitag. *Le naufrage de l'université*. Paris, Editions de la Découverte, 1996.

o fluxo temporal. De um lado, provoca a tentativa de capturar o passado como memória subjetiva, como se vê na criação de pequenos "museus" pessoais ou individuais (os álbuns de fotografias e os objetos de família), porque a memória objetiva não tem nenhum ancoradouro no mundo; de outro, leva ao esforço para capturar o futuro por meios técnicos, como se vê na criação de uma memória virtual pela internet, com listas de amigos e de comunidades, ou no recrudescimento dos chamados mercados de futuros, que proliferam "em tudo, do milho e do bacon a moedas e dívidas governamentais, associados com a 'secularização' de todo tipo de dívida temporária e flutuante, ilustram técnicas de descontar o futuro do presente"[12]. Como conseqüência, a insegurança e o medo levam ao gosto pela intimidade, ao reforço de antigas instituições, sobretudo a família e o clã como refúgios contra um mundo hostil, ao retorno das formas místicas e autoritárias ou fundamentalistas de religião e à adesão à imagem da autoridade política forte ou despótica. Dessa maneira, bloqueia-se o campo da ação intersubjetiva e sociopolítica, oculta-se a luta de classes e fecha-se o espaço público, que se encolhe diante da ampliação do espaço privado.

Paul Virilio[13] fala em acronia e atopia, ou o desaparecimento das unidades sensíveis do tempo e do espaço topológico da percepção sob os efeitos da revolução eletrônica e informática. A profundidade do tempo e seu poder diferenciador desaparecem sob o poder do instantâneo. Por seu turno, a profundidade de campo, que define o espaço topológico, desaparece sob o poder de uma localidade sem lugar e das tecnologias de sobrevôo. Vivemos sob o signo da telepresença e da teleobservação, que impossibilitam diferenciar entre a aparência e o sentido, o virtual e o real, pois tudo nos é imediatamente dado sob a forma da transparência temporal e espacial das aparências, apresentadas como evidências. Nossa experiência e

---

12. Id., ibid., p. 263.
13. Paul Virilio. *O espaço crítico*. Rio de Janeiro, Editora 34, 1993. As análises de Maria Rita Kehl e Eugênio Bucci em *Videologias* (São Paulo, Boitempo, 2004), seguem uma direção semelhante ao mostrar que o olhar instituído pela mídia nada tem em comum com a experiência perceptiva do corpo próprio, uma vez que os meios de comunicação destroem nossos referenciais de espaço e tempo, constituintes da percepção, e instituem-se a si mesmos como espaço e tempo — o espaço é o "aqui" sem distâncias, sem horizontes e sem fronteiras; o tempo é o "agora" sem passado e sem futuro. Ou, como mostram os autores, a televisão se torna *o lugar*, um espaço ilocalizável que se põe a si mesmo num tempo imensurável, definido pelo fluxo das imagens. A televisão *é* o mundo. E esse mundo nada mais é senão a sociedade-espetáculo, entretecida apenas no *aparecimento* e na *presentificação* incessante de imagens que a exibem ocultando-a de si mesma.

nosso pensamento se efetuam na perigosa fratura entre o sensível e o inteligível; a experiência do corpo como corpo próprio é desmentida pela experiência da ausência de distâncias e horizontes e somos convidados a um pensamento sedentário e ao esquecimento.

Volátil e efêmera, hoje nossa experiência desconhece qualquer sentido de continuidade e se esgota num presente vivido como instante fugaz. Essa situação, longe de suscitar uma interrogação sobre o presente e o porvir, leva ao abandono de qualquer laço com o possível e ao elogio da contingência e de sua incerteza essencial. O contingente não é percebido como uma indeterminação que a ação humana pode determinar, mas como o modo de ser dos homens, das coisas e dos acontecimentos. Há uma adesão à descontinuidade e à contingência bruta, pois, ao perdermos a diferenciação temporal, não só rumamos para o que Virilio chama de "memória imediata", ou ausência da profundidade do passado, mas também perdemos a profundidade do futuro como possibilidade inscrita na ação humana enquanto poder para determinar o indeterminado e para ultrapassar situações dadas, compreendendo e transformando o sentido delas.

A essa nova forma da experiência corresponde uma formulação ideológica conhecida pelo nome de pós-modernismo — definido por Frederic Jameson como "lógica cultural do capitalismo tardio" —, comemoração entusiasmada da dispersão e fragmentação do espaço e do tempo, da impossibilidade de distinguir entre aparência e sentido, imagem e realidade, do caráter efêmero e volátil de nossas experiências. Em outras palavras, toma a fragmentação econômica e social como um dado positivo e último; toma a ausência de sentido temporal como elogio da contingência e do acaso.

Em 1979, Jean-François Lyotard[14], examinando a mutação conceitual das ciências da natureza (fim da universalidade da ciência newtoniana), estendia a mudança às ciências sociais e à filosofia e contrapunha o pensamento moderno a essas transformações que constituem o que ele designou como "a condição pós-moderna". Afirmou, então, que a sociedade não é uma realidade orgânica nem um campo de conflitos e sim uma rede de comunicações lingüísticas, uma linguagem composta por uma multiplicidade de diferentes jogos cuja regras são incomensuráveis, cada jogo entrando em competição ou numa relação agonística com os outros. Ciência, política, filosofia, artes são jogos de linguagem, "narrativas" em disputa,

---

14. Jean-François Lyotard. *La condition posmoderne. Rapport sur le savoir*. Paris, Minuit, 1979.

nenhuma delas denotativa, isto é, nenhuma delas referida às coisas mesmas, à realidade.

Por isso, o pós-modernismo comemora o que designa de "fim da metanarrativa", ou seja, dos fundamentos do conhecimento moderno, relegando à condição de mitos eurocêntricos totalitários os conceitos que fundaram e orientaram a modernidade: as idéias de verdade, racionalidade, universalidade, o contraponto entre necessidade e contingência, os problemas da relação entre subjetividade e objetividade, a história como dotada de sentido imanente, a diferença entre Natureza e cultura etc. Em seu lugar, afirma a fragmentação como modo de ser do real, fazendo da idéia de diferença o núcleo provedor de sentido da realidade; preza a superfície do aparecer social ou as imagens e sua velocidade espaço-temporal; recusa que a linguagem tenha sentido e interioridade.

> Os conceitos atuais de racionalidade e conhecimento enfatizam a variabilidade histórica e cultural, a fatalidade, a impossibilidade de ir para além da linguagem e alcançar a "realidade", a natureza fragmentada e particular de toda compreensão, a penetrante corrupção do conhecimento pelo poder e a dominação, a futilidade de toda busca de fundamentos seguros e a necessidade de um enfoque pragmático para enfrentar essas questões.[15]

A ideologia pós-moderna, sob a ação das tecnologias virtuais, faz o elogio do *simulacro*, cuja peculiaridade, na sociedade contemporânea, encontra-se no fato de que por trás dele não haveria alguma coisa que ele simularia ou dissimularia, mas apenas outra imagem, outro simulacro. Suscita o gosto e a paixão pelo efêmero e pelas imagens, em consonância com a mudança sofrida no setor da circulação das mercadorias e do consumo, no qual prevalece um tipo novo de publicidade e marketing em que não se vendem e compram mercadorias ou "coisas", mas o simulacro delas, isto é, vendem-se e compram-se imagens (de saúde, beleza, juventude, sucesso, bem-estar, segurança, felicidade) que, por serem efêmeras, precisam ser substituídas rapidamente. Dessa maneira, o paradigma do consumo tornou-se o mercado da moda, veloz, efêmero e descartável, que induz preferências individuais igualmente efêmeras e descartáveis.

Do ponto de vista da política, a concepção pós-moderna identifica racionalismo, capitalismo e socialismo, na medida em que a razão moderna é

---

15. D. Ford, "Epilogue: Postmodernism and Postscript", apud Atilio Borón. *A coruja de Minerva. Mercado contra democracia no capitalismo contemporâneo*. Petrópolis, Vozes, 2002, p. 369.

exercício de poder ou o ideal moderno do saber como dominação da natureza e da sociedade, o capitalismo é a realização desse ideal por meio do mercado e o socialismo o realiza por meio da economia planejada. Trata-se, portanto, de combater o racionalismo, o capitalismo e o socialismo seja desvendando e combatendo a rede de micropoderes que normalizam ou normatizam capilarmente toda a sociedade[16], seja erguendo-se contra a territorialidade das identidades orgânicas que sufocam o nomadismo das singularidades[17], seja, enfim, combatendo os investimentos libidinais impostos pelo capitalismo e pelo socialismo, isto é, mudando o conteúdo, a forma e a direção do desejo[18].

Ora, essas propostas têm a peculiaridade de aderir, malgrado elas próprias e suas intenções, ao efeito político mais característico do neoliberalismo, qual seja, a retração do público e a ampliação do privado. A "política" pós-moderna opera, assim, três grandes inversões: substitui a lógica da produção pela da circulação (os micropoderes e o nomadismo das singularidades) e por isso substitui a lógica do trabalho pela da informação (a realidade como narrativa e jogos de linguagem) e, como conseqüência, substitui a luta de classes pela satisfação-insatisfação do desejo.

III

Nos meados dos anos 1990, a social-democracia estava de volta na Grã-Bretanha e nos Estados Unidos com o nome de "terceira via"[19], expressão cujo sentido era puramente eleitoral: oferecer uma nova cara para o Partido Trabalhista inglês, fustigado pelo tatcherismo, e recuperar o prestígio eleitoral da esquerda do Partido Democrata norte-americano.

Politicamente, o eleitorado britânico estava fragmentado pelo excesso do fundamentalismo neoliberal e pela passividade e envelhecimento da social-democracia. Por seu turno, o eleitorado americano estava dividido

---

16. Foi o combate travado por Michel Foucault.
17. À maneira de Gilles Deleuze e Félix Guattari.
18. Esta a proposta de Jean-François Lyotard.
19. Veja-se Anthony Giddens, *A terceira via. Reflexões sobre o impasse político atual e o futuro da social-democracia*. Rio de Janeiro, Record, 1999; *Para além da esquerda e da direita*. São Paulo, Editora Unesp, 1996. David Miliband (org.), *Reinventando a esquerda*, São Paulo, Editora Unesp, 1997; Anthony Giddens, Ulrich Beck, Scott Lash, *Modernização reflexiva. Política, tradição e estética na ordem social moderna*. São Paulo, Edunesp, 1997.

entre uma classe média conservadora, mas preocupada com a inflação e o desemprego, e uma coalizão de grupos organizados, ditos liberais-radicais, com simpatias centristas e contrários ao reaganismo. Essa situação criou espaço para que um vasto contingente de eleitores descontentes com o neoliberalismo e com a antiga social-democracia fosse atingido por um novo discurso eleitoral convincente — proferido por Tony Blair e Bill Clinton —, que reunia numa só as idéias de pragmatismo e de modernidade e incluía direitos sociais, que receberam o nome de *valores da esquerda*.

Essa tarefa eleitoral foi facilitada pela queda do Muro de Berlim. Num primeiro momento, a social-democracia não podia comemorar a queda do Muro, porque o que se seguiu imediatamente a ela não foi o que os social-democratas esperavam, ou seja, que Gorbachov pusesse a social-democracia em ação na URSS. O fracasso de Gorbachov e o rumo tomado pela destruição da antiga URSS deixaram os social-democratas desarvorados. Todavia, passado o primeiro impacto, o novo trabalhismo inglês e os novos democratas norte-americanos transformaram a perplexidade em arma: em lugar de considerar que a URSS havia sido vencida pelo capitalismo, passaram a considerar que ela fora vencida por não ter adotado a "terceira via", entendida como modernidade, racionalidade, realismo, eficiência, progresso. Assim, a derrota da URSS e o esgotamento do tatcherismo e do reaganismo tornaram-se eleitoralmente a prova da correção de uma social-democracia renovada. A "terceira via" surgiu, portanto, apenas com três objetivos: oferecer uma análise que explicasse o declínio eleitoral das esquerdas; apresentar uma fórmula para refazer partidos e tendências social-democratas; propor uma estratégia para o período pós-Guerra Fria.

Foi possível, então, começar a afirmar que a economia de mercado é criativa, modernizadora, o único horizonte histórico do século XXI. Essa afirmação parte de quatro idéias principais: 1) a divisão direita e esquerda não se justifica porque só tem sentido numa sociedade bipolar, isto é, a sociedade da Guerra Fria; 2) a divisão esquerda e direita deixa a esquerda cega para os benefícios materiais do capitalismo e a direita cega para a grandeza dos valores do socialismo; 3) a junção desses benefícios do capitalismo e da grandeza dos valores socialistas para formar um novo consenso tem como condição desvincular a idéia de justiça social da idéia de igualdade social e, por conseguinte, afirmar a prioridade da iniciativa individual como instrumento de progresso coletivo, contra o postulado obsoleto da propriedade coletiva dos meios de produção; 4) a questão fundamental não é a do desemprego, e sim a da inflação e dos impostos. Existem empregos; o que não existe é a vontade de aceitá-los porque não correspondem às expectativas dos indivíduos, ou seja, o desemprego é voluntário.

Na perspectiva da "terceira via", a política deve modernizar o centro, aceitando a idéia de justiça social e rejeitando a idéia de políticas de classes e de igualdade econômica. Portanto, a política deve procurar apoio em todas as classes sociais, assegurando que o governo seja uma das condições para a expressão e o desenvolvimento da liberdade individual. Trata-se de abolir da sociedade e da política o conceito de luta de classes, que o fim da sociedade da Guerra Fria tornou obsoleto. Em outras palavras, a "terceira via" confunde deliberadamente a geopolítica da Guerra Fria com a divisão das classes posta pelo capitalismo. Por conseguinte, como a Guerra Fria acabou, afirma-se que a luta de classes também deve ter acabado e a justiça social nada tem a ver com a igualdade econômica e social, mas deve ser definida como direitos da liberdade individual.

Trata-se de instituir uma economia mista, que equilibre regulação e desregulação, levando em conta aspectos não econômicos da vida social. Cabe ao Estado, em primeiro lugar, preservar a competição quando ela é ameaçada pelo monopólio, mas preservar o monopólio quando ameaçado pela competição; e, em segundo, oferecer bases institucionais para os mercados, uma vez que estes dependem de uma grande acumulação de capital que não pode ser feita diretamente pelo mercado. Também é tarefa do Estado proteger os bens públicos e os bens culturais contra a intromissão indesejada do mercado, assim como proteger as condições físicas e contratuais dos empregados, "já que os trabalhadores não são uma mercadoria como outra qualquer". Trata-se de saber enfrentar as catástrofes criadas pelo mercado, estimulando a criação de empresas responsáveis ou as "empresas solidárias" (na França, fala-se em "empresa cidadã" e nos Estados Unidos em "empresa responsável"). A "terceira via" mantém, portanto, a prática neoliberal de opção do investimento dos fundos públicos para o capital e não para o trabalho. E acrescenta duas pitadas social-democratas: lembra que a mercadoria humana é diferente da mercadoria não-humana e insere as empresas no universo da responsabilidade moral.

Com o fim da Guerra Fria e da sociedade bipolar, os Estados não possuem inimigos, e sim problemas. O principal problema para o Estado democrático é a legitimidade, que ele deve reconquistar por meio de dois procedimentos: uma reforma administrativa que o transforme num administrador eficiente e tão competente quanto as grandes empresas; um aumento da participação política, graças a delegações de poder, referendos, plebiscitos, democracia direta nas localidades (com a estratégia de renovação e de incentivos à formação de comunidades solidárias, voltadas sobretudo para os problemas da criminalidade e da desagregação urbana) e transparência nos negócios públicos. Como se observa, define-se a política como gestão do setor público e não como governo da sociedade e não se estabelece nenhuma correlação entre a distribuição da riqueza e a distribuição do poder. Nota-se também que a democracia não é tomada como espaço da luta pelo poder, da luta de interesses, da criação e conservação de direitos, e como legitimidade das contradições sociopolíticas, mas é reduzida à proteção comunitária dos indivíduos contra os problemas urbanos e a delinqüência. As comunidades não são vistas como pólo de auto-organização social, nem como contrapoderes ao domínio estatal puro, e muito menos como forma de expressão das classes sociais e dos grupos, mas como uma estratégia estatal para transferência de responsabilidades.

Trata-se, portanto, por meio da reforma do Estado, de corrigir os excessos e os efeitos perversos do Estado Providência — burocracia, comodismo, passividade, safadeza — e reinstituir o Estado do Bem-Estar, tendo como agentes os indivíduos e outros órgãos que não o Estado, ou seja, os criadores de riqueza (entenda-se: as empresas). A reforma reorientará o investimento social, estabelecendo um equilíbrio entre risco, seguridade e responsabilidade. Introduz-se a idéia de responsabilidade coletiva e sobretudo a idéia de responsabilidade familiar[20].

O princípio do novo Estado de Bem-Estar Social é investir em "capital humano" e não pagar diretamente os benefícios. Surge assim a idéia de *sociedade de bem-estar*. O Estado faz parcerias com empresas e ONGs para a criação de empregos, desobrigando-se do salário-desemprego. Faz parcerias com empresas de saúde e se desobriga da saúde pública gratuita; faz o mesmo com empresas de educação, e assim por diante. A função do Estado Social é dupla. Em primeiro lugar, excluir, sem danos aparentes, a idéia de vínculo entre justiça social e igualdade socioeconômica. Em segundo, desobrigar-se de lidar com o problema da exclusão e da inclusão de ricos e pobres. Ou seja, excluída a luta de classes e a desigualdade econômica, o

---

20. Um dos efeitos disso é a questão dos benefícios e salários para as mães solteiras. Uma parte da sociedade quer que esses benefícios sejam mantidos, não só por conta das lutas feministas, mas porque pretende com isso assegurar que não entre mais um delinqüente na sociedade. A outra parte diz não, porque isso fomenta o desaparecimento da responsabilidade familiar. Salário-desemprego, ajudas etc. destinam-se aos chefes de família. E uma mãe solteira não é chefe de família.

Estado não precisa enfrentar o perigo da distribuição da renda e pode resolver suas dificuldades privatizando os direitos sociais, transformados em serviços sociais privatizados.

A social-democracia, perfeitamente acoplada ao neoliberalismo, abandona a idéia de justiça social, cujo pressuposto é a igualdade econômica e social de condições, substituindo-a pela idéia de solidariedade comunitária e de igualdade de oportunidades. Abandona a idéia de trabalho e a substitui pela idéia de emprego; e abandona a idéia de pleno emprego, substituindo-a pela idéia de eficiência e produtividade, que serão obtidas por meio da educação, com ênfase nas novas tecnologias, apostando na mobilidade social e na responsabilidade da família. Abandona a realidade das classes sociais, substituindo-as pelas ONGs, pelo multiculturalismo e pela defesa da autonomia pessoal. Abandona a luta de classes, substituindo-a pela idéia de "valores socialistas acrescentados aos mercados".

No Brasil, o ideário da "terceira via" esteve explicitamente presente como orientação e horizonte dos dois governos da presidência da república de Fernando Henrique Cardoso.

IV

À luz das considerações precedentes há de parecer surpreendente e mesmo incompreensível que o mundo contemporâneo esteja às voltas não só com a presença das religiões nos meios de comunicação ou de sua visibilidade nas praças e nas ruas, de seus signos nos trajes, hábitos e gestos, mas também com a força do apelo religioso para mobilizar política e militarmente milhões de pessoas em todo o planeta. Diante do fato de, nos estertores da Guerra Fria, Ronald Reagan ter realizado uma corrida armamentista sem precedentes sob a alegação de preparar o "mundo livre" para a vitória na batalha cósmica do Armagedon, ou de os massacres de palestinos em Sabra e Chatila, a guerra civil em Ulster e Belfast, em Beirute, Teerã e Kabul, os nacionalismos balcânicos em luta, responsáveis pelos genocídios em Sarajevo e Kosovo, bem como a guerra em Gaza, Jerusalém e Bagdá aparecerem sob a imagem de lutas religiosas, que culminam em atentados suicidas como atos de sacrifício de si e de inocentes, em nome de Deus, somos levados a indagar se a cultura política contemporânea dominante está efetivamente fundada em valores religiosos.

Poderíamos responder negativamente, dizendo que não se trata de um enigma pelo simples fato de que os fundamentalismos que vemos surgir no

Oriente Médio, no Afeganistão, em Kosovo ou em Sarajevo foram politicamente produzidos pelos serviços secretos e de informação do Departamento de Estado norte-americano por motivos econômicos e geopolíticos e que a reativação da religiosidade foi o único meio possível para colocar na cena uma oposição política e derrubar os regimes estabelecidos.

Essa resposta, porém, não é de grande valia, pois ela nos obriga, agora, a enfrentar três novas questões: 1) por que a oposição política só pode encontrar chefes religiosos ou dirigentes que tomaram a religião como instrumento político principal? 2) por que o discurso religioso desses dirigentes tem força para mobilizar sociedades inteiras? 3) por que o discurso religioso ganhou forças nos Estados Unidos e enfraqueceu a esquerda em Israel? Em suma, de onde vem a força das crenças religiosas sobre a política? Em outras palavras, nunca houve na história guerra de religião e ninguém pode atribuir os conflitos contemporâneos a causas religiosas — suas causas são econômicas, sociais e políticas — e, no entanto, eles se expressam por meio dos símbolos religiosos. É isso, exatamente, que surpreende.

Por que a surpresa?

Na busca da definição do caráter único e indivisível da soberania, a modernidade ocidental precisou afastar o poder eclesiástico, que impedia essa unidade e indivisibilidade. Para isso, colocou as expressões públicas da religião sob controle dos magistrados e lançou para o âmbito privado suas expressões íntimas. Numa palavra, deslocou-a do espaço público (que ela ocupara durante toda a Idade Média) para o privado. Nessa tarefa, foi amplamente auxiliada pela Reforma protestante, que combatera a exterioridade e o automatismo dos ritos, assim como a presença de mediadores eclesiásticos entre o fiel e Deus, e situara a religiosidade no interior da consciência individual. De outro lado, porém, desde as Luzes, com sua defesa da liberdade civil e religiosa (ou da tolerância), a modernidade ocidental considerou a religião um arcaísmo que seria vencido pela marcha da razão ou da ciência, desconsiderando, assim, as necessidades a que ela responde e os simbolismos que ela envolve. Sob uma perspectiva, considerou a religião algo próprio das populações rurais, dos primitivos e dos atrasados do ponto de vista da civilização, e, sob outra, acreditou que, nas sociedades civilizadas adiantadas, o mercado responderia às necessidades antes preenchidas pela vida religiosa, ou, se se quiser, julgou que o protestantismo era mais uma ética que uma religião e que o elogio protestante do trabalho e dos produtores cumpria a promessa cristã da redenção.

Sintomaticamente, a modernidade ocidental sempre menciona o dito de Marx — "a religião é o ópio do povo" —, esquecendo-se de que essa afirmação era antecedida por uma análise e interpretação da religiosidade como "espírito de um mundo sem espírito" (a promessa de redenção num outro mundo para quem vivia no mundo da miséria, da humilhação e da ofensa, como a classe operária), e como "lógica e enciclopédia populares" (uma explicação coerente e sistemática da Natureza e da vida humana, dos acontecimentos naturais e das ações humanas, ao alcance da compreensão de todos). Em outras palavras, Marx esperava que a ação política do proletariado nascesse de uma outra lógica que não fosse a supressão imediata da religiosidade, mas a compreensão e superação dialética desta, portanto, um processo tecido com mediações necessárias. Por haver, entretanto, imaginado o oposto, isto é, que a religião poderia ser suprimida imediatamente, a modernidade parece não ter como explicar a avalanche religiosa que inunda as sociedades contemporâneas. O retorno à superfície do fundo religioso assemelha-se ao que a psicanálise designa com a expressão *retorno do reprimido*, uma repetição do recalcado pela cultura porque esta, não tendo sabido lidar com ele, não fez mais do que preparar sua repetição.

Tendo a modernidade lançado a religião para o espaço privado, hoje, com o neoliberalismo e a "terceira via", estamos perante o encolhimento do espaço público e a ampliação do espaço privado, que podem dar novamente às religiões a função que tiveram outrora de produzir a ordenação e a coesão sociais.

Em *La revanche de Dieu*, Gilles Kepel observa que, entre 1960 e 1976, as três "religiões do Livro" — judaísmo, cristianismo e islamismo — tiveram que enfrentar os principais efeitos que sobre elas tiveram, de um lado, o final da Segunda Guerra Mundial e, de outro, a Guerra Fria. Ou seja, de um lado, a conclusão do processo iniciado com as Luzes de decisiva conquista da autonomia pela política e, de outro, a construção do socialismo num só país, ao leste, e o Estado do Bem-Estar e a sociedade de consumo, a oeste. A autonomia do político retirou das religiões toda e qualquer pretensão de ordenar a vida em sociedade, não deixando o menor espaço para buscar no divino a lógica da ordem social. A Guerra Fria, por seu turno, impôs uma alternativa fora da qual não havia salvação, obrigando todos a se empenhar pelo sucesso de um dos lados, "o que conduzia lentamente a subordinar a fé à realização de ideais terrestres" — o que levou ao surgimento, por exemplo, de correntes marxistas ou socialistas na América Latina, no Caribe e naqueles países do Oriente Médio ligados aos interesses da União Soviética. Para evitar "o desafeto de suas ovelhas por seus pastores e pela fé" e a atração crescente pela laicidade,

> várias instituições eclesiásticas se esforçaram, então, para adaptar seus discursos aos valores "modernos" da sociedade, procurando e explicitando suas convergências. A empreitada mais espetacular nesse sentido foi o concílio ecumênico Vaticano II e o *aggiornamento*, a atualização da Igreja, a que deu lugar [...]. Fenômenos semelhantes aconteceram no mundo protestante e mesmo no universo muçulmano, no qual tratava-se de "modernizar o islã".[21]

O Concílio Vaticano II e os vitoriosos nas guerras de independência das colônias da África do Norte e do Oriente Médio encaravam o mundo moderno com otimismo e o discurso religioso se apresentava como instrumento auxiliar da política, falando em justiça, direito, desenvolvimento, progresso e liberdade numa linguagem compreensível para classes sociais que não compreendiam as categorias e a retórica modernas. Muitos de seus agentes aderiram aos movimentos libertários nascidos de 1968, tanto na Europa e nos Estados Unidos como no restante do Terceiro Mundo.

Essa situação sofre uma mudança a partir de 1975: do lado cristão, passa-se a falar na "nova evangelização da Europa" e em "salvar a América"; do lado judaico, recusa-se a forma jurídica *Estado* de Israel e passa-se à afirmação da expressão bíblica *Terra* de Israel (justificando a ocupação dos territórios palestinos); do lado muçulmano, já não se fala em modernizar o islã e sim em "islamizar a modernidade". Surge uma nova militância religiosa, cujos membros não saem das classes populares nem do mundo rural, mas são jovens universitários, formados em ciências e em disciplinas técnicas, que criticam a ausência de um projeto de conjunto ao qual aderir e contestam a organização social seja quanto ao seu fundamento laico — como na Europa —, seja quanto a seus desvios seculares com relação a um fundamento sagrado — como nos Estados Unidos e nos países muçulmanos. Numa palavra, apropriam-se do vocabulário das ciências sociais e do marxismo para criar uma outra sintaxe conceitual com que expor "a exigência do vínculo religioso como fundamento do sistema social".

Durante os anos 1960 e o início dos anos 1970, explica Gilles Kepel, a conjuntura não lhes é favorável e, diante da ausência de condições de expressão política, esses militantes trabalham pela recristianização, rejudai-

---

21. Gilles Kepel. *La revanche de Dieu*. Paris, Seuil, 1991, p. 13-14.

zação ou reislamização, agindo "por baixo", isto é, fazendo a religião intervir poderosamente na vida privada e nos costumes, criando adeptos (particularmente por meio de organizações comunitárias de serviços e auxílio aos necessitados) e produzindo transformações culturais em profundidade. A partir do final dos anos 1970, ganham o campo político, incriminam as classes dominantes e dirigentes pelas falhas econômicas, sociais e políticas e buscam revigorar a religião "pelo alto", isto é, com atos simbólicos de terror e com a tomada do poder do Estado (seja por meio de eleições ou de golpes de Estado). A ação "pelo alto" visa mudar o curso do Estado por meio da retomada de seu fundamento religioso a fim de instituir um mundo novo, cujos alicerces se encontram nos textos sagrados.

É o momento em que, do lado muçulmano, o islã se torna "islamismo", isto é, afirma *al- Umma al- islamyya* ou "a comunidade de todos os crentes" (correspondente ao que o Ocidente chama de cristandade) como promotora da unidade árabe, criticam-se os fundamentos laicos da modernidade (ou a ocidentalização imperialista), ganham força os grupos militarizados — como por exemplo, os Irmãos Muçulmanos e o Hamas, este último opondo a perspectiva religiosa à laica, que até então caracterizara El Fatah e a OLP — e eclodem as disputas internas entre sunitas e xiitas. Do lado judaico, afirma-se o grupo Gush Emmunin, que fala em nome de *Am Israel*, o Povo de Israel, e de *Eretz Israel*, a Terra de Israel (a qual se estende por todos os territórios situados entre o Jordão e o Mediterrâneo), propondo uma política agressiva de ocupação por meio da colonização, e se explicita a duradoura e longa divergência entre "sionistas políticos" e "sionistas religiosos", isto é, entre os defensores de um Estado nacional, juridicamente definido e propenso a aceitar um Estado Palestino, e os integristas, que emigraram para o novo Estado de Israel depois de, nos anos 1940, recusarem sua criação e atribuir aos "sionistas políticos" a causa do extermínio dos judeus pelo nazismo (designando o genocídio com o termo religioso "holocausto" para significar que Deus, usando os nazistas, sacrificou o povo por ter sucumbido à "idolatria" de desejar um Estado Nacional).

Algumas datas são emblemáticas dessa mutação: 1977, quando, pela primeira vez em sua história, o Partido Trabalhista de Israel — majoritariamente laico e socializante — perde as eleições legislativas e Menahem Begin se torna primeiro-ministro; 1978, quando o cardeal polonês Karol Woityla é eleito papa João Paulo II, com o apoio dos católicos conservadores norte-americanos, que encurralam a esquerda católica; 1979, quando retorna ao Irã o aiatolá Khomeyni e é proclamada a República Islâmica, na mesma ocasião em que um grupo armado ataca a mesquita de Meca, em repúdio ao poder da dinastia saudita sobre os lugares santos; também em 1979, os eleitores evangélicos norte-americanos organizam-se numa instituição político-religiosa, a *Maioria Moral*, que pretende salvar os Estados Unidos restaurando os valores morais cristãos (da prece na escola à proibição do aborto) e, no ano seguinte, ajudará a eleger Ronald Reagan presidente da república. No início dos anos 1980, começa a guerra civil no Líbano, num conflito que envolve cristãos maronitas, muçulmanos libaneses e palestinos e Israel. Nos meados dos anos 1980, irrompe a guerra Irã-Iraque, envolvendo muçulmanos sunitas e xiitas, socialistas do Partido Baas e lideranças religiosas; irrompe também a guerra civil no Afeganistão, envolvendo o Talibã e os poderes locais, subordinados à União Soviética.

Em cada um dos casos, a história local e regional determina os eventos. No caso de Israel, a derrota na Guerra do Kippur (em 1973), a vitória na Guerra de Seis Dias (em 1976) e o apoio eleitoral dado pelos sefarades aos partidos militarizantes de extrema-direita, como reação às condições de vida e trabalho que sempre os fizeram economicamente desfavorecidos e politicamente excluídos pela elite ashkenaze. No caso dos católicos, a desorientação com a ampliação do papel e do poder dos leigos e o surgimento da Teologia da Libertação no Terceiro Mundo, em decorrência de Vaticano II. A crise do petróleo e a derrubada do xá (ou a idéia de que a lógica da modernidade é responsável pelo despotismo, pela corrupção e pela miséria), no caso do Irã. No caso norte-americano, a inflação de dois dígitos, a crise do petróleo (que levará a ocupar "amigavelmente" a Arábia Saudita, armar Sadam Hussein contra o Irã e o Talibã contra os soviéticos), a desmoralização militar no episódio dos reféns na embaixada de Teerã, criando a necessidade de reafirmar o poderio imperial já desmoralizado com o Vietnã e, no bojo dessa rearfirmação no *front* externo, sua legitimação pelo reerguimento moral e religioso no *front* interno. A disputa entre seis projetos políticos minoritários — aluíta, maronita, sunita, copta, palestino e sionista —, suscitando não só a luta entre cristãos e muçulmanos, mas também a invasão pela Síria, pelos palestinos e por Israel, no caso do Líbano. E, no caso do Afeganistão, a miséria popular e a corrupção dos dirigentes, a contradição entre o mundo tribal sob chefias religiosas e o Estado laico, e a posição estratégica do território petrolífero para um domínio geopolítico da região na disputa entre os Estados Unidos e a antiga União Soviética.

Não basta, porém, essa referência à história local e regional; é preciso ainda e sobretudo articulá-la à hegemonia neoliberal, na medida em que, como vimos anteriormente, a economia e a política neoliberais instauram em escala planetária desigualdades e exclusões econômicas, sociais, políticas e culturais jamais vistas, desarticulam as sociedades com a presença de seu braço invisível, o crime organizado, e operam em escala planetária por meio do extermínio ou da guerra.

Aqui, não cabe analisar as determinações econômicas das guerras contemporâneas. Queremos apenas propor um caminho para compreender a força do apelo religioso que nelas se encontra.

A fragmentação e compressão do espaço e a fratura entre o sensível e o inteligível, de que falávamos acima, não são apenas objeto de louvores pós-modernos. São recusadas pelo imaginário religioso com a figura do *espaço sagrado*. Contraposto ao espaço homogêneo do Estado (o território) e ao espaço atópico da tecnologia de satélites, mísseis e internet (o virtual), defendido pelo espaço topológico da guerrilha e da resistência (a desterritorialização), o espaço sagrado se oferece como *terra santa*, terra simbólica ou espaço absoluto, comunitário, gerador da identidade plena.

Da mesma maneira, a fragmentação e compressão do tempo e a imersão no contingente, no efêmero e no aqui-agora não podem evitar seu contrário, isto é, o aparecimento de um imaginário religioso do *tempo sagrado* — as idéias de guerra santa como missão coletiva (do lado muçulmano), a de retorno à terra prometida, como realização da promessa salvífica (do lado judaico), e a do entusiasmo carismático, acrescido de aparições celestes, particularmente as da Virgem Maria, que condenam o presente e conjuram os humanos a reatar com a temporalidade sacral para reencontrar o caminho da salvação (do lado cristão) exprimem a tentativa de capturar o tempo, infundindo-lhe um sentido transcendente. O tempo sagrado pode ser experimentado como contínuo e finalizado (à maneira da tradição do tempo dramático, profético e escatológico das "religiões abrâmicas" — judaísmo, cristianismo e islã) ou como descontínuo, a sacralidade vindo depositar-se no instante decisivo que interrompe o curso empírico do tempo profano para que fulgure o novo (à maneira das *Teses da filosofia da história*, de Benjamin, em que o instante efetua a revolução, ou de *Temor e tremor*, de Kierkegaard, em que a suspensão temporal é o instante da prova suprema com que nos tornamos dignos da teofania e da epifania).

Ora, a reunião da terra santa com o tempo santo suscita a figura do presente como *exílio* — o tempo presente define-se pela distância, pela ausência ou pela interdição que afeta a relação com o espaço sagrado e, por sua vez, o tempo santo como realização do retorno à terra sagrada introduz a figura da missão, isto é, da guerra santa como obrigação. Não é, portanto, casual que essa dupla referência apareça corporificada na figura do chefe político sob a veste de chefe militar e religioso, que define sua ação como luta do bem contra o mal.

O traço principal da política, traço que se manifesta na sua forma maior, a democracia, é a legitimidade do conflito e a capacidade para ações que realizam o trabalho do conflito, ações que se efetuam como contrapoderes sociais de criação de direitos e como poderes políticos de sua legitimação e garantia. Sob essa perspectiva, o retorno dos fundamentalismos religiosos nos coloca diante de um risco de proporções imensas.

De fato, do ponto de vista do conhecimento, as grandes religiões monoteístas — judaísmo, cristianismo e islamismo, para mencionar apenas as "abrâmicas", deixando de parte o hinduísmo e o xintoísmo —, enquanto religiões que produzem teologias (isto é, explicações sobre o ser de Deus e o sentido do mundo, a partir de revelações divinas), não têm que enfrentar apenas a explicação da realidade oferecida pela filosofia e pelas ciências, mas têm ainda que enfrentar, de um lado, a pluralidade de confissões religiosas rivais e, de outro, a moralidade laica determinada por um Estado profano. Isso significa que cada uma dessas religiões só pode ver a filosofia e a ciência e as outras religiões pelo prisma da rivalidade e da exclusão recíproca, um tipo peculiar de oposição que não tem como se exprimir num espaço público democrático porque não pode haver debate, confronto e transformação recíproca em religiões cuja verdade é revelada pela divindade e cujos preceitos, tidos por divinos, são dogmas. Porque se imaginam em relação imediata com o absoluto, porque se imaginam portadoras da verdade eterna e universal, essas religiões excluem o trabalho do conflito e da diferença e produzem a figura do Outro como demônio e herege, ímpio e impuro, depravado e ignorante, isto é, como o Mal e o Falso.

Os discursos e as ações de Sharon, Bin Laden, Khomeyni e Bush são as expressões mais perfeitas e mais acabadas da *impossibilidade da política*. Com eles, a política cede lugar à violência como purificação contra o Mal, e os políticos cedem lugar aos profetas, isto é, aos intérpretes da vontade divina, chefes infalíveis.

Ética, Violência e Política

I

Embora *ta ethé* e *mores* signifiquem o mesmo, isto é, costumes e modos de agir de uma sociedade, no singular, *ethos* é o caráter ou temperamento individual que deve ser educado para os valores da sociedade e *ta éthiké* é uma parte da filosofia que se dedica às coisas referentes ao caráter e à conduta dos indivíduos e por isso volta-se para a análise dos próprios valores propostos por uma sociedade e para a compreensão das condutas humanas individuais e coletivas, indagando sobre seu sentido, sua origem, seus fundamentos e finalidades. Toda moral é normativa, pois cabe-lhe a tarefa de inculcar nos indivíduos os padrões de conduta, os costumes e valores da sociedade em que vivem, mas nem toda ética precisa ser normativa (a de Espinosa, por exemplo, não o é). Uma ética normativa é uma ética dos deveres e obrigações (como é o caso, por exemplo, da ética de Kant); uma ética não-normativa é uma ética que estuda as ações e as paixões em vista da felicidade, e que toma como critério as relações entre a razão e a vontade no exercício da liberdade como expressão da natureza singular do indivíduo ético que aspira à felicidade.

No entanto, quer a ética seja ou não normativa, não há ética enquanto investigação filosófica se não houver uma teoria que fundamente as idéias de agente ético, ação ética e valores éticos. Sob essa perspectiva geral, podemos dizer que uma ética procura definir, antes de mais nada, a figura do agente ético e de suas ações e o conjunto de noções (ou valores) que balizam o campo de uma ação que se considere ética. O agente ético é pensado como sujeito ético, isto é, como um ser *racional* e consciente que sabe o que faz, como um ser *livre* que decide e escolhe o que faz, e como um ser *responsável* que responde pelo que faz. A ação ética é balizada pelas idéias de bom e mau, justo e injusto, virtude e vício, isto é, por valores cujo conteúdo pode variar de uma sociedade para outra ou na história de uma mesma sociedade, mas que propõem sempre uma diferença intrínseca entre condutas, segundo o bem, o justo e o virtuoso. Assim, uma ação só será ética se for consciente, livre e responsável e só será virtuosa se for realizada em conformidade com o bom e o justo. A ação ética só é virtuosa se for livre e só será livre se for autônoma, isto é, se resultar de uma decisão interior ao próprio agente e não vier da obediência a uma ordem, a um comando ou a uma pressão externos. Como a palavra autonomia indica, é autônomo aquele que é capaz de dar a si mesmo as regras e normas de sua ação.

Evidentemente, isso leva a perceber que há um conflito entre a autonomia do agente ético e a heteronomia dos valores morais de sua sociedade: com efeito, esses valores constituem uma tábua de deveres e fins que, do exterior, obrigam o agente a agir de uma determinada maneira e por isso operam como uma força externa que o pressiona a agir segundo algo que não foi ditado por ele mesmo. Em outras palavras, o agente não age em conformidade consigo mesmo e sim em conformidade com algo que lhe é exterior e que constitui a moral de sua sociedade. Esse conflito só pode ser resolvido se o agente reconhecer os valores morais de sua sociedade como se tivessem sido instituídos por ele, como se ele pudesse ser o autor desses valores ou das normas morais de sua sociedade porque, neste caso, terá dado a si mesmo as normas e regras de sua ação e poderá ser considerado autônomo. Por esse motivo, as diferentes éticas filosóficas tendem a resolver o conflito entre a autonomia do agente e a heteronomia de valores e fins propondo a figura de um agente racional livre universal com o qual todos os agentes individuais estão em conformidade e no qual todos se reconhecem como instituidores das regras, normas e valores morais.

Enfim, a ação só será ética se realizar a natureza racional, livre e responsável do agente e se o agente respeitar a racionalidade, liberdade e responsabilidade dos outros agentes, de sorte que a subjetividade ética é uma intersubjetividade. A subjetividade e a intersubjetividade éticas são ações e a ética é que existe pela e na ação dos sujeitos individuais e sociais, definidos por laços e formas de sociabilidade criados também pela ação humana em condições históricas determinadas.

Etimologicamente, a palavra violência vem do latim *vis*, força, e significa: 1) tudo o que age usando a força para ir contra a natureza de algum ser (é desnaturar); 2) todo ato de força contra a espontaneidade, a vontade e a liberdade de alguém (é coagir, constranger, torturar, brutalizar); 3) todo ato de violação da natureza de alguém ou de alguma coisa valorizada positivamente por uma sociedade (é violar); 4) todo ato de transgressão contra aquelas coisas e ações que alguém ou uma sociedade define como justas e como um direito; 5) conseqüentemente, violência é um ato de brutalidade, sevícia e abuso físico e/ou psíquico contra alguém e caracteriza relações intersubjetivas e sociais definidas pela opressão, intimidação, pelo medo e pelo terror.

A violência se opõe à ética porque trata seres racionais e sensíveis, dotados de linguagem e de liberdade, como se fossem coisas, isto é, irracionais, insensíveis, mudos, inertes ou passivos. Na medida em que a ética é inseparável da figura do sujeito racional, voluntário, livre e responsável, tratá-lo como se fosse desprovido de razão, vontade, liberdade e responsabilidade é tratá-lo não como humano e sim como coisa, fazendo-lhe violência nos cinco sentidos que demos a esta palavra.

II

Hoje a palavra de ordem em toda parte é o "retorno à ética" ou a "necessidade de ética". Fala-se em crise dos valores e na necessidade de um retorno à ética, como se esta estivesse sempre pronta e disponível em algum lugar e como se nós a perdêssemos periodicamente, devendo, periodicamente, reencontrá-la. É como se a ética fosse uma coisa que se ganha, se guarda, se perde e se acha e não a ação intersubjetiva consciente e livre que se faz à medida que agimos e que existe somente por nossas ações e nelas. Por que a palavra de ordem "retorno à ética"? Porque:

— o refluxo dos movimentos e das políticas de emancipação do gênero humano criou um vazio que a ideologia neoliberal sente-se à vontade para preencher a seu bel-prazer uma vez que não encontra opositores;

— a forma atual da acumulação ampliada do capital, chamada de acumulação flexível, produz a dispersão, a fragmentação de grupos e classes sociais, destruindo seus antigos referenciais de identidade e de ação e tornando altamente complicada a criação de novos referenciais, de tal maneira que a fragmentação e a dispersão tendem a aparecer como naturais e a se oferecer como valores positivos;

— a naturalização e valorização positiva da fragmentação e dispersão socioeconômica aparecem no estímulo neoliberal ao individualismo competitivo e ao sucesso a qualquer preço, de um lado, e, de outro lado, como a salvação contra o egoísmo pela produção do sentimento comunitário por todas as formas religiosas de fundamentalismo. O elogio do individualismo agressivo e a busca do fechamento religioso destroem o campo da ação intersubjetiva e sociopolítica como campos de abertura e realização coletiva do possível no tempo, isto é, a criação histórica;

— as mudanças tecnológicas, a partir do momento em que a técnica deixa de ser ciência aplicada para se tornar ciência cristalizada em objetos de intervenção humana sobre a natureza e a sociedade, transformam a tecnologia não só em forma de poder, mas sobretudo em força produtiva e parte integrante do capital, e essa transformação, feita exclusivamente sob a lógica do mercado, é sua transformação em lógica do poder como decisão sobre a vida e a morte em escala planetária;

— a sociedade da mídia e do consumo de bens efêmeros, perecíveis e descartáveis engendra uma subjetividade de tipo novo, o sujeito narcisista que cultua sua própria imagem como única realidade que lhe é acessível porque formada e conservada pelas imagens que a mídia constrói e lhe envia, e que, exatamente por ser narcisista, exige aquilo que a mídia e o consumo lhe prometem sem cessar, isto é, a satisfação imediata dos desejos, a promessa ilimitada de juventude, saúde, beleza, sucesso e felicidade, promessas que, no entanto, não podem se cumprir, gerando frustração e niilismo.

A esse quadro contrapõe-se a palavra de ordem do "retorno à ética" como panacéia geral. Como é pensada essa ética, à qual se pretenderia "retornar"?

Em primeiro lugar, como reforma dos costumes (portanto, como moralidade) e como restauração de valores e não como análise das condições presentes de uma ação ética.

Em segundo, como dispersão de éticas (ética política, ética familiar, ética escolar, ética profissional, ética da empresa, ética médica, ética universitária), desprovidas de qualquer universalidade porque espelham sem análise e sem crítica a dispersão e fragmentação socioeconômica. Mais do que ideologia, essa pluralidade de éticas exprime a forma contemporânea da alienação, isto é, de uma sociedade totalmente fragmentada e dispersa que não consegue estabelecer para si mesma sequer a imagem da unidade que daria sentido à sua própria dispersão. Fragmentada em pequenas éticas locais, a que se reduz a ética? Ela passa a ser entendida como competência específica de especialistas (as comissões de ética) que detêm o sentido das regras, normas, valores e fins locais e julgam as ações dos demais segundo esses pequenos padrões localizados, os quais freqüentemente estão em contradição com outras localidades, pois a sociedade capitalista é tecida pelas contradições internas.

Em terceiro lugar, é entendida como defesa humanitária dos direitos humanos contra a violência, isto é, tanto como comentário indignado contra a política, a ciência, a técnica, a mídia, a polícia e o exército, quanto como atendimento médico-alimentar e militar dos deserdados da terra. É o momento em que as ONGs deixam de ser vistas e pensadas como partes de movimentos sociais mais amplos ligados à cidadania, para ser reduzidas à condição assistencial que a imagem das vítimas impõe à consciência culpada dos privilegiados.

Pensada dessa maneira, a ética se torna pura e simples ideologia e, como tal, propícia ao exercício da violência. Por quê?

Antes de mais nada, porque o sujeito ético ou o sujeito de direitos está cindido em dois: de um lado, o sujeito ético como vítima, como sofredor passivo e, de outro lado, o sujeito ético piedoso e compassivo que identifica o sofrimento e age para afastá-lo. Isso significa que a vitimização faz com que o agir ou a ação fiquem concentrados nas mãos dos não-sofredores, das não-vítimas, que devem trazer, de fora, a justiça para os injustiçados. Estes, portanto, perderam a condição de sujeitos éticos propriamente ditos para se tornar objetos de nossa compaixão. Isso significa que, para que os não-sofredores possam ser éticos, são necessárias duas violências: a primeira, factual, é a existência de vítimas; a segunda, o tratamento do outro como vítima sofredora passiva e inerte. Daí o horror causado pelo movimento dos sem-terra que se recusam a ocupar o lugar da vítima sofredora, passiva, muda e inerte, que recusam a compaixão e por isso mesmo, numa típica inversão ideológica, são considerados não sujeitos éticos e sim agentes da violência.

Além disso, como tão lucidamente observou Alain Badiou num pequeno ensaio *Sur le Mal*, enquanto na ética é a idéia do bem, do justo e do feliz que determina a autoconstrução do sujeito ético, na ideologia ética é a imagem do mal que determina a imagem do bem, isto é, o bem torna-se simplesmente o não-mal (não ser ofendido no corpo e na alma, não ser maltratado no corpo e na alma é o bem). O bem se torna a mera ausência de mal ou privação de mal; não é algo afirmativo e positivo, mas puramente reativo. Eis por que a ética como ideologia salienta e sublinha o sofrimento individual e coletivo, a corrupção política e policial, pois com tais imagens ela oferece fatos visíveis que sustentam seu discurso e consegue obter o consenso da opinião: somos todos contra o Mal, porém não nos perguntem sobre o Bem porque este divide a opinião, e a "modernidade", como se sabe, é o consenso.

E finalmente, porque a imagem do mal e a imagem da vítima são dotadas de poder midiático: são poderosas imagens de espetáculo para nossa indignação e compaixão, acalmando nossa consciência culpada. Precisamos das imagens da violência para nos considerar sujeitos éticos.

A ética como ideologia significa que, em lugar de a ação reunir os seres humanos em torno de idéias e práticas positivas de liberdade e felicidade, ela os reúne pelo consenso sobre o mal. Com isso, a ética como ideologia é duplamente perversa: por um lado, ela procura fixar-se numa imagem do presente como se este não só fosse eterno, mas sobretudo como se existisse por si mesmo, como se não fosse efeito das ações humanas e não tivesse causas passadas e efeitos futuros, isto é, reduz o presente ao instante imediato sem memória e sem porvir; por outro lado, procura mostrar que qualquer idéia positiva do bem, da felicidade e da liberdade, da justiça e da emancipação humana é um mal. Em outras palavras, considera que as idéias modernas de racionalidade, sentido da história, abertura temporal do possível pela ação humana, objetividade, subjetividade teriam sido responsáveis por todo o mal do nosso presente, cabendo tratá-las como mistificações totalitárias. A ética como ideologia é perversa porque toma o presente como fatalidade e anula a marca essencial do sujeito ético e da ação ética, isto é, a liberdade.

III

Há no Brasil um mito poderoso, o da não-violência brasileira, isto é, a imagem de um povo generoso, alegre, sensual, solidário, que desconhece o racismo, o sexismo, o machismo, que respeita as diferenças étnicas, religiosas e políticas, não discrimina as pessoas por suas escolhas sexuais etc. Por que emprego a palavra "mito" e não o conceito de ideologia para me referir à maneira como a não-violência é imaginada no Brasil? Emprego mito dando-lhe os seguintes traços: 1) uma narrativa da origem reiterada em inúmeras narrativas derivadas que repetem a matriz de uma primeira narrativa perdida; 2) opera com antinomias, tensões e contradições que não podem ser resolvidas sem uma profunda transformação da sociedade no seu todo e que por isso são transferidas para uma solução imaginária que nega e justifica a realidade; 3) cristaliza-se em crenças que são interiorizadas num grau tal que não são percebidas como crenças, mas como a própria realidade e torna invisível a realidade existente; 4) não é apenas crença, mas ação, pois resulta de ações sociais e produz como resultado outras ações sociais que o confirmam, isto é, um mito produz valores, idéias, comportamentos e práticas que o reiteram na e pela ação dos membros da sociedade; 5) tem uma função apaziguadora e repetidora, assegurando à sociedade sua auto-conservação sob as transformações históricas. Isso significa que um mito é o suporte de ideologias: ele as fabrica para que possa, simultaneamente, enfrentar as mudanças históricas e negá-las, pois cada forma ideológica está encarregada de manter a matriz mítica inicial. Em suma, a ideologia é a expressão temporal de um mito fundador que a sociedade narra a si mesma.

Muitos indagarão como o mito da não-violência brasileira pode persistir sob o impacto da violência real, cotidiana, conhecida de todos e que, nos últimos tempos, é também ampliada por sua divulgação e difusão pelos meios de comunicação de massa. Ora, é justamente no modo de interpretação da violência que o mito encontra meios para se conservar: ele permanece porque, graças a ele, se pode admitir a existência empírica da violência e pode-se, ao mesmo tempo, fabricar explicações para denegá-la no instante mesmo em que é admitida. É isso que temos visto na produção recente de uma imagem da violência obtida pela construção de várias imagens da violência que ocultam a violência real no instante mesmo em que são exibidos atos violentos. Se, por exemplo, prestarmos atenção ao vocabulário empregado pela imprensa, pelo rádio e pela televisão, observaremos que os vocábulos se distribuem de maneira sistemática:

— fala-se em *chacina* e *massacre* para designar o assassinato em massa de pessoas indefesas, como crianças, favelados, encarcerados, sem-terra;

— fala-se em *indistinção entre crime e polícia* para se referir à participação de forças policiais no crime organizado, particularmente o jogo do bicho, o narcotráfico e os seqüestros;

— fala-se em *guerra civil tácita* para se referir ao movimento dos sem-terra, aos embates entre garimpeiros e índios, policiais e narcotraficantes, aos homicídios e furtos praticados em pequena e larga escala, mas também para designar o aumento do contingente de desempregados e habitantes das ruas, os assaltos coletivos a supermercados e mercados, e para falar dos acidentes de trânsito;

— fala-se em *fraqueza da sociedade civil* para se referir à ausência de entidades e organizações sociais que articulem demandas, reivindicações, críticas e fiscalização dos poderes públicos;

— fala-se em *debilidade das instituições políticas* para se referir à corrupção nos três poderes da república, à lentidão do poder judiciário, à falta de modernidade política;

— fala-se, por fim, em *crise ética* para se referir ao crime imotivado, aos laços secretos entre a burguesia e os poderes públicos para obtenção de recursos públicos para fins privados, à ausência de decoro político, à impunidade no desrespeito aos consumidores por parte da indústria e do comércio, e à impunidade no mau exercício da profissão.

Essas imagens têm a função de oferecer uma imagem unificada da violência, que seria como que o núcleo delas. Chacina, massacre, guerra civil tácita e indistinção entre polícia e crime pretendem ser *o lugar onde* a violência se situa e se realiza; fraqueza da sociedade civil, debilidade das instituições e crise ética são apresentadas como *impotentes para coibir* a violência, que, portanto, estaria situada noutro lugar. As imagens indicam a divisão entre dois grupos: de um lado, estão os grupos *portadores* de violência e, de outro, os grupos *impotentes* para combatê-la. É exatamente essa divisão que nos permite falar numa ideologia da ética ou da ética como ideologia.

IV

Como explicar que a exibição contínua da violência no país possa deixar intocado o mito da não-violência e ainda suscitar o clamor pelo retorno à ética? Para responder, precisamos examinar os mecanismos ideológicos de conservação da mitologia. Que mecanismos são esses?

1) o da *exclusão*: afirma-se que a nação brasileira é não-violenta e que, se houver violência, esta é praticada por gente que não faz parte da nação

(mesmo que tenha nascido e viva no Brasil). O mecanismo da exclusão produz a diferença entre um nós-brasileiros-não-violentos e um eles-não-brasileiros-violentos. "Eles" não fazem parte do "nós";

2) o da *distinção*: distingue-se o essencial e o acidental, isto é, por essência, os brasileiros não são violentos e, portanto, a violência é acidente, um acontecimento efêmero, passageiro, uma "epidemia" ou um "surto" localizado na superfície de um tempo e de um espaço definidos, superável e que deixa intacta nossa essência não-violenta;

3) o *jurídico*: a violência fica circunscrita ao campo da delinqüência e da criminalidade, o crime sendo definido como ataque à propriedade privada (furto, roubo e latrocínio, isto é, roubo seguido de assassinato). Esse mecanismo permite, por um lado, determinar quem são os "agentes violentos" (de modo geral, os pobres) e legitimar a ação (esta sim, violenta) da polícia contra a população pobre, os negros, as crianças de rua e os favelados. A ação policial pode ser, às vezes, considerada violenta, recebendo o nome de "chacina" ou "massacre" quando, de uma só vez e sem motivo, o número de assassinados é muito elevado. No restante das vezes, porém, o assassinato policial é considerado normal e natural, uma vez que se trata de proteger o "nós" contra o "eles";

4) o *sociológico*: atribui-se a "epidemia" de violência a um momento definido do tempo, aquele no qual se realiza a "transição para a modernidade" das populações que migraram do campo para a cidade e das regiões mais pobres (Norte e Nordeste) para as mais ricas (Sul e Sudeste). A migração causaria o fenômeno temporário da *anomia*, no qual as formas antigas de sociabilidade se perderam e ainda não foram substituídas por novas, fazendo com que os migrantes pobres tendam a praticar atos isolados de violência que desaparecerão quando estiver completada a "transição". Aqui, não só a violência é atribuída aos pobres e desadaptados, como ainda é consagrada como algo temporário ou episódico;

5) o da *inversão do real*, graças à produção de máscaras que permitem dissimular comportamentos, idéias e valores violentos como se fossem não-violentos. Assim, por exemplo, o machismo é colocado como proteção natural à natural fragilidade feminina, proteção que inclui a idéia de que as mulheres precisam ser protegidas de si próprias, pois, como todos sabem, o estupro é decorrente de um ato feminino de provocação e sedução; o paternalismo branco é visto como proteção para auxiliar a natural inferioridade dos negros; a repressão contra os homossexuais é considerada proteção natural aos valores sagrados da família e, agora, da saúde e da vida de todo o

gênero humano ameaçado pela Aids, trazida pelos degenerados; a destruição do meio ambiente é orgulhosamente vista como sinal de progresso e civilização etc.

Em resumo, a violência não é percebida ali mesmo onde se origina e ali mesmo onde se define como violência propriamente dita, isto é, como toda prática e toda idéia que reduza um sujeito à condição de coisa, que viole interior e exteriormente o ser de alguém, que perpetue relações sociais de profunda desigualdade econômica, social e cultural. Mais do que isso, a sociedade não percebe que as próprias explicações oferecidas são violentas porque está cega para o lugar efetivo de produção da violência, isto é, a estrutura da sociedade brasileira. Dessa maneira, as desigualdades econômicas, sociais e culturais, as exclusões econômicas, políticas e sociais, a corrupção como forma de funcionamento das instituições, o racismo, o sexismo, a intolerância religiosa, sexual e política não são consideradas formas de violência, isto é, a sociedade brasileira não é percebida como estruturalmente violenta e a violência aparece como um fato esporádico de superfície. Em outras palavras, a mitologia e os procedimentos ideológicos fazem com que a violência que estrutura e organiza as relações sociais brasileiras não possa ser percebida, e, por não ser percebida, é naturalizada e essa naturalização conserva a mitologia da não-violência com a qual se brada pelo "retorno à ética".

A matriz mítica da não-violência se conserva porque é periodicamente refeita com noções que correspondem ao presente histórico. Em outras palavras, a mitologia é conservada através das ideologias. Estas, por seu turno, encontram uma base material real para se constituir como expressões imaginárias da sociedade brasileira: o autoritarismo social. Em outras palavras, a estrutura e organização da sociedade brasileira reiteram, alimentam e repetem a mitologia porque esta é um dos fundamentos da própria forma assumida por nossa sociedade. Ao dizer que a sociedade brasileira é autoritária estou pensando em certos traços gerais das relações sociais que se repetem em todas as esferas da vida social (da família ao Estado, passando pelas relações de trabalho, pela escola, pela cultura).

V

Para melhor avaliarmos a violência e o autoritarismo da sociedade brasileira, vale a pena examinar de maneira breve os principais traços de uma sociedade democrática para confrontá-la com a nossa.

Estamos acostumados a aceitar a definição liberal da democracia como *regime da lei e da ordem para a garantia das liberdades individuais*.

Visto que o pensamento e a prática liberais identificam liberdade e competição, essa definição da democracia significa, em primeiro lugar, que a liberdade tende a se reduzir, de um lado, ao chamado "direito de ir e vir" e, de outro, à competição econômica da chamada "livre iniciativa" e à competição política entre partidos que disputam eleições; em segundo, que há uma redução da lei à potência judiciária para limitar o poder político, defendendo a sociedade contra a tirania, pois a lei garante os governos escolhidos pela vontade da maioria; em terceiro, que há uma identificação entre a ordem e a potência dos poderes executivo e judiciário para conter os conflitos sociais, estabelecendo limites (tanto jurídicos como policiais e repressivos) para impedir sua explicitação e desenvolvimento completos; e, em quarto lugar, que, embora a democracia apareça justificada como "valor" ou como "bem", é encarada, de fato, pelo critério da *eficácia*, medida, no plano legislativo, pela ação dos representantes, entendidos como políticos profissionais, e, no plano do poder executivo, pela atividade de uma elite de técnicos competentes aos quais cabe a direção do Estado. A cidadania é definida pelos direitos civis e a democracia se reduz a um regime político eficaz, baseado na idéia da cidadania organizada em partidos políticos, e se manifesta no processo eleitoral de escolha dos representantes, na rotatividade dos governantes e nas soluções técnicas para os problemas econômicos e sociais. Essa concepção da democracia enfatiza a idéia de *representação*, ora entendida como delegação de poderes, ora como "governo de poucos sobre muitos", no dizer de Stuart Mill.

O pensamento de esquerda, no entanto, justamente porque fundado na compreensão do social como divisão interna das classes a partir da exploração econômica e, portanto, como luta de classes, redefiniu a democracia, recusando-se a considerá-la apenas um regime político, afirmando, então, a idéia de *sociedade* democrática. Em outras palavras, as lutas dos trabalhadores no correr dos séculos XIX e XX ampliaram a concepção dos direitos que o liberalismo definia como civis ou políticos, introduzindo a idéia de direitos econômicos e sociais. Na concepção de esquerda, a ênfase recai sobre a idéia e a prática da *participação*, ora entendida como intervenção direta nas ações políticas, ora como interlocução social que determina, orienta e controla a ação dos representantes.

Na concepção liberal, a figura principal é a do indivíduo como portador da cidadania civil ou política, vivendo na sociedade civil, determinada pelas relações de mercado; na concepção de esquerda, a figura principal é a das formas de organização associativa das classes e grupos sociais (sindicatos, movimentos sociais e populares).

Tomando a perspectiva de esquerda, podemos, em traços breves e gerais, caracterizar a democracia como ultrapassando a simples idéia de um regime político identificado à forma do governo, tomando-a como forma geral de uma sociedade e, assim, considerá-la como:

1. forma geral da existência social em que uma sociedade, dividida internamente em classes, estabelece as relações sociais, os valores, os símbolos e o poder político a partir da determinação do justo e do injusto, do legal e do ilegal, do legítimo e do ilegítimo, do verdadeiro e do falso, do bom e do mau, do possível e do necessário, da liberdade e da coerção;

2. forma sociopolítica definida pelo princípio da isonomia (igualdade dos cidadãos perante a lei) e da isegoria (direito de todos de manifestar suas opiniões, vê-las discutidas, aceitas ou recusadas em público), tendo como base a afirmação de que todos são iguais porque livres, isto é, ninguém está sob o poder de um outro porque todos obedecem às mesmas leis das quais todos são autores (autores diretamente, numa democracia participativa; indiretamente, numa democracia representativa). Por isso o maior problema da democracia numa sociedade de classes é a manutenção de seus princípios — igualdade e liberdade — sob os efeitos da desigualdade real;

3. forma política na qual, ao contrário de todas as outras, o conflito é considerado legítimo e necessário, buscando mediações institucionais para que possa exprimir-se. A democracia não é o regime do consenso, mas do trabalho dos e sobre os conflitos. Daí uma outra dificuldade democrática nas sociedades de classes: como operar com os conflitos quando estes possuem a forma da contradição e não a da mera oposição? Ou seja, a oposição significa que o conflito se resolve sem modificação da estrutura da sociedade, mas uma contradição só se resolve com a mudança estrutural da sociedade;

4. forma sociopolítica que busca enfrentar as dificuldades acima apontadas conciliando o princípio da igualdade e da liberdade e a existência real das desigualdades, bem como o princípio da legitimidade do conflito e a existência de contradições materiais fazendo com que os direitos civis sejam sobredeterminados por direitos econômicos e sociais. Isso significa que a democracia não se limita a garantir direitos, mas tem como característica principal a criação de direitos novos, postos pelas condições históri-

cas e pelas lutas sociopolíticas. Por esse motivo, a democracia é o único regime político realmente aberto às mudanças temporais, uma vez que faz surgir o novo como parte de sua existência e, conseqüentemente, a temporalidade é constitutiva de seu modo de ser;

5. única forma sociopolítica na qual o caráter popular do poder e das lutas tende a se evidenciar nas sociedades de classes, na medida em que os direitos só ampliam seu alcance ou só surgem como novos pela ação das classes populares contra a cristalização jurídico-política, que favorece a classe dominante. Em outras palavras, a marca da democracia moderna, permitindo sua passagem de democracia liberal a democracia social, encontra-se no fato de que somente as classes populares e os excluídos concebem a exigência de reivindicar direitos e criar novos direitos. Isso significa, portanto, que a cidadania se constitui pela e na criação de espaços sociais de lutas (os movimentos sociais, os movimentos populares, os movimentos sindicais) e pela instituição de formas políticas de expressão permanente (partidos políticos, Estado de Direito, políticas econômicas e sociais) que criem, reconheçam e garantam direitos.

6. forma política na qual a distinção entre o poder e o governante é garantida não só pela presença de leis e pela divisão de várias esferas de autoridade, mas também pela existência das eleições, pois estas não significam mera "alternância no poder", mas assinalam que o poder está sempre vazio, que seu detentor é a sociedade e que o governante apenas o ocupa por haver recebido um mandato temporário para isso. Em outras palavras, os sujeitos políticos não são simples votantes, mas eleitores. Eleger, como já diziam os políticos romanos, significa exercer o poder de "dar aquilo que se possui, porque ninguém pode dar o que não tem", isto é, eleger é afirmar-se soberano para escolher ocupantes temporários do governo.

Dizemos, então, que *uma sociedade é democrática* quando institui algo mais profundo, que é condição do próprio regime político, ou seja, quando institui *direitos* e que essa instituição é uma criação social, de tal maneira que a atividade democrática social realiza-se como luta social e, politicamente, como um contrapoder social que determina, dirige, controla, limita e modifica a ação estatal e o poder dos governantes.

Fundada na noção de direitos, a democracia está apta a diferenciá-los de *privilégios* e *carências*.

Um privilégio é, por definição, algo particular que não pode generalizar-se nem universalizar-se sem deixar de ser privilégio. Uma carência é uma falta também particular ou específica que desemboca numa demanda também particular ou específica, não conseguindo generalizar-se nem universalizar-se. Um direito, ao contrário de carências e privilégios, não é particular e específico, mas geral e universal seja porque é o mesmo e válido para todos os indivíduos, grupos e classes sociais, seja porque, embora diferenciado, é reconhecido por todos (como é o caso dos chamados direitos das minorias). Uma das práticas mais importantes da política democrática consiste justamente em propiciar ações capazes de unificar a dispersão e a particularidade das carências em *interesses comuns* e, graças a essa generalidade, fazê-las alcançar a esfera universal dos direitos. Em outras palavras, privilégios e carências determinam a desigualdade econômica, social e política, contrariando o princípio democrático da igualdade, de sorte que a passagem das carências dispersas em interesses comuns e destes aos direitos é a luta pela igualdade. Avaliamos o alcance da cidadania popular quando tem força para desfazer privilégios, seja porque os faz passar a interesses comuns, seja porque os faz perder a legitimidade diante dos direitos e também quando tem força para fazer carências passarem à condição de interesses comuns e, destes, a direitos universais.

VI

Conservando as marcas da sociedade colonial escravista, a sociedade brasileira caracteriza-se pelo predomínio do espaço privado sobre o público e, tendo o centro na hierarquia familiar, é fortemente hierarquizada em todos os seus aspectos: nela, as relações sociais e intersubjetivas são sempre realizadas como relação entre um superior, que manda, e um inferior, que obedece. As diferenças e assimetrias são sempre transformadas em desigualdades que reforçam a relação mando-obediência. O outro jamais é reconhecido como sujeito nem como sujeito de direitos, jamais é reconhecido como subjetividade nem como alteridade. As relações entre os que se julgam iguais são de "parentesco", isto é, de cumplicidade; ao passo que, entre os que são vistos como desiguais, tomam a forma do favor, da clientela, da tutela ou da cooptação, configurando-se como opressão quando a desigualdade é muito marcada. Em suma: micropoderes capilarizam-se em toda a sociedade, de sorte que o autoritarismo da e na família se espraia para a escola, as relações amorosas, o trabalho, os *mass media*, o comportamento social nas ruas, o tratamento dado aos cidadãos pela burocracia estatal, e vem exprimir-se, por exemplo, no desprezo do mercado pelos direitos do consumidor (coração da ideologia capitalista) e na naturalidade da violência policial.

Podemos resumir, simplificadamente, os principais traços do autoritarismo estrutural pelo desenho dos traços mais marcantes da sociedade brasileira:

— estruturada segundo o modelo do núcleo familiar, nela se impõe a recusa tácita (e às vezes explícita) em fazer operar o mero princípio liberal da igualdade formal e a dificuldade para lutar pelo princípio socialista da igualdade real: as diferenças são postas como desigualdades e, estas, como inferioridade natural (no caso das mulheres, dos trabalhadores, dos negros, índios, migrantes, idosos) ou como monstruosidade (no caso dos homossexuais);

— estruturada a partir das relações familiares de mando e obediência, nela se impõe a recusa tácita (e às vezes explícita) de operar com o mero princípio liberal da igualdade jurídica e a dificuldade para lutar contra formas de opressão social e econômica: para os grandes, a lei é privilégio; para as camadas populares, repressão. A lei não deve representar e não representa o pólo público do poder e da regulação dos conflitos, nunca definindo direitos e deveres dos cidadãos porque sua tarefa é conservar privilégios e exercer a repressão. Por esse motivo, as leis aparecem como inócuas, inúteis ou incompreensíveis, feitas para ser transgredidas e não para ser transformadas. O poder judiciário é claramente percebido como distante, secreto, representante dos privilégios das oligarquias e não dos direitos da generalidade social;

— a indistinção entre o público e o privado não é uma falha ou um atraso, mas é, antes, a forma mesma de realização da sociedade e da política: não apenas os governantes e parlamentares praticam a corrupção sobre os fundos públicos, mas não há a percepção social de uma esfera pública das opiniões, da sociabilidade coletiva, da rua como espaço comum, assim como não há a percepção dos direitos à privacidade e à intimidade. Do ponto de vista dos direitos sociais, há um encolhimento do público; do ponto de vista dos interesses econômicos, uma ampliação do privado, e é exatamente por isso que, entre nós, assim como a figura do "Estado forte" sempre foi natural, também nos cai como uma luva o neoliberalismo;

— forma peculiar de evitar o trabalho dos conflitos e contradições sociais, econômicos e políticos enquanto tais, uma vez que estes negam a imagem mítica da boa sociedade indivisa, pacífica e ordeira. Não são ignorados, mas recebem uma significação precisa: conflitos e contradições são considerados sinônimo de perigo, crise, desordem e a eles se oferece uma única resposta: a repressão policial e militar, para as camadas populares, e o desprezo condescendente, para os opositores em geral. Em suma, a sociedade auto-organizada é vista como perigosa para o Estado e para o funcionamento "racional" do mercado;

— forma peculiar de bloquear a esfera pública da opinião como expressão dos interesses e dos direitos de grupos e classes sociais diferenciados e/ou antagônicos. Esse bloqueio não é um vazio ou uma ausência, mas um conjunto de ações determinadas que se traduzem numa maneira determinada de lidar com a esfera da opinião: os *mass media* monopolizam a informação, e o consenso é confundido com a unanimidade, de sorte que a discordância é posta como ignorância, atraso ou ignorância;

— naturalização das desigualdades econômicas e sociais, do mesmo modo que há naturalização das diferenças étnicas, postas como desigualdades raciais entre superiores e inferiores, das diferenças religiosas e de gênero, bem como naturalização de todas as formas visíveis e invisíveis de violência;

— fascínio pelos signos de prestígio e de poder: uso de títulos honoríficos sem qualquer relação com a possível pertinência de sua atribuição, o caso mais corrente sendo o uso de "Doutor" quando, na relação social, o outro se sente ou é visto como superior ("doutor" é o substituto imaginário para os antigos títulos de nobreza); manutenção de criadagem doméstica cujo número indica aumento de prestígio e de *status* etc.

A desigualdade salarial entre homens e mulheres, entre brancos e negros, a exploração do trabalho infantil e dos idosos são consideradas normais. A existência dos sem-terra, dos sem-teto, dos desempregados é atribuída à ignorância, à preguiça e à incompetência dos "miseráveis". A existência de crianças de rua é vista como "tendência natural dos pobres à criminalidade". Os acidentes de trabalho são imputados à incompetência e ignorância dos trabalhadores. As mulheres que trabalham (se não forem professoras ou assistentes sociais) são consideradas prostitutas em potencial e as prostitutas, degeneradas, perversas e criminosas, embora, infelizmente, indispensáveis para conservar a santidade da família.

O Brasil ocupa o segundo lugar mundial nos índices de concentração da renda e de má distribuição da riqueza, mas ocupa o oitavo lugar em termos do Produto Interno Bruto. Essa desigualdade — 2% possuem 92% da renda nacional, enquanto 98% possuem 8% dessa renda — não é percebida como socialmente inaceitável, mas como natural e normal. Em outras palavras, a sociedade brasileira é oligárquica e está polarizada entre a carência absoluta das camadas populares e o privilégio absoluto das camadas dominantes e dirigentes.

Da mesma maneira passa despercebida a violência dos meios de comunicação. Como nos mostra Maria Rita Kehl, em *Videologias*, a violência da televisão não se encontra nos assuntos ou conteúdos veiculados por ela e sim *na sua forma intrínseca*, isto é, na imagem enquanto imagem, uma vez que esta é elaborada e transmitida de maneira não só a substituir o real, mas sobretudo para oferecer um suposto gozo imediato do telespectador e, com isso, impedir os processos psíquicos e sociais de simbolização, sem os quais o desejo não pode ser transfigurado e realizado e o pensamento não pode efetuar-se, isto é, a dúvida, a reflexão, a crítica, o diálogo encontram-se totalmente bloqueados. Paralisia do desejo no narcisismo, impossibilidade de simbolização e ausência de pensamento, a imagem televisiva, em sua imediação persuasiva e exclusiva, só é capaz de propor e provocar *atos* sem mediação e é exatamente nisso que ela *é violenta* e sua violência transita livremente no interior dos indivíduos e da sociedade.

O autoritarismo e a violência transparecem, por fim, na política. Os partidos políticos são *clubs privés* das oligarquias regionais, arrebanhando a classe média em torno do imaginário autoritário (a ordem) e mantendo com os eleitores quatro tipos principais de relações: a de cooptação, a de favor e clientela, a de tutela e a da promessa salvacionista ou messiânica. Do lado da classe dominante, a política é praticada numa perspectiva naturalista, isto é, os dirigentes são detentores do poder por direito natural. Do lado das camadas populares, o imaginário político é messiânico-milenarista, correspondendo à auto-imagem dos dirigentes. Como conseqüência, a política não consegue configurar-se como campo social de lutas, mas tende a passar para o plano da representação teológica, oscilando entre a sacralização e adoração do bom governante e a satanização e execração do mau governante. O Estado é percebido apenas sob a face do poder executivo, os poderes legislativo e judiciário ficando reduzidos ao sentimento de que o primeiro é corrupto e o segundo, injusto. A identificação entre o Estado e o executivo, a ausência de um legislativo confiável e o medo do judiciário, somados ao autoritarismo social e ao imaginário teológico-político, levam ao desejo permanente de um Estado "forte" para a "salvação nacional".

Por seu turno, o Estado percebe a sociedade civil como inimiga e perigosa, bloqueando as iniciativas dos movimentos sociais, sindicais e populares. Vivemos numa sociedade verticalizada e hierarquizada (embora não o percebamos), na qual as relações sociais são sempre realizadas ou sob a forma da cumplicidade (quando os sujeitos sociais se reconhecem como iguais), ou sob a forma do mando e da obediência entre um superior e um inferior (quando os sujeitos sociais são percebidos como diferentes, a diferença não sendo vista como assimetria, mas como desigualdade).

Acrescentemos a isso as duas grandes dádivas neoliberais: do lado da economia, uma acumulação do capital que não necessita incorporar mais pessoas ao mercado de trabalho e de consumo, operando com o desemprego estrutural; do lado da política, a privatização do público, isto é, não só o abandono das políticas sociais por parte do Estado, mas também o recrudescimento da estrutura histórica da sociedade brasileira centrada no espaço privado fortalecendo a impossibilidade de constituição da esfera pública, pois, antes que a distinção entre público e privado tivesse conseguido instituir-se, a nova forma do capital institui a indiferença entre o público e o privado. A política se reduz ao marketing narcisista da vida privada e o Estado fica reduzido à condição de aparelho de reforço do privilégio (a "privatização" à brasileira significa simplesmente transferência dos mecanismos estatais de proteção aos oligopólios aos próprios grupos oligopólicos). Política e socialmente, a economia neoliberal é o projeto de encolhimento do espaço público e da ampliação do espaço privado — daí seu caráter essencialmente antidemocrático —, caindo como uma luva na sociedade brasileira. Por isso mesmo, no Brasil contemporâneo combinamse, de maneira aparentemente paradoxal, as concepções pré-moderna e pós-moderna da política, combinação que transparece cada vez que se abre a discussão sobre a relação entre a ética e a política.

A concepção pré-moderna da política considera o governante não como representante dos governados, mas de um poder mais alto (Deus, a Razão, a Lei, a Humanidade etc.), que lhe confere a soberania como poder de decisão pessoal e único. Para ser digno de governar, o dirigente deve possuir um conjunto de virtudes que atestam seu bom caráter, do qual dependem a paz e a ordem. O governante virtuoso é um espelho no qual os governados devem refletir-se, imitando suas virtudes — o espaço público é idêntico ao espaço privado das pessoas de boa conduta e a corrupção é atribuída ao mau caráter ou aos vícios do dirigente. Por isso criticam-se os vícios do tirano e nunca se examina a tirania como instituição política.

A concepção moderna, ao contrário, funda-se na distinção entre o público e o privado — portanto, na idéia de república — e volta-se para as práticas da representação e da participação — portanto, para a idéia de democracia. Um exemplo mais contundente da concepção moderna pode ser encontrado na abertura de um texto clássico, o *Tratado político*, de Espinosa.

Todos os que até então escreveram sobre a política, diz ele, nada trouxeram de útil para a prática por causa do moralismo, que os faz imaginar uma natureza humana racional, virtuosa e perfeita e execrar os seres humanos reais, tidos como viciosos e depravados (porque movidos por sentimentos ou paixões). Tais escritores, "quando querem parecer sumamente éticos, sábios e santos, prodigalizam louvores a uma natureza humana que não existe em parte alguma e atacam aquela que realmente existe". Ora, prossegue Espinosa, por natureza, e não por vício, os seres humanos são movidos por paixões, impelidos por inveja, orgulho, cobiça, vingança, maledicência, cada qual querendo que os demais vivam como ele próprio. Mas também são impelidos por paixões de generosidade e misericórdia, amizade e piedade, solidariedade e respeito mútuo. Pretender, portanto, que, na política, se desfaçam das paixões e ajam seguindo apenas os preceitos da razão "é comprazer-se na ficção". Por conseguinte, um Estado cujo bem-estar, segurança e prosperidade dependam da racionalidade e das virtudes pessoais de alguns dirigentes é "um Estado fadado à ruína". Para haver paz, segurança, bem-estar e prosperidade "é preciso um ordenamento institucional que obrigue os que administram a república, quer movidos pela razão quer pela paixão, a não agir de forma desleal ou contrária ao interesse geral". Pouco importam os motivos interiores dos administradores públicos; o que importa é que as instituições os obriguem a bem administrar. Virtudes do Estado não são virtudes privadas dos dirigentes e dos cidadãos, mas virtudes públicas, isto é, a qualidade das instituições, e os vícios do Estado não são vícios privados dos governantes e sim deficiências institucionais. Em outras palavras, é preciso distinguir entre a ética privada e a moralidade pública ou a forma das instituições.

A concepção pós-moderna, no entanto, aceita a submissão da política aos procedimentos da sociedade de consumo e de espetáculo. Torna-se indústria política e dá ao marketing a tarefa de vender a imagem do político e reduzir o cidadão à figura privada do consumidor. Para obter a identificação do consumidor com o produto, o marketing produz a imagem do político enquanto pessoa privada: características corporais, preferências sexuais, culinárias, literárias, esportivas, hábitos cotidianos, vida em família, bichos de estimação. A privatização das figuras do político e do cidadão privatiza o espaço público. Por isso a avaliação ética dos governos não possui critérios próprios a uma ética pública e se torna avaliação das virtudes e vícios dos governantes; e, como no caso pré-moderno, a corrupção é atribuída ao mau caráter dos dirigentes e não às instituições públicas.

Compreende-se, portanto, a enorme dificuldade para instituir no Brasil uma sociedade democrática, fundada na distinção entre carência, privilégio e direitos, e uma política democrática, baseada nas idéias de cidadania, representação — esta é substituída pelo favor, pela clientela, pela tutela, pela cooptação ou pelo pedagogismo vanguardista — e participação — os movimentos sociais e populares são considerados violentos, devendo ser reprimidos. Compreende-se também por que a idéia socialista de justiça social, liberdade e felicidade se coloca no campo da utopia.

Bibliografia

ABENSOUR, Miguel. "L'histoire de l'utopie et le destin de sa critique". *Textures*. Paris, Librairie Le Sillage, 1974.

AFFONSO, Almino. "Um partido de massas". *Folha de S. Paulo*, 2-3-80.

ALIER, Juan Martinez. *Notas sobre el franquismo*. Barcelona, Papers, 1978.

ALIER, Verena M. "As mulheres da turma do caminhão". *Debate e Crítica*, n. 5, 1975.

_____. "Enxada e voto". In *Os partidos políticos e as eleições no Brasil*. Rio de Janeiro, Paz e Terra/Cebrap, 1975.

ANDERSON, Perry. Balanço do neoliberalismo. In GENTILI, Pablo e SADER, Emir (orgs.). *Pós-liberalismo. As políticas sociais e o Estado democrático*. Rio de Janeiro, Paz e Terra, 1995.

ARANTES, P. E. *Hegel — a ordem do tempo*. São Paulo, Pólis, 1981.

ARENDT, Hanna. *As crises da República*. São Paulo, Perspectiva, 1973 (Col. Debates).

ARISTÓTELES. *Politique*, edição bilíngüe francês-grego, da Société Édition Les Belles Lettres, Paris, 1971.

AZZI, Riolando. "Catolicismo popular e autoridade eclesiástica na evolução histórica do Brasil". *Religião e Sociedade*, n. 1, 1977.

BAER, Werner. "O crescimento brasileiro e a experiência desenvolvimentista — 1964-1974". *Revista Estudos*, (20): 17.

BARRIGUELLI, José Cláudio. "O teatro popular rural: o circo-teatro". *Debate e Crítica*, n. 3, 1974.

BELLUZZO, Luiz Gonzaga de Mello. "A intervenção do Estado no período recente". *Ensaios de Opinião*, v. 5, n. 23.

BELLUZZO, Luiz Gonzaga de Mello e COUTINHO, Luciano. "O desenvolvimento do capitalismo avançado e a reorganização da economia mundial no pós-guerra". *Revista Estudos*, (23): 22.

BODEA, Miguel. "Uma defesa do PTB", *Cadernos Trabalhistas*. São Paulo, Ed. Global (1): 19, s/d.

BORJA, Jordi. "La crisis del Estado autoritario — Sistema de partidos en España". *Papers*. Revista de Sociología de la Universidad Autónoma de Barcelona, Barcelona (8): 156, 1978.

BORÓN, Atilio. *A coruja de Minerva. Mercado contra democracia no capitalismo contemporâneo*. Petrópolis, Vozes, 2002.

BOSI, Ecléa. *Leituras de operárias*. Petrópolis, Vozes, 1972.

_____. *Memória e sociedade — Lembranças de velhos*. São Paulo, T. A. Queiroz Editor, 1979 (Biblioteca de Ciências Humanas).

BOUC, Alain. *Le Libéralisme contre la Démocratie*. Paris, Le Sycomore, 1981.

BRACHER, Dietrch. *Staatslexikon*. Friburgo, 1962.

BRAUNMÜHL, Von. "On the Analysis of the Bourgeois Nation State within the World Market Context". In *State and Capital — a Marxist Debate*, 1973.

BRAVERMAN, Harry. *Trabalho e capital monopolista*. Rio de Janeiro, Zahar, 1977.

BRUNNER, José Joaquín. Peligro y promesa: la Educación Superior en América Latina. In LÓPEZ Segrera, F. e MALDONADO, Alma (orgs.). *Educación Superior latinoamericana y organismos internacionales — Un análisis crítico*. Cali: Unesco/Boston College/Universidad de San Buenaventura, 2000.

BURKE, Edmund. *Selected Writings and Speeches*. Garden City, Doubleday, 1963.

CAMARGO, Cândido Procópio de. *Católicos, protestantes, espíritas*, Petrópolis, Vozes, 1973.

CARDOSO, Fernando Henrique. "Estado capitalista e marxismo". *Revista Estudos*, Petrópolis, Cebrap/Vozes (21): 28.

_____. *Estado e capitalismo no Brasil*. São Paulo, Hucitec/Cebrap, 1977.

_____. *O modelo político brasileiro*. São Paulo, Difusão Européia do Livro, 1973. (Col. Corpo e Alma do Brasil).

CASTORIADIS, Cornelius. *Les carrefours du labyrinthe*. Paris, Editions du Seuil, 1978.

_____. *Capitalisme moderne et révolution*. Paris, Union Générale d'Editions, 1979.

CAVALCANTI, Pedro. "A Internacional Socialista vai à América Latina". *Encontros com a Civilização Brasileira*, op. cit. (9): 118.

CERRONI, Umberto. *O marxismo e o Estado*. Rio de Janeiro, Graal, 1979. Biblioteca de Ciências Sociais.

CERRONI, Umberto. "Para una teoría del partido politico". In *Teoria marxista del partido politico, Cuadernos de Pasado y Presente*. México, Ediciones Pasado y Presente (1): 6, 1969.

CERRONI, Umberto. "Per una teoria del partido politico". *Crítica Marxista*, anno 1, ns. 5-6, 1963.

CHAUVEY, Daniel. *Autogestion*. Paris, Editions du Seuil, 1970.

CIPPOLLA, Francisco Paula. "Proporções do capitalismo de Estado no Brasil pós-64". *Revista Estudos*. Petrópolis, Cebrap/Vozes (25): 41 e 44.

CORRÊA, Hércules. *A classe operária e seu partido*. Rio de Janeiro, Civilização Brasileira, 1980.

COUTINHO, Carlos Nelson. "A democracia como valor universal". *Encontros com a Civilização Brasileira*. Rio de Janeiro, Civilização Brasileira (9): 45-46, mar. 1979.

D'INCAO, MELLO, Maria Conceição. *Os bóias-frias. Acumulação e miséria*. Petrópolis, Vozes.

DAVIS, Horace B. *Para uma teoria marxista do nacionalismo*. Rio de Janeiro, Zahar, 1979.

DECCA, Edgar de. "Classe operária e democracia". *Plural*. São Paulo, n. 2, out.-nov., 1978.

DECCA, Edgar de e VESENTINI, Antônio Carlos. "A revolução do vencedor". *Contraponto*, Revista de Ciências Sociais do Centro de Estudos Noel Nutels, Niterói, n. 1, nov. 1976.

ELBEIN, Juana. *O Nagô e a morte*. Petrópolis, Vozes, 1976.

ELLEINSTEIN, Jean. "Entrétien sur le phénomène stalinien, la démocratie et le socialisme". *Esprit*. Paris, Vrin (2): 260-262, 1976.

ERNEST, Mendel. "A Critique of Eurocomunism". *Marxist Perspectives*. New York, Cliomar Corporation, n. 8, inverno de 1979-80.

ESPINOSA. *Tratactus politicas*. Edição Gebhardt, t. III, Heidelberg, 1925.

FARIA, José Eduardo. *Poder e legitimidade*. São Paulo, Perspectiva, 1978.

FAUSTO, R. *Marx, lógica e política*, I e II. São Paulo, Brasiliense, 1983 e 1987.

FEUERBACH. *L'essence du Christianisme*. Paris, Maspéro, 1973.

FILHO, Torres R. R. *Ensaios de filosofia ilustrada*. São Paulo, Brasiliense, 1987.

FINLEY, Moses. *Democracy ancient and modern*. New York, The Viking Press, 1968.

_____. *Economie antique*. Paris, Ed. de Minuit, 1978.

FORRESTER, Viviane. *O horror econômico*. São Paulo, Edunesp, 1997.

FOUCAULT, Michel. *Microfísica do poder*. Rio de Janeiro, Graal, 1979, (Biblioteca de Filosofia e História das Ciências).

FRANCO, Maria Sylvia Carvalho. *Homens livres na ordem escravocrata*. IEB/USP, 1969.

FREDERICO, Celso. *A vanguarda operária*. São Paulo, Símbolo, 1979. (Col. Ensaio e Memória.)

FREIRE, Paulo. *Pedagogia do oprimido*. Rio de Janeiro, Paz e Terra, 1975.

FREITAG, Michel. *Le naufrage de l'université*. Paris, Editions de la Découverte, 1996.

FRY, Peter. "Mediunidade e sexualidade". *Religião e Sociedade*, n. 1, 1977.

GALVÃO, Luís Alfredo. "Marxismo, imperialismo e nacionalismo". *Debate e Crítica*. São Paulo, Hucitec, n. 6, jul. 1975.

GALVÃO, Walnice Nogueira. *No calor da hora*, São Paulo, Ática, 1974.

GEISEL, Ernesto. "Mensagem ao Congresso". *Folha de S. Paulo*, abr. 1975.

GIANNOTTI, J. A. *Origens da dialética do trabalho*. São Paulo, Difel, 1966.

_____. *Trabalho e reflexão*. São Paulo, Brasiliense, 1983.

_____. "Formas da sociabilidade capitalista". *Revista Estudos*. Petrópolis, Cebrap/Vozes (24): 78.

GIDDENS, Anthony. *A terceira via. Reflexões sobre o impasse político atual e o futuro da social-democracia*. Rio de Janeiro, Record, 1999.

_____. *Para além da esquerda e da direita*. São Paulo, Edunesp, 1996.

GIDDENS, Anthony; BECK, Ulrich; LASH, Scott. *Modernização reflexiva. Política, tradição e estética na ordem social moderna*. São Paulo, Editora Unesp, 1997.

GOLD, David; LO, Clarence; WRIGHT, Erik. "Recientes desarrollos en la teoría marxista del Estado capitalista". In *El Estado en el capitalismo contemporáneo*, Madri, Siglo XXI, 1979.

GRAMSCI, Antonio. *Letteratura e vita nazionale*. Turim, Einaudi, 1956.

_____. *Literatura e vida nacional*. Rio de Janeiro, Civilização Brasileira, 1978.

_____. *Ordine Nuovo*. Turim, Einaudi, 1955.

_____. *Quaderni del Carcere*. Edizione critica dell'Istituto Gramsci, Turim, Einaudi, 1975.

HABERMAS, J. *Mudança estrutural da esfera pública*. Rio de Janeiro, Tempo Brasileiro, 1984.

_____. *Theory and Practice*. Boston, Mass., Beacon Press, 1973.

HALL, Michael. "Immigration and Early Working Class". In *Jalasbuch fur Geschichte*, 1975.

_____. "Immigrazione italiana a San Paolo tra 1880 a 1920". *Quaderni Storici*, n. 25, 1974.

HANKE, Lewis. *Aristóteles e os índios americanos+* São Paulo, Martins Ed., s/d.

HARVEY, David. *A condição pós-moderna.* São Paulo, Loyola, 1992.

HILL, C. *The World Turned Upside Down.* Harmondsworth, Penguin, 1976.

_____. *O mundo de ponta-cabeça.* Trad. Renato Janine Ribeiro. São Paulo, Companhia das Letras, 1987.

HOBBES. *Leviathan,* ed. C. B. MacPherson, Harmondsworth, Penguin Books, 1968.

_____. *Leviatã,* Coleção Os Pensadores, São Paulo, Abril Cultural, 1972.

HOBSBAWM, E. *Bandidos.* Rio de Janeiro, Forense Universitária, 1975.

KANAPA, Jean. "As características do eurocomunismo". *Encontros com a Civilização Brasileira,* (4): 248.

KANTOROWICZ, E. *The King's Two Bodies.* Princeton, Princeton University Press, 1966.

KARDELJ, Edvard. "A crise do capitalismo e o eurocomunismo". *Encontros com a Civilização Brasileira,* (4): 257.

KEHL, Maria Rita e BUCCI, Eugênio. *Videologias.* São Paulo, Boitempo, 2004.

KEPEL, Gilles. *La revanche de Dieu.* Paris, Seuil, 1991.

KONDER, Leandro. "PCB e eurocomunismo". *Oitenta.* Porto Alegre, Ed. LPM, n° 2, jan. 1980.

KOWARIK, Lúcio. "Usos e abusos: reflexões sobre as metamorfoses do trabalho". In *Cidade — Usos e abusos.* São Paulo, Brasiliense, 1978.

KRIEGEL, Annie. *Um comunismo diferente?* Lisboa, Edições Antonio Ramos, 1978. (Col. Arquivos de Sempre.)

LAFER, Celso. *O sistema político brasileiro.* São Paulo, Perspectiva, 1975. (Col. Debates.)

LEBRUN, G. *La patience du concept.* Paris, Gallimard, 1970.

LECHNER, Norbert. "A crise do Estado na América Latina". *Revista de Cultura Contemporânea.* Rio de Janeiro, CEDEC/Paz e Terra (1): 29, 1978.

LEFORT, Claude. "Maintenant". *Libre.* Paris, Payot, n° 1, 1977.

_____. *As formas da história.* São Paulo, Brasiliense, 1979.

_____. "Penser la Révolution dans la Révolution française". *Annales,* n. 2, 1980.

_____. "Une autre revolution". *Libre.* Paris, Payot (1): 102 e 107, 1977.

_____. *Elements pour une critique de la bureaucratie.* Genebra, Ed. Droz, 1971.

_____. *A invenção democrática.* São Paulo, Brasiliense, 1982.

_____. *Le travail de l'oeuvre — Machiavel.* Paris, Gallimard, 1972.

LINHART, Robert. *Greve na fábrica*. Rio de Janeiro, Paz e Terra 1978. (Col. Literatura e Teoria Literária.)

LYOTARD, Jean-François. *La condition posmoderne. Rapport sur le savoir*. Paris, Minuit, 1979.

MACEDO, Murilo. "Murilo propõe queda do conservadorismo". Entrevista à *Folha de S. Paulo*, 16-3-80, Caderno de Economia.

MARTINS, José de Souza. "Viola quebrada". *Debate e Crítica*, n. 4, 1974.

MARX, K. *Critique du programme de Gotha*. Paris, Ed. Sociales, 1972, Parte I, § 3, e Parte IV.

_____. *Critique of Hegel's Philosophy of Rigth*. Cambridge Press, 1977.

MATHIAS, Gilberto. "Estado e capital: um debate recente". *Contraponto*. Revista de Ciências Sociais do Centro de Estudos Noel Nutels, Niterói (2): 67, nov. 1977.

MCPHERSON, C. B. *A democracia liberal*. Rio de Janeiro, Zahar, 1978. (Biblioteca de Ciências Sociais).

MILANESI, Luiz Augusto. *O paraíso via Embratel*. Rio de Janeiro, Paz e Terra, 1978.

MILIBAND, David (org.). *Reinventando a esquerda*. São Paulo, Edunesp, 1997.

_____. *O Estado na sociedade capitalista*. Rio de Janeiro, Zahar, 1972.

MILL, John Stuart. *Consideration on Representative Government*. Londres, The Liberal Arts Press, 1958.

MONTEIRO, Douglas. *Os errantes do novo século — Um estudo sobre o surto milenarista do Contestado* [mimeo. FFLCH-USP].

MONTORO, Franco. *Da "democracia" que temos para a democracia que queremos*. Rio de Janeiro, Paz e Terra, 1974.

MOORE, Barrington. *As origens sociais da democracia e da ditadura*. Lisboa, Santos, Edições Cosmos/Livraria Martins Fontes, 1967.

MORAES, José Ermírio de. "Sem a bagunça italiana". Suplicy, Eduardo Matarazzo. "Um exemplo a ser seguido". *Folha de S. Paulo*, 27-6-78, Caderno de Economia.

MOREAU, Pierre François. *Les racines du libéralisme*. Paris, Seuil, 1978.

MOSSÉ, Claude. *Les institutions grecques*. Paris, Armand Colin, 1967.

NIELS, Larsen. "Os sete preceitos do eurocomunismo". *Encontros com a Civilização Brasileira*, (4): 242, 1978.

OFFE, Claus. "The Abolition of Market Control and the Problem of Legitimacy". *Kapitalistate*. São Francisco, 1973.

OLIVEIRA, Francisco de. "Estado e ciência econômica: a contribuição da economia para uma teoria do Estado". In *Ensaios de opinião*. Rio de Janeiro, Ed. Inúbia, 1977.

OLIVEIRA, Francisco de. O surgimento do antivalor. Capital, força de trabalho e fundo público. In *Os direitos do antivalor. A economia política da hegemonia imperfeita.* Petrópolis, Vozes, 1998.

PACHET, P. "La Justice et le conflit des opinions". In: *Passé Présent,* n° 2, 1983.

PASHUKANIS, Eugene. *General Theory of Law in Marxism,* apud *State and Capital — a Marxist Debate.* Austin, University of Texas Press, 1978.

PEREIRA, Luís C. Bresser. "Reforma agrária inadiável". *Folha de S. Paulo,* 26-2-80.

PINHEIRO, P. S. e HALL, M. *A classe operária no Brasil 1889-1930. Condições de vida e de trabalho, relações com os empresários e o Estado.* São Paulo, Brasiliense, 1981.

PITKIN, Hanna Fenichel. In *The concept of representation.* Berkeley, Los Angeles, University of California Press, 1972.

RIFKIN, J. *La era del acceso.* Buenos Aires, Paidós, 2000.

ROSAVALLON, P. *L'Âge de l'autogestion.* Paris, Seuil, 1976.

SANTOS, Wanderley Guilherme dos. *Poder e política — crônica do autoritarismo brasileiro.* Rio de Janeiro, Forense Universitária, 1978.

SILVA, Roberto Romano da. *Brasil — Igreja contra Estado.* São Paulo, Ed. Kairós, 1979.

SINGER, Paul. "A economia dos serviços". *Revista Estudos,* op. cit., n. 24.

TAVARES, Maria Conceição. "Conta é alta demais para o povão". Entrevista à *Folha de S. Paulo,* 21-9-1979, Caderno de Economia, p. 50.

THEREBORN, Göran. "The Rule of Capital and the Rise of Democracy". *New Left Review,* Oxford, n. 103, maio/jun. 1977.

_____. "The Travail of Latin American Democracy". *New Left Review,* Oxford, n. 113-114, jan./abr. 1979.

THOMPSON, E. P. *The Making of the English Working Class.* Penguin Books, 1976.

TUNNEMANN, Carlos; CHAUI, Marilena. *Desafios de la universidad en la sociedad del conocimiento.* Texto preparatório para a Conferência Mundial sobre a Educação, Unesco, 2004.

ULLMANN, W. *Medieval Political Thought.* Harmondsworth, Penguin Books, 1975.

VALLE, E. & QUEIROZ, J. J. *Cultura do povo,* São Paulo, Cortez & Moraes/EDUC, 1979.

VEYNE, Paul. *Le pain et le cirque (sociologie historique d'un pluralisme politique).* Paris, Editions du Seuil, 1976.

VIANA, Ana Luíza. *Cadernos trabalhistas.* São Paulo, Ed. Global, s/d.

VIRILIO, Paul. *O espaço crítico.* Rio de Janeiro, Editora 34, 1993.

WEFFORT, Francisco. *Sindicalismo e democracia*, comunicação no Seminário sobre Direito, Cidadania e Participação. São Paulo, OAB/CEDEC/Cebrap, 1979, mimeo.

WEIL, Simone. *A condição operária e outros estudos sobre a opressão* (org. Ecléa Bosi). Rio de Janeiro, Paz e Terra, 1975.

WILLIAMS, R. *Marxism and Literature*. Oxford, Oxford University Press, 1977.

WOLFF, Robert Paul. *The Poverty of Liberalism*. Boston, Beacon Press, 1968.

ZIEGLER, Jean. *Senhores do crime. As novas máfias contra a democracia*. Rio de Janeiro, Record, 2003.